The explorations of the lost Maya cities by
John Lloyd Stephens and Frederick Catherwood

.... first trip, 1839–1840
.... second trip, 1841–1842

Centers of ancient Maya population
▲ Centers of the first class (Metropolises)
▣ Centers of the second class (Cities)
▬ Centers of the third class (Large Towns)
▬ Centers of the fourth class (Small Towns)

Based on Plate No 19, in The Ancient Maya, by
S G Morley, by permission of Stanford University Press

Scale in Miles
0   25   50   75   100

GULF OF MEXICO

GULF OF HONDURAS

PACIFIC OCEAN

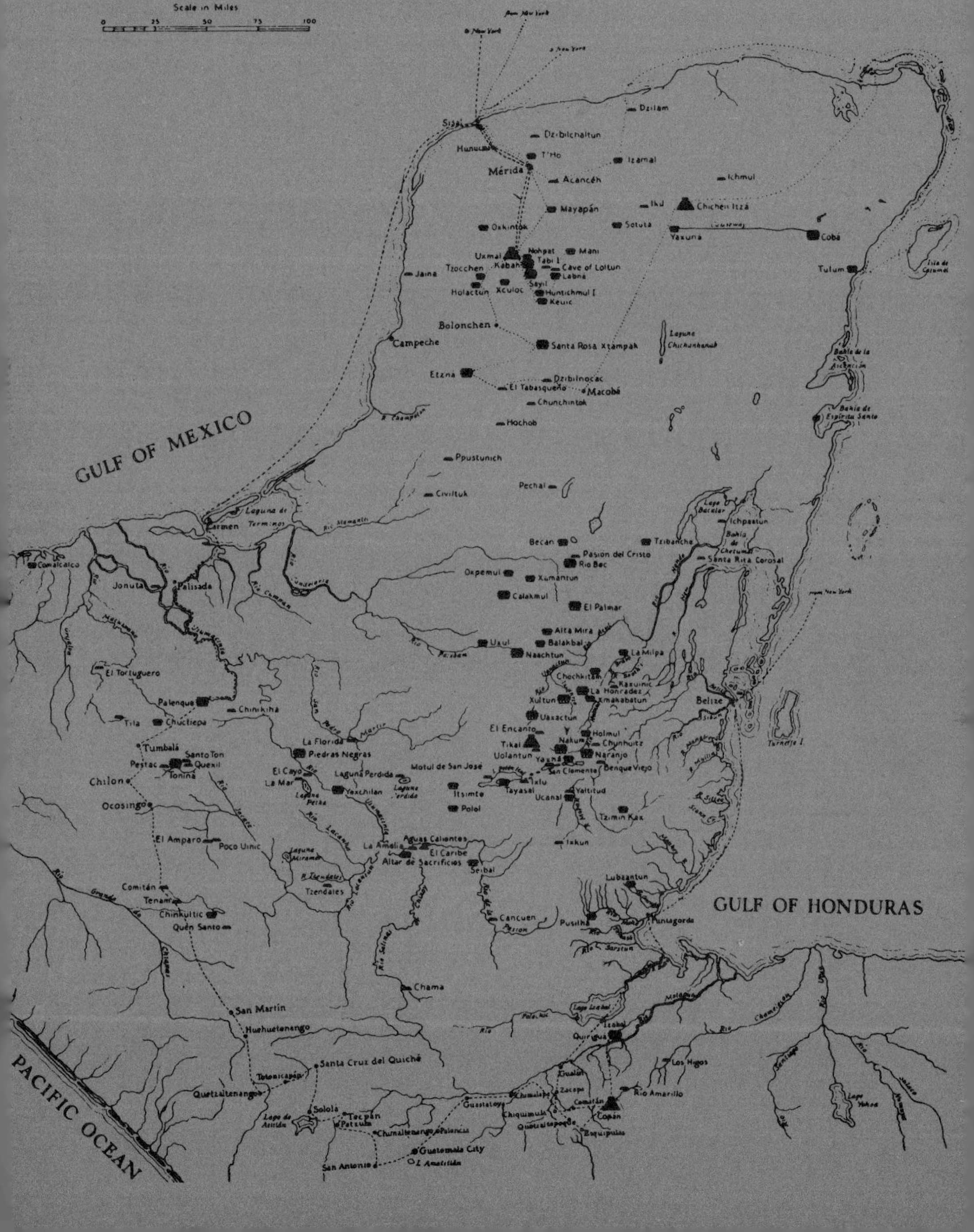

Victor von Hagen

Auf der Suche nach den Maya

Victor von Hagen

Auf der Suche nach den Maya

nach den Maya

Die Geschichte von
Stephens und Catherwood
Büchergilde

Die Originalausgabe erschien unter dem Titel
Search for the Maya. The Story of Stephens and Catherwood
im Verlag Gordon Cremonesi, London

Schutzumschlag- und Einbandentwurf Wolfgang Rudelius, Frankfurt/M.

Der Autor dankt dem Verlag Barre of Barre, Massachusetts,
und der University of Oklahoma Press
für die Erlaubnis, in diesem Buch bestimmte Quellen
und Zeugnisse zu verwenden

Lizenzausgabe für die Büchergilde Gutenberg,
Frankfurt am Main, Wien, Zürich
mit Genehmigung des Rowohlt Verlages GmbH, Reinbek bei Hamburg
© Rowohlt Verlag GmbH, Reinbek bei Hamburg, 1976
Search for the Maya © Victor W. von Hagen 1973
Alle deutschen Rechte vorbehalten
Gesamtherstellung Clausen & Bosse, Leck/Schleswig
Printed in Germany 1978 ISBN 3 7632 2187 5

Widmung

PARA ALBERTO BELTRAN, ‹MI CATHERWOOD›,
QUIEN VIAJÓ CONMIGO POR MÉXICO,
YUCATÁN Y PERÚ, Y QUIEN
DIBUJÓ DIEZ DE MIS LIBROS TAN
MARAVILLOSAMENTE.
CON AFECTO Y
AGRADECIMIENTO.

Mr. Stephens und Mr. Catherwood
werden vorgestellt

Die amerikanische Archäologie hatte ihre Geburtsstunde mit den Forschungsreisen von John Lloyd Stephens und Frederick Catherwood. Was diese Männer in den Jahren 1839 bis 1843 in Mittelamerika und Mexico fanden, waren nicht nur vierundvierzig archäologische Stätten, sondern eine vollständige Kultur, und zwar eine, die vierhundert Jahre lang verschollen war.

Heinrich Schliemann, der in den Ebenen von Argos grub, um Troja und die hochragenden Türme von Ilion zu finden, leistete nicht mehr; auch nicht Paul Émile Botta, der die Überreste der Assyrer mit ihrer Fülle an gewaltigen und schreckenerregenden Skulpturen geflügelter Stiere ausgrub. Die Hinterlassenschaft des alten Griechenlands, Ägyptens und Mesopotamiens befand sich in vielen Fällen noch über dem Erdboden und im Gedächtnis der Welt. Sogar von den Minoern war wenigstens der Name bekannt, und sie lebten in der Überlieferung fort. So kam es, daß, als Sir Arthur Evans den Palast des Minos in Kreta freilegte, die Archäologie die Illustrationen zu Homers Schriften lieferte.

Aber Frederick Catherwood, britischer Künstler und Architekt, und John Lloyd Stephens, amerikanischer Anwalt von Beruf, Reisender aus Neigung und Archäologe aus Liebe, entdeckten eine ganze Kultur, die so unbekannt war, daß sie damals weder einen Namen noch eine Literatur hatte.

Die beiden Männer wären allein schon wegen ihrer Entdeckungen und ihrer Weitsicht berühmt geworden, aber außerdem verfaßten sie drei packend geschriebene und illustrierte Bücher, die fünf Generationen angehender Archäologen in Erregung versetzten.

Hier nun ihre persönliche Geschichte.

TEIL

I

Die Begegnung

KAPITEL I

Wer war Catherwood?

Frederick Catherwood fing das Leben recht gut an. Er schlug seine Augen im Jahre 1799 in der Gemeinde Hoxton in London während der späten georgianischen Zeit auf, jener Zeit des Kerzenlichts und der gereimten Couplets.

Die Catherwoods waren weder besonders gutsituiert noch stand es schlecht um sie; sie gehörten den gebildeten Ständen mit sicher gutem Auskommen an, denn das Haus, in dem Frederick Catherwood geboren wurde und das noch am Charles Square steht, ist ein ehrwürdiges Gebäude des achtzehnten Jahrhunderts, in dem Wohlstand und guter Geschmack architektonischen Ausdruck gefunden haben.

Hoxton, in Londons Außenbezirken, war damals noch nicht die «Königin der Häßlichkeit», zu der es später wurde. Es hatte noch Atmosphäre. Shakespeare war in Hoxton im Theater *The Curtain* aufgetreten; Ben Jonson duellierte sich hier mit Gabriel Spender; Keats wohnte ganz in der Nähe; Mary Wollstonecraft Godwin, die *Frankenstein* schrieb und mit Shelley zusammenlebte, war eine Hoxtonerin; und als Junge ging Catherwood an Balmes House, dem Gemeinde-Irrenhaus, vorbei, wo Mary Lamb eingesperrt worden war, nachdem sie ihre Mutter mit einem Tranchiermesser umgebracht hatte.

Über die anderen Catherwoods ist nicht allzu viel bekannt. Der Name taucht gelegentlich in den amtlichen Verzeichnissen auf; in der Mitte des achtzehnten Jahrhunderts erscheint ein John James Catherwood in den Listen. Das war Fredericks Onkel, der am Charles Square 21 wohnte, einem reizenden Platz, dessen Häuser von «einer hochrespektierlichen Schicht von Leuten» bewohnt waren. Unmittelbar hinter der nächsten Tür, Nummer 20, war die Wohnung der anderen Catherwoods, Nathaniel und Elizabeth, der Eltern unseres Mr. Catherwood. In diesem Haus wurde er am 27. Februar 1799 geboren.

Während die napoleonischen Kriege in Europa wüteten, bemühte sich Frederick Catherwood um seine Schulbildung. Für junge Leute ohne gesellschaftlichen Rang gab es damals nicht leicht eine Schulbildung oder einen Platz in der Welt. Catherwood besuchte zweifellos eine jener schlichten Tagesschulen in der Nähe des Charles Square, die den Kindern von Hoxton zur Verfügung standen. Dort blieb Catherwood wahrscheinlich bis zur achten Klasse, indem er Formenlehre und Grammatik studierte, und wurde, zumindest nach seinen Zeugnissen, «ein vollendeter Grammatiker, ein guter Redner und Dichter, mit guten Kenntnissen in Latein, Griechisch und Hebräisch». So kurz sie war, so gut mußte seine Ausbildung doch von Grund auf gewesen sein, denn Catherwood wurde später ein ausgezeichneter Sprachenkenner, der Arabisch, Griechisch und Italienisch sprechen und Hebräisch lesen, wenn nicht sogar schreiben konnte. Er beherrschte auch die Mathematik genügend, um auf seinen Beruf vorbereitet zu sein.

Merkwürdigerweise hat niemand Catherwood je beschrieben, so daß sein Selbstporträt verschwommen bleibt. Obwohl er fast jedem bedeutenden Künstler oder Architekten seiner Zeit persönlich bekannt war, und ebenso vielen der in Rom studierenden Künstler und dem Regiment der Künstler-Forscher (seiner Kollegen), die Ägypten bereisten (und obwohl er später mit den meisten National-Akademikern in New York persönlich befreundet war), hat aus unerfindlichen Gründen keiner jemals den verschlossenen «Mr. Catherwood» gezeichnet oder gemalt – zum mindesten ist keine Erwähnung irgendeines Porträts von ihm bekannt. Sogar unter den hundert Zeichnungen von William Brockedon – jetzt im Britischen Museum –, die Bleistiftzeichnungen von fast allen Zeitgenossen von Catherwood enthalten, ist keine von ihm. In einer seltenen autobiographischen Anwandlung machte Catherwood ein Selbstporträt mit seinem Freund Joseph Bonomi für ein «Panorama von Jerusalem», aber dieses ist vernichtet worden. Es ist uns nur ein anderes Selbstporträt verblieben, in Miniaturformat und undeutlich, wie er vor einer Ruine der Maya-Stätte Tulum steht. Er ist dort als reifer Mann von zweiundvierzig darge-

stellt, und er zeichnete sich selbst so, wie er zweifellos gewesen war –
blondhaarig und blauäugig und von so robustem Körperbau wie ein
Fischerboot von Dorchester. Mehr kann man nicht erkennen. Auch
gibt es keine Beschreibung von Catherwood; auch von seinen engsten
Freunden wird von ihm nur als «Mr. Catherwood» gesprochen oder
sehr selten als «Cath». John Lloyd Stephens, der mit ihm fünfzehn
Jahre lang eng bekannt war und mit ihm durch das kriegszerrissene
Mittelamerika reiste, wobei er mit ihm zusammen Gefangenschaft,
Krankheit und unglaubliche Mühsal erduldete, spricht von ihm nur
als «Mr. Catherwood».

Im Jahre 1820 begann Catherwood unter der Anleitung von Joseph
Severn die Kurse der Freien Künste der Royal Academy in London zu
besuchen. Die Schule, die im Somerset House abgehalten wurde,
stand befähigten Schülern offen.

In Soanes Kursen wurde Catherwood mit Piranesi bekannt. Es war
ein erregender Augenblick, als Soane den gewaltigen Band von Piranesi *Della magnificenza ed architettura de' Romani* seinen Studenten
präsentierte. Catherwood war tief bewegt von der Art, wie Piranesi
die römischen Ruinen wiedergab. Piranesis Technik, seine Art, die
Größe und Pracht der Bauwerke des alten Roms eindrucksvoll zu
vermitteln, waren wirklich erstaunlich. Denn die Archäologie hatte
ihn früh in ihren Netzen gefangen. Nachdem er Neapel und das
Paesteum besucht hatte, kehrte er 1740 nach Rom zurück, wo er den
Rest seines Lebens verbrachte, «indem er sich mit Altertumsforschern
und edlen Herren herumstritt», wobei er aber unablässig arbeitete und
mit seinem großen Können als Zeichner und Graveur jenes «Monu-
mentum aere perennius» für sich aufbaute, das eingestandenermaßen
der Ehrgeiz seines Lebens war. Piranesi beeinflußte Catherwood
mehr als irgend jemand sonst, und obwohl dieser wußte, daß «die
Kunst von Piranesi nicht von der Art ist, die man erlernen kann»,
versuchte er, in seinen eigenen archäologischen Zeichnungen die intensive Leidenschaft dieses Meisters einzufangen.

Unmittelbar, nachdem Catherwood seine ersten Zeichnungen in
der Royal Academy ausgestellt hatte, nahm seine zukünftige Reiseroute ihren Anfang, die für seinen ganzen Lebensweg bestimmend
wurde; und zwar war sie eine Folge der Krankheit von John Keats.

Keats war ein Freund von Joseph Severn, und da er in Hoxton

geboren war, war er auch ein Intimus von Catherwood. Severn hatte schon damit angefangen, Landschaften und Porträts zu malen, als er sich bereit erklärte, Keats, der schwer an Tuberkulose erkrankt war, nach Italien zu begleiten, wo er seine Genesung wiederzuerlangen hoffte. Nach Keats' Tod wurde Severn, der ihn bis zuletzt gepflegt hatte, durch sein Porträt des toten jungen Dichters berühmt.

Ein Maler von gutem Ruf, wurde er später britischer Konsul in Rom. Er liegt nun neben Keats auf dem berühmten protestantischen Friedhof innerhalb der Mauern Roms begraben.

Joseph Severns Geldmittel bestanden 1821 nur in dem Hungerlohn, der ihm von der Royal Academy für ein einjähriges Studium in Rom bewilligt worden war, und die von Keats in einem kleinen Vorschuß, den ihm sein Verleger John Taylor für seine zukünftigen Gedichte gezahlt hatte.

Auf die dringenden Bitten Severns hin, der nach Keats' Tod grämlich und melancholisch geworden war, kam Catherwood zu ihm nach Rom. Darüber liegt ausnahmsweise ein Bericht vor; in einem Brief an seine Schwester Maria vom 15. September 1821 erzählt Joseph Severn von Catherwoods Ankunft in Severns Wohnung in der Via di San Isidoro 43 ...

«Mr. Catherwood kam gestern abend nach einer überaus günstig verlaufenen Reise in vollkommener Gesundheit und Sicherheit an. Ich traf ihn in meinem Studio sitzend an, gleich aussehend und sich gebend, wie ich es von London her in Erinnerung hatte – denn er ist der erste Freund, der mir hier begegnete, den ich dort schon kannte – seine Stimme und sein Gesicht versetzten mich in meine liebe Heimat – es ist ein großes Vergnügen und wird uns auch gegenseitig gut tun. Heute morgen haben wir St. Peter gesehen – und den Vatikan – worüber er sehr entzückt war, oder ich sollte eigentlich sagen: erstaunt – ich habe ihn vielen Mitkünstlern hier vorgestellt – Engländern – unter ihnen sind drei Architekten (T. J. Donaldson, Joseph Bonomi und J. J. Scoles), bei denen er sein Studium beginnen will – und inmitten vieler entzückender Studien und Spekulationen usw. mit vielen Freunden – Die Luft in Rom ist in dieser Jahreszeit nicht ungesund, so daß ich zur Zeit hier geblieben bin, wo das Wetter und die Luft am köstlichsten sind. Mr. C(atherwood) fand dies beim Morgenspaziergang – er schien sich sehr über das zu freuen, was wir von Rom erzählen, und hier zu leben. Ich glaube, es war sehr klug von ihm, zu kommen, solange er jung ist – er wird hier eine Grundlage legen, die ihm für das ganze Leben eine edle Richtschnur sein wird . . . Mr. Catherwood bittet Dich, meinen Brief in Charles Square zu zeigen, und bittet sie, ihn zu entschuldigen, daß er nicht mit derselben Post schreibt – sein Kopf ist so voll von Rom und Schlaf, und er ist so müde . . .»

Catherwood wurde gern in die Gesellschaft der Engländer aufgenommen, «alles nette Leute – zwanzig an Zahl – Maler, Bildhauer & Architekten», schrieb Severn. Und in dieser lebhaften und begeisterungsfähigen Gruppe begann er das Studium der klassischen Architektur. Einer der vier Architekten, Thomas Leverton Donaldson, der spätere Gründer des Royal Institute of British Architects und lebenslanger Freund von Catherwood, wurde 1795 in Bloomsbury Square geboren, studierte an der Royal Academy und wurde mit deren Silbermedaille ausgezeichnet. Danach reiste er auf der Suche nach der Antike nach Rom.

Zwei andere Architekten der «Gesellschaft der Engländer», Scoles und Bonomi, kamen ein paar Monate nach Catherwood nach Rom. Scoles, an den man sich heute am wenigsten erinnert, hatte auch die Antike an der Royal Academy studiert.

1798 geboren, ist Scoles, wenn überhaupt, als einer derjenigen bekannt, die an Shelleys Beerdigung teilnahmen; und auch wegen des großen Fiaskos beim Einsturz der Hängebrücke, die er 1845 bei Great Yarmouth über den Bure baute.

Scoles war der ständige Begleiter Catherwoods im Mittelmeergebiet, und noch lange, nachdem er geheiratet hatte und Vater von vier Söhnen und acht Töchtern geworden war, blieb er mit ihm in Verbindung. Joseph John Scoles verdanken wir denn auch das einzige veröffentlichte biographische Material über Catherwood – wenn es auch beklagenswert wenig ist.

Joseph Bonomi, der berühmte Direktor von Sir John Soanes Museum in Lincoln's Inn Fields, ist bei weitem am meisten von all diesen Mitgliedern der Gesellschaft der Engländer in der Erinnerung wach geblieben. Als der Illustrator der Werke von Sir John Gardner Wilkinson über ägyptische Archäologie, ist Bonomis Name bleibend mit Ägypten verknüpft. Er war ein fröhlicher, kleiner Mann, der in jenem

Kreis von temperamentvollen Künstlern wegen seiner Frohnatur bekannt war. Sohn des italienischen Architekten, der auf Einladung der Brüder Adam von Rom nach London geholt worden war, wurde Joseph Bonomi 1796 geboren und erbte die Fähigkeiten seines Vaters. Er ging in der Gesellschaft von Scoles nach Rom, und später nahmen dieser, Bonomi und Catherwood als Künstler der Architektur an der berühmten ägyptischen Expedition von Robert Hay teil.

Rom war 1822 voll von Mitgliedern der englischen Aristokratie, die elegant in den Villen verarmter römischer Adliger wohnten. In dieser Zeit war anscheinend jedermann von Einfluß in Rom; eine endlose Folge von Künstlern, Bildhauern, Architekten und Schriftstellern arbeitete dort dank der Großzügigkeit der Aristokratie, eine Gesellschaft, die «literarisch, sportlich, ausschweifend und politisch» war.

Catherwood sah sich bald in diese Runde aufgenommen, zu der Joseph Severn den Schlüssel geliefert hatte; er erhielt Zutritt zu den *conversazioni* der römischen Gesellschaft, einer «zahlreichen, aber sehr wahllosen Gesellschaft». Wie Henry Fox beklagte, «kamen Leute aller Art ohne jede Beziehung oder Bekanntschaft miteinander zusammen und drängten sich an den Mittagstisch».

Catherwood arbeitete auch eine Zeitlang bei der Herzogin Elisabeth von Devonshire, die eigene private Ausgrabungen auf dem Forum unternahm. Damals war dieses eine Weide, und der Künstler mußte zuerst die Kühe verscheuchen, bevor er sein edles Werk, die Reste der römischen Ruinen zu zeichnen, fortsetzen konnte. Obwohl die «Antike» in der Luft lag, seit man im achtzehnten Jahrhundert in Pompeji mit den Ausgrabungen begonnen hatte, hatte die Archäologie die Domäne des Altertumsforschers noch nicht verlassen, aber mit Henry Parke, einem aus der Gesellschaft der Engländer, machte Catherwood nacheinander Ausgrabungen und seine ersten archäologischen Zeichnungen, wobei er die Katakomben abbildete, die im *Dittionary of Architecture* veröffentlicht wurden. Dann wandte er sich mit Reißbrett und Staffelei nach Süden und ging nach Sizilien.

Im Land der Demeter bekam Catherwood zum erstenmal die Hinterlassenschaft der Griechen zu Gesicht. Er folgte der Ostküste und machte auf dem ganzen Weg Skizzen der Ruinen in dem überschwenglichen Stil der Romantiker. Von Taormina, das halbwegs zwischen Syrakus und Messina liegt, waren die Ruinen eines vor

16

dreiundzwanzig Jahrhunderten aus dem gewachsenen Fels der Nord-flanke des Berges Taor ausgehauenen griechischen Theaters und ein Abschnitt alter Mauern mit zerstörten Säulen, die auf Homers «pur-purnes Meer» hinausschauten, alles, was noch zu sehen war. Die Szenerie war erregend malerisch. In der Ferne ragte der schneege-krönte Ätna als prächtiger Hintergrund 3600 Meter hoch in den blauen sizilianischen Himmel empor; der legendäre Ätna, wo die kumäische Sybille Äneas verließ. Das malte Catherwood in Tempera. Es ist ein *pièce du milieu*; aber ein herrliches.*

Nach Rom war Griechenland das Architektur-Mekka für junge Studenten; denn in Italien, das als erstes den Pulsschlag der Archäologie spürte, war 1733 die Gesellschaft der «Dilettanti» entstanden, die sich aus Angehörigen des Bildungsbürgertums – hauptsächlich Engländern – zusammensetzte, die jene prächtig illustrierten Foliobände über klas-sische Architektur als Mäzene förderten. Begleitet von Donaldson und Scoles, ging Catherwood nach Athen und kam genau in dem Augen-blick an, als Lord Byron, der als Freiwilliger bei den Griechen diente, mit seinem Gefolge von zwölf Mann, fünf Pferden, zwei Kanonen und 50000 spanischen Pesos in Missolunghi landete.

Es war erst ein paar Jahre her, daß Thomas Bruce, der siebte Earl of Elgin, im Jahr 1806 den Parthenon-Fries von Phidias in das Britische Museum holte, so daß man Catherwood sehr wohl zu den frühen Pionier-Künstler-Archäologen in Griechenland zählen darf. Wir ken-nen Catherwoods Reiseroute nicht und auch nicht genau, welche Ruinen er zeichnete, da keine seiner griechischen Zeichnungen be-kannt ist. Alles, was wir sicher wissen, ist das, was sein Freund Stephens lakonisch berichtet: «Mr. Catherwood . . ., der während der griechischen Revolution in Athen eingeschlossen war, als dieses von den Türken belagert wurde, setzte seine künstlerischen Studien fort und machte notgedrungen eigenhändig Abgüsse.»

Im gleichen Jahr, als Jean-François Champollion in Paris sein *Précis du Système Hieroglyphique des Anciens Egyptiens* veröffentlichte

---

* Dieses Bild wurde 1839 in der National Academy of Design in New York ausgestellt und erscheint als Nummer 10 «Der Ätna von den Ruinen von Tauramina aus gesehen». Es wurde von Frederic Hoppin gekauft und blieb fünf Generationen lang im Familienbesitz in New York; man kennt es nur als «den Catherwood».

17

(1824), legten Catherwood, Henry Parks und Joseph Scoles ihre spärlichen Geldmittel zusammen, mieteten ein Schiff mit Mannschaft und fuhren langsam den Nil hinauf. Indem sie die ganze Länge des schiffbaren Nils bis ins nubische Land hinauf Ruinen zeichneten, skizzierten und in Plänen festhielten, gehören diese jungen Engländer zu den ersten, die die Ruinen von Ägypten zuverlässig registrierten. Erst zwei Dekaden waren vergangen, seit Napoleon 1798 zusammen mit seiner Armee ein ganzes Korps von Künstlern und Altertumsforschern hierhergebracht hatte, deren Aufgabe es unter anderem war, einen Bericht über die im Niltal befindlichen Ruinen zusammenzustellen.

Über ein Jahr lang kartographierten und zeichneten diese jungen Architekten-Künstler unter beträchtlicher Lebensgefahr systematisch die Ansammlungen von Ruinen, auf die sie in der Nähe des Nils stießen.

In mehr als einem Sinn wurde Catherwoods Zukunft im Schmelztiegel Ägyptens geprägt. Denn später im Oktober 1824 traf er Robert Hay, einen jungen, reichen, adligen Engländer, der damals eine große Expedition den Nil hinauf plante. Catherwoods Zeichnungen gefielen ihm ausgezeichnet und erregten seine Begeisterung. Später hatte er mit Catherwood ein Essen, der ihm, wie er in seiner noch unveröffentlichten Selbstbiographie schrieb, «viele gute und nützliche Informationen über Ägypten vermittelte».

Robert Hay of Linplum, Erbe des Marquisats von Tweedsdale, hatte sich ein überaus ehrgeiziges archäologisches Programm zum Ziel gesetzt. Er plante, mit einem Gefolge von erfahrenen Künstlern, Architekten, topographischen Zeichnern und Altertumsforschern (man nannte sie noch nicht Archäologen) den Nil hinaufzureisen und bekannte und noch unbekannte Ruinenstätten zu erforschen. Bei jedem Halt wollte er seine Künstler die Wandgemälde mit ihren Inschriften zeichnen und die Architekten Grundrisse der Ruinen anfertigen lassen; es sollte die größte wissenschaftliche Expedition seit der von Napoleon werden. Hauptsächlich aus Engländern bestehend, von denen viele in späteren Jahren aus dem einen oder anderen Grund berühmt wurden, umfaßte die Gruppe Joseph Bonomi, Francis Arundale, James Haliburton (genannt Burton), Charles Laver, Edward W. Lane und Wilkinson (zwei angehende Ägyptologen), G. B. Gree-

nough, George A. Hoskins und, um die eindrucksvolle Liste abzu-
schließen, Frederick Catherwood. Diese jungen Männer sollten in den
Jahren 1824 bis 1833 die Grundlagen der ägyptischen Archäologie
legen.

Hay verwendete seine Erbschaft zu einem guten Zweck; auf eigene
Kosten unterhielt er diese große Expedition, die mehr als zehn Jahre
lang im Feld blieb. Er vermachte dem Museum 1879 neunundvierzig
Foliobände mit Gemälden, Zeichnungen, Plänen und Panoramen
ägyptischer Altertümer, ein Monument archäologischer Forschung.

Hay selbst veröffentlichte ein Buch.

Die Expedition begann ihre Arbeit in Memphis, wo Hays Künstler
die großen Pyramiden von Giza-Khufu, Khafre und Menkawre maß-
stabgerecht zeichneten, ein Werk, in dem Catherwoods Skizze der
Pyramiden von Giza veröffentlicht wurde. Nach Memphis kamen
Sakkara und Abydos; 1832 schlug die Expedition ihr Lager in den
Ruinen von Theben auf.

Den hier befindlichen Resten der größten Städte der antiken Welt –
Theben, Karnak, Luksor und Deir el Bahari – widmete Robert Hays
Gruppe die größte Aufmerksamkeit. Die herrlichen Tempel, die in
der Zeit der Königin Hatschepsut 1500 v. Chr. erbaut worden waren,
drängten sich am Ufer des Nils. Der aus rotem Granit aus den Stein-
brüchen von Assuan errichtete Tempel von Karnak war, als er vollendet war, so schön, daß er Hatschepsut Schlaflosigkeit verursachte, die
sagte, «daß sie wegen dieses Tempels nicht schlafen könnte». Den
gleichen Effekt hatte er bei den jungen englischen Architekten, die
ihre Zelte zwischen diesen hinreißend schönen Monumenten aus
grellbuntem Kalkstein aufschlugen.

Catherwood begann im September 1832 mit der Arbeit und zeichnete nach sorgfältigen Vermessungen zunächst einen kolorierten Plan
von Theben und dann einen detaillierten Plan der ganzen Ruinen.
Dann arbeitete er an einem Panorama des ganzen Tals mit Theben –
eine Skizze, die dann eines Tages zu einem gewaltigen szenischen
Panorama vergrößert und in London und New York ausgestellt wurde.* Später zeichnete er maßstabgerecht die Obelisken, die die Ruinen
überragten.

---

* Die gewaltige kreisförmige Leinwand wurde durch das Feuer vernichtet, das

Gegen Ende des Jahres 1832 fing Catherwood zusammen mit James Haliburton mit der Arbeit an den Memnonkolossen an. Haliburton – von den Haliburtons von Roxburghshire – war 1821 mit Wilkinson auf Einladung von Mehemed Ali nach Ägypten gekommen, um eine geologische Aufnahme des Nils zu machen. Dort verließ er, dem Zauber der Antike verfallen, bald die Dienste des Paschas und reiste nilaufwärts. Er hatte in Kairo mehrere umfangreiche Foliobände mit dem Titel *Excerpta Hieroglyphica* veröffentlicht.

Am Westufer des Nils steht zwischen den Gebäuderuinen von Medinet Habu und dem Ramesseum die 21 Meter hohe Statue von Amen-Hotep III. Die dreitausend Jahre alte architektonische Skulptur war aus einem rötlichen Konglomerat aus den Sandhügeln von Edfu hergestellt und in acht speziell dafür konstruierten Schiffen den Nil hinuntergetrieben worden. Tief beeindruckt von der Großartigkeit seiner Arbeit, glühte der Architekt und Bildhauer der «Kolosse» vor Begeisterung: «Sie sind wundervoll», sagte er in Hieroglyphen, «an Größe und Höhe, und sie werden so lange dauern wie der Himmel.»

Catherwood errichtete ein Gerüst an der zertrümmerten gesichtslosen Seite der Statuen, vermaß bis ins einzelne diese wundervollen Monumente des «tönenden Memnon» und zeichnete sie maßstabgerecht. Dann grub er um ihre Basis herum den Boden auf und entdeckte, daß sie nur auf einer Sandschicht ruhten. Catherwoods Zeichnungen, die ersten genauen, die je gemacht worden waren, wurden erst kürzlich zum erstenmal veröffentlicht. Aber seine Zeichnungen des Hofs des Ramesseums, die erhöhte Terrasse und die Osiris-Pfeiler von Ramses II. hatten eine Publikationsgeschichte und erschienen in William Findens *Landscape Illustrations of the Bible*.

Catherwood ritzte seinen Namen zwischen die hunderte von anderen, unter denen sich auch der des Kaisers Hadrian befindet. Von all diesen Kritzeleien hatte die seinige die größte Berechtigung, denn er war der einzige, der die Monumente zeichnete, seitdem der ursprüngliche ägyptische Architekt sie errichtete.

Catherwoods Rotunde in New York zerstörte. Die einzige Wiedergabe davon ist ein Holzschnitt, der in einem Prospekt abgedruckt ist, der den Beschauern als Führer diente, wenn sie an dem kreisförmigen Wandgemälde vorbeigingen. *A Description of a View of Thebes*, New York, 1836.

Die Expedition zog weiter nilaufwärts und arbeitete in Hierakonpolis, Edfu und schließlich in Elephantine und auf der Insel Philae. Dort kopierte Catherwood die Inschriften auf den reliefierten Mauern, die sich auf Ptolemäus und Kleopatra beziehen. Nach einigen Wochen Arbeit in den Tempeln von Philae hatte er eine große Mappe mit Zeichnungen, unter denen sich ein Aquarell befand, das ihm gut genug schien, es zurückzubehalten.*

Als die Expedition zu Ende war, geriet Catherwood eine Zeitlang in Vergessenheit. Von den Hunderten von Zeichnungen und Plänen, die die gewaltige Sammlung Hay umfaßt, ist nichts von seiner Arbeit veröffentlicht worden, bis der Autor dieses Buches seine Zeichnungen in den Sammlungen im Britischen Museum entdeckte und identifizierte. Das in den 49 gewaltigen Foliobänden enthaltene Material ist so umfassend, daß es ein ganzes Leben erfordern würde, um es auszuwerten. Zweifellos ist vieles, was Catherwood in Ägypten aufzeichnete, heute vernichtet. Viele seiner Zeichnungen sind nur mit «F. C.» signiert. Manche andere sind unsigniert, so daß nur die in langer Beschäftigung mit seinem Stil gewonnene Erfahrung eine Identifikation ermöglicht.

Jeder Teilnehmer dieser Expedition, außer anscheinend Catherwood, veröffentlichte ein mit eigenen Zeichnungen illustriertes Buch. Henry Westcar schrieb *A Journal of a Tour made through Egypt, Upper & Lower Nubia* im Jahr 1823–1824. George Hoskins, ein anderes Mitglied der Expedition, der ihn zu der Oase Khargam, östlich von Theben, begleitete, verfaßte *A Visit to the Great Oasis of the Libyan Desert* (London 1837). Catherwood wird oft erwähnt: «Eine Mr. Catherwood gehörende Pistole mit sieben Läufen wurde von den Arabern bestaunt, die in ihr eine höchst furchtbare Waffe sahen, und ihr Ruhm verbreitete sich weit im Niltal . . .» Robert Hay selbst veröffentlichte das prächtige Werk *Illustrations of Cairo*. Und schließlich war da noch Arundale. Arundale, der als Architekt dem berühmten Augustus Pugin dabei behilflich war, Material für seine *Architectural Antiquities of Normandy* zu sammeln, war eines der ersten Mitglieder der Expedition Robert Hay. Francis Vyvyan Jago

* 297 Insel Philae, Erster Nilkatarakt – *Mondschein*; 1845 in der National Academy of Design, New York, ausgestellt.

Arundale war ein vollendeter Architekturzeichner, litt aber an Epilepsie, und seine Anfälle, die immer unversehens kamen, gehörten zu Catherwoods Schicksalsprüfungen.

Arundale veröffentlichte das Buch *Illustrations of Jerusalem and Mt. Sinai* (London 1837), in dem Catherwood vorkommt. Dieser war selbst schuld daran, daß er in Vergessenheit geriet; er schrieb nichts. Joseph Bonomi führte ein Tagebuch.

Ihr Plan war die archäologische Aufnahme der Wüsten im Osten von Kairo, im Sinai, und dann nordwärts den großen Senkungsgraben hinunter durch Jordanien, Jerusalem und nach Libanon hinein.*

Catherwood muß selbst an der Dürftigkeit seiner persönlichen Geschichte schuld gewesen sein; es muß in seinem Wesen eine tiefe Unausgeglichenheit gegeben haben. Er war allzu bescheiden. Er trieb die klassischen englischen Tugenden – Würde, Gelassenheit, Zurückhaltung – so weit, daß seine Persönlichkeit darunter litt. Steif und zurückhaltend, zeigte er schon früh Anzeichen aus einer Mischung von Depressivität und Gereiztheit. Aber trotz seiner reservierten und bescheidenen Art war er begeisterungsfähig, und das gab ihm später die nötige Durchhaltekraft, als er in den hintersten Winkeln einer versunkenen Welt die Überreste vergessener Kulturen nachzeichnete.

Die langen Jahre im Nahen Osten unter der segensreichen Einwirkung der Mittelmeersonne hatten in der äußeren Erscheinung von Frederick Catherwood einen Wandel bewirkt. Er kleidete sich wie ein Araber in wallende Gewänder mit Turban und war, wie sein Freund Arundale sagte, «mit den orientalischen Sitten ganz vertraut». Er sprach fließend Arabisch, Italienisch und Hebräisch; er hatte wohl auch etwas von der Zurückhaltung verloren, die anfangs für ihn charakteristisch war. Bis 1833 hatte er eine gewaltige Menge an Material und Beobachtungen gesammelt wie kein Architekt-Archäologe bis dahin – oder vielleicht sogar seither. Er hatte die klassischen Länder Italien, Griechenland und Sizilien bereist und mit großer

* Der Autor dieses Buchs plant ein zusammenfassendes Werk über Catherwoods Arbeit in Ägypten «Die verlorenen ägyptischen Tagebücher von Frederick Catherwood», auf der Grundlage der persönlichen Erforschung aller ägyptischen Stätten, der Sammlung Hay, British Museum Add Mss 29812–29860, und der Sammlung Haliburton, British Museum Add Mss 25613–25675.

Könnerschaft alles skizziert und gezeichnet. Nach seinen Reisen am Nil war er eine Zeitlang bei Mehemed Ali als Ingenieur beschäftigt, um die Moscheen von Kairo zu restaurieren. Das versetzte ihn in die Lage, die erste architektonische Analyse sarazenischer Bauwerke durchzuführen (leider sind diese Zeichnungen verlorengegangen). Da er bei Mehemed Ali in hoher Gunst stand, hatte er des Paschas persönlichen Ferman, eine Art von Schutzbrief, bekommen und reiste durch Libyen nach Westafrika. 1832 war er in der Regentschaft von Tunis in Dugga, wo er eine sechs Meter hohe Säulenplatte zeichnete und ein schönes Tor mit vier Säulen mit einer Inschrift auf der Fassade, die aussagte, daß es von zwei Brüdern errichtet worden sei.*

1833 beendeten Catherwood, Arundale und Bonomi, als türkische Händler gekleidet, ihre Vorbereitungen für eine Expedition in das Sinaigebiet und nach Arabia Petraea. Sie kauften, schrieb Arundale, «das Nötige im Bazar von Kairo» und brachen am 29. August 1833 zum Berg Sinai auf. Nach dem veröffentlichten Bericht von Arundale und dem unveröffentlichten Tagebuch von Bonomi kann man Catherwoods Teilnahme an dieser Wüstenreise verfolgen; sie folgten der Kamelkarawanenstraße an der Küste des Roten Meers. Nachdem sie Suez verlassen hatten, kamen sie an Hunderten von Kamelen vorbei, die in Girgade getränkt wurden, der nächsten Trinkwasserstelle bei Suez. Am siebten Tag der Reise kamen sie nach Wadi Mokateb – dem Felsen der Inschriften. Diese Inschriften – in vielen Sprachen, Griechisch, Arabisch, Lateinisch – wurden «von Cath und Arundale kopiert». Die Sinai-Halbinsel ist voll von Ruinen, und auf dem Dschebel el Igma kamen sie zu den Ruinen von Sabit el Khadin. Später, als die Straße eine Höhe von 1500 Meter erreicht hatte, trafen sie auf die antiken Ummlugma-Minen, wo sie die Öfen fanden, in denen Gold und Kupfer für die vordynastischen ägyptischen Kulturen eingeschmolzen wurden.

Viele Ansichten der Stätten, die auf halbem Wege zwischen zwei Kulturen, der ägyptischen und der nabatäischen, liegen, wurden von Catherwood gezeichnet.

* «Frederick Catherwood: Account of the Punico-Libyan Monument at Dugga and the Remains of an Ancient Structure at Bless near the site of Ancient Carthage». Trans. of the American Ethnological Society (vol. I), New York, 1845.

Am 16. September kamen sie zum Katherinenkloster. Dieses wegen seiner Gastfreundschaft berühmte griechische Kloster war der Wächter des Berges Sinai; Bonomis Tagebuch berichtet: «Nachdem wir den Berg zu besteigen begonnen hatten, machten wir Skizzen von allen wichtigen Orten.»

In den letzten Tagen des Septembers und in den Oktober 1833 hinein reisten Catherwood, Arundale und Bonomi durch das Land Udemco, wo sie trotz Anfällen von Fieber und Krankheit («Catherwood unwohl, wir mußten also verweilen»; «Arundale hatte drei Attacken seines alten Übels») auch weiterhin die Überreste von allem zeichneten, was für sie interessant erschien. Am 6. Oktober kamen sie in Jerusalem an.

Jerusalem und seine Umgebung regten Catherwood zu den wichtigsten seiner architektonisch-archäologischen Forschungen im Mittleren Osten an; er vollendete den Gesamtplan und die Details von El-Aqsa und dem Felsendom (Omarmoschee).

Den ganzen Oktober 1833 machte er die ersten Anläufe zu dem Jerusalem-«Problem»; «Catherwood und ich wanderten diesen ganzen Nachmittag um die Mauern herum, und als wir beim Pilgertor zurückkehrten ... Montag, den 14. ... führten wir zwei Ansichten des Hauses des Lazarus und der Via Dolorosa aus ... Montag, den 21. ... skizzierten wir den (Felsen) Dom und einen Entwurf dieser merkwürdig verschlungenen Säulen ...»

Nach wenigen Tagen wurden sie von Arabern behelligt, die ihnen sagten, daß es nicht erlaubt sei, «innerhalb der heiligen Einfriedung zu zeichnen, denn Cath ging gestern hinein, und der Gouverneur sah ihn ...» Später «war Cath innerhalb der Mauer ... er ist jetzt so kühn, daß ich glaube, ich muß mich davonmachen ...»

Am 24. Oktober hatte Catherwood sein Handwerkszeug und seine «Apparati» auf dem Dach des Hauses von Pontius Pilatus aufgestellt: «Cath macht nun sein Panorama von Jerusalem.» Mit Hilfe seiner Camera lucida*, diesem einfachen aber nützlichen Instrument, konnte er den ganzen Umriß von Jerusalem verhältnismäßig schnell fest-

---

* Die Camera lucida wurde im neunzehnten Jahrhundert viel gebraucht, um die Umrisse von Gebäuden nachzuzeichnen. Vermittels eines Prismas, das aus einer bestimmten Anordnung von Linsen entsteht, bringt sie ein Bild hervor, das auf ein Blatt Papier projiziert wird, wo die Umrisse getreu nachgezeichnet werden können.

halten, wie wenn er eine Panoramalinse in einer modernen Kamera benützt hätte.

Als die Araber das Jordantal überfluteten, nachdem sie die Heere von Heraclitus überwältigt hatten, fiel ganz Palästina. Die Araber besetzten 640 n. Chr. Jerusalem. Hinter der alten Stadtmauer – deren tiefere Lagen in die Zeit von Herodes dem Großen gehören – errichteten die Araber mit der Hilfe von griechisch-christlichen Architekten und Handwerkern den prächtigen Felsendom. Er und die daran anschließende Moschee El-Aqsa wurden 691 durch den Omajjaden-Prinzen Abdel-Malik erbaut.

Der Felsendom war schon lange der Gegenstand eines heftigen Streits zwischen Altertumsforschern, Architekten und Religionsgeschichtlern. Die Moschee mit ihren mosaikbedeckten Mauern in einer Ecke des alten Jerusalem hatte von alters her einen Platz im Diadem des Islams, denn hier hatte Mohammed sein adlergeflügeltes Pferd bestiegen, um die sieben Himmel des Islams zu besuchen.

Es wird geglaubt, daß Mohammeds Fuß sich in dem heiligen schwarzen Felsen abgedruckt hat, was Mark Twain sehr boshaft in Zweifel zog, nachdem er den Abdruck gemessen und daraus geschlossen hatte, daß Mohammed Schuhgröße 18 gehabt haben müsse. Zu Catherwoods Zeiten setzten Ungläubige ihr Leben aufs Spiel, wenn sie eintraten. Bis zu jener Zeit hatte kein Architekt je den Dom oder sein Inneres gezeichnet.

Am 7. November war Catherwood trotz der Drohungen für den Fall, daß er weiter zeichnen wollte, wieder am Felsendom. 7. November «. . . Cath sagte, er wolle hineingehen, auch wenn es nötig sein würde zu sagen, er sei ein Muselman». Am 13. November 1833 schließlich kehrte Catherwood als ägyptischer Beamter gekleidet und, wie er schrieb, «ausgestattet mit einem wirkungsvollen Ferman, der mich ausdrücklich einen Ingenieur im Dienst von Mehemed Ali» nannte, zu der Moschee zurück.

Der 1769 in Albanien geborene Mehemed Ali wurde in einem türkischen Regiment erzogen, wo er zwischen Blutbädern die Grundlagen des gesitteten Sprechens und guten Benehmens erlernte. Nachdem er sich im Tabakhandel von Latakia versucht hatte, wurde er als Leutnant vom türkischen Sultan ausgeschickt, um dreihundert albanische Soldaten als Hilfstruppe bei General Bonapartes Angriff auf

Ägypten zu befehligen. Mehemed Ali spielte ein vollkommenes Ränkespiel; er half Napoleon gegen die Briten; dann den Briten gegen Napoleon; und als schließlich Lord Nelson die französische Flotte vernichtet hatte, blieb er in Ägypten und festigte dort seine Position.

In dem Chaos, das auf die napoleonischen Kriege folgte, half er den Mamelucken gegen die Türken; dann spielte er die eine Clique gegen die andere aus und lud schließlich die Führer der Parteien in seinen Palast nach Kairo ein, wo er sie alle umbrachte. Das war Mehemed Ali, «dessen sämtliche Taten», schrieb der französische Konsul an seine Regierung, «den Geist Machiavellis offenbaren». Um seine Theorie zu beweisen, gab er Mehemed Ali ein Exemplar von *Il Principe*, von dem ihm Tag für Tag zehn Seiten übersetzt wurden. Am vierten Tag seiner Lektüre Machiavellis sagte Mehemed Ali: . . . «auf den ersten zehn Seiten entdeckte ich nichts Bedeutendes oder Neues . . . ich wartete. Aber die nächsten zehn Seiten waren nicht besser. Die letzten zehn waren nur Gemeinplätze. Ich kann von Machiavelli nichts lernen. Und was die Listen und Ränke angeht, so weiß ich darüber viel mehr als er. Höre jetzt auf und übersetze nichts mehr.»

Mit dem Ferman dieses gewaltigen Mehemed Ali konnte Catherwood den Dom betreten und ungestraft darin zeichnen.

In diesem besonderen Fall hat Catherwood einen persönlichen Bericht hinterlassen. Nachdem er eine kartographische Aufnahme von Jerusalem und einen Plan von Harm es Schereef, sowie Zeichnungen des Äußeren von El-Aqsa und dem Felsendom gemacht hatte, betrat er das Innere der Moschee, «weil er sich unwiderstehlich dazu gedrängt fühlte, einen Versuch zu machen».

Er schrieb an den bekannten Reiseschriftsteller W. H. Bartlett: «. . . Es war ein Unternehmen, das sicher die Aufmerksamkeit auf mich ziehen und mich gefährlichen Folgen aussetzen würde. Die kühle Zuversicht meines Dieners war mir eine Hilfe und verlockte mich zugleich zum Weitermachen. Wir traten ein, und nachdem ich die Camera (lucida) aufgestellt hatte, setzte ich mich sogleich an meine Arbeit, wenn auch nicht ohne einige Nervosität . . . Ich war ganz umgeben von einer Menge von zweihundert Menschen, die den Anschein erweckten, als faßten sie Mut, um sich plötzlich auf mich zu stürzen, und ich glaube, es hätte nur wenige Augenblicke gedauert, bis wir in Stücke zerrissen worden wären, wenn nicht ein Ereignis eingetreten wäre, das unsere Gefahr und Verwirrung in einen absoluten Triumph verwandelte. Plötzlich erschien nämlich der Gouverneur auf den Stufen der Plattform. Als sie ihn erblickten, stürmten die vordersten auf ihn zu und forderten die Bestrafung des Ungläubigen, der den heiligen Bezirk entweihte. Daraufhin kam der Gouverneur näher, und da wir oft miteinander geraucht hatten und uns gut kannten, grüßte er mich höflich, und da er es für absolut unmöglich hielt, daß ich es wagen könnte, das zu tun, wozu ich gerade im Begriffe war, ohne eine Befugnis des Paschas zu besitzen, machte er sich sogleich daran, die Wut der Menge zu besänftigen. ‹Ihr seht, meine Freunde›, sagte er, ‹daß sich unsere heilige Moschee in einem ziemlich verfallenen Zustand befindet, und ohne Zweifel hat unser Herr und Meister Mehemed Ali diesen Effendi hergesandt, um sie zu besichtigen, damit sie ausgebessert werden kann. Wenn wir nicht in der Lage sind, so etwas selbst zu tun, ist es nur recht und billig, diejenigen zu beschäftigen, die es können; und da das der Wille unseres Herrn, des Paschas ist, ersuche ich euch, euch zu zerstreuen und nicht durch weitere Störungen mein Mißfallen zu erregen.›

Dann wandte er sich mir zu und sagte, so daß alle es hören konnten, daß er jedem, der in Zukunft die Kühnheit hätte, mich zu stören, exemplarisch bestrafen würde. Ich hielt es natürlich nicht für nötig, den würdigen Gouverneur eines Besseren zu belehren. Ich dankte ihm nachdrücklich und fuhr mit dem Zeichnen fort. Danach ging alles ruhig weiter.

Sechs Wochen lang setzte ich meine Untersuchung aller Partien der Moschee und ihrer Umgebung fort und stellte meine erstaunten Gefährten als notwendige Helfer bei der Arbeit der Untersuchung vor. Aber als ich hörte, daß *Ibrahim Pascha* bald kommen würde, dachte ich, es sei nun Zeit, von Jerusalem Abschied zu nehmen . . .»

Catherwood beendete also die Zeichnungen der Moschee, machte Schnitte des Doms, vermaß die äußere Mauer und sammelte so in sechs Wochen genügend Einzelheiten der berühmtesten Moschee der ganzen mohammedanischen Welt – danach hätte man eine genaue Kopie errichten können. Bis dahin war das seine größte Leistung.

Er hatte beabsichtigt, nach seiner Rückkehr nach London seine Arbeit in Buchform zu veröffentlichen, wobei er die prachtvollen Zeichnungen, die er gemacht hatte, alle verwenden wollte. Aber die

Londoner Verleger zeigten sich uninteressiert; verärgert legte er sie beiseite.

Wenige Jahre, nachdem Catherwood hier gearbeitet hatte, entstand eine heftige Kontroverse zwischen verschiedenen Architekturschulen über den Ursprung des Felsendoms. Mr. James Fergusson, der hervorragende Architekturgeschichtler, vermutete, daß diese Moschee von Konstantin über dem Grab Christi erbaut worden sei. Da ihm andere Altertumsforscher widersprachen, versuchte er, Catherwood ausfindig zu machen, um die Zeichnungen zu sehen und so seine archäologische Theorie zu beweisen. 1846 nahm er Verbindung mit ihm auf.

«Es fiel mir ein», schrieb Fergusson, «daß das einzige Mittel, dem Dilemma zu entkommen, wäre, nach Möglichkeit zu versuchen, sich Zugang zu Mr. Catherwoods Zeichnungen zu verschaffen, von denen ich wußte, daß sie irgendwo existierten. In Beantwortung eines Briefes, den ich Mr. Catherwood schrieb», übergab dieser im Januar 1847 Fergusson seine Sammlung. So verschwand wieder ein Stück des archäologischen Denkmals, das Catherwood sich selbst errichtet hat. Heute sind alle seine Zeichnungen der Omarmoschee verschollen.

Nach den qualvollen Wochen im Inneren der Omarmoschee war Catherwood begierig, jene Ruinen – nicht weniger als achtzig Kilometer von Jerusalem entfernt – zu sehen, die 1806 von dem deutschen Reisenden Ulrich Seetzen entdeckt worden waren.

Unter ihrem römischen Namen Gerasa war die Stadt eines der Mitglieder des griechischen Handelsbundes, den man die Dekapolis nannte. Als die Römer die Stadt wieder aufbauten und sie der Provincia Arabia einverleibten, erlaubten sie ihr klugerweise, die griechische Kultur und Sprache beizubehalten.

Der Kaiser Vespasian hatte 75 n. Chr. eine Mauer um sie errichten lassen, und durch sie hindurch floß das ganze Jahr ein Fluß, der dem umliegenden Land ein lebhaftes Grün und Gerasa einen arkadischen Charakter verlieh. Es ist die schönste und am vollständigsten erhaltene römische Provinzstadt im Mittleren Osten. Die Römerstraße geht durch einen Triumphbogen, verläuft neben den amorphen Ruinen eines Hippodroms und führt zu einem gewaltigen, plattenbelegten Forum, das unregelmäßig elliptisch und einmalig ist. Die Straße, die hier zur Hauptstraße von Gerasa wird, hat Kolonnaden von einem Ende bis zum anderen. Die Pflastersteine – die geglätteten weißen Kalksteinplatten – liegen noch in ihrer ursprünglichen, wunderbar angelegten Ordnung, und darunter befindet sich ein Entwässerungssystem.

Läden säumten einst die Straße; ein Nymphäum, um das einströmende Wasser eines Baches aufzufangen und wieder freizugeben, steht noch auf halbem Wege in der Straße. Es gibt je ein Theater mit griechischen Inschriften an den beiden Enden der Straße; Tempel, Bäder und weit verstreute Häuserruinen. Das Nordtor passiert die Straße unter einer Inschrift, wonach es im Jahr 115 n. Chr. von Claudius Severus, dem Legaten Trajans, erbaut wurde. Es erscheint kaum glaubhaft, daß diese Stadt der Erinnerung der Menschen ganz entfallen konnte, bis Seetzen 1806 auf sie stieß.

Catherwood versuchte, möglichst rasch in der verfügbaren Zeit zu arbeiten, aber da gab es Probleme: «Ich machte ein paar Skizzen und fand die Leute äußerst lästig ...» Um Herr der Lage zu werden, führte er seine berühmte Pistole (die mit den sieben Läufen) vor. Die Araber, die wissen wollten, wie man sie ohne Steinschloß abfeuern konnte, fielen bäuchlings auf den Boden, als sie losging. Bonomis Maultier ging durch, «so daß ich gezwungen war, einigen Arabern zehn Piaster zu bieten, um es wiederzuholen».

Dann war da Arundale; epileptische Anfälle kamen nun häufiger, und der größte Teil von Catherwoods Zeit wurde davon in Anspruch genommen, ihn zu pflegen. Unter diesen Umständen gab es nicht allzu viel künstlerische Arbeit, und doch ...

Und doch stellte Catherwood den ersten Lageplan fertig, der je gemacht wurde. Er machte auch eine Zeichnung des Tempels der Artemis – vielleicht die erste von der Hand eines wirklichen Künstlers. Sie fand die verdiente Anerkennung und wurde von Finden für seine *Landscape Illustrations of the Bible* (London 1836) gestochen.

Es war unvermeidlich, daß Catherwood sich von den Ruinen von Baalbek angezogen fühlte. Ein Paß durch das von Beirut aus landeinwärts gelegene Gebirge führte in das grüne fruchtbare Tal zwischen Libanon und Antilibanon, das von den schneebedeckten Gipfeln, die es umgeben, reichlich bewässert wird. Der Orontes hat hier seinen Ursprung. Baalbek war wegen seines Kultes des Gottes Baal berühmt;

es war phönizisch gewesen, dann griechisch und schließlich römisch. Die Römer behielten seinen griechischen Namen Heliopolis, Sonnenstadt, bei, und unter den Antoninen stand es in großem Ansehen; der gewaltige Tempelkomplex von Baalbek erstand auf den Trümmern früher phönizischer Bauten. Der Bacchustempel ruht auf monolithischem, behauenem Kalkstein; der größte einzelne Steinblock, der je behauen, transportiert und an seinen Platz gestellt wurde, ist achtzehn Meter lang und fünf Meter breit, das Gewicht jedes Steins beträgt 1500 Tonnen. Auf dieser Basis erhebt sich der Bacchustempel; das Dach bestand aus Ziegeln.

Nachdem er sein Zelt zwischen den umgestürzten Säulen aufgeschlagen hatte, begann Catherwood, neben der Pflege Arundales, mit der Aufnahme des Jupitertempels. Unter sorgfältiger Beachtung des Details zeichnete er die architektonische Lyrik Baalbeks, die Propyläen, den Vorhof, den Großen Vorhof, den Altar in seiner reinen, unverfälschten Klassik, den Heliopolistempel von Jupiter-Baal und die Reste des Bacchustempels mit seinem erlesenen steinernen Tor und dem Motiv der Feigenblätter, die die Zeit und der Mensch übriggelassen hatten. Er war in der Zeit von Antonius Pius (86–161) erbaut, 748 von den Seldschuken geplündert worden, fiel 1134 in die blutbefleckten Hände von Dschingis Khan und wurde 1517 von den Türken erobert, in deren Herrschaftsbereich er bis 1918 verblieb.

Die sechs übriggebliebenen neunzehn Meter hohen Säulen des Jupitertempels standen beherrschend auf dem gut bewässerten Rasen. Der schöne römische Tempel, der von den Byzantinern zu einer Basilika gemacht, von den Muslimen in eine Moschee verwandelt und von den Mongolen zerstört worden war, diente jetzt nur noch als Winterstall für nomadische Hirten. Es gab nun nur noch die sechs Pfeiler, die noch Architrav, Fries und Gesims trugen. Aus drei ungeheuren Marmortrommeln zusammengesetzt, waren die Säulen mit geschmolzenem Blei zementiert worden. Das war der Grund für ihre Zerstörung, denn die Araber stürzten die Säulen um, um an das Blei zu kommen. Die gewaltigen Ruinen sind immer wieder gezeichnet und beschrieben worden. Den Briten sind sie bekannt, seit Robert Wood 1753 *The Ruins of Baalbek* herausbrachte.

Es gibt keinen anderen Bericht über Catherwoods Besuch in Baalbek als eine flüchtige Erwähnung durch Arundale, der ihn begleitete.

Alles, was wir sonst über seine Arbeit in Baalbek wissen, ist bibliographischer Natur.*

Wie wir aus einem Brief aus Damaskus erfahren, war Catherwood am 16. März 1834 im Begriff, nach Palmyra zu reisen. Diese legendäre Wüstenstadt, welche Engländer zum erstenmal im achtzehnten Jahrhundert gesehen hatten, liegt zweihundert Kilometer südöstlich von Damaskus mitten in der Wüste. Da Palmyra eine Oase ist und das ganze Jahr Wasser hat, war sie eine wichtige Station auf den Handelswegen der Karawanen. Die Römerstraße erreicht Palmyra bei dem Tor der großen Mauer von Justinian, die im sechsten Jahrhundert n. Chr. erbaut wurde.

Sogleich betritt man die lange Kolonnadenstraße, von der noch 150 Säulen stehen. Wie in Gerasa führt die Straße aus weißem Kalkstein zwischen den Säulen hindurch. Eine Wasserleitung verläuft neben der Straße, und es ist noch zu sehen, wie sie sich in die Gebäude verzweigt, die das Wohnzentrum waren.

Ein gut erhaltenes Theater, von dem nur die Sitze durch Wind und Sonne verwittert sind, befindet sich unmittelbar neben der Straße, und darum herum eine ganze Stadt aus Läden, Wohnhäusern, Brunnen, Tempeln und Karawansereien. Diese vermitteln einen Eindruck vom Wohlstand der Stadt, die den lebhaften Karawanenhandel mit dem Osten beherrschte.

Palmyra erwarb sich seine überragende Stellung in Handel und Macht zu den Zeiten Trajans. Es wurde ein Handelszentrum in der Wüste. Baumwolle kam in Ballen, goldener Schmuck aus Parthien, Juwelen aus Babylon und mit syrischem Purpur gefärbte Seide. Es gab Myrrhe aus Äthiopien, seltene Hölzer und Gewürze aus Persien, kostbar gewobene Textilien und lebende Vögel.

In einem lebhaften Brief an Bonomi vom 16. März 1834 bat Catherwood diesen, «mit uns zu einem Ausflug nach Palmyra zu kommen. Wir hörten von Sheriff Bey, daß die Straße sicher ist, und haben die Absicht, so bald als möglich nach der Rückkehr des Boten abzureisen . . .»

Das Panorama muß er in derselben Zeit gemacht haben, denn er

* Robert Burford: Description of a View of the Ruins of The Temple at Baalbek . . . Gemalt nach Zeichnungen von F. Catherwood. London 1844. .

schreibt: «Im Augenblick (März) sind die Bäume noch kahl, und ich kann daher mit meinem Panorama nicht anfangen.» Daß es fertiggestellt wurde, wissen wir von der «Reklame», die John L. Stephens für seine Rotunde in New York machte.

«Catherwood . . . besitzt große Panoramen von Jerusalem*, Theben, Damaskus, Baalbek, Algier, Karthago und Athen.» Da Catherwood all diese Städte besucht hat, ist es einleuchtend, daß er überall Panoramen gemacht hat. Und alle sind verlorengegangen.

In den letzten Tagen der Regierung König Wilhelms IV. erlebte Großbritannien eine noch nie gekannte Ära materiellen Wohlstands. 1835 kehrte Frederick Catherwood nach neun Jahren brotloser Forschungen in den Ruinen alter Kulturen nach London zurück. Aus Geldnot stieg er ins Geschäftsleben ein und verpfändete Robert Burford seine künstlerischen Dienste.

Der Leicester Square war seit langem das Zentrum von Panorama-Attraktionen. Seine gewaltigen Rotunden, die kolossale kreisrunde Wandgemälde, Darstellungen von Schlachten, Krönungen, fernen und romantischen Städten beherbergten, zogen, wie heute das Kino, gewaltige Mengen neugieriger Menschen an. Diese Anhäufung von Panoramen, Dioramen, Bilderfriesen und Schautafeln, «an denen das Auge Gefallen fand, ohne daß das Gehirn richtig angestrengt wurde», hatten eine große Anziehungskraft auf das Publikum. Obwohl viele der Unsterblichen der Kunst zu irgendeiner Zeit ihrer Laufbahn Panoramen malten, ist doch wenig über dieses Medium bekannt. Die Geschichte des Panoramas ist vernachlässigt worden.

Man schreibt einem gewissen Herrn Breisig, einem deutschen Architekturmaler aus Danzig im späten achtzehnten Jahrhundert die Idee des Panoramas zu. Sie wurde bald mit großem finanziellen Erfolg von Robert Barker aus Edinburgh aufgegriffen, der 1793 mit seiner Skizze eines Panoramas von Edinburgh nach London kam.

Der Leicester Square war eine gute Wahl als Ort für die Panoramen; er hatte eine lange künstlerische Tradition. Sir Joshua Reynolds hatte hier seit 1760 gewohnt und in seinem Atelier die Porträts gemalt, die ihn berühmt machten. Sein Zeitgenosse Hogarth hatte seine Woh-

---

* F. Catherwood: Plan of Jerusalem, veröffentlicht am 1. August 1835; F. Catherwood, 21 Charles Sq., Hoxton, London.

Catherwoods Skizze des Ufers bei Luksor mit Blick auf die Ruinenstätte

Gise. Catherwoods Ansicht der Pyramiden im Niltal

Catherwoods Skizze der Ruinen von Philae, 1833

Die Memnonkolosse.
Catherwoods Zeichnung der Statuen
von Amen-hotep III.

Detail der Ruinen von Philae. Ein der Göttin Hathor geweihter Tempel

Catherwoods Skizze einer Ansicht bei Elephantine unterhalb von Assuan, 1833

Catherwoods Panorama in New York

Stephens' Karte seiner Reise den Nil hinauf

Catherwoods Aquarell des Tempels von Dendera, den Stephens 1836 besuchte

Der große Amuntempel in Karnak

George Holtons Fotografie des Obelisken in Luksor
und (Einschaltbild) Catherwoods Zeichnung

Das Tor in Karnak

nung bis zu seinem Tod ganz in der Nähe im Wirtshaus zum Goldenen Haupt, so daß eine bestimmte außergewöhnliche Atmosphäre
immer noch Künstler an den Platz lockte. Lange eine beliebte Zuflucht der Dualisten, wurde er auch eine Heimat für französische
Hugenotten. Peter der Große hatte sich hier amüsiert, als er 1698 nach
England kam, um den Schiffbau zu erlernen, und diese ausländische
Atmosphäre verblieb dem Platz bis zum Ende des Jahrhunderts, als
aristokratische Emigranten auf der Flucht vor der Revolution in den
Pensionen Zuflucht suchten, die den Platz umgaben, der den Namen
von Robert Sindet, dem zweiten Earl von Leicester, trägt.

Diese «ausländische Atmosphäre» war so auffällig, daß Charles
Dickens in *Bleak House* darüber klagte «als einem Zentrum der
Attraktion für unbedeutende ausländische Hotels und unbedeutende
Ausländer, Alt-China, Spielhöllen, Ausstellungen und ein übles Ge-
misch aus Schäbigkeit und heimlicher Trunksucht».

Und auch «Sex-Läden», schreibt der Verfasser der *Encyclopaedia of
London*, «Sex-Läden, Verhütungsmittel von Mrs. Phillips», angepriesen in der Orange Street 5 beim Leicester Square im Wirtshaus zum
Goldenen Fächer und der Aufgehenden Sonne, wo sie «Sicherheits-
vorrichtungen mit fünfunddreißigjähriger Erfahrung in der Herstellung und im Vertrieb verkauft».

Ganz entschieden, Leicester Square war eine gute Wahl für Robert
Barkers Panoramen!

In der Rotunde sahen die Bewohner Londons die an die Wand
gemalte Geschichte ihrer Zeit. Sobald irgendein bemerkenswertes
Ereignis eintrat, sandte Barker seinen Sohn oder andere beim Panorama arbeitende Künstler aus, um Skizzen zu machen, und solange das
Ereignis in der Erinnerung noch lebendig war, wurde in der Rotunde
ein großes, dramatisch beleuchtetes Panorama aufgestellt.

Dieses Medium wurde so populär, daß viele berühmte britische
Künstler irgendwann während ihrer Lehrzeit einen Beitrag zu den
Panoramen leisteten: Thomas Girtin, der berühmte englische Aqua-
rellist, gehört dazu.

1826 übertrug Barker seine Anteile an Vater und Sohn Burford, und
von da an nannte man die Rotunde am Leicester Square «Robert
Burfords Panorama».

Robert Burford, der Catherwood zum Panoramenmaler ausbildete, war aktiv an dem Unternehmen beteiligt, seitdem er die Royal Academy verlassen hatte. Der hervorragende und weitgereiste Künstler hatte die Originalskizzen für die Panorama-Wandgemälde von Waterloo, Athen, den Niagarafällen, Konstantinopel, den Ruinen von Pompeji und 1830 der Ansicht von New York geschaffen. Beständig auf der Suche nach neuem Material, setzte sich Burford mit britischen Künstlern in Verbindung, wenn sie von ihren Reisen zurückkehrten. So war er 1835 auch mit Catherwood in Berührung gekommen, der gerade aus dem Heiligen Land zurückgekommen war. Wenn dies auch seinen Ruf als Architekt nicht mehrte, verschaffte es ihm wenigstens Geld.

Es gab auch seinem Lebensweg eine neue Wendung und sollte ihn mit John Lloyd Stephens in Verbindung bringen.

KAPITEL II

Mr. Stephens
wird vorgestellt

Das New York von John Lloyd Stephens* hatte damals (1805) nur einen Umfang von zweiundzwanzig Kilometern. Es war ein kleines, aus den Nähten platzendes Dorf mit krummen, gewundenen Straßen und meist im holländischen Stil erbauten Häusern: mit hohen Dächern und Giebeln, auf denen Wetterhähne saßen.

Aber dieses kleine alte New York war recht kosmopolitisch; außer Holländern und Angelsachsen war in seiner Bevölkerung ein starkes französisches Element vorhanden, meistens Emigranten der Französischen Revolution (darunter Anthelme Brillat-Savarin, der Verfasser von *Physiologie du goût*) und ansehnliche Gruppen von Deutschen, Schweden und Iren. Die Battery an der Spitze von Manhattan war damals die Promenade der eleganten Welt, während Bowling Green ein Zentrum volkstümlicher Spiele und Sportarten war, ein Platz, mit dem Stephens seine frühesten Erinnerungen verbanden.

«Es war mein Spielplatz, als ich noch ein Junge war, viele hundertmal kletterte ich über den Zaun, um meinen Ball wiederzuholen. Ich war einer derjenigen, die sich noch lange dort behaupteten, nachdem die Stadt New York uns unsere Rechte streitig gemacht hatte.»

In dieser Zeit war Brooklyn ein kleines Dorf, das man nur mit dem Fährschiff erreichen konnte; Greenwich Village war ein Töpfersacker.

Dieses Amerika suchte sich seine Maßstäbe für Sitten und Geschmack noch in Europa. Seine Gesellschaft war ganz natürlicherweise ein Mikrokosmos Englands, und New York selbst brüstete sich, ein

---

* Er wurde in Shrewsbury, New Jersey, am 25. November 1805 geboren und kam im Alter von dreizehn Monaten nach New York.

«kleines London» zu sein. Die Männer kleideten sich wie in London, wenn auch mit einiger Verspätung, mit gepudertem Zopf, Schuhen mit weißem Besatz, Seidenstrümpfen, Kniehosen und Dreispitz. Die Kleidung der Frauen war «Empire», hohe Taille mit dem langen, weiten Rock, der alles verbarg, außer den Spitzen der Lastingschuhe.

So verheißungsvoll Amerika war, so war es trotzdem kein Paradies. Trotz aller Betriebsamkeit grollte unheilvoller politischer Donner über dem Land. Die Nerven der New Yorker waren immer noch durch die Nachwehen des Präsidentschaftswahlkampfes des Jahres 1804 strapaziert, jener Batrachomachia, die Thomas Jefferson ins Weiße Haus und Alexander Hamilton ins Grab geschickt hatte. Es war ein Wahlkampf von zügelloser Härte gewesen, der seinen Höhepunkt auf den Bergen von Weehawken hatte; denn nicht nur wurde Alexander Hamilton im Kampf mit Aaron Burr getötet, sondern mit ihm starb der Föderalismus und, als Folge seines Todes, Jeffersons Traum, daß Amerika weiterhin ein Land von Bauern, «frei von der Korrumpierung durch den Industrialismus» sein könnte.

Druck von außen, der jahrhundertealte Kampf zwischen Großbritannien und Frankreich um die Vorherrschaft auf dem Kontinent, hatte Wellen bis an Amerikas Küsten geschlagen. Es gab Requirierungen von Seeleuten auf offener See und Kaperungen amerikanischer Schiffe, aus denen sich Feindseligkeiten entwickelten, die zu dem Embargo Act von 1807 führten. Mit diesem Embargo Act begann das Zeitalter der Industrialisierung Amerikas; Fabriken sprossen überall aus dem Boden, um das Vakuum infolge der Kontinentalsperre zu füllen. Die «Korrumpierung durch die Industrialisierung» nahm ihren Anfang.

Der junge John Lloyd Stephens wuchs heran, wie auch Amerika wuchs. Er machte seine ersten unsicheren Schritte, als die Expedition von Lewis und Clark die ausgedehnten Landgebiete durchforschte, die Amerika mit dem Kauf von Louisiana erworben hatte.

Er lernte gerade, seine ersten Sätze zu stammeln, als Robert Fultons Dampfschiff *Clermont* direkt vor seinem Heim in der Greenwich Street ankerte. Er war ein helläugiger, mutwilliger Junge, als Zebulon Pike seine Fahne auf einem Gipfel der Rocky Mountains aufpflanzte: wie John Stephens heranwuchs, so tat es auch sein Land, und das machte einen tiefen Eindruck auf ihn.

Daß John Lloyd Stephens in diesem jungen Amerika aufwuchs, verlieh ihm Begeisterung und Wißbegierde, verbunden mit einer grenzenlosen Neugierde für Menschen und Orte. Das war schon in seiner Jugend zu erkennen.

Bildung und Wissen wurden damals, 1812, «eingepaukt»; der junge Stephens wurde unaufhörlich mit der Rute auf jenem Körperteil gezüchtigt, den man damals, wie er sich erinnerte, als den «Kanal, durch den das Wissen in das Hirn eines Jungen eindringt», betrachtete. 1815, mit zehn Jahren, trat er in die vorbereitende klassische Schule ein, die das Tor zum Columbia College war.

Im Alter von dreizehn Jahren – es gab damals keine weitere Schule als Zwischenglied – bezog John Stephens das Columbia College. Die fünf Fakultätsmitglieder regelten die Zulassung zum College durch eine Prüfung: «Kein Student darf zur untersten Klasse des Columbia Colleges zugelassen werden, wenn er nicht genaue Kenntnisse der Grammatik sowohl der griechischen als auch der lateinischen Sprache hat ... Er muß mit den vier Rechenarten der Arithmetik vertraut sein, den Regeln des Bruchrechnens mit dezimalen und gemeinen Brüchen, mit Algebra bis zu den einfachen Gleichungen. Und mit moderner Geographie.»

Zu diesen Bedingungen wurde Stephens im März 1818 zum Columbia College zugelassen, wo er 1822 die Abschlußprüfung bestand.

Stephens war nun 17 Jahre alt und schaute sich nach einem Beruf um. Er wählte Jurisprudenz, ging im Büro von Mr. Daniel Lord in die Lehre und fing an, Blackstone zu lesen.

Ein tüchtiger Jurist, war Daniel Lord streng professionell, völlig unpolitisch. Er besuchte die Yale Universität und hielt dann juristische Vorlesungen an der Tapping Reeve's Law School in Litchfield.

Da er der Meinung war, Stephens könnte ein guter Anwalt werden, drängte er ihn, die Rechtsschule in Connecticut zu besuchen. Zunächst gefiel Stephens der Gedanke, New York mit seinen Theatern, Clubs und Bällen zu verlassen und – zumindest ein Jahr lang – ins «Exil» nach Connecticut zu gehen, gar nicht. Aber er ging dann doch.

Litchfield, noch jetzt eine stattliche Stadt in Connecticut, war 1722 ein Außenposten im nordwestlichen Grenzland. Es liegt auf einem hohen Plateau über dem Naugatucktal, genau östlich des Flusses Housatonic an der Hauptroute der Postkutschen.

Stephens kam in einer jener großen, roten, knarrenden vierspännigen Kutschen an, die in Poughkeepsie Anschluß an die Schaluppen auf dem Hudson hatten. Als er die Hauptstraße an den eindrucksvollen, von riesigen Ulmen umstandenen Kolonialhäusern hinunterfuhr, sah er, daß Litchfield, obwohl es nur 6000 Einwohner zählte, kosmopolitisch war.

Aber es war nicht das bescheidene Geschäftsleben, das Litchfield so weltoffen machte, sondern die Studenten, die seine Schulen anlockten.

Die Law School wurde in einem kleinen Holzhaus abgehalten, das an das Haus von Tapping Reeve angebaut war. Als er 1784 anfing, unterrichtete er in seiner Wohnung; aber als sich sein Ruhm verbreitete und immer mehr Studenten kamen, erbaute er die erste Juristenschule Amerikas.

Das Recht, wie es Litchfield lehrte, war so umfassend, wie es sein Résumé zum Ausdruck bringt. An sechs Tagen der Woche wurden vormittags Vorlesungen gehalten, wobei sich die Studenten umfangreiche Notizen machten. Den Rest des Tages verbrachte man damit, Fachleute zu konsultieren. Samstag nachmittag wurden die Studenten über die Vorlesungen der Woche geprüft, und am Montag – gewöhnlich abends – war der Höhepunkt der Woche: die Studenten hielten eine gestellte Gerichtsversammlung ab, bei der sie über hypothetische Fälle diskutierten.

Zum besseren Verständnis des geistigen Wachstums des Mannes, der eines Tages die Mayakultur entdecken sollte, haben wir eine Reihe von Briefen Stephens' an seinen Vater.

Jeden Sonntag schrieb er an seinen Vater zusammenfassend über die vergangene Woche, wobei er aus «Anstandsgründen» den Sonntag wählte, um nicht mit dem Gottesdienstbesuch in Konflikt zu kommen.

Er setzte sich mit dem Recht, der Schule und ihren Mentoren auseinander: «Ein Umstand, glaube ich, macht mir nicht geringe Ehre. Ich kann nicht erklären, warum ich ihn nicht schon früher erwähnte; da ich für meine Unterlassung keinen anderen Grund finden kann, muß ich sie meiner Bescheidenheit zuschreiben. Ich mache auf einen Umstand aufmerksam, den ich wohl ohne Furcht vor Widerspruch berichten darf; *daß ich der jüngste Student der Klasse bin.*»

Die Rechtsstudenten waren bei verschiedenen Familien der Stadt untergebracht; die Kosten betrugen 45 $ pro Jahr – die Verpflegung 2,75 $ pro Woche und Kaminfeuerholz 4 $ der Klafter. Stephens schrieb am 17. August 1823: «Ich wohne nun in einem Zimmer, das ich für kein anderes im Ort eintauschen würde. Aus dem Fenster, an dem ich gerade sitze, habe ich den Blick auf den größeren und schöneren Teil des Dorfes, während ich durch eine bloße Drehung des Kopfes ausschließlich die Schönheiten des Landes genießen kann. Ein anderes Fenster öffnet sich auf eine der malerischsten Landschaften der Umgebung.»

Am 20. September 1823 machte Daniel Lord, der New Yorker Anwalt, bei dem Stephens bereits Praktikant war, diesem ein Angebot, das der Anfang seiner juristischen Laufbahn werden sollte, die wiederum sein Interesse an der Politik verstärkte und ihn schließlich, als eine Verkettung von Ursache und Wirkung, auf Reisen führte. Das Angebot erhielt er durch Vermittlung seines Vaters Benjamin Stephens.

Stephens antwortete:

«Wenn Mr. Lord mir das Einkommen, das er erwähnte, garantieren könnte, so würde das entscheidend für die Angelegenheit sein ... Wenn ich sehe, wie so viele diesen Beruf ergreifen, der schon mehr als genug Zulauf hat, so viele der schönsten Begabungen, mit unablässigem Fleiß und allem Eifer, ihr Bestes zu geben, und dann so viele Klagen über die spärliche Bezahlung höre, die das Recht, denen, die es ausüben, gönnt ... ist es ein Trost, wenn man die Tatsache in Betracht zieht, daß viele Stumpfsinnige, Dumme, Ignoranten usw. Erfolg haben und in der Lage zu sein scheinen, in Saus und Braus zu leben, und durch die demütigende Vorstellung, einen Erfolg zu erhoffen, weil es anderen Dummköpfen gelingt, doch diese sehr niederdrückende Überlegung erhellt die Aussichten dessen, der aufrichtig an die ‹glorreiche Zweifelhaftigkeit des Rechts› glaubt.»

An seinem achtzehnten Geburtstag fiel für Stephens die Entscheidung. Er beugte sich dem Willen seines Vaters, der seinen Eintritt in das Büro von Anwalt Daniel Lord wünschte, und schrieb: «... daß in allen Familienangelegenheiten der Vater *Richter, Jury und Vollzieher* ist.»

Im September 1824 kehrte John Lloyd Stephens, Graduierter der

Rechte und mit einem der berühmtesten Anwälte der Zeit verbunden, wieder nach New York zurück.

1823 begann der Weite Westen noch östlich des Mississippi. Obwohl sich gerade Siedler dafür zu interessieren begannen, waren noch große Teile der Gebiete Ohio, Illinois und Indiana öde und leer. Helena, eine der Tanten von John L. Stephens hatte einen Quäker geheiratet, der der Unrast der damaligen Zeit folgend in das Gebiet von Illinois ausgewandert war.

Die Familie Stephens hatte einen jammervollen Brief von Tante Helena Ridgway erhalten, in dem sie den Tod ihres Kindes mitteilte.

«Wie soll ich Dir, liebe Schwester, meine unglücklichsten Tage schildern . . . unsere süße kleine Emma ist von uns gegangen, mein Schmerz ist unaussprechlich . . .»

Man war sich darüber einig, daß jemand von der Familie Stephens die Ridgways besuchen müsse. Daraufhin entschloß sich John Stephens, bevor er seine Laufbahn als Anwalt begann, die gefährliche Reise zu unternehmen. Sein Vetter Charles Henrickson erklärte sich bereit, ihn zu begleiten; ihm, eher als Stephens, verdanken wir die Chronik dieses ersten Abenteuers.

Am 26. September waren die Vettern im westlichen Reservat von Ohio. In Pittsburg kamen sie direkt in einen Aufruhr, worüber Charles Henrickson seiner Mutter schrieb, die schon das Schlimmste befürchtete.

Hier wimmelten die Ebenen und Berge schon von Pionieren; Marietta, Chillicothe, Cincinnati entwickelten sich rasch zu Städten. Connestoga-Wagen fuhren langsam über die primitiven, staubigen Straßen, und die Flüsse waren gesäumt von Kielbooten, Prahmen und Breithörnern. In dem Strom von Menschen gab es alle Arten von Leuten: Farmer, Trapper, Händler, deutsche Professoren, jüdische Hausierer und dann und wann einen eleganten französischen Emigranten. Die Erinnerung an diese amerikanische Entwicklung war für Stephens eine Vergleichsgrundlage, als er später in Rußland reiste:

«Bei uns fällen ein paar Leute die Bäume des Waldes oder lassen sich am Ufer eines Stroms nieder, wo sie zufällig einige günstige Umstände angetroffen haben, und bauen Häuser, die auf ihre Bedürfnisse zugeschnitten sind; andere kommen und schließen sich ihnen an, und nach und nach wird die kleine Siedlung eine große Stadt. Aber hier in

Rußland sagt eine allgewaltige Regierung, die fast mit Schöpferkraft begabt ist, ‹Es werde eine Stadt›.»

Am 14. Oktober 1824 kamen die beiden nach Cincinnati. Charles Henrickson hatte ein Tagebuch geführt: «Nachdem wir (von Pittsburg) in einem Kielboot mit fünf Passagieren außer John und mir abgefahren waren, reisten wir eine Woche nach Wheeling, West Virginia.» In Cincinnati angekommen, besuchten sie weitere Vettern, die Lloyd hießen. Aber schon steckte Stephens seinen Vetter mit der Absicht, den Mississippi weiter hinabzureisen, an. Das beunruhigte dessen Mutter tief: «Oh! Mein Sohn, ich sehne mich danach, einen Brief nach Deiner Ankunft in Illinois zu erhalten ... Ich hoffe, Du und Dein Vetter John werden so vorsichtig sein, nicht nach Natches zu gehen, denn es ist sehr ungesund dort, das Gelbe Fieber wütet ...»

Am 24. November kamen sie nach «einer sehr langweiligen Reise» in Shaeneetown im Gebiet von Illinois an und erkundigten sich nach dem Aufenthaltsort von Caleb Ridgway. Er war als strenger Quäker bekannt, denn in der ersten Volkszählung von 1820 erscheint er als Haupt einer Familie von «fünf weißen Mannspersonen unter einundzwanzig und zwei weißen Frauenspersonen über einundzwanzig».

Zu Pferd und mit einem «indianischen Halbblut» als Führer machten sie sich nach Carmi auf, das zweiunddreißig Kilometer von der Mündung des Little Wabash River entfernt lag. Das Land war spärlich besiedelt; sie ritten stundenlang, ohne ein einziges Haus zu sehen, nur zufällig einen Indianer, der ruhig zuschaute, wie sie vorbeiritten.

Carmi, Illinois, war, als sie es schließlich fanden, eine Poststadt mit weniger als einem guten Dutzend Häusern, obwohl es, wie der *Gazeteer* sagte, «in einem Land von guter Qualität» lag.

«Es war fast dunkel, als wir ankamen», schrieb Charles Henrickson an seine Mutter, «und wir beschlossen, uns nicht zu erkennen zu geben. Weed (der Führer) ging hinein und fragte, ob wir die Nacht dort bleiben könnten, und sie sagten ja ... Onkel Ridgway kam heim ... wir plauderten einige Zeit mit ihm, und niemand von ihnen wußte, wer wir waren. Nachdem wir sie etwa eine Stunde lang in Spannung gehalten hatten, gaben wir uns zur Freude der ganzen Familie zu erkennen. Tante Helena sagte, sie hätte, seit sie in Illinois sei, noch keinen so angenehmen Abend verbracht.»

Nach ein paar Tagen bei den Ridgways bestiegen sie ihre Pferde

wieder, erreichten St. Louis am 4. Dezember («wir wollen ein Dampf-
boot nach New Orleans nehmen») und brachen flußabwärts auf, eine
Reise, an die sich Stephens später erinnerte, als er den Nil hinabfuhr,
außer daß sich dann der Dampfer in ein flaches Boot verwandelt hatte:
«Ich erinnere mich, daß es genauso auf dem Ohio und dem Mississippi
war. Vor mehreren Jahren startete ich in Pittsburg, als das Wasser tief
stand, in einem flachen Boot, um nach New Orleans hinunterzufah-
ren. Auch dort hatten wir die Gewohnheit, nachts oder bei windigem
oder nebligem Wetter am Ufer haltzumachen . . .»

KAPITEL III

Mr. Stephens «Tour»

1827 reiste Stephens nach Albany im Norden des Staates New York
und wurde als Anwalt zugelassen. Im Alter von einundzwanzig erscheint sein Name im *New York Directory*: John Lloyd Stephens –
Rechtsanwalt, Front Street 52.

New York wurde rasch der Empire State und ein Finanz- und
Handelsplatz. Um mit seinem plötzlichen Wachstum Schritt zu halten, änderte New York damals wie heute ständig sein Gesicht. Philip
Hone, der berühmte Chronist von New York schrieb: «Die Stadt
unterzieht sich jetzt ihrer jährlichen Metamorphose – Häuser werden
abgerissen, andere umgebaut. Besonders Pearl Street und Broadway
sind durch die Massen von Schutt, mit denen sie verstopft sind, fast
unpassierbar.»

Die «griechische Renaissance» brachte nur geringe Abwechslung in
den eintönigen, soliden Backstein der Häuser, der der herrschende Stil
war. Gaslicht wurde auf Betreiben des Handels eingeführt, und Bade-
wannen, die bis dahin in der besseren Gesellschaft nicht erwähnt
werden durften, wurden in den Häusern aufgestellt und wurden bald
so gebräuchlich, daß der Stadtrat von Philadelphia aus sanitären
Gründen Verordnungen gegen sie erlassen mußte. New York präsentierte eine sich wandelnde Kultur, auch wenn Schweine noch durch
die Straßen rannten und dabei den Kehricht beseitigten.

1828 wurde Andrew Jackson Präsident. Damals herrschte tiefe
Unzufriedenheit im ganzen Land. Denn mit der Zunahme der Indu-
strialisierung strömten Einwanderer herein, und die Slums und Gettos
wurden immer größer. Es gab viele Wähler, die der Meinung waren,
«Jeffersons Prinzip der Gleichberechtigung sei verraten worden».
Diese Haltung hatte den Ausschlag für Jackson gegeben. Es folgte ein

Wirtschaftskampf zwischen Andrew Jackson und der Bank der Vereinigten Staaten und darauf eine wirtschaftliche Panik. Ein hartnäckiger New Yorker, der sich mit den Ellbogen den Weg durch eine um eine geschlossene Bank zusammengerottete Menge bahnte, sagte: «Die öffentliche Meinung bedeutet etwas mehr als die eingepaukten Stimmen gewisser politischer Freunde von General Jackson, die sich mit Leib und Seele verpflichtet haben, ihn unter allen Umständen zu unterstützen.»

Aber genau das tat John Lloyd Stephens. Denn das Recht, das Stephens in seinem Büro in Wall Street praktizierte, interessierte ihn nicht mehr: «Er hatte nie viel Begeisterung und Eifer für die Praxis des Rechts», erinnerte sich ein Freund. «Statt dessen richtete sich sein Interesse auf die Politik.»

Diese Begeisterung für die Politik sollte auf merkwürdigen Umwegen zu großen Entdeckungen führen, denn durch seine ständigen Redeverpflichtungen und das «Politisieren» entwickelte sich bei Stephens eine bakterielle Halsinfektion, und da die «Kokken» keiner Behandlung wichen, riet der Hausarzt zu einer «maßvollen Reise» nach Europa. Denn Amerika war damals wie Europa in den Fängen der «romantischen Agonie». Die Menschen suchten gern die Ruinen verschollener und vergessener Kulturen auf und saßen zu ihren Füßen, um über die Vergänglichkeit der Reiche zu meditieren. So paßte Stephens' «maßvolle Reise» nach Europa gut in die Zeit.

Wenn man Stephens' Lebensweg verfolgt, muß man an die Vorsehung der Zufälle glauben: durch einen Zufall wurde Stephens Weltreisender; durch einen Zufall wurde er Schriftsteller; und diese beiden Zufälle brachten den Forscher hervor, mit dem Ergebnis, daß ein solches Zusammentreffen von Zufällen zu einem eindeutigen Ergebnis führte – das nun nicht mehr zufällig war: zur Entdeckung der Mayakultur. Oder war es nur eine Verkettung von Ursache und Wirkung?

Die «maßvolle Europareise» auf der Suche nach Gesundheit führte Stephens auf den Kontinent, nach Rom, Neapel (wo er den Vesuv aus «Gesundheitsgründen» bestieg), dann nach Sizilien (wo er den Ätna aus vielleicht demselben Grund bezwang) und dann nach Griechenland, das sich im revolutionären Kampf gegen die Türkenherrschaft befand. So kam er nach Mykene, während ihm der Kopf von Homer und Herodot brummte, sah «die stummen Überreste seiner zyklopischen Mauern» und setzte seine «maßvolle Europareise» in Richtung auf die Levante fort. Er war nun in dem Schnittwinkel zwischen der Neuen und Alten Welt und wanderte in den Fußstapfen von Catherwoods Hedschra, als er über denselben Boden schritt, über den jener erst einige Jahre vorher gegangen war.

Die «Antike» hatte ihn schon angesteckt, und obwohl seine Ausdrucksform eher literarisch als künstlerisch war, bereiteten ihn doch seine Erfahrungen auf seine spätere Beurteilung der Ruinen, die er zu sehen bekommen sollte, vor. Das führte ihn dann auch zu seiner Begegnung mit Catherwood.

Im April 1835 bestieg Stephens ein Schiff nach Smyrna, das jetzt Izmir heißt. Aber aus Ungeduld über die Langsamkeit der Reise ließ er sich in Foggi am westlichen Ende des Golfs an Land bringen, mietete ein Pferd und ritt weiter.

«Nach drei Stunden überquerte ich die Karawanenbrücke – eine Brücke über den schönen Melissus, an dessen Ufer Homer geboren wurde, und indem ich mir meinen Weg durch die Karawanen bahnte, die seit alters beständig, mit allen Reichtümern des Ostens beladen, diese Brücke überquerten, betrat ich die langersehnte Stadt Smyrna.»*

Am 16. April 1835 wurde der Schriftsteller John Lloyd Stephens geboren. Es mag, wie er später sagte, sein, daß es ein «reiner Zufall» war, daß alle seine drei mehrseitigen Briefe an Fenno Hoffmann, den Herausgeber des *American Magazine* «ohne mein Wissen» veröffentlicht worden sind; es scheint jedoch, daß der «reine Zufall» absichtlich herbeigeführt war, denn in seinem ersten «Brief» schrieb er mit Stephensschem Spott: «Aber Du, mein lieber (Fenno), der Du meine *rührende Empfindlichkeit* kennst und außerdem eine zarte Rücksichtnahme auf meinen Charakter hast, wirst mich sicher nicht publizieren.»

Dennoch muß die Sache im voraus arrangiert worden sein. Der

---

* «Ein Bericht über meine Reise von Athen nach Smyrna in einem Brief an Freunde zuhause erschien während meiner Abwesenheit und ohne mein Wissen in einigen aufeinanderfolgenden Nummern des *American Monthly Magazine*, und seine günstige Aufnahme hatte vielleicht einigen Einfluß darauf, mich dazu zu veranlassen, ein Buch zu schreiben.» (Anmerkung von Stephens)

Herausgeber veröffentlichte den Brief anonym. Geschrieben «von einem Amerikaner», erschien er unter dem Titel «Szenen in der Levante».

Dort huschten unter der muselmanischen Flagge Märchenszenen vor Stephens Auge vorbei; von beturbanten Türken geführte Karawanen; Kamele, die enge Schluchten sonnengleißender Straßen hinabtrotteten; weiß gekleidete Frauen, deren Schleier wirksam jeden Gesichtszug verhüllten, aber dafür «die Artillerie ihrer Augen in Stellung brachten» – Tataren, Griechen, Türken und Franken – es war wie bei Scheherazade.

«Ich bin gerade hier angekommen und will darüber schreiben», so fing er seinen «Brief» an, der die Einzelheiten seiner Abenteuer von Athen nach Smyrna berichtete. Er schrieb über Griechenland, Homer und Scio, er gab anschauliche Beschreibungen des Landes, und obwohl er in mancher Hinsicht die Türken verurteilte, gab er zu, daß sie «außerordentlich gute Züge hatten: Tschibuk, Kaffee und so viele Frauen, wie sie wollen». Er bekannte, daß die Damen ihm keine Ruhe ließen. «Ich sah nie so viel Schönheit ... solche großen, dunklen glutvollen Augen. Und sie gehen auch, als seien sie ihrer hohen Ansprüche bewußt ... unter entzückenden Turbanen, bestückt mit der ganzen Artillerie ihrer Reize. Es ist eine vollkommen unmaskierte Batterie; nichts kann ihr widerstehen. Ich wundere mich, daß der Sultan das erlaubt.»

Amerikanische Handelskolonien hatte es in der Levante seit der Kolonialzeit gegeben, und Stephens hatte die freie und ungezwungene Lebensweise des Orts gern. Er stellte fest: «Jeder Fremde wird gleich nach seiner Ankunft in Smyrna im Casino eingeführt. Zum erstenmal kam ich zu einem Konzert dahin. Es ist ein großes, von einem Club von Kaufleuten erbautes Gebäude mit einer Reihe von Räumen im unteren Stockwerk, Billard, Karten, Lesezimmer und Sitzgelegenheit im Ballsaal, und ich hatte nach dem, was ich auf der Straße gesehen hatte, eine außerordentliche Entfaltung von Schönheit erwartet; aber ich war sehr enttäuscht. Die Gesellschaft bestand nur aus der Aristokratie oder den höheren Kaufmannsschichten. Ein Adelspatent gründet sich in Smyrna, wie in unserer eigenen Stadt, auf die Zeit, seit der der Inhaber aufhörte, Lebensmittel zu verkaufen, oder auf die Zahl der Lieferungen, die er im Lauf des Jahres erhält.»

Stephens war auch beeindruckt von dem Tempo des Großunternehmertums. «Die Gesellschaft in Smyrna ist rein kaufmännisch, und da ich nun schon so lange nichts mehr damit zu tun hatte, bin ich wirklich dankbar, Männer aus ganzem Herzen wieder von Baumwolle, Lagerbeständen, Geldgeschäften und anderen interessanten Themen sprechen zu hören . . . Ich nahm eine amerikanische Zeitung in die Hand und erfuhr von Boston, New York, Baltimore, Baumwolle, Opium, Frachten und Gerüchten von einem Viertel Prozent weniger, bis ich mich fast zu Hause glaubte.»

Sein wirkliches Interesse richtete sich jedoch auch weiterhin auf die Antike und die Geschichte. «An einem Abend brachte der junge Priester eine Ausgabe von Homer, und ich überraschte *ihn* und *mich selbst*, weil ich eine Stelle in der *Ilias* übersetzen konnte. Ich übersetzte sie ins Französische, und mein Gefährte erklärte sie dem jungen Priester auf Neugriechisch.»

Stephens folgte der Römerstraße nach Ephesus und wanderte in den Ruinen einer der größten Städte Asiens umher. Man kann in seinem «Brief» verfolgen, wie die Wirkung, die die Ruinen auf ihn ausübten, allmählich zunahm. In einem *khan*, einer türkischen Weinstube, machte er es sich gemütlich. «Und hier verbrachte ich die halbe Nacht mit Gedanken über die seltsame Verkettung von Umständen, die das ruhige Dasein eines Rechtsanwalts abgebrochen und ihn zu einem fahrenden Gesellen aus einem geschäftigen, geldraffenden Land gemacht hatten, um zwischen den Ruinen antiker Städte zu meditieren und mit beturbanten Türken auf dem Lehmboden zu schlafen.»

Stephens zog weiter nach Konstantinopel, «in kürzerer Zeit», sagte er, «als der schnellfüßige Achilles gebraucht hätte». Er reiste mit dem Dampfschiff. «Macht nun das Rennen mit mir», schrieb er in seinem zweiten Brief. «Wenn Euch das Herz nicht stehenbleibt bei einer Reisegeschwindigkeit von dreizehn bis sechzehn Kilometern in der Stunde, will ich Euch über ein Stück des klassischsten Bodens . . . in der Geschichte führen.»

Er fuhr an den vom Olymp überschatteten Inseln Griechenlands und an Sigaeum, wo homerische Schlachten geschlagen wurden, vorbei in den Hellespont, wo Leander aus Liebe zu Hero und Lord Byron und Mr. Ekenhead zum Vergnügen schwammen. Er unterhielt sich die ganze Zeit mit zwei Amerikanern, die von einer Reise nach Ägypten zurückkamen. Sie erzählten mit einer solchen Begeisterung von den Ruinen, daß er heftig versucht war, zum Nil zu reisen, aber in diesem Augenblick wütete die Cholera in Alexandria.

Konstantinopel war, wie die meisten der Levantestädte, für einen Amerikaner fast unbekannter Boden. Denn erst 1800 war Commodore William Bainbridge, der den jährlichen Tribut brachte, in Konstantinopel eingelaufen und trug damit zum erstenmal die amerikanische Flagge in die türkische Welt. Zwei Jahre später wurde ein Konsul für die Levante ernannt, und von da an wurden türkisches Opium und Feigen aus Smyrna nach Boston exportiert. 1831, nur vier Jahre vor Stephens' Ankunft, war Commodore Porter in den Rang eines Geschäftsträgers erhoben worden.

In diesem Konstantinopel hatte Stephens mit einem «übelriechenden Tataren» die Abmachung getroffen, mit ihm durch den Balkan nach Frankreich zu reiten, aber im letzten Augenblick wurde die Abfahrt eines russischen Regierungsschiffes angekündigt, eines heruntergekommenen Getreideschiffs, das nach Odessa bestimmt war. Stephens ließ also, getreu der Theorie von Ursache und Wirkung der Zufälle, den Tataren fallen. Statt dessen ging er nach Rußland.

In Odessa war Stephens sofort beeindruckt «von der militärischen Atmosphäre»; vor den prüfenden Blicken der Offiziere paradierten die Passagiere einer nach dem anderen – Türken, Christen, Juden, Deutsche, Russen, Polen, Griechen, Illyrier, Moldauer. Sie mußten ihre Kleider ablegen, wurden desinfiziert und dann vom Hafenarzt untersucht*. Sie waren auch gezwungen, ein kompliziertes Verfahren einschließlich der Zolldeklarierung aller vom Zensor verbotenen Bü-

---

* «Wir mußten uns nackt ausziehen, aber die Leibesvisitation war so taktvoll, wie es die Sache nur erlaubte; denn der Arzt öffnete nur die Tür, schaute herein und ging wieder, ohne die Hand vom Türgriff zu nehmen. Es war nicht meine Sache, ich weiß, und man mag es unverschämt finden, aber als er die Tür schloß, konnte ich nicht umhin, ihn zurückzurufen und zu fragen, ob er dieselbe Untersuchung auch beim schönen Geschlecht vornehme; worauf er mit melancholischem Augenaufschlag erwiderte, daß das in den guten alten Tagen der russischen Barbarei zu seinen Pflichten gehört hätte, daß aber der Vormarsch der Reformen in seine Rechte eingedrungen sei und diesen Teil seiner Berufspflichten einer Hebamme übertragen habe.»

cher zu durchlaufen; Stephens deklarierte seinen Byron nicht, obwohl der Verfasser von *Childe Harold* seit langem auf der russischen Liste stand. Denn in einem lyrischen Ausbruch hatte dieser «jenen stutzerhaften Zar, jenen Selbstherrscher über Walzer und Krieg» verspottet. Er hätte sich ungern von Byron getrennt, denn dieser war, wie Stephens sagte, «mein Gefährte in Italien und Griechenland . . . ich nahm also das Buch unter den Arm, warf meinen Mantel darüber und ging hinaus.»

Odessa – das ein Sumpf war, bis es von der Zarin Katharina zu einer Stadt dekretiert wurde – war 1796 erbaut worden. 1835 war es eine königliche Stadt; es gab eine Promenade von eineinhalb Kilometern Länge, einen Palast für den Gouverneur, ein Kasino und ein Theater, wo Stephens eine Aufführung des «Barbiers von Sevilla» sah.

Sie eilten durch Rußland, vorbei an armseligen Menschen, die sich bei ihrem Auftauchen beeilten, dem, den sie für einen großen Herrn hielten, Ehrerbietung zu erweisen. Sie erreichten Kiew (Stephens war der erste Amerikaner, der dorthin kam) und folgten dem Dnjepr in seinem gewundenen Lauf in der Richtung nach Moskau. Stephens war von dem tiefen Elend der Leibeigenen entsetzt.

Auf der ganzen Strecke waren weder Herbergen, Weinstuben noch Wirtshäuser, und Stephens und seine Begleitung mußten sich wie Napoleon, als er in Rußland einfiel, «darauf verlassen, ihre Nahrung selbst zu beschaffen». Die einzige Hilfe, die ihnen zuteil wurde, kam von den Juden, die Postmeister an der Strecke waren.

Moskau bot sich 1835 prachtvoll dar: sechshundert Kirchen – mit vielen Kuppeln mit vergoldeten Kreuzen, Spiralen und Türmen – überragten die unbedeutenderen Gebäude und verliehen der Stadt ein außergewöhnliches Erscheinungsbild.

Nachdem er im Hotel Germania abgestiegen war und nach einem türkischen Bad, wanderte Stephens durch Moskau. Er staunte fortwährend über das Paradox, als das die Stadt sich darbot; ihre Mischung aus Barbarei und Pariser Eleganz. In seinem Hotel unterhielt sich Stephens mit einem französischen Marquis, dessen feine Kleidung abgetragen war. Dieser hatte an Napoleons Feldzug teilgenommen, geriet in Gefangenschaft und war in Moskau geblieben. Der Marquis behauptete zwischen Brandyschlückchen, daß der einzige Unterschied zwischen russischen Herren und Leibeigenen der sei, daß die einen das Hemd in der Hose, die anderen darüber trugen. «Aber mein Freund», bemerkte Stephens, «sprach mit dem Vorurteil eines zwanzigjährigen Exils.»

Der Franzose verdiente sich seine Rubel, indem er als Spion gegenüber Fremden arbeitete. Er vertraute dem Amerikaner an, daß er nicht nur auf seine Sprache, sondern auch auf den Inhalt seines Redens aufpassen müsse.

«Es ist für einen Amerikaner fast unmöglich», schrieb Stephens, «zu glauben, daß man selbst in Rußland ein Risiko eingeht, wenn man ausspricht, was man denkt; man ist geneigt, die Geschichten von summarischen Strafen für freie Meinungsäußerung als Schreckgespenster vergangener Zeiten anzusehen. In meinem Fall konnte ich, auch wenn die Menschen vorsichtig im ganzen Zimmer umherblickten und dann flüsternd sprachen, nicht glauben, daß irgendeine Gefahr bestand. Aber ich war doch vorsichtig genug geworden, um nicht mit unnötiger Sorglosigkeit zu sprechen.»

Die Straße von Moskau nach St. Petersburg – die ganze Strecke chaussiert – war eine der besten in ganz Europa. Die Gasthäuser, deren Preise vorgeschrieben waren, wurden von der Regierung betrieben. St. Petersburg, das Fenster, das Zar Peter erbaut hatte, damit die Russen auf Europa schauen konnten, war mit seinen Palästen, der Eremitage, seinen Erinnerungen an Peter und Katharina großzügig angelegt.

St. Petersburg zu verlassen, war jedoch wie, es zu betreten. Bei der Ankunft hatte Stephens eine Aufenthaltsbewilligung erhalten, ohne die niemand in der Hauptstadt bleiben konnte. Er unterzog sich der Routinebefragung nach Alter, Bestimmungsort usw. und beruhigte die Behörden ausdrücklich darüber, daß er «keine Absicht habe, demokratische Lehren zu predigen». Aber genauso, wie man nicht ohne Erlaubnis in St. Petersburg bleiben konnte, konnte man es auch nicht ohne eine solche verlassen. Er mußte nach dem Gesetz seine Absicht, abzureisen, an drei aufeinanderfolgenden Tagen in der «Regierungszeitung» anzeigen. Stephens erweckte Verdacht, weil er den Plan hatte, durch Polen zu reisen.

Und zu welchem Zweck: zum Vergnügen? «Wer, in Gottesnamen», fragte der erboste Polizeibeamte, «kann denn zum Vergnügen in Polen reisen wollen?»

Stephens reiste nach Warschau in der Gesellschaft eines großgewachsenen Polen ab, der, in Belgien geboren und von französischer Abstammung, wie Stephens sich erinnerte, «in erstaunlichem Maß die doppelte Vaterlandsliebe besaß, die seinen verwandtschaftlichen Beziehungen zu diesen Ländern entsprach».

Die Reise ging in einer *kibitka* vonstatten, einem ungefederten Kasten mit rundem Boden, einer Wiege auf vier Rädern. Sie eilten über dieselbe Straße, der Napoleon zwei Jahrzehnte vorher bei seinem Vormarsch auf Moskau gefolgt war; sie legten die ungeheure Entfernung auf der abscheulichen Straße an der Dwina vorbei nach Minsk zurück.

Und dahinter, teilweise in Ruinen infolge der jüngsten Revolution, lag Warschau. Die Polen hatten diese schlecht organisierte Revolution in der Nacht des 30. November 1830 begonnen.

Der Aufstand wurde niedergeschlagen.

Auch Stephens hatte seine Probleme. Er hatte sich noch nicht ganz von der Krankheit erholt, die ihn auf die «maßvolle Reise» nach Europa geführt hatte. In Warschau überkam ihn ein solches Unwohlsein, daß er sich ins Bett legte; von dort schrieb er nach Hause:

«Warschau, 15. August 1835

Ich bin an diesem Ort angekommen, um von einem polnischen Arzt ins Bett geschickt zu werden. Wie lange er mich hier behalten will, weiß ich nicht. Er verspricht, daß er mich in einer Woche wieder auf den Beinen haben werde; und da er eine Menge Patienten hat, auch ohne mich dazubehalten, habe ich großes Vertrauen zu ihm. Da ich außerdem einen Griechen, einen Amerikaner und einen Russen überstanden habe, glaube ich, daß ich für einen Polen zuviel sein werde.»

So entkam er dem Arzt. Er überquerte die Weichsel, fuhr weiter und überschritt die Grenze nach Österreich. Er kam durch Wien, reiste die Donau hinauf nach Deutschland, und schlug dann unter dem wolkenverhangenen Novemberhimmel die Straße nach Paris ein.*

---

* Ein Bericht über diese Reise wurde unter dem Titel «Begebenheiten einer Reise nach Griechenland, der Türkei, Rußland und Polen – sein zweites Buch – 1838 von Harper and Brothers veröffentlicht. Eine irische Ausgabe erschien 1838, eine britische 1841, eine schwedische 1841.

Vorboten des Winters waren nach Frankreich gekommen, als Stephens, der in einer *coche d'eau* reiste, die Pappelreihen entlang rollte, die die Straße säumten. Wieder in Paris, bewegte er sich mit der Zufriedenheit des Kosmopoliten, der sein eigentliches Milieu, die Weltstadt, betritt. Er hatte beabsichtigt, sofort nach Amerika zurückzukehren; er hatte schon seinem Vater geschrieben, er könne ihn mit dem Le Havre-Postschiff im November 1835 erwarten, aber er bekam keine Schiffskarte. Emigranten, die die Schiffe bis zum Schandeckel füllten, strömten nach Amerika; jedes Schiff, das Le Havre verließ, war vollgestopft mit ihnen. Ganz Europa war 1835 in Unruhe – die Menschen von Paris erhoben sich gegen die Bourbonen; Belgien und Holland brachen auseinander, und Deutschland befand sich in Bewegung. Jeder, dem es möglich war, floh. In Paris verkauften die Emigranten ihre Wagen und Pferde auf Auktionen und biwakierten am Ufer der Seine, um zu warten, bis sie an der Reihe waren, nach Le Havre weiterzureisen.

Da Stephens' Versuch, heimzufahren, vereitelt worden war, verbrachte er seine Tage bei den Bücherständen an der Seine, wo Buchhändler schön illustrierte Foliobände zu Liebhaberpreisen anboten. Seitdem Stephens durch die homerischen Länder gewandert war, hatte er ein leidenschaftliches Interesse für die Antike, und er hatte Graf Volneys rhapsodische Elegien «Les Ruines» immer bei sich gehabt.

Alle Amerikaner «liebten», wie van Wyck Brooks erklärt, «Volneys ‹Ruinen›; und wie ihre Städte sich vervielfachten, hoffnungsvoll, geschäftig und leuchtend von frischen, hellen Farben, genoß ihre Phantasie um so mehr diese öden Szenerien von Tempeln und Gräbern im Wüstensand». In einem dieser teuren Foliobände über die Ruinen des römischen Reiches entdeckte Stephens einige prächtig schöne Lithographien «einer überaus ruhmvollen Ruine», einer im felsigen Arabien begrabenen Stadt, deren Paläste aus dem gewachsenen Fels ausgehauen waren. Ihr Name war Petra.

Warum entschloß sich Stephens, als er in Paris war, über Ägypten nach Petra zu reisen? Man hat angenommen, daß seine eingehende Beschäftigung mit León de Labordes Buch «Voyage de l'Arabie Petrée», das vor kurzem in Paris herausgekommen war, den Ausschlag gegeben hatte; aber dieser Reisebericht über Petra war zweifellos erst erschienen, als Stephens schon ziemlich weit nilaufwärts war, denn als er mit einigen englischen Herren speiste, kam man auch auf Petra zu sprechen. «Ihnen», schrieb Stephens, «verdanke ich die erste Anregung zu der Fahrt nach Petra.» Kein Grund läßt sich den Büchern oder Briefen entnehmen – nichts – es sei denn, er liege in der Vorsehung der Zufälle. Was auch immer die Ursache war, Ereignis oder Zufall, es sollte nur eine weitere der Verkettungen von Ursache und Wirkung sein. Er ging zum Nil, nach Ägypten, nach Petra. Diese Hedschra sollte den Lauf seines Lebens ändern.

Sie sollte auch der Beginn des Interesses an der amerikanischen Archäologie sein.

KAPITEL IV

Der Graue Nil

John Lloyd Stephens war einer der drei Amerikaner, die sich 1836* in das Konsulatsbuch der Vereinigten Staaten in Alexandria eintrugen. Natürlich waren schon zahlreiche Amerikaner vor Stephens hier, vor allem John Ledyard aus Connecticut.

1751 geboren, hatte er Kapitän Cooks Schiffsreisen mitgemacht, ging nach Rußland und erhielt dann von der African Society of London den Auftrag, «den breitesten Teil Afrikas von Ost nach West zu durchqueren». Bei seiner Ankunft in Kairo starb er plötzlich.

Stephens wußte damals von Ägypten nicht mehr, als ein intelligenter Leser aus den seinerzeit erreichbaren Quellen erfahren konnte. Und das war äußerst wenig.

Stephens führte sein Nilabenteuer mit seinem Diener Paolo und einer arabischen Mannschaft durch (und er erinnerte sich, den Originalvertrag in Arabisch abgeschlossen zu haben).

«Denn da ich allein und nicht gerade bei guter Gesundheit war, hatte ich es manchmal schwer; aber ich sage ohne Zögern: mit einem Freund, einem guten Boot, das reichlich mit Büchern und Gewehren ausgestattet ist, mit viel Zeit und einem Koch wie Michael, würde eine Fahrt auf dem Nil jede andere Reise, die ich bisher erlebt habe, übertreffen.»

Mit vierundzwanzig Jahren hatte Alexander der Große die Stadt gegründet, die seinen Namen trägt. Er war 332 v. Chr. als junger General und siegreicher Herrscher in Ägypten begrüßt worden, und

---

* Die Liste amerikanischer Reisender, die sich bei John und George Gliddon, den ersten U.S. Konsuln in Alexandria und Kairo eintrugen, waren (nach John Gliddons Anhang zu *Die Amerikaner in Ägypten*): 1836: John Lloyd Stephens, New York; James Augustus Dorr, Boston; Richard K. Haight, New York.

als er einen windgeschützten Hafen fand, wo griechische Schiffe einlaufen und von wo sie die Produkte des Nillandes abtransportieren konnten, entwarf er selbst die Stadt und nannte sie Alexandria.

Ein Jahrhundert später war sie schon von einer Million Einwohnern bevölkert und war die volkreichste und arbeitsamste Stadt der antiken Welt.

«Die einen», berichtet Strabo, der Geograph der Antike, «blasen Glas, die anderen machen Papyrusblätter, wieder andere weben Leinen – jeder übt ein Handwerk aus.»

Sie war immer noch eine prächtige Stadt der Bibliotheken, Bäder und gewaltigen Gebäude, als sie Jahrhunderte später von den Sarazenen erobert wurde. «Wir trafen sie an», berichtete ein General dem Kalifen Omar, «mit viertausend Palästen, viertausend Bädern, vierhundert Theatern, zwölftausend Läden – und vierzigtausend zinspflichtigen Juden.»

Die Einwirkung der Zeit und des Menschen, beide bilderstürmerisch, hatten Alexandria vollständig verändert. Nach Jahrhunderten des Verfalls sah Ägypten einen kurzen historischen Augenblick lang General Napoleon Bonaparte. Als er wieder fortging, hinterließ er ein Trümmerfeld.

Die jüngste Katastrophe war die Choleraepidemie des Jahres 1834, die die Stadt fünfzigtausend ihrer Einwohner beraubte.

Als Stephens – das Gesicht mit einem Taschentuch verhüllt – im Dezember 1835 durch die engen Straßen von Alexandria ging, war er überwältigt von den Bettlern, die im Schatten der überhängenden hölzernen Loggien hockten, ihre Wunden zur Schau stellten und um Almosen bettelten. Er hatte, als er durch die sonnengebadeten Gassen wanderte, erwartet, großartige Bazare mit dem ganzen Reichtum des Orients anzutreffen. Was er sah, machte ihm jedoch keinen Eindruck:

«Ich glaube nicht, daß der Inhalt aller Bazare der größten ägyptischen Städte so viel wert ist wie das Lager eines normalen Kurzwarenhändlers am Broadway.»

Schließlich ging er zum amerikanischen Konsulat und begegnete dort dem Mann, der seinen ägyptischen Reisen Richtung und Inhalt geben sollte.

George Gliddon: britischer Herkunft wie sein Vater, war der erste der amerikanischen Konsularagenten in Ägypten. Zwar war es sein

Beruf, sich um die amerikanischen Touristen zu kümmern und sie zu ernähren (mit Konsulatsrechnungen), aber seine eigentliche Leidenschaft war die ägyptische Archäologie; seine Schrift «Appell an die Altertumsforscher bei der Zerstörung von Denkmälern» bezeichnete 1841 den Beginn des archäologischen Interesses der Amerikaner an Ägypten.

Die amerikanische Invasion nach Ägypten begann 1832, als der Nil als Wintererholungsort für Rekonvaleszenten und Asyl für die Reichen entdeckt wurde. Trotzdem war Ägypten 1835 kaum ein Touristenparadies; es bot dem Reisenden in Wirklichkeit nicht mehr Sicherheit als die Wildnis des amerikanischen Westens, und aus diesem Grund riet man Stephens – nachdem er die Herrlichkeiten Alexandrias gesehen hatte –, nach Kairo zurückzukehren, eine Audienz bei Mehemed Ali zu erbitten und sich womöglich einen Ferman vom Pascha von Ägypten zu besorgen.

«Ich war nicht begierig», bekannte Stephens, «auf ein Tête-à-Tête mit seiner Hoheit, sondern wollte nur ihn als einen der Löwen des Landes kennenlernen.» Trotzdem machte er seine Aufwartung wie ein hoher türkischer Herr auf einem prächtigen Pferd mit reicher Schabracke, vor dem ein Janitschar einherging.

Mehemed Ali, ein Großwesir aus Tausendundeinernacht, war umgeben von dem von Eunuchen bewachten Harem, einer Kompanie von Frauen und einem Regiment von Kindern, von denen er trotz seiner sechsundsiebzig Jahre immer weitere zeugte. Beim Geplätscher kühler Springbrunnen inmitten scharlachroter Polster saß im Marmorsaal seines von Saladin errichteten Palastes Mehemed Ali – weißer Vollbart, Seidengewänder, juwelenbehangener Turban – und gab sich als das, was er gerade nicht war – als freundlicher Patriarch.

Die europäischen Mächte, die miteinander um die Herrschaft über das Mittelmeergebiet und das Tor nach Indien stritten, mußten erfahren, daß Mehemed Ali ihren tückischen Machenschaften gewachsen war; sogar Talleyrand, der Meister an Verschlagenheit, spendete ihm großes Lob. Was die Briten anging, so waren sie gewöhnlich wütend auf ihn. Einmal drohte Lord Palmerston, «ihn in den Nil zu schmeißen»; aber Mehemed überlebte alle Drohungen und alle Versuche, ihn zu ermorden. Er starb, wie es einem Tyrannen selten widerfährt, mit achtzig Jahren in seinem Bett, ein wenig verrückt und umgeben von dem Heer von Nachkommen, das seine Familie war.

Mehemed Ali empfing John Lloyd Stephens mit betonter Aufmerksamkeit; eine Wasserpfeife wurde ihm gereicht, und er erhielt kohlschwarzen und nach türkischer Art gesüßten Kaffee. Nachdem man über das und jenes geplaudert hatte, schlug Stephens dem Pascha vor, ein weiteres gutes Werk zu tun und ein Dampfschiff zwischen Alexandria und Kairo einzusetzen.

Stephens schrieb:

«Er nahm die Pfeife wieder aus dem Mund und sagte im Ton von ‹Es werde Licht!›, daß er zwei bestellt habe . . . in Anbetracht der Tatsache, daß ein Dampfschiff die passende Waffe in der Hand der Amerikaner ist . . . sagte ich ihm, daß ich in einer europäischen Zeitung von dem Projekt gelesen hätte, Dampfschiffe von New York nach Liverpool in zwölf bis vierzehn Tagen fahren zu lassen . . . Er erkundigte sich dann nach der Geschwindigkeit unserer Flußdampfer . . . als ich an das alte, baufällige Schiff mit seinen acht bis zehn Kilometern in der Stunde dachte, das ich in Alexandria gesehen hatte, schreckte ich davor zurück, die Wahrheit zu sagen.»

Mehemed war nicht entfernt so naiv, wie er Stephens erschien. Als der Schöpfer des modernen Ägyptens war seine erste Tat als Diktator, Kairo seine frühere Größe und Bedeutung zurückzugeben, denn Kairo war eines der großen Zentren der islamischen Kultur. Die Universität war in der alten Al Azhur Moschee untergebracht, wo vor der Ankunft des Paschas nur die Spitzfindigkeiten der mittelalterlichen Logik gelehrt worden waren.

Man hatte europäische Fachleute nach Kairo geholt, der Lehrplan wurde erweitert, und die Gelehrten und Beamten wurden von Europäern geschult. Der Italiener Costi unterrichtete in Zeichnen und Mathematik; der französische Oberst Sève, der sich bei Waterloo ausgezeichnet hatte, legte den Grundstein für ein modernes Heer. Eine Druckerei wurde in Bulak, einer Vorstadt von Kairo, errichtet, und dreiundsiebzig orientalische Werke waren hier schon gedruckt worden.

Amerikaner kannte – und respektierte – man im Mittelmeerraum schon seit 1804. Captain William Eaton eroberte an der Spitze von acht Marinesoldaten, achtunddreißig Griechen und einem bunten Gemisch von Arabern Derna. Durch den kurzen Krieg mit Tripolis stieg der gute Ruf der Amerikaner noch höher, und viele wurden bedrängt, sich in Ägypten niederzulassen.

R. B. Jones, später Konsul der Vereinigten Staaten in Ägypten, diente in der Marine des Paschas; ein anderer Amerikaner, George Bethune English, nahm an einer Expedition nilaufwärts bei Dongola teil, und sein Bericht wurde der erste veröffentlichte original amerikanische Beitrag zur Literatur über Ägypten. Später waren amerikanische Schiffsarchitekten in Alexandria mit dem Aufbau der Flotte Mehemed Alis beschäftigt, die dazu eingesetzt wurde, die Griechen zu unterdrücken, das gleiche Volk, dem andere Amerikaner zu Hilfe kommen wollten.

John Lloyd Stephens war also für Mehemed Ali kein «seltener Vogel». Aber er hieß ihn in Ägypten willkommen, drückte den Wunsch in Allahs Namen aus, daß er sich wohl fühlen möge, und gab Stephens unverzüglich seinen Ferman als Schutz für seine Reise den Nil hinauf.

Am 1. Januar 1836 startete Stephens «bei günstigem Wind und mit dem für ihn von einem arabischen Schneider angefertigten Sternenbanner» nilaufwärts. Er hatte eine *falookha* mit Kapitän und Mannschaft gemietet und das Geschäft mit einem Vertrag in Arabisch* besiegelt, den weder er noch der Kapitän verstand. Darüber hinaus hatte er nur ein Exemplar des «Modern Traveller», Volneys «Ruins», ein italienisches Wörterbuch – und Paolo Nuozzo.

Stephens war diesem zuerst in Konstantinopel begegnet, und da er beschäftigungslos war, heuerte er ihn für seine Hedschra nach Ägypten an. Mehrere Sprachen beherrschend, ziemlich arrogant und sich überall, wo er hinkam, die Menschen zu Feinden machend, war Paolo dennoch ein Mann mit großer Erfahrung in Reisen nach Arabien. Stephens verdankte ihm mehrfach das Leben.

«Paolo Nuozzo ... war ein Mann von ungefähr fünfunddreißig Jahren; stämmig, untersetzt, intelligent; ein leidenschaftlicher Bewunderer der Ruinen am Nil; ehrlich und treu wie die Sonne und einer der ärgsten Feiglinge, auf die das Mondgestirn je geschienen hat. Er nannte sich mein Dolmetscher und schrieb sich, wie ich mich entsinne, als solcher im Kloster auf dem Berg Sinai und dem Tempel von

---

* Dieser Vertrag existiert noch.

58

Petra ein. Er sprach Französisch, Italienisch, Maltesisch, Griechisch, Türkisch und Arabisch.»

Sie kamen langsam an Memphis vorbei und passierten auf ihrer Fahrt nilaufwärts die Pyramiden von Gise. Der Wind war ihnen ungünstig und das Wetter kalt, so kalt, daß Stephens froh war, sich in Minyeh in einem türkischen Dampfbad unter die dunkelhäutigen Einheimischen mischen zu können.

«Meine weiße Haut unterschied mich sehr auffällig von den dunkelhäutigen Personen, die um mich herum lagen; ein halbes Dutzend der Bediensteten, schlanke, knochige Burschen und vollständig nackt, kamen zu mir her, um mich in Beschlag zu nehmen ... Ich bin in Smyrna, Konstantinopel und Kairo heiß gebadet worden, aber wer hätte gedacht, daß ich in der kleinen Stadt Minyeh in den siebten Himmel getragen werden würde?»

Den ganzen Monat Januar folgte er dem Nil weiter stromaufwärts, hielt hier und da an, um Ruinen zu durchforschen, in eine Pyramide einzusteigen und im übrigen sein Tagebuch mit Beobachtungen zu füllen.

«Sonntag, 18. Januar. Um acht Uhr morgens kamen wir in Ghenneh (Qena) an, wo Paul und ich das Boot und die Mannschaft verließen und in einer Art Fähre nach Dendera übersetzten, um einige Einkäufe für unsere Vorräte zu machen.

Der Tempel von Dendera ist eines der schönsten Beispiele der ägyptischen Kunst und am besten erhalten von allen am Nil. Er steht etwa eineinhalb Kilometer vom Ufer entfernt am Rand der Wüste, und man kann ihn, wenn man auf ihn zugeht, schon aus großer Entfernung sehen. Ich will gar nicht versuchen, diesen schönen Tempel zu beschreiben; seine gewaltige Größe, sein prachtvolles Propylon oder Eingangstor, den Portico und die Säulen; die reliefierten Darstellungen an den Mauern; den tiefen Sinn der Zeichnungen und ihre bewundernswerte Ausführung; die geflügelte Kugel und den heiligen Geier, Falken und Ibis, Isis, Osiris und Horus, Götter, Göttinnen, Priester und Frauen; Harfen, Altäre; Leute, die in die Hände klatschen; und das ganze Innere, das bedeckt ist mit Hieroglyphen und Malereien, die an manchen Stellen nach mehr als zweitausend Jahren noch so frisch in den Farben sind, als ob sie das Werk von gestern wären.

Es war der erste Tempel, den ich in Ägypten gesehen hatte; und obwohl ich das vielleicht nicht sagen sollte, war ich enttäuscht . . . Der Tempel ist zu mehr als der Hälfte im Sand begraben. Seit vielen Jahren ist er das Zentrum eines Dorfes. Die Araber haben ihre Hütten hinein und darum herum gebaut.»

Am zwanzigsten war der Wind schwach, aber günstig. Zeitweise gingen die Männer am Ufer und zogen Stephens' Boot mit Seilen; er näherte sich, wie er sagte, «der interessantesten Stelle am Nil».

1600 Kilometer nilaufwärts kamen sie zu den Ruinen von Theben. Stephens ging bei Mondschein, während sich die Sterne im Wasser spiegelten, langsam zwischen den Reihen beschädigter Statuen der Kolosse hindurch, die zu dem großen verfallenen Palast des Königs Amenemhet führten.

Ein neues Gefühl hatte nun von ihm Besitz ergriffen, als er das erste Mal das verwirrende Durcheinander von skulptiertem Granit erlebte.

Wo man hätte erwarten können, daß er in eine Art Volneyscher Meditation über «Ruinen» in der schwülstigen Sprache der Zeit verfallen wäre, blieb er schweigend und nachdenklich. Der Zauber wirkte. Von Theben aus wanderte er hinüber zu dem benachbarten Luksor und ging zwischen den großen Amuntempeln umher, die 1500 v. Chr. zu Ehren der Königin Hatschepsut errichtet worden waren. Hier wuchs in zunehmendem Maße Stephens' Interesse an der Erforschung verschollener Kulturen.

«Die alte Stadt», bemerkte Stephens, «hatte einen Umfang von dreißig Kilometern. Das Tal des Nils war nicht breit genug für sie, und ihre äußeren Bezirke ruhten auf dem Fuß der Berge von Arabien und Afrika. Diese ganze große Fläche ist mehr oder weniger bestreut mit Ruinen, geborstenen Säulen, Avenuen von Sphingen, kolossalen Gestalten, Obelisken, pyramidenförmigen Toren, Porticos, Blöcken aus poliertem Granit und Steinen von außerordentlicher Größe, und über ihnen . . . stehen in der ganzen Nacktheit der Verwüstung die kolossalen Skelette riesiger Tempel im trockenen Sand, in Einsamkeit und Schweigen. Sie sind weder grau noch geschwärzt; keine Flechten sind da, kein Moos, kein wucherndes Gras, kein verhüllender Efeu verdeckt sie und verheimlicht ihre Verunstaltung. Wie menschliche Gebeine bleichen sie unter der Wüstensonne. Der Sand Afrikas ist ihr furchtbarster Feind; seit über dreitausend Jahren wird er an sie angeweht und hat die größten Monumente und in einigen Fällen ganze Tempel fast vollständig begraben . . .

Der Tempel von Luksor steht am Flußufer; er wurde vermutlich für die ägyptischen Bootsleute hier erbaut. Vor dem prächtigen Tor dieses Tempels standen bis vor ein paar Jahren zwei hohe Obelisken, jeder ein einziger Block aus rotem Granit, über vierundzwanzig Meter hoch und bedeckt mit Skulpturen und Hieroglyphen, die so gut erhalten sind, als seien sie erst gestern von der Hand des Bildhauers geschaffen worden. Einer davon wurde kürzlich von den Franzosen mitgenommen und reckt jetzt seine kühne Spitze im Zentrum des staunenden Paris in den Himmel; der andere steht noch auf dem Fleck, wo er zuerst aufgestellt wurde . . .»

Aber so groß und prächtig der Tempel von Luksor war, er diente doch nur als Portal für das größere Karnak. Dieses ist drei Kilometer von Luksor entfernt, und die Straße dorthin ist von Reihen von Sphingen, jeder aus einem Granitblock, gesäumt. An diesem Ende sind sie zertrümmert und größtenteils unter Sand und Schutt begraben. Aber wenn man sich Karnak nähert, stehen sie noch in ganzer Größe, ruhig und feierlich wie in den Zeiten, als die alten Ägypter zwischen ihnen hindurchgingen, um im großen Ammontempel ihre Verehrung darzubringen. Vier große Propyläen bilden den Abschluß dieser Avenue von Sphingen, und wenn man die letzte passiert hat, steht man vor einer Szenerie, der keine Beschreibung gerecht wird.

Bevor er seine Nilfahrt fortsetzte, setzte Stephens bei Karnak über, um die berühmten Memnonkolosse zu besichtigen. Sie stehen in der Nähe der verfallenen Tempel von Medinet Habu und sind mit ihrer Höhe von einundzwanzig Metern Statuen des sitzenden Amenophis III.

Stephens blickte zu dem zerstörten Gesicht mit seinen Narben und Flecken hinauf: «und mein Herz erwärmte sich für es. Es erzählte davon, wie es seit unbekannten Zeiten dem heftigen Ansturm der Elemente und den noch heftigeren des Menschen ausgesetzt war. Ich stieg auf den Sockel hinauf, auf die noch kräftigen Beine des Memnon. Ich grübelte über tausend Inschriften in Griechisch und Lateinisch und tausend Namen von Fremden aus entfernten Ländern, die wie ich gekommen waren, um den mächtigen Monumenten von Theben ihre Reverenz zu erweisen . . .»

Wenn Stephens die Kritzeleien aus neuerer Zeit eingehend studierte, hat er den Namen von «*F. Catherwood, Archt.*» entdeckt, denn nur zwei Jahre vorher, 1833, war Catherwood hier gewesen.

Das wäre dann die erste Begegnung der beiden, Stephens und Catherwood, gewesen. Der New Yorker sollte immer wieder auf «Catherwood» stoßen, bis sie sich schließlich selbst begegneten.

Danach fuhr Stephens weiter den Nil hinauf, dessen Farbe sich jetzt von schiefergrau zu hellblau wandelte, zum Fels der Ketten, «GeBel-es-silsila», das Stephens eigenwillig «Hadjar Silsily» buchstabierte, wo an dieser engsten Stelle des Nils die Berge Afrikas im Westen und Arabiens im Osten aufeinander zuzugehen scheinen, um sich zu begegnen.

Als Stephens zu der Insel Elephantine und der kleinen Stadt Assuan kam, wo sich heute der große Damm erhebt, behauptete er, nichts gefunden zu haben, «was mich hätte zurückhalten können».

Assuan war jedoch besser gebaut als die meisten Städte am Nil «und hatte seine Bazarstraße; die Sklavenbazare hatten das bei weitem beste Angebot. In einer der kleinen *caftorias* gegenüber dem Sklavenmarkt zog ein Türke ... dessen Herkunft ihn als einen Mann von Stand erkennen ließ, meine besondere Aufmerksamkeit auf sich. Er war fast der letzte der Mamelucken, die bis gestern die Herren von Ägypten waren; einer der wenigen, die dem großen Massaker ihrer Rasse entkommen waren, und einer der sehr wenigen, die den Rest ihrer Tage im Herrschaftsbereich des Paschas verbringen durften.»

In alten Zeiten herrschte Khnum, der Widdergott-Fürst des Kataraktgebiets über Elephantine. Die östlichen Steinbrüche von Assuan, die seit Jahrhunderten den grauen und roten Granit für Bildhauer und Architekten geliefert hatten, standen unter der Herrschaft von Elephantine. Als das Tor nach Nubien hatte es unter den Ägyptern eine Festung, Zollposten und Landhäuser für die Reichen. Unter der Herrschaft der Perser erbaute die große jüdische Garnisonskolonie Jahweh hier einen Tempel. Stephens fand alles unglaublich schön.

Dreizehn Kilometer flußaufwärts von Assuan kam die Insel Philae – die Insel, deren Tod der Bau des ersten Damms verursachte und von Pierre Loti so rührend beklagt wurde. Zur Zeit von Stephens war sie noch nicht überflutet.

«Der Tempel von Philae ist eine prächtige Ruine, einhundertzweiunddreißig Meter lang und zweiunddreißig breit. Er steht in der Südwestecke der Insel, unmittelbar am Ufer des Flusses, und der Zugang zu ihm führt durch eine großartige Kolonnade, die sich dreiundsiebzig Meter weit am Ufer bis zu dem gewaltigen Propylon erstreckt.»

Die Gebäude in Philae waren Hathor, der Göttin ferner Orte geweiht. Der größte Tempel – jener, den Frederick Catherwood 1833 zeichnete – war Isis, der Gattin des Osiris geweiht. Auch der Kaiser Trajan hatte einen Tempel erbaut. In Philae widerstand denn auch das Heidentum dem Christentum am hartnäckigsten. Die schon lange geschlossenen ägyptischen Tempel brachten heidnische Pilger nach Philae, wo sie in die Mauern der Heiligtümer Hymnen und Gebete an die große Isis einritzten – die letzten noch 473 n. Chr. Dort entdeckte Stephens in der Fülle von Namen den eigenhändig geschriebenen seines alten Schulfreundes «Cornelius Bradford, US of America».

«Ich wußte nicht, daß er hier gewesen war, obwohl mir bekannt war, daß er viele Jahre von zu Hause weg war, und ich in einer Zeitung gelesen hatte, daß er in Palästina gestorben sei. Tausend Erinnerungen an vergangene Freuden, die niemals wiederkehren sollten, stürzten auf mich ein und machten mich traurig. Ich schrieb meinen Namen unter den seinigen und verließ den Tempel.»

Stephens fand die schwarzhäutigen Nubier höchst interessant, wie sie nackt außer einem sechs Zoll breiten Lederstreifen, der ihre Lenden umgürtete, unter der heißen Sonne gingen. Eine früh christianisierte negroide Rasse, die einen mächtigen Stamm in Oberägypten gebildet hatte, waren die Nubier von den Arabern besiegt und zum Islam bekehrt worden; jetzt lebten sie durch die Alchimie der Verwandlung in einem Neu-Arkadien, und ihr Wirtschaftsleben bestand aus Dattelpflücken an den Ufern des Nils.

Wie hätte Pierre Loti das Assuan der Zeit von Stephens geliebt! Noch gab es keinen Damm, um die Wasser des Nils zu regulieren, keine Wasserfluten, die den Tempel der Isis auf Philae überschwemmten, keine puritanischen Reformer, die die ebenholzschwarze Nacktheit der sinnenfreudigen Nubier bekleiden wollten. Er hätte aufreizend über die glatte Haut, die großen kohlschwarzen Augen in ständiger Bewegung, die hohen spitzen, formvollendeten Brüste geschrieben; die Nubier hätten sich zu Lotis anderen exotischen Heroinen gesellt – Aziyadé, Rarahu, Fatou-Gaye und all die anderen – an denen er die Welt sich hat berauschen lassen bis zum Delirium, ja bis zur Betäubung.

Aber Stephens war nicht Pierre Loti. Er bemühte sich, mit seinen Beobachtungen auf wissenschaftlichem Boden zu bleiben: «Der Nubier ist groß, schlank, sehnig und graziös und besitzt, was man im zivilisierten Leben ein ungewöhnliches Maß an Würde nennen würde; sein Gesicht ist ziemlich dunkel, aber trotzdem weit entfernt von afrikanischer Schwärze, seine Gesichtszüge sind lang und adlerhaft . . .»

Nach langem und schließlich erfolgreichem Feilschen um eine große schwere Keule aus Palmenholz, die alle Nubier bei sich tragen (und die auch Stephens während des Rests seiner Reise trug) wandte er sich einem anderen Geschäft zu: «Ich machte mich daran, um das Kostüm einer nubischen Dame zu feilschen und, um eine treffende Redensart zu verwenden, obwohl sie in diesem Fall nicht wörtlich paßte, kaufte es ihr vom Körper weg ab . . . Sie war nicht älter als sechzehn mit einem süßen, zarten Gesicht und einer Figur, die die schönste Dame mit Stolz zur Schau gestellt hätte: jedes Glied zauberhaft gerundet. Es wäre eine brennende Schmach gewesen, eine solche Figur in Kleid und Unterrock zu stecken, obwohl ich nichts dabei dachte, Frauen fast nackt zu sehen, kam es mir zuerst ein wenig delikat vor, den Versuch zu machen, die wenigen Zoll zu kaufen, die des jungen Mädchens einzige Garderobe darstellten. Paul (Paolo Nuozza) hatte keine solchen Skrupel, und auch ich fand, daß, wie auf der Straße zum Laster, «ce n'est que le premier pas qui coûte». Kurzum, ich kaufte das Stück und besitze es jetzt.»

KAPITEL V

Arabia Petraea

Am 14. März 1836 verwandelte sich John Lloyd Stephens in «Abdel Hassis», «den Sklaven Gottes». Für seine persönliche Ausstattung besorgte er sich «das zurückhaltende und ehrbare Kostüm eines Kaufmanns aus Kairo, ein langes rotes Gewand aus Seide, ein gelbgestreiftes Tuch, das wie ein Turban gewickelt wurde; weiße Hosen, große rote Schuhe, gelbe Pantoffeln, eine blaue Schärpe, ein Paar große türkische Pistolen» und nahm den arabischen Namen an. So kostümiert erscheint Stephens auf einer Illustration seines Buches *Arabia Petraea*, die seine Anonymität bewahrt, als «ein Kaufmann aus Kairo».

Stephens hatte das Glück, Adolphe Linant zu begegnen, dem Mitautor eines berühmten Buchs über Petra*, in dem dieser die Route beschreibt, die Stephens vorhatte.

Linant erzählte Stephens, wie seine Gruppe mit einem großen Gefolge von Kamelen und Pferden mit viel Aufwand gereist war, um die Beduinen einzuschüchtern. Diese Expedition nach Petra war die zweite seit seiner Wiederentdeckung im Jahr 1812. Tausend Jahre lang hatte diese Stadt im felsigen Arabien gelegen und war nur noch den Beduinen bekannt. Und doch war sie einst in den Zeiten der Römer eine der größten Städte des Ostens.

1806 hatte Ulrich Seetzen, ein deutscher Orientalist, der als Araber reiste, einen Beduinen sagen hören: «Oh, wie kommen mir die Tränen, wenn ich auf die Ruinen von Petra schaue!» Von ihrem Anblick

---

* León de Laborde und Maurice-Adolphe Linant, «Voyage de l'Arabia Petrée», Paris 1830; London 1838. Stephens hatte eine so hohe Meinung von dem Buch, daß er alle Illustrationen dieses Buches in seinem eigenen Werk ohne Erlaubnis nachdruckte.

erregt, hatte er versucht, die verschollene Stadt zu betreten, aber seine Verkleidung wurde durchschaut, und er wurde getötet.

Johann Ludwig Burckhardt, der die Stadt schließlich entdeckte, hatte sich zwei Jahre darauf vorbereitet, indem er Arabisch studierte, den Koran auswendig lernte und sich mit teutonischer Gründlichkeit sogar beschneiden ließ, denn die Vorhaut war in Arabien genauso gefährlich wie die Bibel. Dann betrat er 1812 die Stadt, indem er vorgab, ein arabischer Bettler namens Ibrahim Ibn Abdallah zu sein, der gelobt habe, zu Ehren Aarons eine Ziege zu schlachten. Dieses Petra war Stephens Ziel.

Die erfahrenen Reisenden von Kairo machten ihn auf die Gefahren seines Reisewegs aufmerksam, denn jenseits des Nils war der Ferman von Mehemed Ali nicht mehr wert als ein Fetzen Papier. Aber mit einem erfahrenen Kameltreiber und seinem treuen Diener Paolo, der wie ein Araber gekleidet war, bestieg Stephens ein Kamel mit hochgewölbten Rippen und verschwand in der Wüste.

Er schrieb nach Hause: «Ich durchquere gerade ein trostlos ödes Land und stelle mein Zelt da auf, wo ich mich bei Sonnenuntergang befinde ... und habe für meine Wanderung die Fußstapfen der Kinder Israels ... besuche den Berg Sinai und danach die lange verschollene Stadt Petra, die Hauptstadt von Arabia Petraea.»

Mit seiner kleinen Karawane von fünf Kamelen schlug er die Pilgerstraße nach Mekka ein, kam durch Suez und folgte der Straße entlang der Küste des Roten Meers. Wie den meisten Reisenden fehlte es ihnen bald an Wasser, und innerhalb von zwei Tagen waren sie in großer Not.

«Flüsse strömten durch meine Phantasie, als wir eine einzelne Palme sahen, die eine Quelle beschattete ... und ohne viel Rücksichtnahme auf andere warfen wir uns alle über die Quelle.

Wenn meine Freunde zu Hause mich so hätten sehen können, so würden sie darüber gelacht haben, wie ich mich mit einer Anzahl Araber um einen Platz an der Quelle balgte, alle auf dem Boden ausgestreckt, die Köpfe beisammen, die wir nur kurz erhoben, um uns ernst anzuschauen, während wir eine Pause zum Atemschöpfen einlegten, und wie wir dann unsere Nasen wieder in dem köstlichen Wasser vergruben. Aber als ich meinen Durst gestillt hatte und Zeit hatte, mir die Quelle zu betrachten, schätzte ich mich glücklich, daß ich sie nicht vorher gesehen hatte. Es war keine Quelle, sondern nur eine Wasserlache in einem hohlen Sandsteinfelsen; die Oberfläche war grün und der Grund schlammig. Trotzdem aber füllten wir unsere Häute und kehrten zur Hauptroute zurück.»

Herman Melville erinnerte sich an diese Episode, als er Stephens «diesen wundervollen arabischen Reisenden» in der Kirche sah, «denn ich entsinne mich sehr gut», schrieb Melville in *Redburn*, «wie ich auf den Mann starrte . . ., der im felsigen Arabien war und dort seltene Abenteuer bestanden hat, über die ich mit meinen eigenen Augen in dem von ihm verfaßten Buch gelesen hatte, einem trocken aussehenden Buch mit fahlgelbem Einband.»

««Schau, was für große Augen er hat», flüsterte meine Tante; ‹sie sind so groß geworden, weil er, als er in der Wüste fast Hungers gestorben wäre, plötzlich einen Dattelbaum erblickte, an dem reife Früchte hingen.›

Daraufhin starrte ich ihn an, bis ich wirklich glaubte, seine Augen seien ungewöhnlich groß und stünden wie bei einem Hummer hervor – sicher sind meine eigenen Augen größer geworden durch das Starren.»

Tagelang zog die Karawane zwischen den parallelen Bergketten hindurch, die manchmal zurückwichen und dann wieder aufeinander zuliefen. Am vierten Tag kamen sie mittags zu einem schroffen und schmalen Engpaß, der auf beiden Seiten durch steile, über dreihundert Meter hohe Granitfelsen begrenzt wurde. Sie betraten diesen Engpaß an der tiefsten Stelle und gingen eine Zeitlang in dem trockenen Bett eines Wildbachs, das jetzt mit Sand und Steinen versperrt war – eine Szenerie von wilder Erhabenheit. Die Kamele stolperten so stark zwischen den Felsbrocken, daß die Männer abstiegen und den wilden Engpaß zu Fuß durchschritten. Am anderen Ende kamen sie überraschend auf ganz ebenen Grund, und vor ihnen türmte sich der Berg Sinai in eindrucksvoller Größe auf, so gewaltig und dunkel, daß er ganz nahe erschien. «Der Mond war aufgegangen», erinnerte sich Stephens.

«Der Mond war aufgegangen, aber sein Licht konnte nicht in den tiefen Engpaß eindringen, durch den ich mich langsam auf den Fuß des Sinai hin mühte. Von etwa halber Höhe an schien er mit bleichem, feierlichem Glanz, während unten alles im tiefsten Schatten lag. Ein dunkler Fleck an der Seite des Berges, die im Kontrast zu dem Licht darüber vollkommen schwarz erschien, zeigte die Stelle des Klosters an.»

Das Kloster war ein sehr großes Gebäude, und die hohen Steinmauern mit Türmchen in den Ecken, die es umgaben, verliehen ihm den Anschein einer Festung.

Rufend baten sie um Einlaß, zuerst einzeln, dann alle zusammen in Französisch, Englisch und Arabisch.

«Wir machten», schrieb er, «einen Lärm, mit dem man beinahe Tote hätte erwecken können; aber erst, als wir zwei Gewehrsalven abgefeuert hatten, gelang es uns, einen der schlafenden Bewohner aufzuwekken. Auf einer Seite waren ein paar kleine Schlitze oder Luken, und ein Mönch mit langem weißem Bart, eine brennende Kerze in der Hand, streckte vorsichtig den Kopf zu einer davon heraus und fragte nach unserem Begehr. Das war schnell erzählt; wir seien Fremde und Christen und wünschten Einlaß; wir hätten auch einen Brief vom griechischen Patriarchen in Kairo. Der Kopf verschwand aus dem Guckloch, und bald danach sah ich seinen Besitzer langsam die kleine Tür öffnen und einen Strick für den Brief des Patriarchen herunterlassen. Er las ihn bei dem schwachen Schein seiner Lampe und erschien dann wieder am Fenster, um uns willkommen zu heißen. Das Seil wurde wieder heruntergelassen; ich band es um meine Arme, und nachdem ich eine kurze Zeitlang in der Luft gebaumelt und zur Mauer und wieder zurück geschwungen hatte, fand ich mich im festen Griff der Arme eines stämmigen, langbärtigen Mönchs wieder, der mich hereinzog, auf beide Wangen küßte, wobei sich unsere langen Bärte freundlich vereint aneinander rieben, und mich, nachdem er das Seil aufgebunden hatte, auf die Füße stellte und seinen Mitbrüdern weiterreichte.

Inzwischen hatten sich fast alle Mönche versammelt, und alle drängten nach vorne, um mich zu begrüßen. Sie schüttelten mir die Hand, schlossen mich in die Arme und küßten mir das Gesicht. Auch wenn ich ihr liebster Freund, der gerade den Klauen des Todes entronnen war, gewesen wäre . . . hätte ich auf das Küssen verzichten können.

Zweimal wurde das Seil hinuntergelassen, um mein Zelt und mein Gepäck heraufzubringen, und beim drittenmal brachte es Paul herauf,

68

ringsum behängt mit Gewehren, Pistolen und Säbeln wie eine Batterie auf Reisen. Das Seil wurde mit einer Winde heraufgespult, die von einem halben Dutzend Mönchen in langen schwarzen Kutten mit weißen Streifen mit aller Kraft gedreht wurde. Die Mönche waren aus dem Schlaf gerissen worden, und manche waren noch kaum wach; der Superior kam als letzter . . .

Der Superior war von Geburt Grieche, und obwohl er schon vor vierzig Jahren zum erstenmal in das Kloster auf dem Sinai gekommen war und vor zwanzig Jahren zum letztenmal zurückkehrte, war er im Herzen immer noch ein Grieche. Die Verbindung mit seinem Heimatland wurde durch die gelegentlichen Besuche von Pilgern aufrechterhalten. Er hatte von Griechenlands blutigem Freiheitskampf gehört und auch davon, was Amerika für das Land in seiner Bedrängnis getan hatte. Er sagte mir, daß er nach seinem eigenen Land zuerst das meinige liebe. Durch seine Freundlichkeit mir als einem einzelnen gegenüber möchte er zu einem Teil die Dankesschuld seines Landes abstatten. Bei meinen Wanderungen in Griechenland hatte ich überall die gleichen wärmsten Gefühle für mein Land angetroffen.»

Am folgenden Tag machte sich Stephens auf, den Berg Sinai zu besteigen, denn er lebte in einer gefühlvollen Zeit, und dieser heilige Berg war ihm überaus wichtig.

Nach einem erschöpfenden Anstieg schrieb er:

«Ich stehe jetzt auf dem höchsten Gipfel des Sinai. Ich bin schon auf dem Gipfel des Riesen Ätna gestanden und habe auf die unter ihm vorbeiziehenden Wolken geschaut, auf die kühne Landschaft Siziliens und die fernen Berge Kalabriens; ich war schon auf der Spitze des Vesuvs und blickte auf die Lavawellen und die verfallenen und halb wiederaufgebauten Städte an seinem Fuß hinunter; aber das ist alles nichts gegen die furchtbare Einsamkeit und die öde Erhabenheit des Sinai. Ein gut beobachtender Reisender hat ihn sehr richtig ‹das vollkommene Meer der Trostlosigkeit› genannt. Kein Baum, kein Strauch, kein Grashalm ist zu sehen . . .»

Danach kam Stephens zum Berg Horeb, dem Felsen, den Moses mit seiner Rute schlug, «damit Wasser herauslaufe». Der vier Meter hohe Stein hatte auf einer Seite acht bis zehn tiefe, einen halben Meter lange und zwei bis vier Zentimeter breite Risse, aus denen Wasser tröpfelte. Drei Namen waren in den Felsen eingeritzt: ein deutscher, der zweite von einem Engländer, und der dritte von Stephens' Jugendfreund Cornelius Bradford, der gleiche, den er auf den Felsen der Nilkatarakte gesehen hatte.

«So schrieb ich also wieder», schrieb Stephens, «meinen Namen unter den seinigen . . .»

Nachdem er das Kloster verlassen mußte, wo er die bärtigen Abschiedsküsse der Mönche über sich ergehen lassen hatte, bog er von der alten Römerstraße nach Gaza ab und wandte sich statt dessen ostwärts nach Akaba. Eine schmale Öffnung in dem gebirgigen Engpaß zeigte ihm den Weg.

«Es war ein Tag, wie man ihn nur in der gebirgigen Wüste Arabiens erleben kann, die Atmosphäre klar und rein und die Luft frisch und mild . . .

Wir wanderten mehrere Stunden lang durch das Tal, das auf beiden Seiten von Bergen eingeengt ist, die nicht hoch, aber kahl und rissig sind und allmählich zerbröckeln.»

Gegen Abend konnten die Reisenden Akaba schon deutlich sehen, wenn auch noch auf der gegenüberliegenden Seite des Golfs und noch sehr weit entfernt. Es wurde nun bald Nacht: Stephens war außerordentlich viel daran gelegen, diese Nacht in der Festung zu schlafen, und da er befürchtete, daß «ein Fremder bei Dunkelheit nicht mehr eingelassen würde», sandte er Paul mit seinen Empfehlungen an den Gouverneur und mit der bescheidenen Bitte, er möge die Tore bis zu seiner Ankunft offen lassen, voraus.

In der Antike war Akaba das Lagerhaus für die Gewürzreichtümer des Fernen Ostens. Handelsschiffe kamen über das Rote Meer in den Golf von Akaba und brachten Erzeugnisse aus Arabia Deserta, Arabia Felix, Ceylon, Indien und noch ferneren Ländern, und seit Jahrhunderten wurden Karawanen hier hindurch nach Petra geschleust. Zimt kam aus Ceylon, ebenso Gewürznelken; Muskatnuß und Muskatblüte aus Malaya. Ingwer kam aus den wilden Gegenden Indiens. Pfeffer war eine Leidenschaft der Römer.

Perlen stammten von der Küste Indiens; die besten waren aus Ceylon. «Ich schwöre bei den Göttern», sagte ein heimkehrender römischer Händler, «daß der Grund des Meeres bedeckt ist von ihnen.» Korallen – von den römischen Juwelieren ebenfalls hoch geschätzt – bedeckten den Grund des Roten Meeres und gaben ihm seine Farbe und seinen Namen. Diamanten wurden im Kies der indischen Flüsse gefunden und waren begehrte Handelsobjekte; die Römer nannten sie ‹adamantes›, die unbesiegbaren Steine, denn es gab keine Werkzeuge, mit denen man sie schneiden konnte. Indien handelte auch mit Saphiren. Und es gab auch Jade, Kristalle, Rosenquarz, Karneol, Jaspis, Achat, Onyx und Berylle. Schließlich war da noch der Sklavenhandel und der Elfenbeinhandel. Die Römer hatten eine Leidenschaft für Elfenbein; die Sessel der Richter wurden aus Elfenbein hergestellt, und Caracallas Pferde fraßen aus elfenbeinernen Krippen.

Alle diese Luxusgüter wurden von Schiffen in den Hafen von Akaba gebracht. Man konnte ihn von Ägypten aus auch durch das Wüstengebiet erreichen, das die Römer Saracei nannten.

In diesem Akaba kam Stephens in der Verkleidung des Abdel Hassis, des Kaufmanns aus Kairo, «todkrank», wie er sagte, an und suchte in der Festung* Zuflucht. Über diese schrieb er:

«Diese kleine Festung wird selten von Reisenden besucht, und sie ist deshalb eine kurze Beschreibung wert. Sie steht an der Spitze des östlichen oder elanitischen Zweiges des Roten Meers am Fuß der Sandsteinberge nahe am Ufer und fast begraben in einem Palmenhain, der das einzige Lebenszeichen in dieser kahlen Sandgegend ist. Sie ist der letzte Halteplatz der Pilgerkarawanen auf ihrem Weg nach Mekka . . . die Ankunft eines Reisenden ist ein überaus seltenes Ereignis, und selten macht sogar der wandernde Beduine in ihren Mauern halt; kein Schiff läuft in ihren Hafen ein, und nicht einmal ein einsames Fischerboot unterbricht die Stille des Wassers zu ihren Füßen.»

Bei Stephens' Ankunft lief die ganze Bevölkerung der Festung (die Beduinen, die unter den Palmen außerhalb wohnten) zusammen, um ihn zu bestaunen. Die große Pilgerkarawane nach Mekka war erst drei Tage vorher abgereist; und ausgenommen die Abreise und Rückkehr dieser Karawane, konnten Jahre vergehen, ohne daß ein Fremder hier auftauchte.

Hier traf Stephens El Aluin, den Scheich, in dessen Herrschaftsbereich die Ruinen von Petra lagen und dem er vorher schon in Kairo

---

* Dieses Fort aus dem vierzehnten Jahrhundert – jetzt wiederhergestellt und in Benützung – trägt das Wappen der haschemitischen Familie über dem Haupteingang.

begegnet war. Nun feilschten sie über die Bedingungen, zu denen El Aluin ihn in sein Reich führen sollte. Da sie sich nicht einigen konnten, setzte sich Stephens über seine juristische Ausbildung hinweg und erklärte sich bereit, den Scheich zu einem unbestimmten Lohn anzuheuern.

Der Scheich war wie Stephens beritten. Er trug ein rotes, seidenes Gewand und darüber einen bauschigen Mantel aus scharlachrotem Tuch, einen roten Tarbusch, um den ein Schal geschlungen war, lange rote Stiefel und eine Schärpe. Er hatte Pistolen, einen Säbel und einen dreieinhalb Meter langen Speer. Der Rest der Gruppe war mit Säbeln und Luntenschloßgewehren bewaffnet und trug die gewöhnliche Beduinenkleidung.

Der Weg, dem sie folgten, war einst eine ursprünglich großenteils gepflasterte Römerstraße, die in dem großen Wadi-el-Butu verlief. Sie war, wie die erhalten gebliebenen Meilensteine verkündeten, von der Legio IX Hispana erbaut worden. Die Straße war schon seit langem verschwunden, und der Weg war jetzt so urzeitlich wie vor der Ankunft der Römer.

Von diesem Hafen aus bauten die Ingenieure der Legio IX Hispana die große Straßenarterie, die von Akaba durch Amman-Philadelphia nach Bostra, Damaskus und schließlich Palmyra in der syrischen Wüste verlief.

Einhundertsechzig Kilometer nördlich führte, nachdem die Straße durch Wüstengebiet gegangen war, eine Seitenstraße – noch durch Meilensteine markiert – zu der Stadt Petra.

Stephens versuchte, mit dem Scheich etwas zu plaudern. «Ich stellte einige beiläufige Fragen über die Straße; aber ich hätte lieber still bleiben sollen, denn ich hätte wohl kein unerfreulicheres Thema berühren können.»

Jeder Tag war genauso wie der Tag vorher, die gleiche ewige öde Trostlosigkeit. Aber um ein Uhr am dritten Tag kamen sie an den Fuß der Berge von Seir; und höher als alles übrige, überragt von einem kreisrunden Dom wie die Gräber der Scheichs in Ägypten türmte sich der kahle, zerklüftete Gipfel des Berges Hor, der Grabstätte Aarons, auf, aus jeder Richtung von unten schon auf weite Entfernung sichtbar, und auf beiden Seiten die lange Kette der Berge.

«Es war ein schöner Nachmittag», erinnerte sich Stephens; «Gazellen spielten in den Tälern, und Rebhühner liefen rasch an den Berg-flanken hinauf: wir stellten unser Zelt teilweise auf einem Grasteppich auf.»

Während des Zweihundertvierzig-Kilometer-Rittes versuchte der Scheich alles mögliche, um aus Stephens Auskunft über den Geldbetrag herauszubekommen, den er bei sich hatte, und mit jedem Schritt steigerte sich sein Geschrei nach einem Bakschisch. Am Eingang von Petra sagte der Führer schlau zu Stephens, daß sie die Wahl zwischen zwei Möglichkeiten hätten, entweder sich den Zugang zu erkämpfen oder ihn zu erkaufen. Damit erleichterte er unseren «Abdel Hassis» um fünfhundert Piaster für Bestechungen.

Der Sîk war der Eingang nach Petra. Ein Erdbeben hatte die Felsen gespalten, wodurch eine sechzig Meter hohe Kluft entstanden war; in diese enge Schlucht trat Stephens ein, hinter ihm der rotbekleidete Scheich. Sie war so eng, daß nur sechs Reiter nebeneinander durch sie reiten konnten.

Als sie vierhundert Meter weit den märchenhaften Wänden der Schlucht gefolgt waren, endete der Sîk plötzlich, und durch den schmalen Schlitz konnte Stephens einen aus der Flanke des gewachsenen Felsen herausgehauenen Tempel sehen, weiß wie Marmor und rot wie der Mond, mit blendend schöner Fassade.

Im Schatten schwärmte Stephens von diesem El Khazneh, «einem köstlichen, stilreinen Tempel, wie eine Gemme aus der harten Berg-wand geschnitten».

Säulen im korinthischen Stil trugen eine reich skulptierte Fassade, die sich dreißig Meter hoch erhob, und alles war aus dem Berg herausgehauen.

Paolo, der die Ruinen von Baalbek und Kreta erlebt hatte, schrie unwillkürlich auf, als er dieses architektonische Wunder erblickte. Die Wirkung auf Stephens war gleich stark. Ein kurzer Blick auf El Khazneh, und er war Archäologe.

«Der erste Anblick dieser prächtigen Fassade muß eine Wirkung hervorrufen, die nie mehr vergeht. Auch nach meiner Rückkehr zu den Geschäften und den die Gedanken fesselnden Begebenheiten des Lebens in der geschäftigsten Stadt der Welt, oft in Situationen, die so verschieden sind wie Licht und Dunkelheit, sehe ich vor mir noch die Fassade dieses Tempels.»

Stephens' Staunen wuchs mit jedem Schritt, den er weiterging.

Einst das Grab der Könige, war El Khazneh jetzt nur noch der Nachtstall von Nomaden, geschwärzt von den Feuern der Hirten. Auf beiden Seiten der Mittelhalle, im Norden und Süden, waren weitere Felsenkammern; diese waren wie die anderen nüchtern, einfach und unverziert. Auf der Rückwand fand Stephens die Namen einiger englischer Reisender – Leigh, Bankee, Irby und Mangles, die 1818 1500 Piaster bezahlt hatten, um Petra betreten zu dürfen. Unter ihnen waren die Namen von León, Marquis Laborde und Stephens' Freund Linant. Stephens war der erste Amerikaner, der Petra besuchte. «Ich gestehe, daß ich glaube, keinen unentschuldbaren Stolz dabei gehabt zu haben, als ich den Namen eines amerikanischen Bürgers auf die innerste Wand dieses Tempels schrieb.»*

Hinter dem Tempel der Isis führt das Wadi zu einer trapezoidförmigen, eineinhalb Kilometer breiten Felsschlucht, dem Herz von Petra. Am Rand, wo die Felswand jäh emporsteigt, ist ein großes halbmondförmiges römisches Amphitheater, wie alles andere aus dem gewachsenen Felsen herausgehauen.

«Das ganze Theater», notierte Stephens, «ist heute noch in einem so guten Zustand, daß die Insassen der umliegenden Gräber, wenn sie noch einmal ins Leben zurückkehren würden, ihre alten Plätze auf den Sitzreihen einnehmen könnten.» Stephens wanderte von Grab zu Grab. Er erstieg den Urnentempel, in den eine griechische Inschrift eingraviert war; er kroch in El Khubata hinein, das größte Monument in Petra und, wie der Isistempel, innen leer und kahl. Und er sah, wo die Alten einen ganzen Sandsteinberg abgetragen hatten, um El Dair, einen anderen Tempel in streng klassischem Stil zu erbauen.

Stephens war um die richtigen Worte verlegen. Für sein Tagebuch suchte er nach den Adjektiven, die auch nur die Farbtönung der Felsentempel wiedergeben konnten. Morgens waren sie wie große Regenbögen und erstrahlten in Zinnober und Safran, gestreift mit Weiß und Karminrot; in der Abenddämmerung, wenn der Stein in

* Incidents of Travel in Egypt, Arabia Petraea and the Holy Land», anonym von einem «Herrn» veröffentlicht. Harper & Brothers (New York 1837). Neue Ausgabe unter dem gleichen Titel bei der University of Oklahoma Press (Norman Okla 1970) mit einer Biographie des Autors, Anmerkungen und einer Einführung von Victor Wolfgang von Hagen.

ihre letzten Schatten gehüllt war, war er rosarot, blau und purpur schillernd, eine vollkommene Steppdecke aus wirbelnden Streifen wie Seidenmoirée. «Zeig mir etwas, das diesem Wunder gleicht», sang der Dichter von Petra:

«Zeig mir etwas, das diesem Wunder gleicht, außer in östlichen
Eine rosarote Stadt, halb so alt wie die Zeit.»   [Gegenden,

In dem ebenen, eineinhalb Quadratkilometer großen Tal befinden sich die Ruinen eines Tempels, eine einzelne Säule, Reste einer Brükke, ein Triumphbogen und Teile einer Pflasterung, die vermutlich die Hauptstraße war. Topfscherben waren überall verstreut.

Am Ende des Tals schließen sich die Berge wieder zu einer zweiten Sîk-ähnlichen Kluft zusammen; aus dieser Sackgasse führt die Straße nach Arabia Felix hinaus. Durch diese Schluchtportale strömte der Handel tausend Jahre lang. Seine Geschichte pulsierte von Leben, besonders für einen Amerikaner.

Die Architektur von Petra ist so sehr verwachsen mit ihrer Gebirgslandschaft, daß sie mehr als das Werk der Natur als des Menschen erscheint, aber es waren doch die alten Nabatäer, die die Stadt aus dem Fels ausgehauen hatten. In diesem Winkel von Arabia Petraea wurden die Nabatäer Kaufleute, Händler, Söldner und Spediteure der Handelsgüter aus Arabia Felix. Ihr Wachstum steigerte ihr Ansehen, bis sie im ersten Jahrhundert v. Chr. eine der bedeutendsten Mächte im Osten waren, und Petra war ihre Hauptstadt.

Das Gebiet der Nabatäer erstreckte sich bis Damaskus im Norden und zu der Küste des Roten Meers im Süden. Anfangs waren sie kämpferische Nomaden, dann erhoben sie sich im sechsten Jahrhundert v. Chr. gegen die Assyrer und füllten das geographische Vakuum aus, das die Juden hinterließen, als sie in die babylonische Gefangenschaft geführt wurden.

Die Nabatäer eroberten, besetzten und befestigten dann den gebirgigen Schlupfwinkel von Petra. Seit den frühesten Zeiten betrieben sie den Gewürzhandel mit Zentralarabien.

Im Jahr 60 v. Chr., als Aretas III. König war, stießen die Nabatäer mit den Römern zusammen. 106 n. Chr. besetzte Trajan Petra; Hadrian benannte es später in «Hadriana» um.

Stephens reiste weiter ins Heilige Land auf einer Landstraße, die einst eine Römerstraße war.

Herman Melville benützte Stephens' Bericht «Eine Reise durch Idumäa». Als er seine «Encantadas»* schrieb, sprach er von «einer Einöde, die die von Idumäa noch übertrifft», und noch einmal: «wie aufgeplatzte syrische Kürbisse, die in der Sonne ausgetrocknet wurden», und schließlich von der «absoluten Unbewohnbarkeit der Wüste».

Seine Route nach Palästina führte durch das auch heute noch gefürchtete und äußerst öde Land Edom, das unter einem biblischen Fluch lag und durch das offenbar noch niemand, mindestens kein Ausländer, vorher je gekommen war. Aber abgesehen von einem ermüdenden Streit mit seinen Führern über die Bezahlung, kam Stephens unversehrt und ziemlich stolz auf seinen Erfolg durch.

«Ich bin, außer den wandernden Arabern, der einzige Mensch, der je durch dieses verlorene und verbotene Edom gekommen ist und mit eigenen Augen die furchtbare Erfüllung der schrecklichen Verfluchung eines beleidigten Gottes schaute.

Wir verfolgten die Route, die ich ursprünglich ins Auge gefaßt hatte, durch das Land Idumäa. Hinsichtlich dieses Teils meiner Reise möchte ich besonders gut verstanden werden. Drei verschiedene Gruppen hatten die Stadt Petra zu verschiedenen Zeiten und unter verschiedenen Umständen, nachdem zwanzig Jahre seit ihrer Entdeckung durch Burckhardt verstrichen waren, betreten. Aber keine von ihnen war durch das Land Idumäa gereist.»

Stephens' Karawane folgte der Römerstraße bis zur ersten eigentlichen Station, die die Römer «Thamaro» (Chirbet umm Eksir) nannten.

Stephens bemerkte: «Das Tal war immer noch gleich wie zuvor, kleine Hügel, Dornbüsche, Wasserrinnen, trockene Flußbette, was alles den unbestreitbaren Beweis dafür lieferte, daß es einst von dem Wasser eines Flusses bedeckt war.» Wäre Stephens ein Geologe gewesen, «*hätte* jeder Schritt eine neue Seite in dem Buch der Natur aufgeschlagen; er wäre in die Zeit zurückgeführt worden, wo alles

* Herman Melville, «The Encantadas or Enchanted Isles», mit einer Einführung, einem kritischen Nachwort und bibliographischen Anmerkungen von Victor Wolfgang von Hagen, The Grabhorn Press, San Francisco, März 1940. Begrenzte Auflage von 550 Stück.

noch Chaos war und Finsternis über der Erde lagerte». Der Eindruck, den er bekam, war der einer wirren Masse von Materie, die sich zu «Form und Substanz» ordnete, die Erde bedeckt von einer gewaltigen Flut, die Wasser im Rückzug, wobei sie die kahlen Berge über ihm und einen strömenden Fluß zu seinen Füßen zurückließen.

Stephens erwähnte, daß es zwei alte Straßen gebe, wo sie nun weiterwanderten, aber da er die Namen nicht nannte, weder einen arabischen noch einen römischen, weiß man nicht, auf welcher er reiste. Da er die Gazastraße erwähnt, muß er in Moleathe gewesen sein, wo es Ruinen von einem Fort gibt.

Hier «war eine Straße, die zu der alten Stadt Gaza führte, eine seit viertausend Jahren ständig benützte Karawanenstraße, und doch so vollkommen in der Wildheit der Natur und so unerkennbar . . .»

Drei Stunden weiter und einen Kilometer zur rechten kamen sie zu einem viereckigen Gewölbe mit einer Kuppel; daneben war ein niedriges, gleichfalls gewölbtes Gebäude aus Stein mit einem kleinen Tempel; das war das römische östliche Anaea (jetzt Ghuven). Eineinhalb Kilometer weit an verschiedenen Stellen beiderseits der Wüstenstraße war eine Schar von Landhäusern um eine Festung herum. In Chermula (Kurmul) gab es Hügel von zerfallenden Ruinen.

Unmittelbar an der Karawanenstraße waren zwei bemerkenswerte Brunnen, beste römische Qualitätsarbeit, etwa fünfzehn Meter tief, «eingesäumt mit großen Steinen, noch so fest und tadellos wie an dem Tag, da sie gelegt worden waren. Die oberste Lage, also der Brunnenrand, der auf gleicher Höhe wie das Pflaster war, war aus Marmor und wies viele Rillen auf, die offensichtlich durch den ständigen Gebrauch von Seilen beim Wasserholen entstanden waren. Um jeden Brunnen herum waren kreisförmige Säulenreihen, die, als die Stadt noch existierte und die Bewohner hierher zum Trinken kamen, wahrscheinlich ein Dach trugen, ähnlich wie heute noch bei den Brunnen in Konstantinopel. Es gab aber keine Überreste von einem solchen Dach.»

Stephens glaubte wahrscheinlich mit Recht, daß «er der erste Reisende (in moderner Zeit) war, der je diese Ruinen sah». Man kann nur mit Stephens bedauern, «daß er nicht die Fähigkeit hatte, dem dürftigen Wissen, das die Geographen bisher schon besaßen, etwas hinzuzufügen». Denn Hebron (Al Khalil), das zwischen dem Toten Meer und dem Mittelmeer liegt, war eine der größten Römerstädte am Rand der Wüste; eine Festung und römische Meilensteine an der Straße waren noch zu sehen.

Hebron, eine der ältesten Städte von Kanaan, war zu Stephens' Zeit (1836) eine kleine arabische Stadt mit sieben bis achthundert arabischen Familien. Die Bewohner, fand er, waren die wildesten, gesetzlosesten und verwegensten Menschen im Heiligen Land; «und es ist besonders bemerkenswert», schrieb Stephens, «daß sie noch die gleichen aufrührerischen Eigenschaften haben wie die Rebellen aus alter Zeit . . .»

Stephens führte seine Karawane nach Norden und betrat das Tal von Eskol, wo Mose, wie er sich erinnerte, seine Späher aussandte, die so gewaltige Weintrauben fanden, daß jede Traube am Ende eines Stocks getragen werden mußte; er kam durch die Höhlen von Machpelah und durch Bethlehem, und traf schließlich am 12. März 1836 in Jerusalem ein. Dort wartete er auf den türkischen Gouverneur.

«In dem Augenblick, als ich eintrat», erinnerte sich Stephens, «hauchte der Gouverneur einen glänzenden Diamanten an, und ich bemerkte an seinem Finger einen ungewöhnlich schönen Smaragd. Er empfing mich mit großer Höflichkeit; und als ich ihm den Ferman des Paschas reichte, gab er ihn mir mit einer unübertrefflichen Delikatesse und Artigkeit ungeöffnet und ungelesen zurück, indem er sagte, meine Kleidung und meine Erscheinung seien die beste Empfehlung dafür, daß er alles in seiner Macht Stehende für mich tue. Ich stand in einem roten Tarbusch mit langer schwarzer Quaste, schmutzbespritzten Stiefeln, roter Schärpe, mit einem Paar großer türkischer Pistolen, Säbel und meiner nubischen Keule in der Hand vor dem Gouverneur. Das einzige deutliche Zeichen der Aristokratie an mir war mein Bart, der, wenn auch nicht so lang wie der des Gouverneurs, diesen an Brillanz weit übertraf.*

Von dem Platz aus, wo ich saß, war die Omarmoschee das einzige Objekt, das die Eintönigkeit der Stadt unterbrach, alles andere war dunkel, reizlos und düster . . . Alles war wie tot; das einzige Lebenszeichen, das ich entdecken konnte, war ein herumbummelnder Muselman, der mit den Pantoffeln in der Hand den langen Hof zur Schwelle der Moschee hinaufschlich. Der Omarmoschee wird wie

---

* Stephens' Bart war feuerrot.

der großen Moschee in Mekka, dem Geburtsort des Propheten, viel größere Verehrung entgegengebracht als sogar St. Sophia oder irgendeinem anderen Bauwerk des mohammedanischen Glaubens; und bis zum heutigen Tag ist der Koran oder das Schwert das Schicksal jedes kühnen Eindringlings in ihren heiligen Bezirk. Am nördlichen Ende der Moschee ist das seit vielen Jahren geschlossene Goldene Tor, das von einem Turm flankiert ist, in welchem ein muselmanischer Soldat ständig Wache steht; denn die Türken glauben, daß die Christen eines Tages durch dieses Tor in die Stadt eindringen und von ihr Besitz ergreifen werden – von der Stadt des Geheimnisses und der Wunder.»

Stephens wußte damals nicht und erfuhr es erst später in London, daß Frederick Catherwood* erst vor zwei Jahren vollständige Pläne der Moschee El-Aqsa angefertigt hatte.

Stephens hatte noch ein Ziel, bevor er Jerusalem verließ – einen Besuch des Grabes seines Schulfreunds, unter dessen Namen er auf dem ganzen Weg den seinigen gesetzt hatte. Er fand das Grab von Cornelius Bradford beim Berg Zion. Er war 1830 im Alter von fünfundzwanzig Jahren in einem Kloster gestorben, nachdem er kurz vor seinem Tod zum Katholizismus übergetreten war. Ein kunstvoller Grabstein mit lateinischer Inschrift bezeichnete sein Grab.

Dieser junge Amerikaner war ein fröhlicher Bursche gewesen, den man in der Pariser Gesellschaft gut kannte und der ein besonderer Liebling der Familie des Generals Lafayette war, der ihn Martin van Buren als Unterhändler für einen Vertrag mit den Türken empfohlen hatte. Lafayettes Anregung wurde höflich abgelehnt, aber Bradford wurde 1829 zum Konsul der Vereinigten Staaten in Lyon ernannt.

Nach sechs Monaten kam er für einen Heimaturlaub nach Amerika ein. Nachdem ihm dieser bewilligt worden war, tauchte er unerklärlicherweise einige Monate später im Osten auf. Stephens hatte Brad-

* Frederick Catherwood wurde für Stephens zum erstenmal in Palästina ein Begriff, als er in einer Buchhandlung einen Plan von Jerusalem fand, der am 1. August 1835 in London, 21 Charles Sq., Hoxton, von Mr. Catherwood veröffentlicht worden war. «Ich war so glücklich», schrieb Stephens, «eine lithographische Landkarte von Mr. Catherwood zu finden ... und die ich für einen besseren Führer zu allen interessanten Lokalitäten halte als alle anderen, die ich mir in Jerusalem verschaffen konnte.»

fords Route auf Grund der Orte, wo er seinen Namen auf Altertümer gekritzelt hatte, aufgespürt. «Jahre waren vergangen, seit ich mich in den Straßen unseres heimatlichen New York von ihm verabschiedet hatte. In den flotten Kreisen von Paris hatte ich über ihn gehört, daß er im Begriff sei, sich mit einem der stolzesten Namen von Frankreich zu verheiraten; dann hörte ich wieder von ihm als Wanderer im Osten und schließlich, daß er in Palästina gestorben sei . . .»*

Nachdem Stephens das Tote Meer, auf dem er Schwimmexperimente machte, kurz besichtigt hatte, erhielt er durch Vermittlung eines Iren namens Costigan eine Landkarte von ihm. Es war eine der ersten, die seit der Zeit der Römer bekannt geworden sind.**

Stephens zog nun wieder die konventionelle Kleidung an und reiste nach Sidon weiter, um ein Schiff zu finden, das ihn nach Frankreich oder London bringen konnte. In Sidon entschloß er sich, Lady Hester Stanhope zu besuchen, die weißgekleidete Sibylle des Libanon, die in William Pitts Haus herrschte, solange er Premierminister war. Bei seinem Tod wurde ihr eine bedeutende Pension bewilligt, und sie reiste in königlichem Stil durch die Levante. 1814 ließ sie sich am Libanongebirge nieder, übernahm die Kultur des Ostens, mischte sich in die türkisch-arabische Politik ein und gewann einen starken Einfluß auf die Stämme um sie herum, stieg zu einer Prophetin auf und wurde zu Lebzeiten ein Monument, das jeder Reisende in ihrem Reich zu besuchen für seine Pflicht hielt.

Bei seiner Ankunft in Sidon fuhr Stephens also zum arabischen Konsularagenten, um ihn über das Protokoll um Rat zu fragen.

«Er sagte mir, ich müßte Ihrer Ladyschaft eine Nachricht zukom-

---

* Mindestens eine Generation lang war Bradfords Grab eine der Stationen der Rundfahrten durch Jerusalem, die von amerikanischen Missionaren für amerikanische Reisende veranstaltet wurden. Das Interesse der Missionare war zum Teil berufsbedingt, weil sie Stephens' Empörung über Bradfords offensichtlich unter Zwang zustande gekommene Konversion teilten.

** Diese in Stephens' Buch «Incidents of Travel in Arabia Petraea» veröffentlichte Karte des Toten Meers wurde angefertigt, bevor die zwei Engländer Moon und Bebe eine Schätzung seiner Höhe auf der Grundlage des Siedepunkts des Wassers vornahmen: sie stellten fest, daß das Tote Meer 180 Meter unter Meereshöhe liege. Vorher hatten nur wenige, außer Stephens, erkannt, daß das Tote Meer, obwohl nur achtzig Kilometer vom Mittelmeer entfernt, unter Meereshöhe liegt (in Wirklichkeit 400 Meter).

men lassen, daß ich sie bäte, mir zu gestatten, mich ihr vorzustellen, und dann warten, bis es ihr gefiele, mir zu antworten; manchmal sei sie ziemlich kapriziös. Mein Gesundheitszustand erlaubte es mir nicht, irgendwo auf eine ungewisse Antwort zu warten. Ich war nur einen Tag von Beirut entfernt, wo ich mir Ruhe und ärztliche Hilfe erhoffte. Aber ich wollte die Chance doch nicht verpassen und reichte mein Gesuch vielleicht mehr im Hinblick auf meine eigenen Wünsche und Gefühle ein als mit dem gehörigen Respekt für diejenigen der Lady und bat um eine umgehende Antwort.

Inzwischen habe ich Mon. de la Martines Bericht über seinen Besuch bei Ihrer Ladyschaft gelesen, aus dem hervorgeht, daß Ihre Ladyschaft den Wortlaut einer Nachricht wichtig nahm. Meine lautete, soweit ich mich erinnere, folgendermaßen: ‹Mr. S., ein junger Amerikaner, der im Begriff ist, das Heilige Land zu verlassen, würde es außerordentlich bedauern, wenn er dies tun müßte, ohne vorher der Lady Esther (sic) Stanhope seine Aufwartung gemacht zu haben. Wenn die Lady Esther (sic) Stanhope ihm diese Ehre gestatten möchte, wird sich ihr Mr. S. *morgen* zu irgendeiner Ihrer Ladyschaft genehmen Stunde vorstellen.› Wenn der Leser diese Nachricht mit dem Brief von M. de la Martine vergleicht, wird er sich sicher wundern, daß mein armer Bote, der auch noch eine umgehende Antwort erbat, nicht in hohem Bogen hinausgeworfen wurde. Meine Pferde standen vor der Tür, sei es, um nach Beirut oder zu Ihrer Ladyschaft Residenz zu reiten und, wenn es sein mußte, sich von der letzteren abzuwenden. Ihre Ladyschaft hatte übrigens sehr großes Glück, daß sie mich nicht empfing; denn in dieser Nacht brach ich in Beirut zusammen; meine Reise nach Westen wurde unvermittelt beendet. Zehn Tage lang lag ich in der Obhut eines alten italienischen Quacksalbers in blauem Gehrock mit großen Quastenknöpfen im Bett. Jedesmal, wenn er an mein Bett herantrat, erschreckte er mich halb zu Tode.»

Stephens kehrte also nach Alexandria zurück, und nachdem er dort so lange herumgebummelt war, bis er wieder genug Kräfte gesammelt hatte, stach er nach einer abenteuerlichen Reise aus «Gesundheitsgründen» um die halbe Welt nach England in See, das damals an der kürzesten Route nach New York lag. Dort traf er im Herbst 1836 ein.

KAPITEL VI

Die Begegnung

Stephens nahm begierig in sich auf, was London Auge und Ohr bot, so wie er es einst mit dem übelriechenden Wasser von Idumäa getan hatte. Das Gedränge der Menge, die wohlgekleideten Frauen, die eleganten Kutschen entstiegen, die prächtigen Läden, von denen viele schon mit dem neuen Gaslicht ausgestattet waren, wirkten auf seinen leicht zu beeindruckenden Geist wie ein Rauschmittel.

Er wurde im amerikanischen Konsulat von Oberst Thomas Aspinwall, der in doppelter Eigenschaft als Konsul und als literarischer Agent wirkte, mit betonter Aufmerksamkeit empfangen. Es war ein freundlicher, fähiger Mann, dessen Erscheinung nicht wenig durch einen leeren Ärmel an Würde gewann, denn er hatte im Krieg von 1812 einen Arm verloren, was ihm seinen militärischen Rang ebenso wie seine Pfründe als amerikanischer Konsul verschafft hatte. Da er seiner Regierung nur teilweise verpflichtet war, konnte er sich in der übrigen Zeit seinen privaten Geschäften widmen, nämlich der Vertretung amerikanischer Schriftsteller in England.

Stephens sah die Hefte des *American Monthly Magazine* und sich selbst dort im Druck mit der «Reise durch Idumäa». Seine Maske als «ein amerikanischer Herr» wurde bald durchschaut, und man behandelte ihn als neuen literarischen Löwen. Neben den eleganten Essen, an denen er ständig teilnahm, besichtigte er London. Er schaute bei Auktionen im Tattersall zu, bummelte durch die Mall, bestaunte hingerissen die berühmten Marmorkunstwerke, die Lord Elgin ins Britische Museum gebracht hatte, und wenn er dann nächtelang den Amüsierbetrieb mitmachte, sog er die Düfte Londons bei Nacht in sich ein.

So kam er auch an den Leicester Square. Vor Burfords Panorama wurden «Die Ruinen von Jerusalem» angepriesen.

«Wie begegnete ich Mr. Catherwood? Auf die einfachste Weise in der Welt. Im Heiligen Land hatte ich 1836 das Glück, bei einem Missionar eine lithographierte Landkarte nach einer Zeichnung von Mr. Catherwood zu finden; ich stellte fest, daß sie ein besserer Führer zu allen interessanten Stätten war als alles, was ich sonst in Jerusalem auftreiben konnte ...»

Stephens schaute sich das Panorama an und traf dort F. Catherwood, Archt., wie er sich auf seinen Visitenkarten nannte. Aus dieser zufälligen Begegnung – wieder einer in der Reihe von Zufällen – eines Rechtsanwalts aus New York mit einem in London gebürtigen Architekten sollte in den kommenden Jahren eine der romantischsten – und fruchtbarsten – Episoden der Geschichte der Archäologie entstehen. Sie sollte auch zur Entdeckung der Mayakultur führen und bedeutete den Beginn der amerikanischen Archäologie.

Weder Stephens noch Catherwood haben über den nächsten Schritt in ihren Beziehungen berichtet, aber er liegt ja klar zutage. Stephens besichtigte das gewaltige Panorama von Jerusalem.

Das kreisrunde Wandgemälde war mit Gaslicht erleuchtet, das damals in hohem Maße feuergefährlich war und das Bild auch schließlich vernichtete. Wir kennen von ihm nur einen Handzettel, der es ankündigt: «Beschreibung einer Ansicht der Stadt Jerusalem, gemalt nach Zeichnungen ... von Frederick Catherwood, mit einem Holzschnitt des Gemäldes.»

Später wurde das Panorama nach New York gebracht, wo es angepriesen wurde als «ein Gemälde höchsten Ranges, 900 Quadratmeter nach Zeichnungen von Mr. Catherwood, jeden Abend von über 200 Gaslampen beleuchtet».

Das New York, in das Stephens 1836 zurückkehrte, um «Arabia Petraea» zu schreiben, hatte sich sichtbar verändert, seitdem er es zwei Jahre vorher verlassen hatte, um seine Wanderung anzutreten. Ein guter Teil von New York war nur noch ein geschwärztes Gerippe. Das Feuer, das es ausgebrannt hatte, war in einer Winternacht des Jahres 1835 irgendwo in der Nähe von Maiden Lane ausgebrochen und breitete sich rasend aus, weil der Frost die Feuerwehr zur Ohnmacht verurteilte.

Aber die Stadt wuchs unbeeindruckt von Feuer oder Politik über ihre traditionellen Grenzen hinaus; die neue Volkszählung stellte eine Einwohnerzahl von über zweihunderttausend fest, und die Grenzen der Stadt erstreckten sich über das Rathaus hinaus.

Martin van Buren, der neugewählte Präsident, trat sein Amt mit einem eindrucksvollen Mandat des Volkes an.

Er erbte Andrew Jacksons Amt, und unmittelbar bei der Übernahme erbte er auch den finanziellen Zusammenbruch.

Die Inflation als Begleiterscheinung der Politik Jacksons war seit 1834 immer weiter fortgeschritten; 1837 war das Papiergeld weit über den Anteil von Münzgeld hinausgewachsen. Es gab Mißernten und Spekulation. Kredite wurden erschwert. Das Gold floh aus dem Land, und Amerika war in den Fängen der schlimmsten Depression seit je. Bis zum Mai 1837 hatten achthundert Banken die Zahlungen eingestellt, wodurch 120 Millionen Dollar eingefroren wurden. Innerhalb von nur sechs Monaten war ein Drittel der Bevölkerung von New York arbeitslos.

Aber Stephens wäre auch einem finanziellen Chaos gegenüber blind gewesen, denn er war ganz darin vertieft, die Eindrücke seiner Reisen in Ägypten und Arabia Petraea niederzuschreiben. Die Aufnahme des Bruchstücks seiner Reisegeschichte, des veröffentlichten «Briefes», war so begeistert, daß er bedrängt wurde, das Ganze zu schreiben.

Wie dieser erste Vorstoß in die Schriftstellerei vor sich ging, wurde viele Jahre später von einem, der sicher von Anfang an dabei war, genau berichtet:

«John L. Stephens, ein kluger und unternehmender New Yorker Anwalt und Schriftsteller betrat auf eine ziemlich seltsame Weise die Welt der Literatur. Vor vielen Jahren war er in Osteuropa in Geschäften, die mir nicht bekannt sind. Nach seiner Rückkehr nach New York war er eines Tages zufällig im Verlagshaus von Harper Bros., wo der Seniorchef der Firma, Major Harper, mit ihm über Literatur ins Gespräch kam – d. h. die Art von Büchern, die er am besten verkaufte, was ihn daran am meisten interessierte.

‹Reisebeschreibungen verkaufen sich am besten von allem, was wir hereinbekommen›, sagte er. ‹Sie gehen nicht immer sofort stürmisch wie etwa ein Roman eines berühmten Schriftstellers, aber sie gehen länger und zahlen sich letzten Endes besser aus. Sie waren doch übrigens in Europa; wollen Sie uns kein Reisebuch schreiben?›

‹An so etwas habe ich nie gedacht›, sagte der Anwalt, ‹ich reiste an weit abgelegene Orte, und zwar in ziemlich schnellem Tempo. Ich machte mir keine Notizen und wüßte nicht viel darüber zu schreiben.›

‹Das macht nichts›, sagte der Verleger, ‹Sie haben einen Eindruck gewonnen. Wir haben eine Menge Bücher über diese Länder. Suchen Sie sich nur einfach so viele aus, wie Sie brauchen, und ich werde sie Ihnen nach Hause schicken; dann können Sie etwas auftischen.›

Und er tischte wirklich drei Bände sehr amüsanter Reisegeschichten auf und zur gegebenen Zeit drei weitere, und Harpers zahlten ihm einige fünfundzwanzigtausend Dollar als seinen Anteil an dem Unternehmen.»*

Das Buch wurde nicht eigentlich «aufgetischt». «Begebenheiten auf einer Reise in Arabia Petraea», das in zwei schmalen Bänden erschien, umfaßte 180000 Wörter, die in nicht ganz einem Jahr niedergeschrieben wurden, und beruhte trotz seiner Unbeschwertheit und seines munteren, beiläufigen Stils auf gründlichen Forschungen. Stephens füllte das Buch nicht mit gelehrten Einschüben, die den Fluß der Erzählung verdorben hätten, so daß seine eher seltenen Exkurse in die Geschichte höchst lesbar waren.

Edgar Allan Poes Kritik von «Arabia Petraea» (er war der einzige Kritiker, der etwas Gescheites über die Technik des Schreibens zu sagen wußte) pries es hoch und schickte es damit auf seinen Weg. Ein Jahrhundert später hob der verstorbene Van Wyck Brooks, ein bedeutender Literaturkritiker, Stephens als den «größten amerikanischen Reiseschriftsteller» hervor.

Der Erfolg von «Arabia Petraea» war an sich ungewöhnlich. Die Schriftstellerei wurde damals hauptsächlich als Zeitvertreib von Amateuren und als ein Produkt der Muße angesehen. Außerdem warnte man Stephens, daß es seiner Anwaltspraxis schaden könnte, wenn er ein Buch schriebe, weil man ihn dann für oberflächlich halten könnte. Daher kommt es, daß der Verfasser in der ersten Auflage als J. L. S. bezeichnet wird.

Amerikaner, die dennoch schrieben, erhielten wenig für ihre Mühe.

* Thomas Low Nichols, *Forty Years of American Life*, 1829–1861, New York, 1937, S. 211–212.

Emerson bekam nichts für seine Veröffentlichungen; 1828 verlegte Nathaniel Hawthorne auf eigene Kosten; Edgar Allen Poe löste nie das Problem, von seinen Werken leben zu können; was Thoreau angeht, so brauchte er wohl kein Geld für den Lebensstil, den er hatte.

In Verlegerkreisen war es damals selbstverständlich, daß es ein Verlustgeschäft wäre, einen amerikanischen Autor zu drucken. «Warum sollten sie auch», fragte der englische Kritiker Sydney Smith. «Warum sollten Amerikaner Bücher schreiben, wenn ihnen ein Versandweg von sechs Wochen unseren Verstand, unsere Wissenschaft und unser Genie in ihrer eigenen Sprache in Ballen und Fässern bringt . . . Wer in den vier Himmelsrichtungen unseres Globus hat jemals ein amerikanisches Buch gelesen?»

Aber die Leute lasen «Arabia Petraea» wirklich. Der streitbare Sydney Smith fand «keine einzige langweilige Seite in dem ganzen Buch . . . ausgezeichnet, ungekünstelt und mit einem Hauch von Frische und vielleicht der Unbekümmertheit einer Plauderei . . .»

So wurden innerhalb von zwei Jahren von «Arabia Petraea» 21 000 Exemplare verkauft, und Stephens war um 25 000 Dollar reicher – 1837 eine geradezu fabelhafte Summe für Schriftstellerei und auch heute noch sehr respektabel. Wichtiger noch als der Erfolg des Buches – es war bis 1881 lieferbar – war, daß es die finanzielle Grundlage für die Entdeckung der Maya lieferte.

Um diese Zeit, nämlich 1836, war Frederick Catherwood in New York angekommen.

Was oder wer brachte Catherwood nach New York? Vermutlich Stephens. New York war soeben durch das Feuer verwüstet worden und mußte wieder aufgebaut werden. New York vergrößerte sich. Man brauchte Architekten.

Über diesen Abschnitt von Catherwoods Lebenslauf gibt es genaue Nachrichten. Im New York des Jahres 1836 stieß Frederick Catherwood kaum auf Schwierigkeiten, eine Beschäftigung in seinem Beruf zu finden, da sich ein großer Teil des unteren Manhattan in einer Bauraserei befand. Eine noch vorhandene Geschäftskarte zeigt an:

```
┌─────────────────────────────────────┐
│                                       │
│        F. CATHERWOOD,                 │
│          Architect,                   │
│                                       │
│       NO. 4 WALL-STREET,              │
│                                       │
│          NEW-YORK.                    │
│                                       │
└─────────────────────────────────────┘
```

Später ging Catherwood eine Partnerschaft mit Frederick Diaper, einem anderen Architekten ein, und Rundschreiben, die in der ganzen Stadt versandt wurden, teilten mit:

Die Unterzeichneten (Catherwood und Diaper) geben sich die Ehre, ihre Freunde davon zu unterrichten, daß sie eine Vereinbarung getroffen haben, zusammen in New York den Beruf des Architekten und Landvermessers auszuüben. Zur Zeit befindet sich ihr Büro in Greenwich Street 94.

Ihre Bitte um die Gunst des Publikums gründet sich auf folgende Tatsachen:

Mr. Catherwood, Mitglied des Institute of British Architects und F. R. A. S., hat im Laufe seiner Studien als Architekt Italien, Griechenland, Ägypten, Frankreich, Deutschland, England usw. besucht und viele der hauptsächlichsten Überreste antiker Pracht sowie der wichtigeren und bemerkenswerteren modernen Gebäude vermessen und gezeichnet. Er hat seine Studien sieben bis acht Jahre lang mit der größten Ausdauer und Hingabe durchgeführt.

Mr. Diaper war Schüler von Sir Robert Smirke, einem der führenden Architekten der englischen Regierung, und hatte infolgedessen die günstigsten Gelegenheiten, den Bau und die Leitung der großen Werke, die in jüngster Zeit vollendet und jetzt noch in der englischen Hauptstadt im Gang sind, zu sehen und daran mitzuwirken.

Die Unterzeichneten haben die Absicht, die Errichtung von öffentlichen Gebäuden, Häusern in der Stadt und auf dem Land, dekorative Villen zu entwerfen und zu überwachen, Gärten anzulegen – und alles auszuführen, was zu der Wissenschaft der Architektur und der Landvermessung gehört.

Catherwood & Diaper

Nach einigen schwierigen Monaten florierte Catherwoods Unternehmen allmählich, und er ging nach England, um seine Frau und seine Söhne zu holen. Er brachte auch viele der Panoramen, die er für Robert Burford gemalt hatte, herüber.

Er nahm sich ein Haus in Houston Street 488 und mietete von John Jacob Astor am Broadway in der Prince Street gegenüber Niblo's Garden ein Gartengrundstück.

Dort errichtete er 1838 sein eigenes Panorama, und bald kamen die New Yorker Tag und Nacht, um «Das prächtige Panorama von Jerusalem» zu sehen. Es war ein einträgliches Unternehmen und wurde von Stephens kräftig unterstützt, der in der achten Auflage seines «Arabia Petraea» (September 1838) die Schau sehr pries und allen New Yorkern empfahl, sie sich anzusehen.

Die Wirkungen der verschiedenen Werbemaßnahmen spiegelten sich in der Zahl der Menschen wider, die in das Panorama mit seinem ständig wechselnden Programm strömten. («Er besitzt», schrieb Stephens, «große Panoramen von Jerusalem, Theben, Damaskus, Baalbek, Algier, Karthago und Athen.») Dieser finanzielle Erfolg befreite Catherwood schließlich von dem zermürbenden Problem, aus seinen Talenten Kapital zu schlagen. Er konnte jetzt (mit Stephens) seine Aufmerksamkeit den Rätseln der geheimnisvollen Kulturen in Mittelamerika zuwenden.

John Russell Bartlett schrieb in seinem unveröffentlichten Tagebuch:

«Ich darf behaupten, daß ich als erster Stephens (die Ruinen in Mittelamerika) vorgeschlagen habe ... Eines Tages sagte ich ihm in meinem Büro: ‹Warum nehmen Sie nicht die Erforschung von Yucatán und Mittelamerika in Angriff?› Ich lud ihn ein, zu mir nach Hause zu kommen, wo ich ihm (Jean-Frederic) Waldecks Werk über Yucatán zeigte, einen schönen Folioband, der einige Abbildungen der zerfallenen Bauwerke in diesem Land enthält und den ich soeben aus Paris mitgebracht hatte ... Das ist ein ganz unerforschtes Feld, wo es zahlreiche Objekte für Interessenten an zerstörten Städten, Tempeln und anderen Kunstwerken gibt. Mr. Stephens sagte, er habe nie von diesen Überresten gehört, aber er würde gerne mehr darüber erfahren.

Mr. Stephens besuchte mich sofort und studierte das Buch. Gleichzeitig zeigte ich ihm einige andere Bücher über die betreffenden Länder und machte ihn auf Hinweise in anderen Büchern auf die antiken Überreste in Yucatán und Mittelamerika aufmerksam. Mr. Stephens interessierte sich überaus für das, was ich ihm zeigte, und nahm einige Bücher zu einem sorgfältigeren Studium mit nach Hause.»*

1837 gründete Bartlett zusammen mit Charles Welford die Firma Bartlett & Welford, Buchhandlung und Verlag, im Parterre von John Jacob Astors berühmtem Astor House, das aus der Asche des Brandes von 1835 emporgewachsen war und sich eindrucksvoll mit gewaltigem griechischem Giebel gegenüber dem Rathaus erhob.

Um dieses Haus herum kreiste die elegante Welt; der Broadway war ihre Promenade, Damen mit Kiepenhüten und engsitzenden Spencerjacken mit kurzer Taille spazierten neben ihren Männern durch die Blütezeit der Romantik, die immer noch beim Kerzenschein lebte. Elegante Landauer mit schnellen Pferden rollten über die mit Kopfstein gepflasterten Straßen. Berittene Herren tänzelten durch die Straßen, indem sie ihre Pferde mit der Trense lenkten und die von Pferden gezogenen Omnibusse mit hochtönenden Namen ignorierten, die ihre Passagiere innerhalb des begrenzten Gebiets, das damals New York war, beförderten. Man begann und endete beim Astor House, denn dort waren die eleganten Geschäfte.

Und dort begann die Geschichte von der Entdeckung der Maya:

---

* John R. Bartlett, geboren 1805 in Providence, Rhode Island (am gleichen Tag wie Stephens), stammte aus einer alten Familie von Massachusetts, die ihm nach dem Abgang vom College in dem Bankhaus von Cyrus Butler eine Stelle verschaffte. Er war Gründungsmitglied des Providence Athenaeum und interessierte sich mehr für Bücher als für Dollars.

Sein wichtigster Beitrag zur Bibliographie war sein *catalogue raisonné* der Bibliothek von John Carter Brown: *Bibliotheca Americana*, in *Library of John Carter Brown*, 1865–1870, 4 Bände. Bartlett starb 1886. Seine Zusammenfassung der Fortschritte der Anthropologie, *The Progress of Ethnology*, liest man auch heute noch mit Gewinn.

TEIL
2

Die erste Reise

KAPITEL VII

Die geheimnisvollen Maya

Stephens war äußerst überrascht von dem, was er nun las. Wochenlang war er vertieft in die Lektüre von Beschreibungen der Ruinen, die in den Dschungeln Mittelamerikas existieren sollten, angefangen mit den Abenteuern von Capitán del Rio, der die Palenque genannten Ruinen im südlichen Mexiko entdeckte, die in seinem Buch «Beschreibung der Ruinen einer antiken Stadt» enthalten sind.

Als Stephens das Buch noch einmal las, war er überzeugt, daß, so vage und unvollständig auch diese Beschreibungen waren, einst irgendeine Art von Hochkultur im tropischen Amerika existiert haben mußte. Das bestätigte sich ihm durch ein weiteres Buch, einen gewaltigen Folioband, der nach den Berichten von Capitán Guillelmo Dupaix, einem Offizier der mexikanischen Armee, geschrieben wurde, der ebenfalls die Ruinen von Palenque erforscht hatte. Im gleichen Band *Antiquités Mexicaines* wurde berichtet, daß eine weitere verfallene Stadt namens Uxmal im Staat Yucatán existiere. Der Verfasser dieses Artikels war Lorenzo de Zavala, der in Yucatán geboren wurde und diese Ruinen mit eigenen Augen gesehen hatte. Als er Gesandter in Paris war, steuerte er eine *Notice sur les monuments antiques d'Ushmal, dans la province de Yucatán* zu dem Buch über mexikanische Altertümer bei. Und erst vor kurzem waren in einer der gelehrten amerikanischen Zeitschriften die ersten Nachrichten über noch eine weitere verfallene Stadt namens Copán erschienen, von denen Stephens sagte: «Anstatt, daß sie das Publikum elektrisierten ... wurde entweder aus Mangel an Interesse für die Sache oder irgendeinem anderen Grund *wenig Notiz* davon genommen.»

So prägten sich Stephens Geist drei Namen ein: Copán – Palenque – Uxmal. Obwohl er keine dieser Städte auf den vorhandenen Landkar-

93

ten finden konnte, bestand für ihn kein Zweifel, daß diese verfallenen Städte, auch wenn sie Hunderte von Kilometern auseinander lagen, eine weitverbreitete Kultur repräsentierten.

1839 wurden alle diese vagen Ruinen unter dem generellen Begriff «mexikanisch» zusammengefaßt, und sogar allein schon ihre Existenz wurde von den Gelehrten der Welt mit großer Skepsis betrachtet.

«Das erste Licht, das die ganze Materie erhellte», überlegte sich Stephens, «kam von dem großen Alexander von Humboldt, der das Land zu einer Zeit besuchte, als ... es gegen Fremde fast so abgeschlossen war wie China heute. Zu dieser Zeit waren die Monumente des Landes kein vorrangiges Forschungsobjekt; aber Humboldt sammelte aus verschiedenen Quellen Informationen und Zeichnungen, besonders von Mitla ... Xoxichalco ... und die große Tempelpyramide von Cholula besuchte er selbst ... Von den großen Städten jenseits des Tals von Mexiko, die verfallen, verödet und namenlos in Wäldern vergraben lagen, hörte Humboldt leider nie etwas, oder zum mindesten ... besuchte er sie nie. Erst unlängst erreichten Berichte von ihrer Existenz Europa und unser Land. Diese Berichte erregten, so vage und unbefriedigend sie waren, unsere Neugier.»

Die Annahme einer «indianischen Kultur» erforderte von einem im Jahr 1839 lebenden Nordamerikaner eine vollständige Neuorientierung, denn für ihn waren die Indianer barbarische, halbnackte Wigwambewohner, gegen die man fortwährend Krieg führen mußte, rohe, unzivilisierte Menschen, die mit der Heimlichkeit von Tieren jagten, Hersteller von Kleidern aus Büffelfell, Pfeilspitzen und Speeren. Auch dachte man nie daran, die übrigen eingeborenen Bewohner des Kontinents «zivilisiert» zu nennen. Nach übereinstimmender Meinung waren sie wie ihre nordamerikanischen Verwandten – Wilde. Nur wenige wußten, daß auf den Hochebenen von Mexiko, in den wirren Gestrüppdschungeln von Yucatán, überwachsen von der Dschungelvegetation, Ruinen von Tempeln, Akropolen und Straßendämmen aus Stein einer Kultur standen, deren Ausdehnung so groß war wie die Ägyptens.

Die Namen von Hernán Cortés, Pizarro, Bernal Días del Castillo waren nichts als Synonyme für Raub und Plünderung; «Azteken», «Maya», «Tolteken» und «Inka» kamen in keinem Lexikon vor und nur in wenigen Geschichtsbüchern. Diese Kulturen waren nicht nur tot, denn tot setzt immerhin vorheriges Leben voraus, sondern für die in die Erforschung der Antike vertiefte Welt absolut unbekannt.

Dieser Vorhang der Vergessenheit, der jene Kulturen verdeckte, war, wenigstens zum Teil, auf dem Webstuhl des bekannten William Robertson (1721–1793) gewoben worden, des berühmten schottischen Historikers und Kirchenmannes, dessen «Geschichte der Entdeckung und Besiedelung Amerikas» weithin gepriesen und ebenso weithin gelesen wurde, und der für sich selbst und für seine Leser die endgültige Position der amerikanischen Kultur festgelegt hatte:

«Weder die Mexikaner noch die Peruaner (sind) berechtigt, sich zu den Nationen zu zählen, die die Bezeichnung ‹zivilisiert› verdienen.» Was die Paläste angeht, die ihnen von den spanischen Konquistadoren zugeschrieben wurden, so tut Robertson diese Städte ab als:

«Eher geeignet als Behausung von Menschen, die eben erst der Barbarei entstiegen sind, denn als Wohnstatt eines gesitteten Volkes ... Auch hat es nicht den Anschein, als ob die Bauweise ihrer Tempel und anderer öffentlicher Gebäude so gewesen sei, daß sie zu hohem Lob berechtigt seien ... aus diesen Gebäuden spricht keine erhabene Vorstellung von Fortschritt in der Kunst und Erfindungsgabe. Wenn die Gebäude, die derartigen Beschreibungen entsprechen, je in den mexikanischen Städten existiert haben, ist es wahrscheinlich, daß Überreste von ihnen noch sichtbar wären ... es erscheint vollständig unglaubhaft, daß in einer so kurzen Zeitspanne jede Spur dieser gerühmten Schönheit und Größe verschwunden sein soll ... Die spanischen Berichte sind wohl gewaltig ausgeschmückt.»

Aber wenn die Ruinen verfallener Städte aus Stein im tropischen Amerika existierten – denn man konnte die Beweise durch diese Publikationen nicht mehr leugnen – und wenn sie nicht von den Indianern erbaut waren, wer erbaute sie dann? Die Altertumsforscher überschrien sich gegenseitig: sie wurden erbaut von den Ägyptern, den alten Norwegern, den Chinesen, den auf Elefanten gekommenen Mongolen, den Römern, den Phöniziern, den Karthagern, den verschollenen Stämmen Israels.

Es war eine alte Streitfrage, die in den Akademien, den Prioreien und auch auf den Konzilien getobt hatte, wo gelegentlich sogar Blut floß, wenn es um die Durchsetzung einer Lieblingshypothese ging.

Denn nachdem Amerika zu einem neuen Kontinent erklärt worden war und seine Entdecker mit einer bis dahin unbekannten Menschenrasse konfrontiert wurden, befand sich die Kirche in einem Dilemma. Wenn die Sintflut die Weltbevölkerung vernichtet hatte, wie die Genesis berichtet, und nur Noah und seine auserwählte Familie übriggeblieben waren, um die Erde neu zu bevölkern, woher kamen dann die amerikanischen Indianer?

Wenn sie die Gesichter der Indianer ansahen, glaubten manche Spanier, sie schauten in semitische Gesichter, und da sie sich erinnerten, wie tüchtig die Phönizier im Befahren der Ozeane waren, wurde die Theorie vorgebracht, daß die Indianer Abkömmlinge der verschollenen Stämme Israels seien. Diese Ausgeburt der Phantasie sollte vierhundert Jahre lang bis in unser Jahrhundert Bestand haben, denn die Lehren der Mormonen beruhen darauf. Gregoric Garcia, der 1607 sein Buch «Ursprung der Indianer der Neuen Welt» schrieb, machte das biblische Orpir zu Perú; Joktan (aus dem Buch der Genesis) wurde das Yucatán der Maya. Der Mönch Pater Durán, der unter den Tausenden von Indianern herumwanderte, die Mexiko bevölkerten, schrieb: «... die Vermutung hat sich bestätigt. Diese Eingeborenen stammen von den zehn Stämmen Israels ab, die Salmanassar, der König der Assyrer in der Zeit des Königs Hosea von Israel gefangennahm und nach Assyrien führte.»

Bald beteiligten sich auch die Holländer an dem Streit. Der gelehrte Huig de Groot – der berühmte Hugo Grotius des internationalen Rechts – trübte die anthropologischen Gewässer, indem er schrieb, die Indianer von Nordamerika seien Skandinavier, die Peruaner Chinesen, und die Brasilianer Afrikaner. Er erhielt sofort von seinem Landsmann Johannes de Laet eine Antwort, der wutentbrannt über eine solche Logik schrieb, daß nur ein Dummkopf nicht sehen könnte, daß die amerikanischen Indianer Skythen seien.

Um diese Zeit beteiligten sich auch die Londoner des Cromwellschen England an der anthropologischen Schlacht. Ein gewisser Thomas Thorowgood hatte über einen Rabbi in Holland von einem Antonio Montesinos gehört, der sich in einer jüdischen Gemeinde in Peru aufgehalten haben soll, wo die Indianer Beschneidungsriten ausübten; das und andere zweifelhafte Dinge schrieb er in seiner Druckschrift «Juden in Amerika». Aber bald trat ihm ein anderer

Autor entgegen, dessen Traktat amüsanterweise betitelt war: «Amerikaner sind keine Juden.»*

Zu Beginn des achtzehnten Jahrhunderts nahm man in Amerika allgemein an, daß die Indianer die Abkömmlinge der verschollenen Stämme Israels seien. Als William Penn Indianer gesehen hatte, sagte er: «Ich kam mir vor wie im jüdischen Viertel von London.»

Jahrhundertelange Wiederholung hatte das zu einer anerkannten anthropologischen Tatsache erhärtet. Sogar noch als Stephens diese Werke einer zweifelhaften Gelehrsamkeit studierte, kamen in Amerika aus London Exemplare des Werkes «The Antiquities of Mexico» an, riesige Foliobände, die den «wissenschaftlichen Beweis» – auf Grund der Archäologie – erbrachten, daß die Indianer Juden seien.

«The Antiquities of Mexico» in neun Bänden (der Folioband zu 30 £) waren verfaßt von Edward King, dritter Earl of Kingstone, Lord Kingsborough, der 1795 geboren wurde.

Als Oxford-Student stürzte er kopfüber in das amerikanische Altertum, als er in der Bodleian Library ein aztekisches hieroglyphisches Tributverzeichnis im Original studierte – den Codex Mendoza. Das befeuerte seine Phantasie und öffnete seine großzügige Geldbörse.

Die Veröffentlichung dieser schweren Bände kostete ihn sein Vermögen und schließlich das Leben, denn er starb in Dublin im Schuldgefängnis, weil er die Kosten für das handgeschöpfte Papier, auf dem die Bände gedruckt waren, nicht aufbringen konnte.

Das illustrierte Material in diesen neun Bänden war historisch wichtig, denn Kingsborough hatte sämtliche damals bekannten mexikanischen Codices in Europa gesammelt und sie dann lithographieren und handkolorieren lassen. Er erläuterte dieses wertvolle Illustrationsmaterial durch einen Text, der ein Gemisch aus Griechisch, Hebräisch, Lateinisch und Sanskrit mit dazwischengestreuten englischen Wörtern war.

Für Kingsborough war das Werk logisch, aber für den Leser stellte es ein Höchstmaß an Konfusion dar. Wer die Geduld aufbrachte, diese Millionen von Wörtern durchzustehen, konnte, mit einem Wort, erfahren, daß Amerika von den verschollenen Stämmen Israels bevölkert wurde.

* Geschrieben von Harmon L'Estrange, 1652.

Es war also ein bibliographisches Faktum, daß im Jahr 1839 für den amerikanischen Leser keine Literatur über die alten amerikanischen Kulturen zur Verfügung stand, außer jenen vor kurzem erschienenen Werken, die Stephens gelesen hatte.

Die unmittelbare Wirkung seines literarischen Erfolgs war, daß damit die finanziellen Mittel für die Suche nach den Maya und ihre Entdeckung bereitstanden.

Wie schon von einer sicheren Sache sprach Stephens sehr ausführlich mit Frederick Catherwood über die Reise nach Mittelamerika.

John R. Bartlett berichtet in seinem Tagebuch:

«Glücklicherweise (für Stephens) war Mr. Frederick Catherwood, zu dem er ein freundschaftliches Verhältnis hatte, damals in New York. Mr. Catherwood begeisterte sich für alles, was mit der Archäologie zusammenhing, und liebte das Malerische und die archäologische Forschung glühend. Mr. Stephens machte ihm ein günstiges Angebot für seine Begleitung auf der Reise nach Mittelamerika, das er sogleich annahm.»

Am 17. September 1839 setzte Stephens einen Vertrag auf. Ein fesselndes historisches Dokument und von entscheidender Bedeutung in der literarischen Geschichte der Maya. Es lautete:

«Memorandum einer Abmachung von diesem Tag (9. September 1839) zwischen John L. Stephens und Frederick Catherwood. Frederick Catherwood sagt zu, besagten Stephens auf seiner Reise nach Mittelamerika zu begleiten und so lange bei besagtem Stephens zu bleiben, bis besagter Stephens seine offiziellen Pflichten gegenüber der Regierung von Zentralamerika erfüllt hat, und dann besagten Stephens auf einer Rundreise durch die Provinzen Chiapas und Yucatán zu begleiten, und daß er, besagter Catherwood, auf der ganzen besagten Rundreise sein Können als Künstler ausüben und Zeichnungen von den Ruinen von Palenque, Uxmal, Copán und anderen derartigen verfallenen Städten, Orten, Schauplätzen und Monumenten anfertigt, so, wie es besagtem Stephens wünschenswert erscheint, und daß er die besagten Zeichnungen behalten und aufbewahren wird, damit sie graviert oder auf andere Weise von besagtem Stephens benützt werden können zum alleinigen Gebrauch und Nutzen des besagten Stephens, bis er von besagtem Stephens von seiner Verpflichtung befreit wird; und daß er weder direkt noch indirekt die besagten Zeichnungen, noch irgendeinen Bericht über die Vorfälle seiner Reise, noch irgendeine Beschreibung von Orten oder Personen veröffentlichen wird, und daß er in keiner Weise das Recht des besagten Stephens auf absoluten und exklusiven Gebrauch von allen Informationen, Zeichnungen und Materialien, die auf besagter Reise gesammelt wurden, beeinträchtigen wird. In Anbetracht des Obigen sagt besagter Stephens zu, die Reisekosten des besagten Catherwood von der Zeit seiner Abreise von New York bis zu seiner Rückkehr dorthin zu bezahlen, und bestimmt besagter Stephens, daß besagter Catherwood aus dem auf besagter Reise gesammelten Material, das besagtem Stephens zur Verfügung steht, innerhalb eines Jahres nach der Rückkehr der besagten Stephens und Catherwood in die besagte Stadt die Summe von eintausendfünfhundert Dollar als Ertrag haben soll – und für den Fall, daß besagte Summe so nicht erzielt werden kann, sagt besagter Stephens zu, das Gleiche in bar zu bezahlen – oder sonst wird besagter Stephens anstelle der besagten Summe von 1500 $ zugunsten von Mr. Catherwood eine einführende Vorlesung oder zwei Vorlesungen in einer, zwei oder drei Vortragsreihen über die Altertümer Mittelamerikas halten, und ob besagter Stephens die besagte Vorlesung oder Vorlesungen halten wird oder nicht, wird durch und zwischen den besagten Stephens und Catherwood nach ihrer Rückkehr in diese Stadt vereinbart.

Besagter Stephens vereinbart ferner, daß er Vorkehrung treffen wird für die Zahlung von fünfundzwanzig Dollar pro Woche an Mrs. Catherwood und Familie während der Abwesenheit des besagten Catherwood; was so zu verstehen ist, daß alle Beträge, die auf diese Weise an Mrs. Catherwood und Familie bezahlt werden, von der oben erwähnten Summe von 1500 $ abgezogen oder sonst mit dem Betrag einer endgültigen Regelung hinsichtlich der insgesamt an besagten Catherwood bezahlten Summe verrechnet werden.

New York – September 1839
Zweihundert Dollar als Anzahlung auf die obige Summe von fünfzehnhundert erhalten. F. C.*

* Der Verfasser ist den Direktoren der Bancroft Library der Universität von Kalifornien, Berkeley, sehr dankbar für die Liebenswürdigkeit, ihm Zugang zu diesem und anderen Papieren von J. L. Stephens gewährt zu haben.

Dann machte der Tod Stephens zum Diplomaten. Die Vorbereitungen zu ihrer Expedition waren schon beinahe abgeschlossen, die Überfahrt auf einem Schiff nach Mittelamerika war arrangiert, als, wie Bartlett berichtet:

«Mr. William Leggett aus New York, unser Gesandter in Mittelamerika, starb, und Mr. Stephens, dessen politische Richtung (nämlich die der Demokratischen Partei) die gleiche wie die von Mr. van Buren war, bewarb sich beim Präsidenten um den offenen Posten. Er wurde von einer großen Zahl hervorragender Männer in New York unterstützt, und da sein Name zu dieser Zeit wegen seiner interessanten Reisebücher über den Osten im Lande sehr bekannt war, wurde er auf den offenen Posten berufen. Wir führten einige Unterhaltungen über den geplanten Besuch Mittelamerikas, und Mr. Stephens entschloß sich, so bald als möglich nach der Vorlage seiner Beglaubigungsschreiben und der Erledigung der diplomatischen Aufgaben, mit denen er betraut worden war, die Erforschung Yucatáns und der Maya ins Werk zu setzen.»

Stephens erhielt am 13. August 1839 die folgenden Instruktionen von Staatssekretär John Forsyth.

«Sehr geehrter Herr: Da diese Behörde die Gelegenheit hat, einen Vertrauensmann zu einem Auftrag im Zusammenhang mit unserer früheren diplomatischen Mission in Mittelamerika in dieses Land zu senden, hat der Präsident Sie für die Übernahme dieser Aufgabe ausgewählt, und nun ist der Zeitpunkt gekommen, wo Sie an die Erfüllung dieser Aufgabe gehen wollen.»

Die Instruktionen waren klar, auch wenn niemand wußte, ob eine mittelamerikanische Regierung noch existierte, oder wenn das der Fall war, wo die gegenwärtige Hauptstadt war und niemand den Namen des Präsidenten und seines Außenministers kannte.

Stephens' Aufgabe schien nicht kompliziert gewesen zu sein; er sollte die Gesandtschaft schließen, ihre offiziellen Akten nach Hause spedieren, den Sitz der Regierung ausfindig machen, seine Beglaubigungsschreiben abgeben und die Ratifizierung eines Handelsvertrages unter Dach bringen. Im Hinblick auf seine offiziellen Pflichten ging Stephens zu einem Schneider am Broadway und ließ sich einen blauen Diplomatenfrack, reich bestickt mit einer Menge goldener Litzen und Borten und mit goldenen Knöpfen anfertigen. Frederick Catherwood kaufte große Mengen Zeichenpapier, viel Sepiafarben und Pinsel, eine neue Camera lucida und Vermessungs- und meteorologische Ausrüstung. Die Leitung seines Panoramas übergab er seinem Partner, dem Buchhändler George Jackson, dann umarmte er Mrs. Catherwood und seine beiden Söhne und wartete ungeduldig auf die Regelung der «diplomatischen Geschäfte» von Mr. Stephens.

Am 3. Oktober 1839 gingen Stephens und Catherwood, begleitet von einigen wenigen Freunden, an den North River.

Sie fanden ihr Schiff, die britische Brigg «Mary Ann», den Anker schon aufgeholt und die Segel losgemacht, bereit, um in See zu stechen.

Stephens notierte:

«Es war sieben Uhr morgens; die Straßen und Kais waren still; die Battery war verödet, und in diesem Augenblick des Abschieds von New York zu einer Reise von ungewisser Dauer schien die Stadt schöner, als ich sie je zuvor erlebt hatte.»

Als die «Mary Ann» auslief, öffnete Stephens einen Brief, der ihm kurz vor der Abfahrt zugestellt worden war. Er war von der Witwe des verstorbenen Diplomaten Charles G. DeWitt. Sie schrieb von all den anderen Diplomaten, die in Mittelamerika gestorben waren, und machte dann die ominöse Bemerkung: «Mögen Sie mehr vom Glück begünstigt sein als Ihre Vorgänger.»

KAPITEL VIII

Copán
und der Weg dorthin

Belize sah vom Meer her bezaubernd aus. Eine schmale Reihe weißer Häuser, eingerahmt von dichten Kokospalmwedeln, zog sich am Ufer entlang, und auf Stephens und Catherwood machte es einen Augenblick lang, als sie in einem Mahagoni-Einbaum an Land ruderten, den Eindruck, als sei es Venedig oder Alexandria. Als sie an Land gingen und fast über den Stiefelschaft in den schmutzigen Straßen versanken und der intensive Geruch menschlicher Abfälle in ihre Nasen stach, zeigte Belize sein wahres Gesicht; es war ein unordentlicher, schäbiger, tropischer Hafen – die Hintertür Mittelamerikas. Es war auch das einzige Tor nach Mittelamerika. Nordamerika hatte Kalifornien noch nicht erworben; die Route über den Pazifik war unmöglich, so daß Belize, wollte man nicht durch ganz Mexiko reiten, die einzige in Betracht kommende Route war.

Obwohl Belize schon 1670 gegründet wurde, merkte man nichts davon; zum größten Teil schien die Stadt erst kürzlich erbaut, wie die Siedlungen, die Stephens in der Wildnis von Illinois gesehen hatte.

Die Siedlung am Hafen, die durch den Belizefluß geteilt wurde, hatte den größten Teil der wichtigeren Gebäude auf ihrer Westseite. Es gab zwei Hauptstraßen, die Vordere und die Hintere Straße; in diesen nahmen die Schweine, die die Kehrichtbeseitigung besorgten, in den noch nicht ausgetrockneten Löchern Schlammbäder.

Alle Häuser standen auf Pfählen, mit luftigen Balkonen, geschmackvoll mit tropischen Blumen bepflanzt; scharlachroter Hibiskus und flammende Kaskarillabäume belebten den Schmutz und wogen sozusagen den Gestank des Hafens auf.

Am Ende der Vorderen Straße lagen das Regierungsgebäude, die Kasernen, der Paradeplatz, das Pfarrhaus, die Freie Schule und der

Friedhof – in der Reihenfolge ihrer Wichtigkeit.

Hinter der Siedlung waren abwechselnd Wald von Cohune-Palmen und Savannen mit rötlichem, sandigem Boden, auf dem Pechkiefern und hohes, zähes, saftiges Savannengras wuchs, auf dem das Vieh der Stadt weidete.

Dahinter wiederum stand die feste Phalanx des Dschungels, ein Hindernis, so mächtig wie die Große Chinesische Mauer. Ohne Landverbindung mit dem Inneren klebte Belize an dem zerklüfteten Küstenstreifen, eine kleine Oase in dem Chaos der Unordnung, das damals Mittelamerika war.

Von der Bevölkerung der Siedlung, die im Honduras-Almanach mit sechstausend aufgeführt war, waren viertausend Neger. «Sie waren eine gut aussehende Rasse», bemerkte Stephens, «groß, aufrecht, kräftig, mit einer Haut, so schwarz, glatt und glänzend wie Samt, und gut gekleidet, die Frauen mit großen roten Ohrringen und Halsketten.»

Aus einem Land von eng korsettierten Frauen kommend, die den Körper kokonartig in Wickel von Unterröcken einhüllten, wobei sie den Knöchel zum erregendsten Teil der Anatomie machten, konnte Stephens nicht umhin, «zu bemerken, daß das Kleid das einzige Kleidungsstück war, und daß es bei diesen schwarzen Damen Brauch war, das Kleid ein gutes Stück über die rechte Schulter hinunterfallen zu lassen und den Rock in der linken Hand zu halten und ihn so hoch wie nötig anzuheben, um über Pfützen hinwegzukommen».

Zum Frühstück saßen die Forscher zusammen mit einer Mischung von Menschen und Farben: einem weißen britischen Offizier in leuchtend rotem Rock, zwei sauber gekleideten Mulatten; Stephens war zwischen zwei farbigen Herren eingeklemmt.

«Manche meiner Landsleute hätten gezögert, das mitzumachen; aber ich tat es nicht; beide waren gut gekleidet, gut erzogen und höflich.»

In Belize gab es keine strenge Trennungslinie zwischen Weißen und Schwarzen wie in den Vereinigten Staaten, wie Stephens herausfand:

«Noch bevor ich eine Stunde in Belize war, erfuhr ich, daß das große Werk der praktischen Verschmelzung, der Gegenstand so viel bösen Streits zu Hause (er schrieb 1839), schon seit Generationen ruhig vor sich gegangen war; Farbe hielt man nur für eine Geschmackssache. Ich erfuhr auch, daß einige der angesehensten Einwohner schwarze Frauen und Mischlinge als Kinder hatten, die sie mit genauso viel Sorgfalt erzogen und für die sie mit genauso viel Eifer Geld verdienten, als ob ihre Haut vollkommen weiß wäre. Ich konnte schwer sagen, ob ich über diesen gesellschaftlichen Zustand schokkiert oder amüsiert sein sollte.»

Die Neger waren schon lange in Belize. Negersklaven, die auf den spanischen *asientos* des siebzehnten Jahrhunderts gefangen worden waren, wurden nach Belize gebracht, um Mahagoniholz zu schlagen, als Belize sogar noch von den Mopánstämmen der Maya besetzt war. Diese wurden von den aggressiveren Negern teils absorbiert, teils vernichtet.

Da die Tropen der normale Lebensraum der Neger sind, vermehrten sie sich schneller als ihre weißen Herren, so daß sie bald die beherrschende Rasse nicht nur von Honduras, sondern des ganzen karibischen Gebiets waren, wie sie es heute noch sind. Am 31. August 1839, kurz vor Stephens' Ankunft, wurde das nur noch nominelle Joch der Sklaverei (obwohl es diese nur gelegentlich gab) durch Gesetz allgemein abgeschafft.

Zwei Jahrhunderte lang schwebte Belize unsicher am Rand des Golfs von Honduras, versteckt hinter der Wehr seiner rasiermesserscharfen Korallenriffe. In der Machtpolitik jener Zeit wurde es zum kläglichen Rest der wenig durchdachten Pläne Oliver Cromwells.

Der «Western Design» war als ein schneller, wirksamer Schlag gedacht – der alle verletzlichen Häfen des Spanischen Reiches in Amerika treffen sollte: Panama, Porto Bello, Cartagena, Jamaika und Kuba – wodurch der Lordprotektor Spanien ganz Amerika zu entreißen hoffte. Aber der Plan scheiterte, obwohl die Briten aus ihm heraus einen politischen Keil entwickelten: die wirtschaftliche Invasion von Jamaika, ganz nahe bei Kuba, und Belize in Mittelamerika.

Diese Stützpunkte waren Spaniens Achillesferse. Jamaika, das 1655 erobert wurde, wurde zum räuberischen Austausch gegen das Festland; Belize sein kontinentaler Zweig. Als die Seeräuberei durch Wilhelm III. unterdrückt wurde, zerfielen die Seeräuber in kleine Gruppen, die an der Atlantikküste von Mittelamerika verstreut waren. Sie ließen von der Freibeuterei ab und wandten sich der Holz-

wirtschaft zu – Gelbholz zum Färben, Mahagoni als Schmuckholz –
und so wurde Belize die neue Hauptstadt der Piraten.

Seine Katholische Majestät König Philipp V. von Spanien merkte
bald, daß ihm seine Gesandten durch die Unterdrückung der offiziellen Piraterei keinen guten Dienst geleistet hatten, denn nun setzten
sich diese Freibeuter – die gefährlichsten der britischen Fauna – längs
des ganzen karibischen Meers von Belize bis Nicaragua fest, und sie
schafften nicht nur die ganzen botanischen Schätze fort, sondern
wenn der Regen kam und sie nicht mehr Holz machen konnten,
machte es ihnen nichts aus, die Karavellen des Königs in den Grund zu
bohren, sein königliches Fünftel zu rauben und seine treuen Unterta-
nen ohne Federlesen in das barracudaverseuchte Karibische Meer zu
werfen.

Diese Ärgernisse führten zu Kriegen, zu hundertfünfzig Jahren
grausamer Kämpfe, die den ganzen Kontinent in Atem hielten.
Schließlich war Spanien 1783 zu Kompromissen bereit; es anerkannte
die britischen Rechte an der Atlantikküste Mittelamerikas und sank-
tionierte offiziell das Schlagen von Mahagoni, Farbhölzern und Gua-
jaciholz, dem Grundstoff für eine Heildroge. Es wurde aber ausdrücklich vereinbart, daß der König von Spanien hierdurch keinerlei
Rechte darüber hinaus abtrat.

Aldous Huxley fragte später seine englischen Landsleute:
«Warum sorgen wir uns darum, dieses seltsame, kleine Bruchstück
des Empires zu behalten? Sicher nicht aus Gründen des Eigeninteres-
ses. Kaum ein Engländer unter fünfzigtausend hat irgendeinen Nutzen daraus, daß Britisch Honduras britisch ist . . . Für die überwälti-
gende Mehrheit der britischen Wähler als Individuen ist es wahrscheinlich ganz gleichgültig, ob Britisch Honduras im Empire ver-
bleibt oder nicht.»

Hinter Britisch Honduras liegt das geheimnisvolle Mittelamerika,
ein Dreieck ungestümer Geographie, grob gerechnet 1250 Kilometer
lang, ein Land mit anmutigen, jahrhundertealten spanischen Städten,
eingesäumt von Dschungeln, voll von feindselig gesinnten Indianern.

Das Land ist gebirgig, wirr und zerklüftet; es hat keine zentrale
Gebirgskette und ist nur von einer dünnen Erdkruste bedeckt, die mit
bedrohlicher Regelmäßigkeit vulkanisch ausbricht.

Mittelamerika hatte kein natürliches Verkehrssystem, wie es auf dem Hochplateau der Anden bestand: es fehlte ihm die politische Einheit.

Die hohen, mit Dschungeln bedeckten Berge sandten ihre reißenden Bäche hinunter, die sich dann zu ungestümen Flüssen vereinigten – Flüsse, auf denen die Schiffahrt nicht leicht war.

Sogar der Name für diese 280000 Quadratkilometer vulkanverseuchten Landes war ein Anachronismus: «Mittel»-Amerika war keine geographische Beschreibung, sondern ein 1823 erfundener Name für eine Republik, die Guatemala, Salvador, Honduras, Nicaragua und Costa Rica umfaßte.

Mittelamerika blieb jahrhundertelang der Brennpunkt ausländischer Intrigen, denn hier war, wenn dieser überhaupt je gebaut werden sollte, die Stelle für einen geplanten Kanaldurchstich zum Pazifik.

Die Briten hatten in der Zeit des Besuchs von Stephens den besten Stützpunkt, und die Politik wurde damals von dem obersten Beamten der Kolonialbehörde geleitet.

Stephens machte bei Oberst MacDonald einen Staatsbesuch in einem Stil, der an seinen Besuch bei Mehemed Ali in Kairo erinnerte. Aber diesmal ritt er nicht auf einem reichgesattelten Pferd, sondern kam in einer einheimischen Tümpelpfanne, einem zwölf Meter langen indianischen Einbaum, der aus einem einzigen Mahagonistamm herausgearbeitet war und von acht schwarzen Soldaten gerudert wurde, die dabei die halbvergessenen Stammeslieder aus Afrika sangen.

Oberst MacDonald empfing sie auf den Stufen des Regierungsgebäudes. «Einer von der Rasse, die bald ausgestorben sein wird», bemerkte Stephens, «und dem ein Amerikaner selten begegnet.»

MacDonald war Berufssoldat im Empire-Stil, gut aussehend und offenherzig. Er hatte zwanzig Jahre in den napoleonischen Kriegen gekämpft und den Krieg in Spanien und bei Waterloo mitgemacht; sein Waffenrock schillerte von Medaillen in allen Farben. Er hatte auch gute Beziehungen: sein Bruder Sir John MacDonald war Generaladjutant von England; sein Vetter Marschall von Frankreich. Seine Haltung spiegelte seine Genealogie wider. Seine Unterhaltung war voll von rhetorischen Übertreibungen: «wie wenn man in einem Geschichtsbuch liest», dachte Stephens.

Er trank auf das Wohl der Königin, die Gesundheit von Mr. van Buren, des Präsidenten der Vereinigten Staaten, und auf eine erfolgreiche Reise der Forscher, alles in der herzhaften Art der Erbauer des Empires.

Obwohl Stephens «es nicht gewöhnt war, den Präsidenten und das Volk auf die Schultern zu nehmen», erwiderte er den Trinkspruch, so daß das offizielle Essen glänzend verlief.

Der amerikanische Staatssekretär hätte in diesem Augenblick gern mehr über die Pläne von Oberst MacDonald gewußt, denn Seine Exzellenz war im Begriff, die Bai-Inseln im Karibischen Meer zu erobern, und plante weitere kleine imperialistische Expansionen, die den Rest von politischem Gleichgewicht, den es in Mittelamerika noch gab, aufheben würden.

Als sie sich verabschiedeten, nahm MacDonald Stephens' Arm und sagte in leichtem, kameradschaftlichem Ton, daß er im Begriff sei, in ein aufgewühltes Land einzudringen (eine Beschönigung für das wüste Gemetzel, das im Hinterland vor sich ging), und daß er, wenn je Gefahr drohe, alle Europäer sammeln, die britische Flagge hissen und nach Oberst MacDonald schicken solle.

Aber der Oberst wollte nicht, daß Stephens und Catherwood als erste in die geheimnisvolle Stadt Palenque kamen, und hat das vielleicht auch angedeutet, da Stephens später hinter die Doppelzüngigkeit kam.

Er hatte den Plan, ohne offizielle Genehmigung der Kosten der Reise durch das Foreign Office zwei Männer aus der Kolonie loszuschicken, um Stephens zuvorzukommen.

Patrick Walker, der 1837 nach Belize gekommen war, wurde von dem Führer der Kolonie als «einer der vorbildlichsten jungen Männer, denen ich je begegnet bin, bezeichnet». Er hatte einen Posten nach dem anderen übernommen, bis er im Januar 1839 zum Mitglied des Generalstabs der Prince Regent's Royal Honduras Militia als «Inspektor und Verwalter von Waffen, Kleidung und sonstiger Ausrüstung» ernannt wurde.

Er erhielt den Rang eines Majors und übernahm dazu die Aufgabe, dem Kommandeur als Adjutant zu dienen.

Im Juni wurde er sowohl Kronanwalt der Siedlung als auch Gouverneur der Bucht von Honduras, «wodurch er die Vielfalt seiner legalen Pflichten miteinander verband, aber im Gerichtssaal Platz sparte; ein Stuhl genügte für den Schreiber, den Gouverneur, den Kronanwalt und einen der Richter».

Als Stephens ihn kennenlernte, sagte er: «Mr. Walker als ‹Regierungssekretär› hatte eine solche Menge Ämter, daß sich der größte Pluralist bei uns (Amerikanern) als unbedeutend vorkommen würde.»

Die Lokalpresse meinte:

«Wir erwarten, aus der talentierten Feder von Mr. Walker eine Lösung (des Rätsels von Palenque) zu bekommen, über das wir so viele außergewöhnliche Berichte erhalten haben.»

Leutnant John Caddy von der Königlichen Artillerie sollte der «berichtende Künstler» sein; er wurde 1801 in Quebec geboren, im Royal Military College als Pionier und Kanonier ausgebildet, studierte frühzeitig Kunst, war viele Jahre lang in Westindien stationiert und kam schließlich im April 1837 nach Belize.

Der «Daily Bugle» von Belize schrieb:

«Wir glauben zuversichtlich, daß uns Leutnant Caddys lebendiger Zeichenstift ... Faksimilekopien der Hieroglyphen liefern wird ...»

Walker und Caddy reisten also am 13. November 1839 ab.

Caddy führte ein Tagebuch, und wenn man es mit Stephens' «Begebenheiten einer Reise» vergleicht, erkennt man, warum dieser als Schriftsteller so sehr geschätzt wurde.

Eine für Caddy typische Eintragung:

«Mit Ohren, die den Morgentau wegwischten; krummbeinig und mit einer Wamme –, wie thessalische Stiere, deren tiefe Baßstimme uns verschiedene Male aus dem gesündesten Schlaf weckte – José erklärte, daß er nie belle, außer wenn er Tiger wittere, und immer wenn das der Fall war, kamen die ganzen ‹Perros› bellend und ängstlich zu den Leuten in der Hütte – man sagte uns, es komme häufig vor, daß der Tiger eine günstige Gelegenheit wahrnehme – wenn der Schlaf den müden Reisenden überwältigt habe und er in seiner zwischen zwei Bäumen aufgehängten Hängematte schwinge, eingehüllt in seinen Chimarro, während sein treuer Hund sich unter dem seinigen zusammengerollt hatte – und augenblicklich packe er seine Beute.»

Walker und Caddy kamen unter beträchtlichen Schwierigkeiten nach Palenque und machten alle möglichen Untersuchungen. Caddy skizzierte die Monumente, aber verglichen mit den fachmännischen Architekturzeichnungen Catherwoods sind sie stümperhaft.

Als sie nach hundertvierundvierzig Tagen zurückkehrten, war Patrick Walker zu dem Schluß gekommen, wie er damals die allgemeine Meinung war: der Ursprung von Palenque war nicht zisatlantisch. Das Reich von Mexiko war zu der Zeit seiner Eroberung durch die Spanier «*bewohnt von einer ungeschickten und schwachen Rasse*, die nicht fähig war zu großartigen Entwürfen und zur Ausführung eines Werkes von großem Ausmaß und hoher Kunst – da sie auch nicht den Gebrauch von Buchstaben kannten, wurden ihre Traditionen für die späteren Generationen vermittelst Malereien von einer ganz besonderen Art bewahrt. Aus diesem Umstand und aus dem Vorhandensein richtiger Buchstaben und Schrifttafeln in den Ruinen können wir auf den großen Zeitraum schließen, der zwischen der Zeit, wo eine Sprache vorherrschte, die durch geschriebene Schriftzeichen, und derjenigen, die durch bildhafte Zeichen ausgedrückt wurde, vergangen ist. Und bis wir diese Schriftzeichen verstehen, *die ganz entschieden asiatisch sind*, müssen wir mit dem einfachsten Bauern, der je durch diese Straßen ging, ein gemeinsames Schicksal im Abgrund der Vergessenheit teilen, wo so viele Zeugnisse begraben liegen, die die vergängliche Menschheit zu verewigen suchte.»

Als Leutnant John Caddy seine Illustrationen in London vorlegte, erklärte er, daß «diese Ruinen vermutlich ägyptisch-indischen Ursprungs seien».

Das Foreign Office weigerte sich, sie für ihre Reise finanziell zu entschädigen, da «sie keine vorherige Genehmigung durch das Schatzamt hatten, denn der Beweggrund war allein der, daß wir in diesem Fall nicht durch die Amerikaner an wissenschaftlichem Eifer überflügelt würden». Die Exkursion von Walker und Caddy versank im Strom der Zeit.*

Stephens und Catherwood wußten vorerst von all dem nichts und nahmen auf einem alten Schiff, der «Vera Paz», die zwischen den

---

* David M. Pendergast, «Palenque. The Walker-Caddy Expedition to the Ancient Maya City 1839-1840.» Univ. of Oklahoma Press. 1967.

Atollen und Inselchen des Karibischen Meers hin und her pendelte, von Belize Abschied.

Als das Schiff sich von Belize entfernte, wurde zu Stephens' Überraschung ein Salut von dreizehn Schüssen abgegeben. «Man wird fragen», schrieb Stephens, «wie ich diese Ehrungen ertrug. Ich hatte schon viele Städte besucht, aber das war das erstemal, daß Flaggen und Kanonen der Welt verkündeten, daß ich wegging ... Wirklich, dachte ich, wenn das die Früchte offizieller Ämter sind, ist es nicht verwunderlich, daß Menschen sie gern annehmen.»

Nachdem die «Vera Paz» in Punta Gorda, einem karibischen Dorf angehalten hatte, ratterte das holzbefeuerte Schiff, das den porzellanblauen Tropenhimmel mit gewaltigen Rauchschwaden verdunkelte, in die halbmondförmige Bucht, wo der Rio Dulce sein Wasser in den See von Izabal ergießt. Gespenstische Reiher flogen das Ufer entlang, Leguane klammerten sich an Baumstämme, gleichgültig gegenüber dem dröhnenden Ungeheuer, das den Frieden des Dschungels störte. «Konnte das das Eingangstor zu einem Land der Vulkane und Erdbeben, zerrissen und aufgewühlt durch Bürgerkriege, sein?» fragte Stephens.

Die engen Wände der Flußdurchfahrt erinnerten ihn an seinen Einzug in Petra, nur das Dampfschiff beeinträchtigte wohl die romantische Illusion. Das Zeitalter des Dampfs hatte gerade erst begonnen, und schon beklagte sich John L. Stephens, daß es die Romantik zerstöre. «Dampfschiffe haben einige der schönsten Illusionen meines Lebens zerstört. Ich wurde unter dem Geknatter einer Dampfmaschine eilig an Sestos und Abydos und der Ebene von Troja vorbei zum Hellespont befördert; und es ging an die Wurzel aller Romantik, die mit Columbus' Abenteuern verbunden ist, begleitet vom Lärm eines keuchenden Ungeheuers, seinen Spuren zu folgen.»

Der Rio Dulce verlief fünfzehn Kilometer lang in dieser Enge und öffnete sich dann zu einem See, der den wolkenlosen Himmel widerspiegelte; der See von Izabal sah aus wie die polierte Fläche eines Smaragds. Am Ende des Sees – dem Unterschlupf und Lagerplatz von Gewalttätigkeit und Chaos – war der Hafen Izabal. Verstreut unter den Kokospalmen und Bananen standen die mit Palmblättern bedeckten Hütten seiner Bewohner. Es gab nur ein einziges Holzhaus, die Handelsniederlassung von Ampudio y Pulleiro, dessen Hauptbeschäftigung es war, die Ladung zu übernehmen, die auf der «Vera Paz» ankam, und Maultiertreiber zu engagieren, um sie über den Mico-Bergpfad, die Hauptroute in das Herz Mittelamerikas, weiterzubefördern. Die zerlumpten und schmutzbespritzten Maultiertreiber lagen schlafend auf stinkenden, durchgeschwitzten Maultierdecken, über denen stachellose Bienen schwärmten, die ihren Durst am Schweiß löschten, während die Maultiere geräuschvoll Zuckerrohr zermalmten und sich für die Rückreise zu trösten suchten.

Sie waren für ihre Expedition, eine Regierung und die «geheimnisvollen Städte» zu finden, so gut ausgerüstet, wie es unter den gegebenen Umständen möglich war. Catherwood wußte auf Grund langer Erfahrung, was er für seine Arbeit brauchte: Vermessungsgerät, Stapel von Zeichenpapier, eine Camera lucida – dieselbe, die er in der Alten Welt benützt hatte, Bleistifte, Federn, Pinsel und einen großen Vorrat an Sepiatinte (die sein bevorzugtes künstlerisches Ausdrucksmittel war). Stephens hatte natürlich weniger zu tragen. Er stattete sie mit Feldbetten aus (die bald zugunsten von einheimischen Hängematten ausrangiert wurden). Der Tod aller seiner Vorgänger hatte ihn veranlaßt, Moskitonetze mitzunehmen. Zusätzlich zu seinem Diplomatenfrack und dem Beglaubigungsschreiben mit dem großen Staatssiegel der Vereinigten Staaten hatte er für den Fall, daß ihm diese keinen ausreichenden Schutz gewährten, ein Paar Pistolen; dazu hatten beide noch eine lange Machete mit breiter Klinge (Stephens nannte sie ein Dschungelmesser) und für Stephens selbst eine tüchtige Ladung Zigarrenstumpen. Das alles schien ihnen eine ausreichende Ausrüstung für ihre so verschiedenen Programme.

Stephens suchte den Kommandeur auf.

Ein Soldat, «ein Habenichts von etwa vierzehn Jahren mit einem von einer Glocke gekrönten Strohhut, der ihm über die Augen fiel wie ein Löschhütchen auf die Kerze», stand als Wachposten an der Tür.

Seine Exzellenz, Don Juan Peñol, der Kommandeur des Hafens, dem das Hemd aus der Hose heraushing, konnte Stephens nicht zusichern, daß sein Paß respektiert würde. Die Carrera-Partei in Guatemala würde ihn vielleicht anerkennen, aber die Truppen des Generals Morazán, seines Gegners, würden es bestimmt nicht tun. Stephens bekam den Eindruck, daß es in dem politischen Gerangel in Mittelamerika drei konkurrierende Parteien gab: Morazán, Carrera und Ferrara. Der Indianer Carrera und der Mulatte Ferrara – «sympathisierten, obwohl sie nicht für ein gemeinsames Ziel kämpften, aus Opposition zu General Morazán miteinander».

Im ganzen war das Bild, das der Kommandeur von dem Land zeichnete, wie eine Szene aus Dantes Schreckensbildern, und wäre nicht die Entdeckung von Ruinen viel mehr ihr Ziel bei diesen Reisen gewesen als eine vernünftige Logik in diesem Regierungschaos auszumachen, so hätten sie auf der Stelle kehrtgemacht.

Ihr Ziel war nun, so schnell wie möglich zu den Maya-Ruinen von Copán zu kommen. Der Tod ging um an diesem Ort.

Catherwood besuchte einen gewissen Thomas Rush, den Ingenieur der «Vera Paz», einen Engländer von herkulischem Format, ein Meter neunzig groß, von stämmiger Figur, den die Malaria niedergeworfen hatte. Er wünschte, bei seinem nächtlichen Kampf mit dem Fieber einen Landsmann um sich zu haben.

Stephens erinnerte sich, daß einer seiner Amtsvorgänger, Mr. James Shannon, Gesandter in Mittelamerika, in Izabal gestorben war, und er beschloß, sein Grab ausfindig zu machen. Auf einem kleinen Hügel im Wald, hinter dem Dorf im Schatten von Schmarotzerpflanzen war das mangelhaft beschriftete Grab des verstorbenen Geschäftsträgers. Da Stephens das als «eine finstere und melancholische Grabstelle für einen Landsmann» ansah, und um die deprimierende Stimmung zu bekämpfen, die der Ort bei ihm hervorgerufen hatte, ordnete er an, daß ein Zaun um das Grab herum errichtet und eine Kokospalme als Wahrzeichen gepflanzt würde.

Am nächsten Tag begannen sie bei Tagesanbruch mit der Besteigung des Berges Mico. Die Maultiere waren am Abend vorher von Augustin besorgt worden, einem jungen Halsabschneider mit einer Machetennarbe quer über dem Gesicht, den sie in Belize aufgelesen hatten. Er war auf der Insel Santo Domingo, gezeugt von einem französischen Vater, geboren worden. Zunächst fanden sie ihn «nicht sehr hell», aber im weiteren Verlauf entdeckten sie bei ihm eine machiavellische Schlauheit. Da er Französisch konnte, wurde er die *lingua franca* der Expedition.

Augustin, der den Mico-Pfad schon früher begangen hatte, wußte, was man dazu brauchte. Sie bestiegen ihre Maultiere und drangen in das dunkle, vom Geschrei der Papageien belebte Dschungel ein. Ste-

Rückseite eines Götterbilds in Copán, nach einer Lithographie von Catherwood

Die Huaxteca, abgebildet in *Antiquités Mexicaines*, 1834

Palenque, abgebildet in *Antiquités Mexicaines*, 1834

Catherwoods Zeichnung des Mayagottes
Yum Kax, des Herrn der Ernte

Catherwoods Impression des gefallenen «Götzen» in Copán

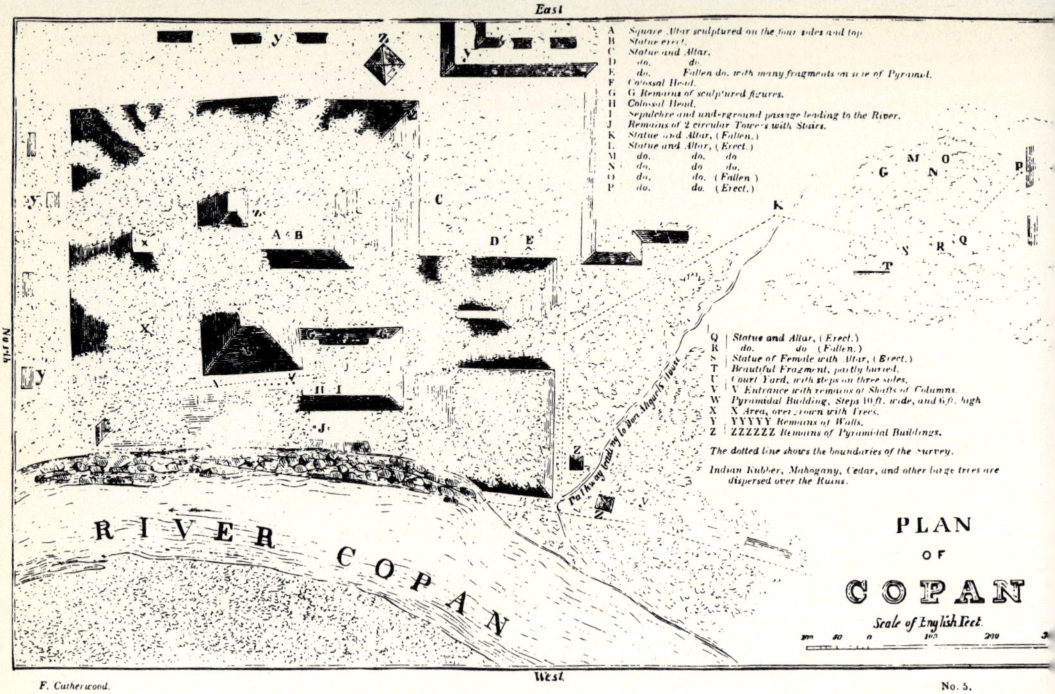
East
North
West
A Square Altar sculptured on the four sides and top
B Statue erect.
C Statue and Altar.
D do. do.
E do. Fallen do. with many fragments on site of Pyramid.
F Colossal Head.
G G Remains of sculptured figures.
H Colossal Head.
I Sepulchre and underground passage leading to the River.
J Remains of 2 circular Towers with Stairs.
K Statue and Altar, (Fallen.)
L Statue and Altar, (Erect.)
M do. do. do
N do. do do.
O do. do. (Fallen)
P do. do. (Erect.)
Q Statue and Altar, (Erect.)
R do. do (Fallen.)
S Statue of Female with Altar, (Erect.)
T Beautiful Fragment, partly buried.
U Court Yard, with steps on three sides.
V V Entrance with remains of Shafts of Columns.
W Pyramidal Building, Steps 10 ft. wide, and 6 ft. high
X X Area, overgrown with Trees.
Y YYYYY Remains of Walls.
Z ZZZZZZ Remains of Pyramidal Buildings.
The dotted line shows the boundaries of the Survey.
Indian Rubber, Mahogany, Cedar, and other large trees are dispersed over the Ruins.
Pathway leading to Don Miguel's House
RIVER COPAN
PLAN OF COPAN
Scale of English Feet
F. Catherwood.
No. 5.

Ein von Catherwood gezeichneter Plan von Copán

Moderner Grundriß von Copán von Dr. S. Morley

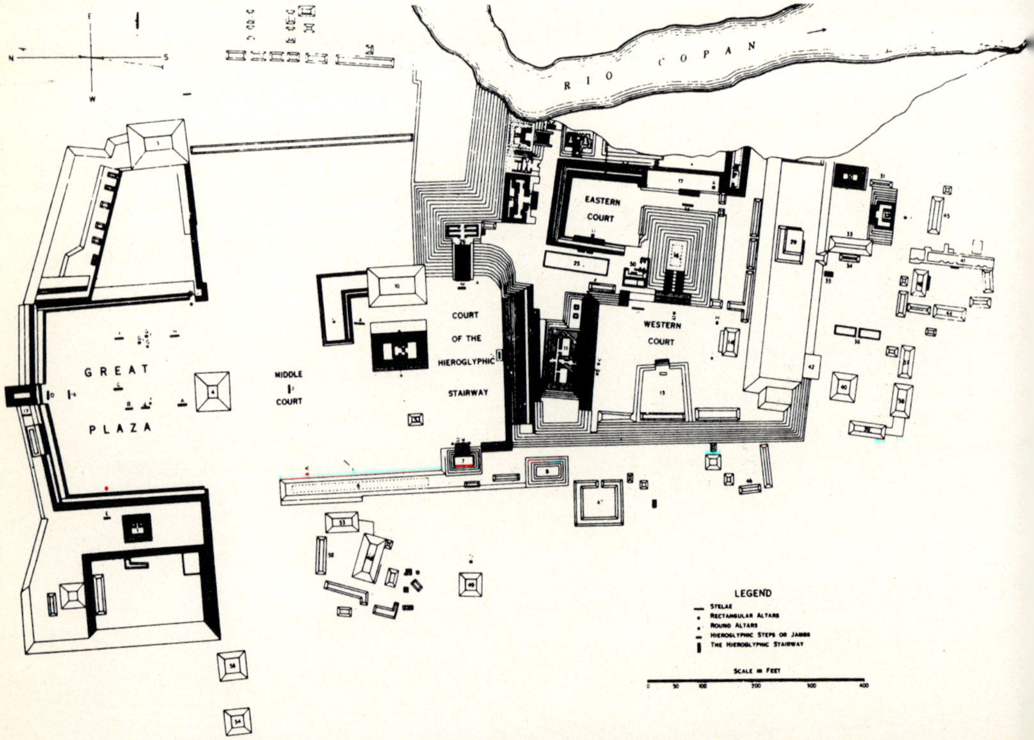
RIO COPAN
EASTERN COURT
WESTERN COURT
COURT OF THE HIEROGLYPHIC STAIRWAY
MIDDLE COURT
GREAT PLAZA
LEGEND
STELAE
RECTANGULAR ALTARS
ROUND ALTARS
HIEROGLYPHIC STEPS OR JAMBS
THE HIEROGLYPHIC STAIRWAY
SCALE IN FEET
0 50 100 200 300 400

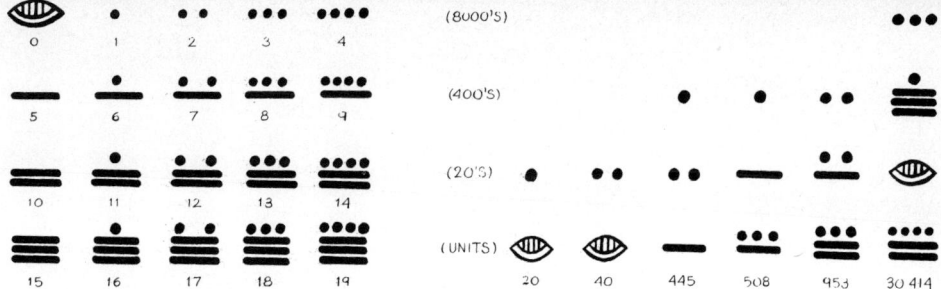

						(8000'S)					●●●
0	1	2	3	4						

Zahlen der Maya

Catherwoods exakte Kopie von einem Altar in Copán, verglichen mit (darunter) einer Seite aus dem Codex Dresden, als Beispiel der Ähnlichkeit der Glyphen

Stele und Altar in Copán

Panorama von Palenque, gezeichnet von W. H. Holmes, 1895

Palenque. Catherwoods Grundriß des Palastes

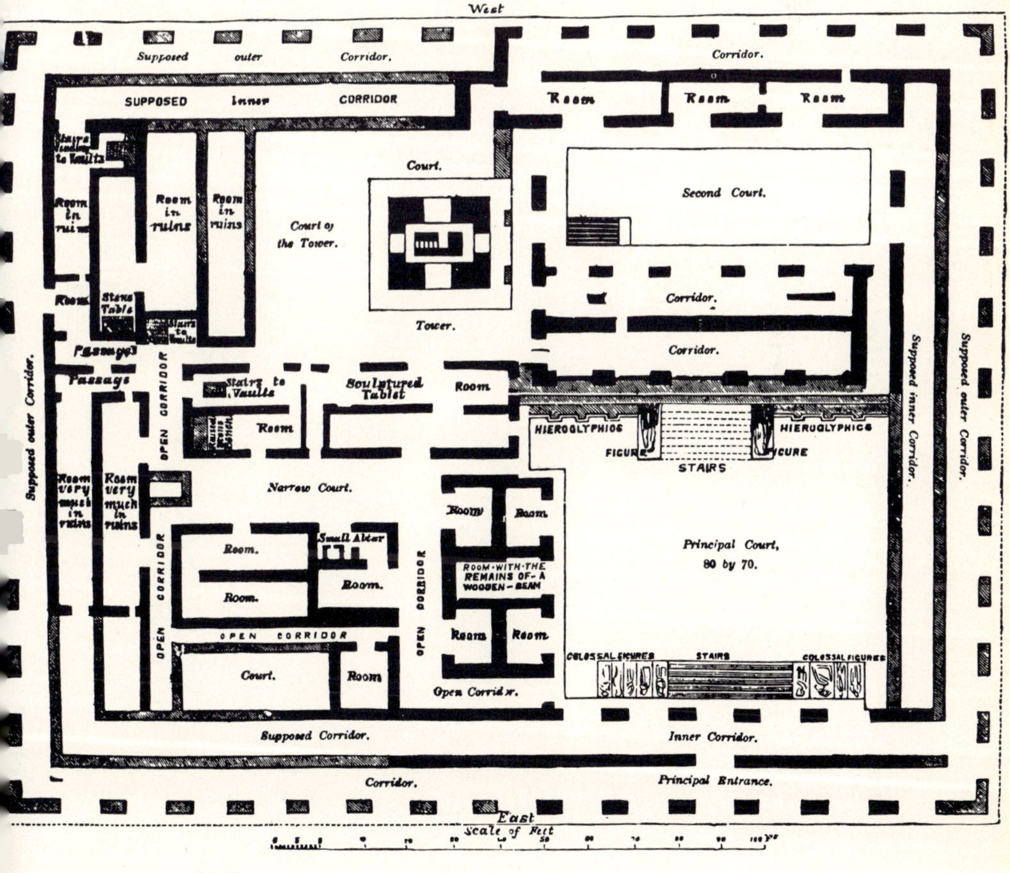

William Prescott 1856

phens und Catherwood waren je mit zwei Pistolen bewaffnet; Augustin trug Pistolen und einen Säbel, während der Anführer der Maultiertreiber, der die Indianer und die Lasttiere führte, eine mörderisch aussehende Machete ohne Scheide bei sich hatte. An seinen unbeschuhten Füßen klirrten ein Paar gewaltige Sporen wie die Fußfesseln eines Sträflings.

Strahlen des Morgenlichts sickerten durch die Blätter wie Sonne durch die farbigen Glasfenster einer Kathedrale. Aber die Straße war ein Morast. Bald waren sie versunken und verschlungen. Über ihnen schwebten weiße Morphoschmetterlinge, und um sie herum war das Gemecker unsichtbarer Baumfrösche, die dem dämmerigen Dschungelgewölbe eine melancholische Note verliehen. Aus der schwarzen Erde herausgewaschene Wurzeln riesiger Matapalo- und Mahagonibäume legten sich als Hindernisse für die Maultiere über den Weg. Stephens, der sich am Sattelknauf festhielt, mußte sich alle Mühe geben, um nicht aus dem Sattel geworfen zu werden.

«Fünf lange Stunden schleppten wir uns durch Schlammlöcher, zwängten uns durch Rinnen, stießen an Bäume und stolperten über Wurzeln; jeder Schritt erforderte große Vorsicht und körperliche Anstrengung; . . . ich hatte den Eindruck, daß unsere unrühmliche Grabinschrift heißen müßte: ‹Über den Kopf eines Maultiers geschleudert, den Schädel am Stamm eines Mahagonibaums eingeschlagen und begraben im Schlamm des Berges Mico.›»

Dann wurde Frederick Catherwood, der all diese Beschwerden ohne ein Wort der Klage ertragen hatte, heftig aus dem Sattel geworfen, als sein Maultier an einer herausragenden Wurzel hängenblieb und sein Rücken mit großer Wucht an einen Baum geschlagen wurde. Er lag halb begraben im Schlamm, und einen Augenblick lang hörte man keinen Ton von ihm; dann sagte er, ohne sich aus dem Schlammloch, in dem er lag, zu befreien: «Wenn ich etwas über diesen verfluchten Berg Mico gewußt hätte, als ich einwilligte, mitzukommen, hätten Sie allein nach Mittelamerika gehen müssen.»

War es denn möglich, daß das die große Hauptstraße nach Guatemala City war? War das die Straße, auf der sich der ganze Verkehr abspielte, um die Bedürfnisse des größten mittelamerikanischen Staates zu befriedigen? Die Maultiertreiber behaupteten steif und fest, daß fast alle Waren aus Europa über diese Straße kamen. Augustin sagte, daß der Grund für ihren Zustand der sei, daß so viele Maultiere sie benützten, worauf Stephens erwiderte, daß in den meisten anderen Ländern das allein Grund genug dafür wäre, sie zu verbessern.

Während der ganzen ersten Hälfte des Tages begegnete die Gruppe keinem anderen lebenden Menschen. Dann stießen sie plötzlich an einer Wegbiegung auf einen großen Mann mit dunkler Gesichtsfarbe und einem breitrandigen Panamahut. Über die Schultern hatte er einen guatemaltekischen Poncho geworfen, und in der Hand hatte er eine blankgezogene Machete.

In seinem Gürtel steckte ein Paar Pistolen, und an seinen beschmutzten Schuhen hatte er messerscharfe Sporen wie ein Kampfhahn.

Zu ihrer größten Überraschung nahm er den Panamahut ab und sprach sie in der kultivierten Weise eines englischen Gentleman an. Er hatte seine Führer verloren, sein Maultier war zweimal gestürzt, und seine Nerven waren wundgerieben. Er bat um einen Schluck Brandy. Die Füße tief im Schmutz des Berges Mico steckend, erzählte er ihnen, daß er von der Stadt Guatemala komme, wo er zwei Jahre lang versucht habe, eine Banklizenz zu bekommen.

Stephens erzählt:

«Frisch aus Amerika und dem Land der Banken kommend, glaubte ich fast, er wolle mir einen Bären aufbinden, aber er sah nicht danach aus, als sei es ihm scherzhaft zumute; und zur Genugtuung derer, die es als einen Beweis beginnenden Fortschritts ansehen, kann ich feststellen, daß es ihm gelungen war, die Lizenz zu erhalten . . . und er nun auf dem Weg nach England war, um den Börsensitz zu verkaufen.»

Am zweiten Tag befanden sich Stephens und Catherwood auf der Straße nach Gualán. Die Geographie hatte das dichte Getümmel des Flachlanddschungels in sonnenglänzendes Hochland verwandelt. Purpurfarbene, mit Pinien überwachsene Berge folgten aufeinander; koboldähnliche, phantastische Bergspitzen; einige kahl, andere mit Vegetation überwachsen; sie reichten bis in die Wolken wie eine Szene aus der Walpurgisnacht. Statt des Dschungels hatten sie nun gewaltige Säulenkakteen um sich her, Kilometer auf Kilometer von stumpfgrünen Kakteen, die ihre stachligen Arme starr nach oben reckten. Auf die Kakteen folgten Kiefern und auf die Kiefern Mimosendickichte, die mit flaumigen, zartgelben Bällen bedeckt waren, von denen die Abendluft mit einem berauschenden Duft erfüllt war.

Der bezaubernde Fernblick, die grünen Berghänge mit den Kiefern und dem weidenden Vieh erinnerten Catherwood an die Bleistiftzeichnungen von George Morland und ließen entfernt an das ländliche England denken.

An diesem Nachmittag überschritten sie den Rio Motagua und kamen in das Dorf Encuentros, den ersten bewohnten Platz, den sie seit ihrer Abreise aus Belize sahen.

Stephens war stark beeindruckt von der natürlichen Einfachheit der Menschen, ihrer angeborenen Würde. Die Höflichkeit ihrer Frauen war wie die einer Schloßherrin von Geblüt. Sie baten ihn, abzusteigen und stellten ihm ihre Wohnungen – auch wenn sie nur mit Palmblättern bedeckt waren – zur Verfügung. Jede Gefälligkeit schien aus einem instinktiven Gefühl für persönlichen Stolz zu kommen.

Nahrung gab es wenig, und wenn, dann war sie eintönig. Aber immer gab es Maiskuchen, den Stephens nicht leicht beschreiben konnte. Diese Maiskuchen, sowie in Fett gebackene, mit Knoblauch gewürzte schwarze Bohnen, gelegentlich mit einem Stück Fleisch, hinuntergespült mit pechschwarzem, mit einheimischem braunem Zucker gesüßtem Kaffee, waren das Menü für alle Mahlzeiten des Tages.

Sie folgten weiter dem Rio Motagua – dem sogenannten *camino real* – kamen durch Gualán, durch Kiefern- und Eichengebiete, und erreichten Zacapa, die größte Siedlung, die sie bisher in Guatemala angetroffen hatten.

Die Straßen hatten ein holpriges Kopfpflaster, die Häuser, die auf spanische Weise bis an den Straßenrand heranreichten, waren sauber verputzt. Der Hauptplatz, auf dem scharlachroter Hibiskus und Palmbäume angepflanzt waren, wurde von einer großen, mit einer maurischen Fassade geschmückten Kirche beherrscht. Stephens und Catherwood, die zum schönsten Haus von Zacapa geführt wurden, klopften an ein gargantuanisches Tor und wurden von einem französisch sprechenden Santo Domingo-Neger eingelassen.

Mit natürlicher Würde sagte der Diener, daß sein Herr zwar nicht zu Hause sei, daß die Herren dies aber bitte als ihr Heim betrachten sollten.

Stephens erzählte in seiner humorvollen Art:

«Wir zündeten also Kerzen an und machten es uns bequem. Ich saß schreibend an einem Tisch, als wir draußen das Getrampel von Maultieren hörten und ein Herr eintrat, der Säbel und Sporen abnahm und seine Pistolen auf den Tisch legte. Da wir annahmen, er sei ein Reisender wie wir, baten wir ihn, Platz zu nehmen; und als das Abendessen serviert wurde, luden wir ihn dazu ein. Erst als es Zeit war, zu Bett zu gehen, merkten wir, daß wir einem der Besitzer des Hauses Ehre erwiesen hatten. Wir müssen ihm ein wenig kühl vorgekommen sein, aber ich schmeichle mir, daß er keinen Grund hatte, sich über mangelnde Aufmerksamkeit zu beklagen.»

Am folgenden Tag kamen sie nach Chiquimula. Nachdem sie die tiefen Schluchten überquert hatten, die das Land zernarbten, war das erste, auf das Stephens' Auge fiel, eine junge Dame, die unter einer Tür stand und ihnen zulächelte, als sie vorbeiritten. Ihr Gesicht war ungewöhnlich interessant – die Augen wie dunkle Teiche und die Augenbrauen fein gezeichnet. Stephens erkor sich sofort ihr Haus als ihre Unterkunft. Er schlug es ihr vor, und sie akzeptierte es mit anmutiger Höflichkeit. Stephens wußte noch nicht, ob er sie als Señora oder als Señorita anreden sollte.

«Aber leider stellten wir fest, daß ein Mann, den wir für ihren Vater gehalten hatten, ihr Ehemann war, und ein zehn Jahre alter Junge, von dem wir annahmen, er sei ihr Bruder, stellte sich als ihr Kind heraus. *Es mio*», sagte sie und lächelte bezaubernd, indem sie die Hand auf seinen Kopf legte. Aber es war ja so lange her, daß ich eine anziehende Frau gesehen hatte, und ihr Gesicht war so reizvoll, ihre Manieren so gut, ihre Stimme so süß, die spanischen Wörter gingen ihr so schön von der Zunge, und ihr Kleid war hinten so fest zugebunden, daß ich trotz des zehnjährigen Jungen und der Zigarre, die sie rauchte, an meinem ersten Eindruck festhielt.»

Sie gingen nun in westlicher Richtung entlang einem Arm des Rio Motagua, der alten Flußstraße nach Copán. Es war ein stilles Land mit Feldern von Mais und Bananen und gelegentlich einer Koschenilleplantage. Dazwischen Berge; eine endlose Wildnis von Bergspitzen und erloschenen Vulkanen umgab sie, und hohe und dunkle Berge reichten mit ihren bewachsenen Gipfeln bis in die Wolken. Ab und zu spähte ein nacktes Kind aus einem verputzten Lehmziegelhaus heraus, wurde aber rasch wieder hineingezogen. Sie kamen an Kirchen vorbei, primitiven Werken der spanisch-maurischen Architektur, die es in jedem kleinen Dorf gab.

In der Stadt Comatán trafen sie auf die siebte Kirche in ebenso vielen Stunden. Ihre verputzte Fassade mit acht Rokokosäulen hatte ihre vier Heiligen, ordnungsgemäß in Nischen. Die Glocken hingen still; ein eisernes Kreuz, alt und verwittert, krönte die Spitze und kämpfte mit den Pflanzen, die aus dem Dach herauswuchsen. Das Gras auf dem Platz vor der Kirche war grün und nicht einmal durch einen Maultierpfad verunstaltet. Dahinter standen verstreute Häuser mit roten Dachziegeln. Gegenüber der Kirche war das Dorfgemeindehaus, ein zwölf Meter langes Lehmziegelgebäude mit einem Ziegeldach.

Stephens nahm die Kette vor dem eisernen Tor ab, und sie traten in einen großen leeren Raum. Ein Tisch war der einzige Einrichtungsgegenstand.

Augustin wurde ausgesandt, um Nahrung zu beschaffen; er kehrte mit einem einzigen Ei zurück.

Etwas später besuchte sie der Alcalde von Comatán mit seinem Amtsstab, einem Rohr mit silbernem Knauf. Wie es üblich war, fragte er sie nach ihren Absichten. Stephens zog seinen offiziellen Paß hervor, den der Alcalde nicht lesen konnte, und dieser ging mit seinem Gefolge wieder weg.

Die von der langen Reise ermüdeten Forscher mußten sich für ihr Abendessen mit einem einzigen Ei, trockenem Brot und Schokolade begnügen. Sie richteten sich ihr Schlafquartier her, entzündeten ein paar Kienspäne zur Beleuchtung und legten sich in ihre Hängematten. Unter den Rauchringen ihrer Zigarren rätselten sie über die sagenhaften Ruinen von Copán, die sie morgen erreichen würden.

Plötzlich hörte man draußen Getrappel von Füßen. Die Tür sprang auf. In den durch sprühende Kienspäne erhellten Raum drang eine Horde von bewaffneten Männern – Alcalden, Amtsdiener, Soldaten, Indianer, Mestizen. Ein junger Offizier mit Glanzhut und Säbel verlangte, ihre Pässe zu sehen.

Augustin gab sie ihm, nahm ihn beiseite und erklärte ihm den offiziellen Charakter der Vermerke.

Der zahnlose indianische Alcalde streckte sein runzeliges Gesicht über die Schulter des Offiziers und behauptete, daß er schon früher einen Paß gesehen habe, daß dieser aber auf einem kleinen Stück Papier, nicht größer als seine Hand, gedruckt gewesen sei, während der, den er jetzt vor sich habe, größer als ein Quartblatt war.

Die Unterhaltung wurde hitziger. Der Offizier sagte, die Partie könne ihre Reise nach Copán nicht fortsetzen, sondern sie müßten als Gefangene in Comatán zurückbleiben, bis weitere Instruktionen von General Cascara in Chiquimula kämen.

Stephens gab nicht nach. Lieber als Zeit zu verlieren, würden sie die Reise nach Copán aufgeben. Der Offizier sagte, «die Herren dürften weder vorwärts noch rückwärts gehen». Dann verlangte er den Paß.

Stephens weigerte sich. Er sei ihm von seiner Regierung zu seinem Schutz gegeben worden, und er würde ihn nicht hergeben.

Frederick Catherwood war nun munter geworden. Engländer waren es nicht gewöhnt, sich von unzivilisierten Menschen nötigen zu lassen, noch nahmen sie eine solche Unverfrorenheit gleichgültig hin. Er erklärte mit gelehrten Worten das Völkerrecht; er berührte die unverletzlichen Rechte der Gesandten; er durchlief die Jahrhunderte, verbreitete sich über die diplomatische Immunität; und endete mit der Drohung, daß dieser elende Stutzer den Zorn der Estados Unidos del Norte auf sein Haupt ziehen würde.

Die ganze Zeit bemerkte der Offizier den hochmütigen Ausdruck seines Gesichtes nicht. Stephens, der sich an seine Schwierigkeiten mit dem Scheich in Arabia Petraea erinnerte und auch daran, daß es manchmal gut ist, sich leidenschaftlich zu gebärden, steckte seinen Paß entschieden wieder in die Brusttasche, verschränkte die Arme über der Brust und sagte: «Wenn Sie ihn haben wollen, müssen Sie ihn sich mit Gewalt holen.»

Die Soldaten erhoben ihre Musketen, spannten sie und richteten sie aus einem Meter Entfernung auf Stephens Kopf. Hätte Stephens gewußt, wie wenig ein Menschenleben in dieser Zeit galt, hätte er wohl nachgegeben. Aber Augustin, der immer kriegerisch gestimmt war und nun mit dem Widerschein der Kienspäne auf dem narbigen Gesicht noch mehr danach aussah, rief auf französisch:

«Geben Sie mir den Befehl, zu feuern, Monsieur; eine Salve wird sie zerschmettern.»

In diesem Augenblick betrat ein weiterer Offizier, der älter und ein wenig vernünftiger aussah, das Zimmer.

Die Soldaten senkten ihre Musketen. Auf Catherwoods Bitte hin verlas der neu hinzugekommene Offizier laut den Paß. Man kam überein, auf ihre Kosten einen Kurier zu General Cascara zu schicken.

Stephens schrieb den Brief, Catherwood übersetzte ihn ins Italienische und unterzeichnete mit «Sekretär». Da Stephens kein Dienstsiegel hatte, entnahm er seiner Tasche einen frisch geprägten amerikanischen halben Dollar und drückte ihn ins Wachs.

Wachposten wurden an der Tür des Zimmers, das jetzt ihre Zelle war, aufgestellt; erschöpft von der Nervenprobe fielen die Reisenden in ihre Hängematten.

Um Mitternacht flog die Tür wieder auf. Noch einmal das gleiche. Die Verwirrung wiederholte sich. Diesmal dürsteten die Forscher, die gespannten Pistolen in der Hand, nach Kampf.

Das war aber nicht nötig. Man sagte ihnen, es stehe ihnen jetzt frei, nach Copán weiterzugehen.

Das war ein ungünstiger Anfang der amerikanischen Archäologien, und der Vorfall nagte lange an Stephens. Er schrieb einen Protestbrief an Staatssekretär John Forsyth: «Ich muß zu meinem Bedauern sagen, daß ich auf meiner Reise . . . gefangengenommen und inhaftiert wurde. Ich richtete eine Beschwerde an die Regierung dieses Staates.»

KAPITEL IX

Der Aufstieg der Maya

Über das zum Mythus gewordene Copán am Ufer des tropischen Rio Copán schrieb Stephens: «Bald kamen wir an das Ufer des Flusses und sahen unmittelbar gegenüber eine vielleicht dreißig Meter hohe Steinmauer, auf der oben Stechginster wuchs, die entlang des Flusses nach Norden und Süden verlief und an manchen Stellen eingefallen, an anderen aber intakt war. Sie sah mehr wie ein Bauwerk aus als alles, was wir bisher an Überresten gesehen hatten, die man den Eingeborenen von Amerika zuschreibt . . .»

Tausend Jahre lang hatte Copán hier gelegen, bedeckt von Bäumen, umschlungen von den Wurzeln der Würgerfeige, versunken im Schutt der Jahrhunderte, der nach und nach eine der größten archaischen Kulturen, die die Welt je gekannt hat, zudeckte. Jetzt waren Affen die einzigen Bewohner von Copán.

Stephens und Catherwood betraten durch ein Labyrinth von tropischem Gestrüpp den Osthof der Akropolis von Copán. Von unsichtbaren Orten in den Baumwipfeln aus ließen die Grillen ihren rhythmischen Gesang ertönen. Langarmige Spinnenaffen zankten und schnatterten, als sie die Invasion ihrer Zufluchtstätte bemerkten.

Stephens fand behauene Steine, die mit großer Genauigkeit geschichtet waren und eine Art Amphitheater bildeten, und in der Ferne stand auf der Höhe einer zyklopischen Stufenfolge die Ruine eines Tempels, die von den blassen Fangarmen einer Würgerfeige umschlungen war. Auf einer zertrümmerten Treppe bäumten sich steinerne Jaguare auf ihren Hinterbeinen auf. Über ihnen kämpfte ein riesiger steinerner Kopf, das Symbol des Maisgottes, um seinen Platz mit einem Baum, der, dem Bedarf an Nährboden spottend, aus den Lücken in der Steintreppe herausgewachsen war. Sie, die die Überreste der klassischen Kulturen gesehen hatten, konnten aus einem verzierten Stein und einem verfallenen Festplatz die Bedeutung ihrer Entdeckung ermessen.

Stephens sofortiges Urteil war:

«Amerika, sagen die Historiker, sei von Wilden bevölkert gewesen, aber Wilde haben niemals diese Steine gemeißelt . . .»

Sie kletterten über mehrere Pyramiden und stiegen in ein regelrechtes Dschungel hinab, das auf dem Festplatz wucherte. Dort erkannten sie in den dunklen Gewölben riesiger Bäume die weißen Schatten gewaltiger, kompliziert skulptierter Monolithen, von denen einige noch aufrecht standen, voller Verachtung für das Dschungel, das ihnen den Platz an der Sonne geraubt hatte.

Stephens stieß auf eine kolossale Steinfigur:

«Ungefähr vier Meter hoch und eineinhalb Meter auf beiden Seiten, skulptiert in scharf hervortretendem Relief . . . Die Vorderseite war die Gestalt eines sonderbar und reich gekleideten Mannes, und das Gesicht, offensichtlich ein Porträt, feierlich, streng und sehr geeignet, Schrecken einzuflößen. Die Rückseite war von ganz anderer Art, ohne Ähnlichkeit mit irgend etwas, das wir früher gesehen hatten, und die Seiten waren bedeckt mit Glyphen, in Stein geschnittene Zeichen und Muster. Vor ihm war in einer Entfernung von knapp einem Meter ein großer Steinblock, ebenfalls mit Figuren und symbolischen Mustern, den wir den Altar nannten. Der Anblick dieses unerwarteten Monuments beendete für jetzt und für immer jede Ungewißheit hinsichtlich des Charakters der amerikanischen Altertümer . . . Mit einem Interesse, das vielleicht stärker war als je bei unseren Reisen zu den ägyptischen Ruinen, folgten wir unserem Führer . . . zu vierzehn Monumenten von der gleichen Art und Erscheinung, einigen mit schöneren Zeichnungen und manchen, die an Kunstfertigkeit den schönsten Monumenten der Ägypter gleichkommen.»

Wer hatte diese Steingebäude errichtet? Welche Rasse oder welches Volk in Amerika hatte eine kulturelle Höhe erreicht, die es befähigte, solche Skulpturen zu schaffen?

Für Stephens und Catherwood war die Geschichte der Monumente, ja von Copán selbst, ein vollständig leeres Blatt. Auch bis heute hat ein Jahrhundert archäologischer Forschung die Frage nur zum Teil beantworten können. Man kann die Bedeutung dieser ersten Entdekkung nur durch einen Rückblick in die Geschichte in der richtigen Perspektive sehen.

Als die Maya in das enge, dreizehn Kilometer lange Tal von Copán kamen, war es vielleicht unbewohnt. Wenn es je vorher dort schon Menschen gegeben hatte, so waren sie verschwunden und hatten nichts hinterlassen.

Die weit verzweigten Mayastämme waren in einer Periode großer Wanderungen entstanden. Die ganze Zeitspanne ihrer Existenz als Stamm war eine ununterbrochene Wanderung. Diese ersten Wanderungen lagen zeitlich so weit zurück, daß auch ihre zeitbesessenen Astrologen nicht in der Lage waren, die undeutliche Erinnerung an die Geschehnisse zu bewahren; denn welcher Maya konnte sich an die Kälte erinnern, die einst seine Welt bedeckte, jene Periode ewigen Winters, als die Erde vereist durch den interplanetarischen Raum wirbelte?

Die Eiszeit endete, und eine neue Welt bildete sich. Das Gletschereis, das die Welt in kalter Umarmung gehalten hatte, schmolz und sandte rauschende Flüsse in die Ozeane.

Pflanzen, die überlebt hatten, streckten ihre blassen Köpfe aus der Tundra hervor, Sporen von Samen schwebten auf den wärmeren Luftströmungen daher, schlugen Wurzeln, und im Verlauf dieses langsamen Klimawechsels nahm nach und nach eine üppige Vegetation den Platz des Eises ein.

Auf dieser neuartigen grünen Erde, wo Myriaden von Tierarten erschienen und wieder verschwunden waren, trat nach Äonen eines Evolutionsprozesses der Mensch, der wirkliche Mensch auf.

Er steht nicht außerhalb der Grenzen der Erinnerung der Welt. Vor dreihundert Jahrhunderten ritzte er in die Wände von Höhlen tierähnliche Zeichnungen ein, erstaunliche Abbilder von Bison, Mammut, Hirsch, Wolf.

Körperlich war dieser Mensch ein vollständig durchgeformter Typus, der vom modernen Menschen nicht wesentlich verschieden war; er hatte Intelligenz, künstlerischen Sinn, Lebenstechnik, Sitten und Gebräuche.

Die gewaltigen Herden von Säugetieren, die über die Erde streiften, machten bald die Bekanntschaft dieses werkzeugbenützenden Primaten.

Der Mensch wanderte um das Mittelmeer herum und überschritt es; er erschien in den Sandwüsten des Nils; er war in den Waldgebieten Indiens, Javas, Chinas und in ganz Eurasien zu Hause. Schließlich drang er in die äußere Mongolei und Nordsibirien ein.

Langsam folgten die Jahrhunderte aufeinander, und die Metamorphosen der Zeit verwandelten diesen primitiven Menschen: die Nachkommen des Pithecanthropus wurden eine «Rasse».

Diese Bewohner Sibiriens mit grobem schwarzem Haar, bartlosem Gesicht, flacher Nase und hohen Backenknochen hatten als besonderes Merkmal die Epikanthusfalte am Augenlid. Sie benützten schon Steinkelte als Werkzeug.

Dann zogen einige von ihnen aus ihrer sibirischen Welt fort in eine gänzlich neue; vor zweihundert Jahrhunderten machten diese Menschen mit den mongoloiden Augen, indem sie der nördlichen Route der wandernden Säugetiere folgten, die erste Invasion Amerikas.

Der primitive Mensch kam nach Amerika über dessen Dach: die Landmassen von Alaska und Sibirien sind auch heute noch nur fünfundsiebzig Kilometer voneinander entfernt, und südlich davon sind die Aleuten-Inseln, der geologische Rest von Vulkantätigkeiten (die immer noch anhalten), der einst die beiden Kontinente verband. Einst war da eine Landbrücke, ein Bindeglied zwischen Kontinenten, und über sie waren unzählige Epochen lang Herden von Kamelen, Tapiren und Elefanten gewandert.

Die Eiszeit im Norden war immer noch der dominierende Faktor, als der frühe Mensch nach Amerika kam. Seine Anwesenheit ist uns bekannt; er hat seine Knochen im fossilisierten Tod, vermischt mit denen ausgestorbener Tiere hinterlassen.

In den auf die sibirische Wanderung folgenden Jahrhunderten verbreiteten sich diese Proto-Amerikaner über den unvergletscherten Korridor von Alaska hinunter in die Landgebiete von Amerika.

Bis 9000 v. Chr. war dieser Mensch in die entferntesten Winkel der Hemisphäre vorgedrungen, vom eisbedeckten Norden bis in den eisbedeckten Süden, und bevölkerte schließlich Amerikas sämtliche 135 Breitengrade.

Der Mensch siedelte sich an den Küsten zugefrorener und tropischer Gewässer an und in Höhenlagen zwischen Meereshöhe und einigen tausend Metern. Er lebte in Wäldern, Grasebenen, Wüsten; hier hungerte er, dort lebte er im Überfluß; hier mit einer sechs Monate langen Nacht, dort mit einer von zwölf Stunden; hier bei heilsamem Wind, dort geplagt von Krankheit. Aus all dem entwickelte sich der frühe Mensch in Amerika, wenn auch mit starken Verschiedenheiten seiner kulturellen Errungenschaften, zu einem neuen Geschöpf – dem *Homo Americanus.*

5000 v. Chr. unterschied sich dieser Amerikaner in seinen kulturellen Leistungen nicht sehr vom primitiven Menschen anderer Gegenden. Während der Mensch in Mesopotamien Hirse und Gerste anbaute und die landwirtschaftliche Grundlage legte, aus der die Kultur erblühen sollte, suchte der Amerikaner die wilden Pflanzen aus, die sein Mais, seine Kartoffeln, Tomaten, Bohnen und Kürbisse wurden, auf denen er dann seine eigene Kultur gründete.

Nur in einer Hinsicht – aber einer bedeutsamen für die amerikanische Kulturgeschichte – war er vom eurasischen Menschen verschieden. Amerika hatte keine Eisenzeit; der Mensch verließ hier nie seinen jungsteinzeitlichen Horizont. Sein Werkzeug (trotz der Erfindung der Bronze durch die Inka) blieb dasjenige der Pithecanthropi – der Steinkelt.

Als die Ägypter 1500 v. Chr. ihren kulturellen Höhepunkt erreicht hatten und den Amuntempel erbauten, waren schon viele andere Kulturen gekommen und gegangen. Der legendäre Kadmos hatte das Alphabet hinterlassen, und die Herrlichkeit, die Griechenland werden sollte, war noch in den Gemeinschaften primitiver Hellenen verborgen.

Zur gleichen Zeit war in Amerika die Periode der großen Wanderungen zu Ende gegangen. Weite Räume der amerikanischen Erde waren von Menschen bevölkert. Aus diesen geographischen Zysten entstanden die Kulturen des Menschen. In den nördlichen Regionen lebten die Eskimos mit flachem Gesicht und rundlichem Körper noch in der Umwelt der Eiszeit; in den nordamerikanischen Ebenen richteten hochgewachsene, scharfäugige Wigwambewohner ihr Leben nach der Biologie des umherschweifenden Büffels; weiter südlich, wo die Sonnenwärme länger dauerte, bauten die Indianer, teilweise seßhaft geworden, ihre Pflanzen an und errichteten im Schutz von Felshöhlen primitiv konstruierte Pueblos. Am anderen Ende Amerikas, dem antipodischen Süden, schritten riesige Feuerländer, die nackten Körper eingehüllt in Guanakofelle, über die gefrorene Tundra und hinterließen den Abdruck ihrer weitausgreifenden Füße – «patagoes» – auf dem Land des Feuers.

In den üppigen Dschungeln desselben Südamerika jagten nackte Indianer mit abgefeilten Zähnen Menschen und Tiere. Westlich dieser Wohnplätze am Amazonas und Orinoco war das Abendland der Anden. Dort schufen auf dem hohen, kalten Hochland Menschen mit gewaltigem Oberkörper eine große Kultur. Um einen kalten Andensee namens Titicaca herum hatte ums Jahr 1000 v. Chr. eine Aimara-sprechende Rasse das landwirtschaftliche Modell entworfen, das dann zu der monolithischen Kultur von Tiahuanacu wurde.

Südlich der Aimara und um sie herum wohnten andere Stämme, die verwandte Sprachen sprachen. Mit der Zeit wurde einer von diesen der Stamm der Inka und verschmolz alle anderen Andenstämme zu einem Reich.

Nördlich der Inka waren die Quitu; noch weiter nördlich das Gebiet von Stämmen wie die Chibcha, zu deren seltsamen Bräuchen schon das Durchbohren der Nasenscheidewand zum Einsetzen von goldenem Schmuck gehörte. Sie waren der Anlaß für die Entstehung des Mythus von El Dorado.

Zwischen diesen beiden geographischen Großräumen, Nord- und Südamerika, lagen Mittelamerika und Mexiko, deren Boden noch von vulkanischen Ausbrüchen zerrissen wurde. Das war der Schauplatz der höchsten Kultur des alten Amerika, derjenigen der Maya.

Mexiko hatte zum größten Teil eine homogene Kultur. Ob es sich um Totonaken, Tolteken, Zapoteken, Otomi, Huaxteken oder Maya handelte, der Stamm entwickelte sich aus der Familie heraus; tierische Kost wurde ergänzt durch eine primitive Landwirtschaft auf der Grundlage von Bewässerung und Brandrodung – kleine Stücke Land wurden abgebrannt, und Samen wurden in Löcher gestreut, die mit einem im Feuer gehärteten Stock gebohrt worden waren. Die Landwirtschaft hatte den Mais als hauptsächlichstes Produkt. Die Gesellschaft beruhte ganz auf dem Menschen. Es gab keine Zugtiere, der Maßstab der Geschwindigkeit war der Fuß des Menschen. Die Kleidung bestand aus dem Lendenschurz, und an den Füßen hatten die Menschen Sandalen. Die Frauen trugen einen kurzen rockartigen

Gürtel aus gewobenem Baumwolltuch; zu der bloßen Brust paßten bloße Füße.

Bei all diesen Stämmen beruhte die Organisation der Gesellschaft auf Blutsverwandtschaft; die Einheit war der Klan, und jeder Klan hatte einen totemistischen Namen. Zusammen bildeten diese Klane einen Stamm, der nicht nur durch den Landbesitz, sondern auch durch die Bande des Bluts zusammengehalten wurde.

Gleich homogen war ihre Religion, die animistisch war; alles in der Welt war belebt und besaß «Seele», alles war lebendig, empfindungsfähig, mit Willen begabt. Die Götter, ob gut oder böse, mußte man günstig stimmen, und die Kunst war, als sie sich entfaltete, der Metaphysik dieser Theologie gewidmet.

Die Gezeiten des kulturellen Erbes hatten bei allen Stämmen von Mexiko und Mittelamerika ihre Ebbe und Flut, bis das, was der ausschließliche kulturelle Besitz eines Stammesverbands war, die kulturelle Währung aller wurde. Nichts, was sichtbar oder wägbar wäre, drang von Europa oder Asien ein; in und durch sich selbst schuf sich Amerika seine eigene Welt.

Dann machte nach 2000 v. Chr. aus diesem Mosaik archaischer Kulturen heraus ein Stamm, die Maya, in diesem Kampf einen Sprung nach vorwärts, und 2500 Jahre lang verlor er nie ganz seine kulturelle Überlegenheit. Die Maya sollten in hohem Maße der Höhepunkt der indianischen Kultur Amerikas werden, indem sie einen Sonnenkalender, die glyphische Schrift, wunderbare Tempel aus skulptiertem Stein und ein landwirtschaftliches System schufen.

Vor hundert Jahrhunderten stieß ein verhältnismäßig junges Ereignis in der geologischen Zeitskala, eine Zuckung der Natur, eine gewaltige Masse von aus fossilen Meerestieren zusammengesetztem Kalkstein aus dem Karibischen Meer aus; diese Halbinsel wurde, umgebildet im Schmelztiegel der Zeit, die seltsam geformte Halbinsel Yucatán. Die Beziehung der Maya zu ihrer Kalksteinheimat war in einem gewissen Sinn symbiotisch, denn der Kalk wurde in gebranntem Zustand ihr Zement; zu einem feinen Ätzpulver zermahlen, machte er die Maiskörner weich und geeignet für Maiskuchen, gespalten und zubehauen wurde er ihr Baumaterial. Und sogar noch lebenswichtiger: der durch Erosion porös gewordene Kalk öffnete sich hier und da im Land zu *dzonotes* (Cenoten), gigantischen Wasserzisternen.

Ungefähr um 2000 v. Chr.* hatten die Proto-Maya diese tropische Umwelt im Besitz; vor 300 n. Chr. verfügten sie schon über die Glyphenschrift und einen 365-Tage-Kalender, der auf scharfsinnigen astronomischen Beobachtungen beruhte, einen Kalender, der eng mit einem religiösen Ritual verknüpft war. Stammesgemeinschaften bildeten sich um die riesigen Brunnen herum, und da pflanzten sie auch ihre Felder an.

* Dr. E. Wyllys Andrews, der volle zwei Jahrzehnte ununterbrochen im Feld verbracht hat, dabei vor allem die Ruinen von Dzibilchaltun in Nord-Yucatán ausgrub und viele hervorragende Berichte und Analysen – jedoch leider kein Buch – verfaßt hat, besuchte mich im Sommer 1970 nach dem Symposium auf Burg Wartenstein in Rom.

Wir saßen, tranken und machten Picknick in den Ruinen von Ostia Antica, dem einstigen Hafen des antiken Rom, und dort erzählte er zwischen Scherzen und Martini-Drinks von der Ursprüngen der Maya, dem Thema seines Vortrags. Seine Zusammenfassung einer lebenslang der archäologischen Feldarbeit gewidmeten Arbeit im nördlichen Mayagebiet war die folgende:

Nachdem er alle Verfahren zur Vermehrung unseres Wissens von den Maya: Stratigraphie, radioaktive Isotopen, Erdmagnetismus, Thermoluminiszenz, Hieroglyphen, Daten und Datierungen geprüft hatte, kam er zu folgenden Schlüssen: «Die ersten menschlichen Wesen in Mesoamerika waren nomadische Jäger, die zum Schluß des Pleistozäns etwa 11 000 v. Chr. auftraten . . . Obwohl sie in Mesoamerika weit verbreitet waren, hat man keine Überreste von diesen Paläo-Indianern im Tiefland der Maya gefunden . . .»

«Zwischen 7000 und 2000 v. Chr. ergänzte der mesoamerikanische Mensch seine Jägerwirtschaft langsam durch das Sammeln wilder Nahrungsmittel und schließlich den Anbau seiner eigenen . . . Die ‹formative› Phase der Kultur entwickelte sich in der Periode etwa zwischen 2000 v. Chr. bis o n. Chr. . . . Die ‹formativen› Kulturen, die die erste bekannte Besiedelung des Maya-Tieflands kennzeichnen, sind relativ spät . . . Nach den vorhandenen C¹⁴-Datierungen, ist die früheste von ihnen in Dzibilchaltun in Nord-Yucatán mit einem Basisdatum von 975 v. Chr. ± 340. Das Gebäude 60 in Dzibilchaltun, das in dieser Periode begonnen wurde, wurde ständig umgebaut und war fast 3000 Jahre lang bewohnt.»

«Der Aufstieg der Maya. Das plötzliche Auftauchen eines Syndroms kultureller Neuerungen ungefähr um die Geburt Christi, das sich schon am Ende der ‹formativen› Phase angekündigt hatte, führte rasch zu dem Aufblühen der Mayakultur. Diese Errungenschaften umfassen das ‹falsche› Gewölbe, einen bedeutenden Fortschritt in der Mathematik, Astronomie und im Kalender . . . die Verfeinerung der Hieroglyphenschrift . . .»

«Mehrere Jahrhunderte lang waren manche Leute versucht, diesen eindrucksvollen kulturellen Aufstieg einem äußeren Anstoß zuzuschreiben. Nahöstliche Einflüsse,

Mais («ixim» in der Mayasprache) war gleich Leben. Alles im Leben der Maya begann und endete mit dem Bepflanzen des Maisfeldes, denn der Mensch kämpfte nicht mehr gegen die Natur, sondern für sie. In seiner Welt bemühte sich der Maya, die Natur zu verändern, nicht sie auszuplündern, und bei dieser Auffassung wurde die Erde mehr als bloß Boden, sie wurde Erdmutter.

«O Gott, habe Geduld mit mir», murmelte der Maya, wenn er säte. «Ich tue jetzt das, was meine Väter und Vorväter vor mir getan háben.»

Eine tiefgründige Beziehung zwischen Gebären und Zeugen, zwischen Ernte und Tod wurde hergestellt. Die Priester, die in den Sternen lasen und die Permutationen des Kalenders anfertigten, wurden die ersten Häuptlinge. Unter ihrer Führung wurden den Göttern Tempel errichtet; und in ihrer Hypnose religiöser Ekstase wurde die Mayakunst geboren.

In El Petén in den regenfeuchten Gegenden Guatemalas bauten die Maya Uaxactún, ihr, soweit wir wissen, frühestes religiöses Zentrum; einen pyramidenförmigen Bau aus Bruchsteinen und Geröll, der einen dicken Gipsverputz hatte und von breiten Strebepfeilern flankiert war, in die groteske Masken eingemeißelt waren. Das war der Beginn der Kultur der Mayastädte. Das politische System der Maya war theokratisch und seine *halach uinic* – seine «Wahren Männer» – waren erblich. Die Gesellschaft der Maya war in Klassen geteilt: Sklaven, Gemeine, Adlige. Religion und Staat waren eins und untrennbar. Alles wurde von den Göttern regiert.

In Uaxactún fingen die Maya an, Pyramidenstümpfe zu bauen, auf denen Tempel standen, Gebäude mit Stuckfassaden und geschmückt mit den Bildnissen ihrer Götter. Auf den Festplätzen errichteten die Priester gewaltige Monolithen, in die hieratische Glyphen eingemei-

einschließlich der ägyptischen, wären einfach zu spät gewesen. Ich kann mir sporadische Gruppen, Händler, Abenteurer, Ausgestoßene vorstellen, die in ganz alten Zeiten den Weg in die Neue Welt gefunden haben. Aber wenn sie das wirklich getan haben, so bin ich ganz überzeugt, daß ihr Einfluß auf eingeborene Kulturen nahezu gleich Null gewesen sein muß.»

E. Wyllys Andrews IV *Emergent Civilisation in Mesoamerica as compared to Parallel Developments in the Old World.* Burg Wartenstein Symposium No 47 (4.–13. Juli 1970). Wenner-Gren Foundation, New York.

ßelt waren. Eine Stele, älter als alle anderen, die Angaben über die Zeit machen, ist vom 11. April 328 n. Chr. datiert.

Um diese Zeit etwa wurde Konstantin zum Christentum bekehrt.

Das Herz des religiösen Zentrums war der pyramidenförmige Tempel. Von ihm aus gingen, geometrisch angeordnet, enge Straßen, auf die ovale Wohnhäuser blickten, die strahlend weiß gekalkt waren; das waren die Wohnungen der «Hochgeschätzten».

Die Wohnungen des Volkes, der einfachen Handwerker, Bauern und Soldaten, lagen in den Randgebieten bis hinein in den Schatten des ungerodeten Dschungels. Im ganzen Reich gab es eine plötzliche Blüte. Die Stammesgemeinschaften vervielfachten sich und breiteten sich über Yucatán aus; Städte aus verziertem Stein entstanden – Xmakabatun, Xultun und Nakun. Aber Tikal war die größte von allen.

Dreißig Kilometer südwestlich von der zuerst bekannt gewordenen Mayastadt gelegen, war Tikal hundert Jahre nach Uaxactún gegründet worden (seine erste Stele trägt das Datum 292 n. Chr.); es wurde älter als alle anderen Mayastädte – fünfhundert Jahre. Die Tempel, die sich in grenzenlosem Hochmut auf den sechzig Meter hohen Pyramiden auftürmten, hatten kompliziert skulptierte Ziergiebel, die noch die höchsten Bäume des Petén-Dschungels überragten.

Fünf Jahrhunderte lang bauten die Maya an diesem Stadtstaat mit seinem geordneten Labyrinth von viereckigen Festplätzen und statteten ihn mit einer Fülle von hieroglyphischen Steinskulpturen aus.

Wenige der archaischen Völker der Welt verschwendeten so viel Fleiß auf ein religiöses Zentrum. Steinerne Straßendämme erstreckten sich viele Kilometer weit von Tikal aus in alle Richtungen über die zernarbte Erde.

Die Maya besaßen eine Stadtkultur; wie Spengler vermutete: «Alle große Kulturen sind Stadtkulturen.»

Die Geschichte der Maya war eng verknüpft mit ihren führenden Klassen, der Priesterschaft und des Adels, und diese Klassen waren die treibende Kraft der Stadt. Der einfache Maya-Indianer hatte keine Geschichte. Meistens konnte er die Glyphen nicht lesen, die der Priester auf seine Faltblätter niederschrieb, und verstand auch nicht die Sterndeuterei. Er konnte zwar mit dem Gefühl dem verwickelten Ritual der Besänftigung der Götter folgen, begriff es aber nicht. Und doch war dieser einfache Indianer der Erbauer dieser prachtvollen

Steinmonumente, der Schöpfer einer Kunst, die jetzt ihren Platz neben den größten der Welt eingenommen hat.

Im ganzen Petén konnte man nach wenigen kurzen Jahrhunderten Hunderte von diesen religiösen Zentren (heute nur stumme, vom Dschungel umschlungene Nekropolen) zählen. Denn als die Technik des Skulptierens von Stein gemeistert war, gab es unaufhörliche kulturelle Veränderungen, Kolonien, die die «Reichsmacht» – Reich nicht im politischen Sinn (da die mayasprechenden Stämme autonom waren), sondern im kulturellen Sinn – ausbreiteten.

Die kulturelle Entwicklung von Copán war, wie die aller Städte, ein schrittweiser Prozeß. Sie begann mit Tempeln auf kleinen mit Steintrümmern und Erde gefüllten Pyramidenstümpfen, die mit skulptiertem Stein verkleidet waren. Zeitzeichen wurden errichtet.

Die früheren Monumente lassen noch den Kampf des Bildhauers mit dem vulkanischen Material, aus dem sie herausgemeißelt wurden, erkennen.

Soweit wir auf Grund der Glyphen wissen, war Copáns Beginn im Jahr 436 n. Chr. Die Hauptakropolis, ein verwirrendes Labyrinth von Höfen, Festplätzen, Pyramiden und Treppen, wurde während der dreieinhalb Jahrhunderte der Besiedelung erbaut.

Während der ganzen kulturellen Entwicklung wurden Copáns Pyramiden verändert, verbessert, erhöht und verschönert; ein großer 250 Meter langer Festplatz mit Reihe auf Reihe von steinernen Sitzen, auf denen der größte Teil der Bevölkerung des Stadtstaates von Copán Platz fand, wurde angelegt. Innerhalb dieser Unermeßlichkeit wurden gewaltige Steinmonolithen errichtet, skulptiert und geweiht, zunächst alle zwanzig Jahre, dann alle zehn und schließlich im Vollgefühl des Triumphes über das Material alle fünf Jahre. Diese mit einer unglaublichen Fülle von Blumen-, Tier- und religiösen Motiven skulptierten Stelen sind so lebendig wie der Dschungel selbst. Sie liefern den Beweis dafür, daß die hohe Kunst die Frucht des Kampfes um die Beherrschung des Materials ist und daß der Verfall der Kunst beginnt, wenn diese Meisterschaft erreicht ist.

Dann, ohne Vorboten, die Katastrophe.

Copán errichtete sein letztes Monument, und 810 n. Chr. erlosch das Leben. Danach: das große Schweigen. Soweit es seine glyphische Geschichte betrifft, ist Copán am Ende.

«Ein Volk ist wie ein Mensch», schreibt Elie Faure: «Wenn er verschwunden ist, bleibt nichts von ihm zurück, falls er nicht so vorsichtig war, seinen Abdruck auf den Steinen der Straße zu hinterlassen.»

Die gewaltigen Pyramiden, die verzierten Gestalten in den heiligen Tempeln, die hohen, furchteinflößenden Monolithen, die auf den leeren Festplatz starren, wurden bald vom Dschungel überwältigt.

In dem fruchtbaren Boden sprossen sonnenhungrige Balsa- und Ameisenbäume, und ihr Schatten förderte die Samen anderer riesiger Bäume; Samen von wilden Feigen im Kot der Vögel fielen in die dunklen Lücken der Paläste, keimten in der warmen tropischen Luft, schlugen Wurzel und wuchsen. Innerhalb eines Jahrhunderts hatten die gewaltigen, schlangengleichen Wurzeln der Würgerfeige die Mayapaläste umschlungen. Andere Bäume wuchsen auf, beschatteten die Ruinen und hüllten sie schließlich ein.

Nach hundert Jahren war Copán aus dem Gedächtnis der Menschen ausgelöscht.

Und soweit es die Geschichte der Archäologie angeht, lag nun Copán tausend Jahre lang da und wartete auf seine Entdecker. Und sie kamen in der Person des New Yorkers John Lloyd Stephens und des Londoners Frederick Catherwood.

KAPITEL X

Copán:
Der neue Boden

«Wir betreten unvermittelt neuen Boden», sagte Stephens.

Er und Catherwood waren sich bewußt, daß sie auf der Schwelle einer unbekannten Welt standen. Denn wenn die Ruinen von Copán eine Realität waren, dann mußten es auch Palenque und die anderen geheimnisvollen Städte sein, über die es mehr als nur Gerüchte gab. Aber es war nicht nur eine archäologische Stätte, die sie entdeckten, sondern eine ganze Kultur. Sie durchwanderten die Ruinen, gingen in den Osthof, untersuchten hier das Abbild eines Jaguars, bewunderten dort einen kolossalen Kopf. Sie kletterten über Steinsitze, die sie an die verfallenen römischen Ruinen erinnerten. Ein Gefühl der Erhabenheit, der Unermeßlichkeit menschlichen Strebens überkam sie, ergriff Besitz von ihnen und sollte sie nie mehr verlassen. Stephens, Rechtsanwalt von Beruf, Diplomat aus Zweckmäßigkeit, Reisender aus Neigung und Archäologe aus Liebe, und Frederick Catherwood, Architekt und Archäologe, entdeckten eine ganze Kultur, noch ohne eine bekanntgewordene Geschichte, eine so verschollene Kultur, daß sie nicht einmal einen Namen hatte.

Und Stephens und Catherwood vermittelten diese Entdeckungen durch gut geschriebene und gut illustrierte Bücher, die nun schon fünf Generationen angehender Archäologen in Erregung versetzten, weiter.

Wo sollten sie in diesem wuchernden Chaos anfangen? Zunächst einmal mußten sie einen Platz haben, wo sie bleiben konnten, denn das Wetter war unbeständig; dann mußten sie Arbeiter haben, um den Boden zu säubern.

Sie gingen also in das Dorf Copán zurück, das ein paar Kilometer entfernt von den Ruinen lag, und dort wurden sie grob abgewiesen.

Sie stießen mit Don Gregorio zusammen.

Don Gregorio mochte Mr. Stephens nicht, noch mochte er Mr. Catherwood, der spanisch mit einem italienischen Akzent sprach, noch Augustins Gewohnheit, mit ihnen französisch zu sprechen.

Im Dorf Copán mit seinen sechs armseligen strohgedeckten Hütten, war er ein Mann, mit dem man zu rechnen hatte.

Wer war dieser Don Gregorio? Er war ein Mann, sagte Stephens, «ungefähr fünfzig, mit großen schwarzen Koteletten und einem einige Tage alten Bart; und nach dem Verhalten von allen um ihn herum war es leicht zu sehen . . . ein Haustyrann.»

Er entfaltete keine der Umgangsformen eines *posada*; kein Stuhl wurde angeboten, keine Einladung an die Reisenden, dies zu ihrem Heim zu machen; sein ganzes Benehmen – das auch sofort die Legion von Frauen und Kindern ansteckte, die ihn umgab – bedeutete, daß er sie nicht in Copán haben wollte, denn er glaubte, daß die Suche nach «Götzenbildern» nur ein Trick zur Verheimlichung politischer Aktivität sei. Und durch sein Verhalten wollte er ihnen die Freiheit des Zugangs zu den Ruinen verwehren.

Stephens, dessen Temperament ein solches Benehmen kaum ohne eine heftige Reaktion ertragen konnte, steigerte sich in eine richtige Wut hinein, bis Catherwood ihm mit den Worten Einhalt gebot: «Wenn wir einen offenen Streit mit ihm bekämen, würden wir nach all unseren Mühen daran gehindert, die Ruinen zu sehen.»

Catherwood, der eine achtjährige Erfahrung im Umgang mit den Einheimischen des Mittelmeergebiets hatte, hatte sich eine diplomatische Maske zugelegt. «Ich beschloß also», wie Stephens sich ausdrückte, «mit großer Anstrengung meine Empörung zu besänftigen, bis ich mein Herz ohne Gefahr ausschütten konnte.»

Jetzt beruhigte sich Don Gregorio so weit, um ihnen anzubieten, die jungen Bäume, die sein Haus bildeten, zum Aufhängen ihrer Hängematten zu benützen. Es war ein sehr kleiner Raum, erinnerte sich Stephens, der «so wenig Platz bot, daß mein Körper eine umgekehrte Parabel beschrieb, wobei die Fersen so hoch lagen wie der Kopf. Es war beschwerlich und lächerlich; oder mit den Worten des englischen Touristen in «Fra Diavolo», es war ‹schockierend! Überaus schockierend!›»

Als ob Don Gregorio der Archäologie noch nicht genug Schwierigkeiten bereitet hätte, gab es nun ein neues unerwartetes Hindernis: der Eigentümer der Ruinen von Copán, ein sauber in Baumwollhemd und lange Hosen gekleideter Mann mittleren Alters, José Maria Asebedo, sagte ihnen, die «Götzen» seien sein Eigentum. Und im übrigen könnte niemand sein Land betreten ohne seine Erlaubnis; woraufhin er seine Besitzurkunden vorlegte. Auf beste Juristenart steckte Stephens seine Daumen in die oberen Taschen seines langen Jagdrocks, wiegte sich auf den Absätzen und studierte José Marias Besitzurkunden «so aufmerksam, als dächte ich über eine Vertreibungsaktion nach».

Señor Asebedo zeigte ein waches Interesse; besonders da seine Frau krank war und er etwas aus Catherwoods Reiseapotheke für ihr «Fieber» zu bekommen wünschte.

Die Reisenden verließen also Don Gregorios elende Hütte, überschritten den Fluß und nahmen ihren Wohnsitz bei José Maria.

Sie verbrachten die Nacht recht angenehm in ihren Hängematten, lauschten auf den Regen, der auf das Dach aus Maishülsen fiel, und rauchten Zigarren «aus Copántabak, dem berühmtesten von Mittelamerika, aus José Marias eigenem Anbau und hergestellt von seiner Frau».

Ihr Gastgeber war ein intelligenter Mann, auch wenn sein Gesicht, seine ganze Erscheinung und die höhlenartige Wohnstatt dem energisch widersprachen; er konnte «lesen und schreiben, zur Ader lassen und Zähne ziehen».

In Tabakrauch eingehüllt, nackt außer einem Paar Unterhosen (denn seine nassen Kleider trockneten über dem Feuer) legte sich Stephens in seine Hängematte zurück und «brütete über den Besitzurkunden» von Copán. Schließlich sagte er zu Catherwood (der wach lag und darüber nachdachte, wie er die Monumente von Copán zeichnerisch festhalten konnte), daß er eine gigantische Maßnahme im Sinne habe. («Verhüllt euer Haupt, ihr Grundstückspekulanten!») Copán kaufen! «Die Monumente eines dahingegangenen Volkes fortschaffen aus der trostlosen Gegend, in der sie begraben liegen, sie (in New York) aufstellen und eine Stiftung gründen als Kern eines großen Nationalmuseums amerikanischer Altertümer!»

Aber konnte man die «Götzen» abtransportieren? War der Fluß tief genug, um die Götzen darauf hinunterzuverschiffen? Stephens fragte seinen Gastgeber.

Aus der Dunkelheit kam die Antwort – «Der Rio Copán ist voll von Stromschnellen.»

Nun wandte sich Stephens wieder seinen archäologischen Träumereien zu. «Vielleicht entdeckt man weitere Ruinen, die interessanter und leichter zugänglich sind ... Mit Visionen von Ruhm und verschwommenen Vorstellungen von Gunsterweisen der Corporation (von New York) vor meinen Augen ... schlief ich ein.»

Am Morgen ging Catherwood weg, um die Ruinen zu zeichnen, während Stephens zurückblieb, um sich die Besitzrechte von Don José Maria zu erkämpfen. Er erklärte, daß er eine Mannschaft anwerben, eine Hütte als Wohnung für sie bauen und Spaten, Stemmeisen und Leitern herbeibringen möchte, um die Ruinen auszugraben; das könnte er aber nicht tun, wenn er nicht der Inhaber des Rechtstitels sei; in kurzen Worten also: wieviel würde Don José Maria für die ganze Ruine von Copán mit seinen Götzen verlangen?

Das war eine Versuchung für José Maria. Denn wann würde er wohl noch einmal die Chance haben, ein so unnützes Stück Land zu verkaufen, das so versperrt war mit weiten Flächen voller Götzen, die zu groß waren, als daß man sie hätte wegschaffen oder zerkleinern können?

Die Angelegenheit hätte leicht geregelt werden können, wäre nicht Don Gregorio im Hintergrund auf der Lauer gelegen. Als er von den Verhandlungen hörte, fragte er Don José, ob er nicht wisse, daß diese geheimnisvollen Männer in Comatán verhaftet gewesen seien. Wollte er Kopf und Kragen riskieren, wenn er Land an Leute verkaufte, die sehr wohl Feinde der Republik sein könnten?

Nun war der verwirrte José Maria erneut in Not; hin und her gerissen zwischen Liebe zum Vaterland und der Chance, unnützen Besitz in Geld zu verwandeln, war er ein Bild verzweifelter Enttäuschung.

Stephens holte seinen Paß mit dem flammendroten Siegel der Vereinigten Staaten hervor; aber ein Schatten des Verdachts blieb zurück.

Um zum Schluß zu kommen, öffnete Stephens seinen Reisekoffer und zog seinen Diplomatenfrack mit seiner Fülle von großen goldenen Knöpfen an. «Ich trug», erinnerte sich Stephens später, «einen regendurchnäßten und schmutzbefleckten Panamahut, ein kariertes Hemd, weiße, bis zu den Knien herauf gelb beschmutzte lange Hosen und sah genau so ausgefallen aus wie der Negerkönig, der an der Küste von Afrika eine Gesellschaft britischer Offiziere in Dreispitz und Uniformrock, aber ohne irgendeine Bedeckung seiner Unaussprechlichen empfing.» José Maria konnte den Knöpfen auf dem Frack nicht widerstehen, und der Haushalt verharrte in Ehrfurcht, als Stephens mit der schönsten diplomatischen Arroganz über den Lehmboden schritt. Sie glaubten sich in der Gesellschaft irgendeiner Berühmtheit; nochmals ein Blick auf die goldenen Knöpfe, und José Maria kapitulierte: er willigte ein, die Ruinen von Copán zu verkaufen.

«Der Leser ist vielleicht neugierig zu erfahren, wie sich alte Städte in Mittelamerika verkaufen», sagt Stephens. «Wie bei anderen Handelsgütern richtet sich das nach der Menge am Markt und der Nachfrage ... Ich bezahlte fünfzig Dollar für Copán. Es gab gar keine Schwierigkeiten wegen des Preises. Ich bot diesen Betrag, und Don José hielt mich deswegen nur für verrückt; hätte ich mehr geboten, so hätte er wahrscheinlich noch Schlimmeres von mir gedacht.»*

Der 17. November 1839 ist ein denkwürdiger Tag in der Geschichte der amerikanischen Archäologie, denn an diesem Tag begann die erste systematische Arbeit an der Mayakultur. Unter den dunklen Schatten von Regenwolken brach der neue Eigentümer von Copán, wie es sich für seinen Rang geziemte (er sagte, er sei sich mehr als der Cicerone des Pitti-Palastes vorgekommen), mit zwei Gefolgsleuten zu den Ruinen auf. Zunächst wurde die Stätte vermessen; Catherwood arbeitete mit seinem Theodoliten, während Stephens die Meßstrecken abteilte, wobei er dieselbe Bandspule benützte wie Catherwood, als er die Ruinen von Theben kartographierte. Bruno, einer der Arbeiter, dessen Augen genau so ins Leere starrten wie die Skulpturen von Copán, fällte Bäume, während Francisco, dessen Gelassenheit den beginnenden Geschmack an den Altertümern verbarg, seinen Strohhut als Richtpunkt für Catherwoods Beobachtungen auf eine Stange setzte; am zweiten Tag schon waren die beiden Copánecos «ganz und gar bei der Sache».

* In den Stephens-Akten in der Bancroft Library, University of California, Berkeley, sind die Originalbriefe über die Transaktion von Stephens' Kauf von Copán und später der Ruinen von Quirigua. Der Brief ist adressiert an Sr. Esterreny (d. h. Stephens), Gesandter der Vereinigten Staaten in Mittelamerika, und datiert vom 5. August 1840.

Auf Grund dieser Arbeiten machte Catherwood eine höchst anerkennenswerte Karte, sogar eine genaue, wenn man in Betracht zieht, daß die ganze Stätte von dichtem Dschungel umgeben war, und auch wenn beim Druck der Karte die Hauptpunkte um 180 Grad verdreht waren, wodurch Catherwoods Norden zum Süden wurde.

Der dichte Dschungel verbarg die große Ausdehnung der Ruinen, aber ihre Entdeckung, die in dem flüssigen, leicht lesbaren Stil von Stephens und den dramatisch genauen Zeichnungen von Catherwood ans Licht gebracht wurde, regte andere dazu an, die Ruinen von Copán zu erforschen, obwohl ihnen erst ein halbes Jahrhundert später jemand dorthin folgte.

Alfred P. Maudslay, ein gescheiter englischer Amateur, reiste 1882 bis 1883 dorthin «nur aus Neugier ... ohne die Absicht, die amerikanische Archäologie zu studieren». Stephens' Buch hatte ihn nach Copán geführt.

Unter Maudslays Händen begann Copán einige seiner Geheimnisse preiszugeben. Ihm folgte eine Expedition des Peabody Museums von Harvard, und dieses wiederum überließ die Stätte den erfahrenen Händen der Archäologen der Carnegie-Stiftung. Ein Jahrhundert nach Stephens hatte Copán etwas von seinem früheren Aussehen wiedergewonnen.

Copán, ein Komplex von drei Haupthöfen, besteht aus mehreren Pyramiden mit abgeflachter Spitze, auf denen in vergangenen Zeiten rechteckige Tempel standen. Im Osthof – dem heiligsten Teil der Akropolis – sind Reihen von Steinsitzen, nicht unähnlich denen in einem klassischen Kolosseum, die auf einer Seite eine weite Plattform haben, neben der sich zwei große Jaguare aus Stein mit phantastisch gestalteten reliefierten Flecken auf ihren Hinterbeinen erheben: von diesen fand Stephens nur Bruchstücke.

Über dem Hof ist ein gigantischer Kopf von Yum Kax, dem Herrn der Ernte der Maya, den Catherwood so getreu wiedergegeben hat. Am Ende des Hofs (noch vergraben, als Stephens dort war und erst ein halbes Jahrhundert später von Maudslay freigelegt) ist ein Tempel, der durch den in der Mayakunst bei weitem großartigsten Eingang belebt wird. Hockende menschliche Gestalten bilden Tempelsäulen für das dekorative Tor und halten über den Köpfen eine große Fülle von Skulpturen.

Steintreppen führen von diesen Höfen fast 40 Meter hinab zu einem anderen Bezirk, der jetzt der Hof der Hieroglyphentreppe genannt wird (zu Stephens Zeit unter einem Berg von Schutt begraben, obwohl er einige der skulptierten Figuren entdeckte, die sie schmückten). Sie ist eine der prachtvollsten Hinterlassenschaften eines amerikanischen Volkes, eine Treppe, die sich in einem Winkel von sechzig Grad zu einer Höhe von fast 22 Metern erhebt und deren 63 Stufen aus 2500 einzelnen Hieroglyphen bestehen, die so angeordnet sind, daß man sie in Zeilen und nicht, wie sonst üblich, in Kolumnen lesen muß. Sie wurde 756 n. Chr. gebaut oder vollendet und war eines der letzten Monumente von Copán. Und zweifellos eine der größten Unternehmungen der Mayakultur. Auch wenn ein großer Teil des Textes noch unübersetzt ist, hielt ihn der verstorbene Dr. S. G. Morley «für einen Abriß der hauptsächlichsten Ereignisse, die einer der größten Städte während der bedeutendsten Periode der Mayakultur widerfuhren».

Bis 1839 hatte das Vordringen des Dschungels schon einen großen Teil ihrer architektonischen Gestalt ausgelöscht; aber Catherwoods geschultes Architektenauge konnte doch die hauptsächlichsten Elemente ihrer Struktur entdecken.

Es war ihm ganz klar, daß hier, wie in Ägypten, die Architektur vorwiegend religiös und die Zusammenarbeit zwischen Priester und Bildhauer-Architekt sehr eng war. Die Architektur schien nur ein Teil der Mayaskulptur zu sein. Catherwood wußte damals nicht, daß die Maya keine Kenntnis des echten Gewölbes hatten oder daß ihre Architekten Eckenverzahnungen nicht kannten und auch nicht die Formel, wie man einen rechten Winkel auslegte. Er konnte ein vergleichendes Urteil über diese Kultur und die von Ägypten oder Mesopotamien erst später abgeben, als man wußte, welche technischen Grenzen den Maya gezogen waren.

Nördlich des Treppenhofs ist der heilige Ballspielplatz. In der Zeit, als die Stadt bewohnt war, spielten die Menschen dort ein Spiel, das sehr dem Basketball glich und von den Maya *pot-a-tok* genannt wurde.

Dahinter löst sich die Akropolis zu dem großen Festplatz auf, der auf allen drei Seiten von Reihen von Steinsitzen flankiert war. Auf diesem Festplatz stehen die riesigen Platten aus skulptiertem Kalkstein – die berühmten Stelen von Copán.

Da es keine Gebäude zu zeichnen gab, wandte sich Catherwood den «Götzen» zu, die Stephens und seine beiden Gehilfen freigelegt hatten. Zum erstenmal in tausend Jahren fiel Licht auf diese seltsamen monolithischen Platten (die man nach ihren griechischen Prototypen Stelen nannte) auf dem großen Festplatz. Diese Skulpturen, die im allgemeinen dreieinhalb Meter hoch und einen Meter breit sind, stehen einzeln im Dschungel, abgesondert von den zerfallenen Gebäuden. Sie machten einen tiefen Eindruck auf ihre Entdecker. Ein wenig ähnlich einem menschlichen Wesen gestaltet, sind sie in Hochrelief skulptiert, die Kleidung und der Kopfschmuck unglaublich reich verziert; die Seiten und die Rückseite bedeckt mit Glyphen. Elf davon hat man gefunden. Stephens war beeindruckt «von dem Fortschritt des Geschmacks an den Altertümern bei meinen Gehilfen . . . Francisco fand die Füße und Beine einer Statue und Bruno einen Teil des dazugehörigen Körpers, und die Wirkung auf sie beide war elektrisierend».

Als Stephens zu Catherwood kam, der ein Götterbild skizzierte, erwartete er, ihn erregt von seinen Entdeckungen anzutreffen. Statt dessen «war seine Stimmung schwarz». Denn die Mayakunst entwickelte wie alle prähistorische amerikanische Kunst, die isoliert aufblühte, wie Pál Kelemen schrieb, «ein vollständig individuelles Schönheitsideal, unberührt von historischen Einflüssen, wie sie in der östlichen Hemisphäre aufeinander einwirkten».

Die Mayakunst ist einzigartig. Ihre Symmetrie, ihre Motive sind nicht die der übrigen Welt; Catherwood, wie Stephens berichtet, «hatte Schwierigkeiten beim Zeichnen. Er machte verschiedene Versuche, sowohl mit der Camera lucida als auch ohne sie, aber er war nicht mit sich zufrieden . . . Der ‹Götze› entzog sich offenbar seiner Kunst; zwei Affen auf einem Baum daneben schienen sich über ihn lustig zu machen, und ich fühlte mich entmutigt und verzagt.»

Die tropische Üppigkeit der Figuren und Zeichen war verwirrend; der Mayakünstler hatte offensichtlich Angst vor leerem Raum, und die Leere wurde angefüllt mit Menschen, Reptilien, Blumen, Vogelfedern, die das Hauptmotiv umschwirrten und sich in üppig quellenden Wellen über die Bildkomposition ergossen. Aber seine Beherrschung des Materials war so vollständig, daß der Bildhauer mit einem Stein von dreißig Tonnen ebenso sorglos umging, wie es ein orientalischer

Künstler mit einem Stück Elfenbein getan haben mochte.

Catherwood zerriß viele seiner ersten Zeichnungen, aber nach und nach, wie der Tag verging, ging ihm der Geist auf, der die Mayakunst durchdrang. Er ging fleißig von Götterbild zu Götterbild und zeichnete jedes mit außerordentlicher Wahrheitstreue. In dem Jahrhundert, seit er sie zeichnete, haben wenige Reproduktionen seine Genauigkeit übertroffen; keine hat je ihre Schönheit in den Schatten gestellt.

Über die Glyphen gab sich Stephens allerlei Spekulationen hin. Was bedeuteten sie denn in Wirklichkeit? Stephens konnte «kaum in Zweifel ziehen, daß die Geschichte der Maya in die Monumente eingraviert war», und er träumte von einer neuen Champollion-ähnlichen Entdeckung, einem Rosetta-Stein der Maya, der den Schlüssel zu diesen merkwürdigen Symbolen der alten amerikanischen Geschichte liefern würde, die seiner Meinung nach ganz gewiß in diesen «skulptierten Steinen» verborgen lag. Über ein Jahrhundert lang hatte man es für sicher gehalten, daß die Glyphen nur Aussagen über die Zeit, nicht über die Geschichte machten: es war die Auffassung fast aller – auch des Autors dieses Buches – daß die ganze Sammlung datierter Monumente nur ein gewaltiges Denkmal der außergewöhnlichen Beschäftigung der Maya mit der Zeit war.

Stephens' Meinung, daß diese datierten und verzierten Stelen Aussagen über die Geschichte machen, nahm erst 1958 eine positive Gestalt an, als Heinrich Berlin nach langer Arbeit über die «Emblem-Glyphen» schrieb, daß die Namen der Städte erkennbar seien (die Namen, unter denen sie jetzt bekannt sind, sind nicht die ursprünglichen) und daß Glyphen die Namen der Dynastien trügen, die sie errichtet hatten, und vielleicht sogar die Namen von Häuptlingen, und zweifellos – wie Stephens glaubte, die Geschichte der Städte selbst.

Tatjana Proskuriakoff, bekannt wegen ihrer vorzüglichen Zeichnungen von Mayastätten, die alle auf einer gründlichen Kenntnis der Maya-Architektur beruhen, analysierte mit ihrer nicht unbeträchtlichen Begabung 35 Daten: bei den Monumenten von Piedras Negras (am Usumacinta-Fluß, 120 Kilometer südwestlich der Ruinen von Palenque) fand sie heraus, daß jede Gruppe nur eine Zeitspanne entsprechend der Lebenszeit eines Maya umfaßte. Durch stilistische Analysen und die Verbindung einzelner Glyphen stellte sie fest, daß diese dem Geburtstag der Person, die eine bestimmte Stele errichtet hatte, entsprachen.

Sie fand, daß sie mit ihrem System die Daten von Heiraten lesen konnte, sowie Glyphenzeichen von Personennamen, vielleicht sogar Titel – denn die Maya legten großen Wert darauf – und da die Maya wie alle anderen kriegerisch waren, die Namen von militärischen Siegen. John Lloyd Stephens' Schatten kann jetzt zufrieden sein.

Aber vor allem waren die Maya zeitbesessen. Monolithen wurden nach jedem *katun*, 7200 Tage oder 20 Jahre, aufgestellt. In Copán erschienen diese datierten Monolithen alle zehn Jahre; später, als die Beherrschung der Materie wuchs, alle fünf Jahre. Im Zwielicht der Mayagötter, nahe dem Ende ihrer Besiedelung des Tals, breitete sich der Zeitfetisch über die ganze Architektur aus: es gab keinen Altar, keine Stufe, keinen Türpfosten, kein Gesims, keine Oberschwelle, in die nicht in kieselförmiger Schrift das Datum eingemeißelt war, an dem das Werk entweder angefangen oder vollendet wurde.

Wenige Völker waren im Lauf der Geschichte so vorwiegend mit dem Fluß der Zeit beschäftigt wie die Maya. Die Griechen betrauerten zwar die Vergänglichkeit der Jugend, indem sie nach «Olympiaden» rechneten, aber sogar Hipparchos' Periode von 304 Jahren wurde nur von denjenigen Philosophen als Einheit der Zeit anerkannt, die über das Unendliche nachdachten; darüber hinaus wollten die Griechen nicht gehen.

Im zeitlosen Ägypten verfolgte Hekataios, «im Glauben, bis an den Rand der Ewigkeit heranzureichen, seine Vorfahren bis zu einem Gott in der Person seines sechzehnten Ahnen». Aber in Amerika hatten die Priester-Astronomen wiederkehrende Zyklen von Millionen von Tagen errechnet! Fanden die Maya die Zeit so unerträglich, daß jeder Tag ein Symbol, jeder Monat seinen Gott haben mußte? Der Mensch hat überall in gewissem Maße den ganzen Kalender mit Festen übersät, um den ewigen Fluß der Zeit einzuteilen, aber diese Besessenheit der Maya ... Der Archäologe, der diese Daten entziffert, kann das stetige Wachstum von Copán verfolgen; durch sie wird er Zeuge der allmählichen Entwicklung der Akropolis wie beim Umblättern der Seiten der Geschichte. Sogar bei dem absichtlichen Schweigen der Maya selbst kann man den architektonischen Fortschritt von Copán zwischen 460 und 810 n. Chr. sehen.

Nach 900 n. Chr. «passierte etwas». Man baute nicht mehr. Überall im «Alten Reich», in jenem Dreieck von Copán, Tikal und Palenque, gab es keine Aktivität mehr. Es gibt in der Architektur keinen Hinweis darauf. Die Technik der Skulpturen wird nicht schlechter, auch die Mayakultur geht allem Anschein nach nicht zurück. Denn nicht lange vor dem Ende in Copán errichteten die Maya ihr größtes Monument, die Hieroglyphentreppe, die prachtvollste architektonische Leistung im ganzen indianischen Amerika. Dann passierte dieses «Etwas» nach dreihundertfünfzig Jahren der Besiedelung. Die Maya verließen langsam das Tal von Copán.

Stephens und Catherwood wußten natürlich von alledem nichts, sie kannten nicht einmal das Wort «Maya». Auch hatten sie keine Vorstellung vom Ausmaß dieser Kultur in Copán. Aber sie ahnten es und bewiesen große Urteilskraft.

Im Westhof, wo Ausgrabungen ein Jahrhundert später erstaunliche vollplastische Skulpturen mit gewaltigen Köpfen ans Licht bringen sollten, stieß Stephens zufällig auf einen viereckigen Altar aus Stein, der «ein ebenso merkwürdiges Objekt der Spekulation darstellt wie jedes andere Monument in Copán».

Es war ein Altar, ein einzelner rechteckiger Steinblock, 1,42 Meter breit, vierundsiebzig Zentimeter hoch, der auf vier grob kugelförmigen Stützen ruht, mit sechzehn eingemeißelten menschlichen Figuren, die mit gekreuzten Beinen, vier auf jeder Seite, auf Glyphen sitzen. Oben ist der Altar in sechsunddreißig Glyphen eingeteilt, die, wie Stephens sagte, «ohne jeden Zweifel irgendein Ereignis in der Geschichte des geheimnisvollen Volkes berichteten, das einst die Stadt bewohnte». Catherwood mußte sofort mit der Zeichnung eines Steins im Hof aufhören und kommen, um diesen außergewöhnlichen Altar abzuzeichnen. Was Stephens' Interesse besonders hervorrief, waren die eingemeißelten Figuren, denn sie halten Papierrollen in den Händen, die die Bücher der Maya waren, und es sah aus, als hielten sie sie wie ein Zepter.

Stephens' Meinung, daß der Altar über eine Konferenz berichtet, wurde ein Jahrhundert später bestätigt. Er gedenkt eines Kongresses von Priester-Astronomen, die in der Stadt zusammenkamen; und der Bildhauer legte besonderen Wert auf das Mayadatum 6 *Caban*, 10 *Mol* (765 n. Chr.), indem er dieses Symbol noch einmal oben auf dem Altar hervorhob. Es war in dieser großen Epoche, oder wenigstens zeitlich ihr ganz nahe, daß der Niedergang das Alte Reich der Maya in die Vergessenheit versinken ließ.

Stephens bewies großen Scharfsinn bei seinen Überlegungen über die Bedeutung dieses Altars; und Catherwood machte fünf vollständige Zeichnungen davon.

Sie entdeckten später noch etwas hinsichtlich des Altars. Als sie nach Amerika zurückkehrten und seine Glyphen mit der Reproduktion eines merkwürdigen mehrfarbigen Manuskriptes – des sogenannten Codex Dresden – verglichen, das im elften Jahrhundert geschrieben und von Alexander von Humboldt veröffentlicht wurde, und diese beiden, das Manuskript und die Skulpturen, nebeneinander hielten, schlossen sie daraus – ganz zutreffend –, daß das Volk, das das eine geschrieben, die anderen ausgemeißelt hatte.*

Sie blieben dreizehn Tage in Copán, vom 17. November bis 30. November. Catherwood hatte schon einige Spezialzeichnungen vollendet und wollte noch mehr fertigstellen, aber Stephens konnte nicht länger bleiben, denn er mußte «eine verzweifelte Jagd nach einer Regierung durchführen». Würde er zu lange bleiben, fürchtete er, daß er in den Ruinen von Copán «seine politischen Chancen vernichten und seinen politischen Freunden Vorwürfe einbringen würde». Unter einem der Götterbilder hielt er einen Kriegsrat ab, und während die Augen der Steinfigur auf sie herunterstarrten, wurde beschlossen, daß Frederick Catherwood allein zurückblieb und mit dem Abzeichnen der Skulpturen fortfuhr, während der ziemlich außerordentliche Gesandte John Lloyd Stephens nach der Stadt Guatemala weiterreiten und die mittelamerikanische Regierung suchen sollte. Danach wollten sie sich in Guatemala wieder treffen und, so Gott wollte, weiter auf die Suche nach Ruinen gehen.

* Prescott schrieb am 2. August 1841 an Stephens: «Ich war schon lange zu dem Schluß gekommen, daß (der Codex Dresden) nicht aztekisch ist. Niemand weiß, aus welchem Teil Amerikas er nach Deutschland kam, und sein Aussehen entspricht genau Peter Martyrs Beschreibung der Papyri von Yucatán. Aus diesem Gebiet eines Teils von Mittelamerika ist er wohl gekommen.» Prescott, *Correspondence*, S. 242.

KAPITEL XI

Diplomatie:
Ziele und Mittel

Stephens ritt in die Stadt Guatemala hinein, die Kleider schmutzbe-spritzt und das Gesäß vom Sattel wundgescheuert. Die Straßen waren verlassen, als ob eine Seuche die Bevölkerung hinweggerafft hätte, die Fensterläden der einstöckigen Häuser waren sämtlich dicht geschlos-sen; die Hauptstadt der Republik war still wie ein Grab.

«Vielleicht», dachte Stephens, «ist noch nie ein Diplomat so unauf-fällig in eine Hauptstadt eingezogen.»

Mit einiger Schwierigkeit fand er das Haus von Mr. Hall, dem britischen Vizekonsul, das wie die anderen so fest versiegelt war wie eine ägyptische Pyramide. Auf Augustins Klopfen hin erschien ein Kopf, und Stephens rief diesem seinen Namen und seine Stellung zu, und schließlich öffnete nach viel Schlüsselgerassel der schrecklich aufgeregte britische Konsul die großen Türen gerade so weit, daß Stephens und Augustin mit ihren Maultieren hineinschlüpfen konnten.

Rafael Carreras nicht entlohnte Soldaten, erklärte er, revoltierten; erst am vergangenen Tag hatten sie von Mr. Halls französischem Nachbar eine «Anleihe» erpreßt, damit sie ihren Lohn bekämen.

Sie hatten die britische Standarte als eine Kriegsflagge bezeichnet und auf sie geschossen, und Mr. Hall hatte die Fahne gestrichen. (Stephens fragte sich, warum er sie nicht wieder aufgezogen und nicht nach Oberst MacDonald in Belize geschickt hatte, damit er mit seinen Getreuen zu ihm komme und sie aufs Haupt schlage.)

Stephens fand jedoch die Stadt Guatemala bezaubernd. Sogar in 1500 Metern Höhe hatte sie ein tropisches Aussehen mit einer durch-sichtigen Luft, und die Gärten ihrer einstöckigen Häuser waren mit glühenden Bougainvillien bewachsen.

Wie es in spanischen Kolonialstädten üblich ist, war die Plaza das Zentrum, wo auf allen vier Seiten Symbole der Macht standen: der alte vizekönigliche Palast, die Residenz des Generalkapitäns der Krone; das Rathaus, in dem die städtischen Angelegenheiten erledigt wurden; auf der dritten Seite der Palast des ehemaligen Marquis von Aycinena; und als majestätische Krönung die 1790 erbaute Kathedrale.

Wo ein achteckiger geschmackloser Springbrunnen in schwerfälligem Stil jetzt einen Strahl kalten Wassers, das aus zwei Meilen Entfernung herangepumpt wurde, in die Höhe schleuderte, war einst die Reiterstatue Karls IV. gestanden. Sie war im ersten Aufbrausen der Unabhängigkeit niedergerissen worden, aber obwohl der Reiter dahin war, blieb das Pferd.

Die spanischen Eroberer waren früh nach Guatemala gekommen. Kaum war Mexiko von Cortés erobert worden, sandte er Pedro de Alvarado, dem Montezumas Tributverzeichnisse als Wegweiser dienten, südwärts nach Guatemala. 1524 stellte Alvarado fest, daß hauptsächlich drei Stämme die Dörfer um den Atitlánsee herum bewohnten.

Da sie in heftiger Feindschaft miteinander lebten, versuchten sie mit Hilfe Alvarados sich gegenseitig auszuschalten. Sie waren sich kaum bewußt, daß das Prinzip des *divide et impera* eine alte spanische Taktik war.

Alvarado spielte die Stämme gegeneinander aus und hatte seine Eroberung alsbald vollendet. «Da ich sah», schrieb Don Pedro an seinen Lehensherrn, «daß ich diese Völker durch Feuer und Schwert zum Dienst Seiner Majestät zwingen konnte, beschloß ich, die Häuptlinge zu verbrennen.»

Daraufhin brandmarkte er die ganzen führerlosen Gefangenen als Sklaven und preßte ihnen alles Gold, das sie besaßen, ab, wobei er dem Schatzmeister des Königs das diesem zustehende Fünftel übergab. Alles war durchaus legal. Pedro de Alvarado befolgte den vorgeschriebenen Brauch, Städte zu gründen. In einem reizenden Tal unter den Vulkanen Fuego und Agua erbaute er seine Hauptstadt, «die Stadt des heiligen Jakob der edlen Herren von Guatemala».

Das Land hier war damals reich; verarmte spanische Granden kamen nach Amerika, um es sich in der Sonne Guatemalas bequem zu machen, Koschenille und Kakao zu erzeugen, die Einflußsphäre des katholischen Spaniens zu erweitern und dabei die eigenen leeren Geldkästen zu füllen.

Mit der Zeit wurde die Stadt ein See aus sienaroten Dächern, und die Stadt des heiligen Jakob wuchs an Schönheit und Macht, bis sie um die Mitte des achtzehnten Jahrhunderts, wenn man den Statistiken glauben darf, 100000 Einwohner zählte. Die Stadt gedieh weiter, bis 1770 die ruhelose Erde ihre dünne Kruste durchbrach und die meisten der sechstausend Häuser, die zwanzig öffentlichen Anstalten, das Kolleg von San Tomás, die Kirchen, Nonnenklöster, die Klöster der Gnade, der Franziskaner und Dominikaner in einen wirren Trümmerhaufen verwandelte.

Dann zogen die Spanier wie die wanderlustigen Maya allesamt vierzig Kilometer weit nach Süden, und der Generalkapitän legte 1775, genau in dem Jahr, in dem in Concord, Massachusetts, ein Schuß «um die ganze Welt herum hallte», den Grundstein der modernen Stadt Guatemala.

John Lloyd Stephens stieg (etwas verspätet durch die Entdeckung anderer Kulturen) in seine diplomatischen Pflichten ein, indem er die amerikanische Botschaft in Besitz nahm.

Das einstöckige Haus, in das man durch ein großes doppeltes Tor eintrat, das zu einem gepflasterten und mit Bougainvillien geschmückten Hof führte, gefiel ihm sehr.

Er kam in einen geschmackvoll möblierten Salon, an dessen Wänden Bücherschränke mit gelb eingebundenen Büchern aufgereiht waren, die «eine wehmütige Erinnerung an sein Anwaltsbüro» hervorriefen. Hier fand er auch die Archive der Botschaft, und in Befolgung seiner Instruktionen (das muß zum erstenmal zugegeben werden) traf er Vorbereitungen für ihre Rücksendung nach den Vereinigten Staaten.

Nun mußte er sich aber pflichtgemäß «nach der Regierung umsehen, bei der er akkreditiert war». Gemäß dem vorgeschriebenen Protokoll mußte er in seinen blauen Diplomatenfrack mit den goldenen Knöpfen schlüpfen, eben den, der Don José in Copán so tief beeindruckt hatte, und sich formell dem Außenminister vorstellen. Aber wer war dieser? Und wo war überhaupt der Präsident der Mittelamerikanischen Föderation? Der französische Botschafter, Baron Malelin, zuckte die Achseln. Frederick Chatfield, der britische Geschäftsträger, erklärte gradheraus, daß keine solche Regierung existiere. Und dann versuchten sie alle gleichzeitig, Stephens in die Geheimnisse dieser politischen Vorhölle einzuweihen.

Sie fingen zwar nicht ganz am Anfang an, denn sie ließen die Sintflut aus. Aber sie verfolgten die amerikanische Eroberung, berührten die stürmischen Zeiten Philipps II., den Aufstand der Maya-Indianer in El Petén im späten siebzehnten Jahrhundert, und nachdem sie die Regierung Karls III. rasch hinter sich gebracht hatten, kamen sie in vollem Galopp in die Zeit Napoleons. Nun – Napoleon hatte Karl IV. abgesetzt und danach, 1809, mit den für diesen Fall richtigen Mitteln auch König Ferdinand entthront. Daraufhin erhoben sich die amerikanischen Kolonien in einer königstreuen Rebellion; das heißt, sie erklärten sich als treue Vasallen Ferdinands VII. und wollten keinem Code Napoleon gehorchen. In Mittelamerika wurde eine Regierungsjunta gegründet, an deren Spitze Generalleutnant José Bustamante y Guerra stand (in der Geschichte besser bekannt als stellvertretender Befehlshaber der unglücklichen ozeanischen Expeditionen von Alessandro Malaspina als wegen seiner Staatskunst), der ermächtigt wurde, im Namen des Königs dessen Einkünfte einzuziehen und Aufstände zu unterdrücken.

Die Fahne der Revolution wurde 1811 einen kurzen Augenblick lang in San Salvador geschwungen, als Manuel José Acre ein paar Tausend neue Musketen und 200000 $ aus der königlichen Schatzkammer erbeutete und damit die Unabhängigkeit zu erringen suchte. Aber Bustamante war ein alter Hase im Unterdrücken von Meutereien, und die Revolte wurde niedergeschlagen.

Die Capitancia-General von Mittelamerika mußte nicht wie die Südamerikaner um ihre Unabhängigkeit kämpfen, denn als Ferdinand VII. seinen Thron wieder besteigen konnte, reiste eine Delegation augenblicklich nach Spanien, wo die mittelamerikanische Junta dem unglücklichen König die Bedingungen vorlegte, unter denen sie im Reich verbleiben wollte. Er lehnte ab, widerrief, zögerte; dann war es zu spät. Mexiko war im Aufruhr.

Südamerika war unabhängig. Als die Delegation nach Guatemala zurückgekehrt war, war ganz Mittelamerika ein Bestandteil des neuen mexikanischen Reiches unter «Kaiser» Iturbide. Fünfzehn Monate später, mit dem Aufstieg der liberalen Republik, nahmen die fünf mittelamerikanischen Provinzen eine Verfassung an, bildeten eine Föderation, schafften die Sklaverei ab und wählten Marinas Calvéz zum Präsidenten. Mit revolutionären sozialen Zielen schickten sie sich an, das Staatsschiff vom Stapel zu lassen. Das Wappen der Föderation bestand aus fünf Vulkanen, von denen jeder einen der Staaten der Republik repräsentierte. Die Freiheitsmütze der Sansculotten war in der Mitte, und ein Regenbogen bildete wie ein Botschafter der Hoffnung eine Lünette über den Symbolen der Föderation.

Der Staat Guatemala, der sich aus Indianern, Aristokraten und Geistlichen zusammensetzte und das an Bevölkerung und Gebiet größte Mitglied der Föderation war und dem damit die Kosten für den Unterhalt einer Zentralregierung aufgebürdet wurden, verlor innerhalb eines Jahres alle Begeisterung dafür.

Die folgenden Jahre, 1825 bis 1835, waren angefüllt mit Revolutionen und Gegenrevolutionen. Diesen Konflikten entsprangen zwei lebhaft kontrastierende Persönlichkeiten: Francisco Morazán, ein Liberaler, Sohn eines französischen Kreolen, geboren 1799 in Tegucigalpa; und sein Gegenspieler Rafael Carrera, der halbblütige Bastard eines ehemaligen guatemaltekischen Adligen, die Personifikation grollender Enttäuschung.

Francisco Morazán war zweimal Präsident gewesen, nachdem er auf spektakuläre Weise vom Posten des Generalsekretärs von Honduras, den er schon mit fünfundzwanzig Jahren innehatte, über höhere Ämter zum Senator aufgestiegen war. Er wurde der führende Liberale und wurde 1831 und noch einmal 1837 zum Präsidenten gewählt. Aber seine liberalen Reformen wurden zu rasch vorangetrieben. Das Volk hatte noch kaum Zeit gehabt, seine neugewonnenen Freiheiten genauer kennenzulernen, als Morazán den Livingston-Code einführte, nämlich das Schwurgerichtsverfahren, und die Macht des Klerus brach, indem er den Erzbischof mit einem Regiment von Mönchen nach Havanna verbannte.

Reform folgte auf Reform mit solcher Schnelligkeit, daß das Volk keine verdauen konnte, und so anerkannten weder König Ferdinand noch der Papst die Mittelamerikanische Föderation. Und sogar obwohl Nordamerika, Großbritannien und Frankreich sie diplomatisch anerkannten, wurde die Föderation durch unaufhörliche Bürgerkriege dermaßen zerrissen, daß die Republik sich selbst zum Scheitern verurteilte.

Während Francisco Morazán 1837 überall die Revolution bekämpfte, brach in Guatemala die Cholera aus. Morazán wurde von der Opposition, vor allem dem Klerus, beschuldigt, die Brunnen vergiftet zu haben, um die Indianer zu liquidieren.

Hier nun begann Rafael Carreras Aufstieg. Die Armee der Föderation marschierte mit Morazán. Er war nur wenige Monate, bevor Stephens seinen unauffälligen Einzug in Guatemala gehalten hatte, in die Stadt eingedrungen.

In einer Reihe heftiger Gefechte zerstreute Morazán das halbindianische Heer von Carrera und verkündete feierlich das Ende der Revolution. Aber kaum war er wieder nach Salvador aufgebrochen, kam Carrera aus seinem Versteck hervor, sammelte sein Heer wieder und terrorisierte Guatemala von neuem.

Nun war Stephens auf dem laufenden; denn er war gerade in die Stadt gekommen, als die nicht entlohnten Soldaten Carreras von der Bürgerschaft «Anleihen» erpreßten.

Guatemala war spannungsgeladen, denn man erwartete Rafael Carrera. Über der ganzen Stadt lag eine Spannung, als ob die Menschen auf einen Wirbelsturm warteten, der von Nirgendwo kommen und die Stadt hinwegfegen würde, oder darauf, daß der zerklüftete Gipfel des grollenden Vulkans Fuego barst. Die Trost spendenden Kirchen waren besucht wie nie zuvor.

Als Stephens in seinem goldbetreßten Diplomatenfrack zu dem absoluten Herrscher von Guatemala geleitet wurde, saß Rafael Carrera an einem Tisch und zählte Stapel von Silberpesos.

Seine Wachen waren mit roten Bombasinjacken und Mützen aus Schottenplaid ausgestattet, was im Verein mit ihrer dunklen Haut Stephens an die Affen des Drehorgelspielers erinnerte, die er als Knabe in Bowling Green gesehen hatte.

Rafael Carrera war überraschend jung – Stephens schätzte ihn auf etwa fünfundzwanzig – und hatte das glatte schwarze Haar des Indianers und die kupferfarbene Haut eines Mestizen (seine Freunde, die das als Kompliment verstanden, schrieb Stephens, «nannten ihn einen Mulatten; ich heiße ihn aus demselben Grund einen Indianer, weil ich *das* für das bessere Blut von beiden halte»). Er war bartlos und klein, säbelbeinig und mit einem Brustkasten wie eine Trommel. Als er sich erhob, um Stephens zu begrüßen, sah man, daß seine militärische Kleidung aus einer schwarzen Bombasinjacke mit entsprechenden Hosen bestand.

Er erzählte Stephens, daß er vor zwei Jahren mit dreizehn Mann «begonnen» habe, die mit so alten Musketen bewaffnet waren, daß man sie mit brennenden Zigarren abfeuern mußte, so wie einst die Arkebusen.

Innerhalb eines Jahres hatte er eine Prätorianergarde aus Indianern, die Fahnen trugen und riefen: «Viva la religión y muerte a los extranjeros» – was keine leere Drohung war und die ausländische Bevölkerung veranlaßte, aus dem Land zu fliehen.

Aber als Carrera schließlich einigen Ausländern begegnete und mit ihnen sprach, wurde sein Schlachtruf gemildert. Nun zählte er eine ganze Anzahl von Engländern zu seinen Bekannten, was, wie Stephens sagte, «einen glücklichen Beweis der Wirkung des persönlichen Verkehrs auf den Abbau von Vorurteilen gegen Einzelne oder Klassen darstellt».

Carrera war ein Vertreter des Personalismus, der Form persönlicher Regierung, die das spanische Amerika seit seiner Unabhängigkeit heimsuchte. Nachdem er ein Trommlerjunge und Schweinehirt war, wurde er zum Straßenräuber und terrorisierte das Land. Der Handel war zerrüttet, wenige reisten über die Umgebung der Städte hinaus; die Zentralisten drückten in ihrem Haß gegen Morazán Carrera an ihren aristokratischen Busen in der Hoffnung, daß wenn jeder dem anderen den Krieg erklärte, beide Parteien beseitigt würden. Es ist nicht das erste Mal in der Geschichte, daß ein Volk die Apokalypse umarmte, um ein aktuelles Problem loszuwerden.

Zu der Zeit von Stephens' Audienz schwamm Carrera auf einer Welle des Triumphs, und doch befand er sich noch einer Opposition gegenüber. Als er daher an einer Hauswand ein Flugblatt angeklebt fand, das ihn einen Banditen und *antropófage* nannte, verlangte er, daß man ihm das letzte Wort erklärte; und als ihm nach mehreren Versuchen seine Bedeutung – «Menschenfresser» – klar wurde, war sein Zorn jupiterhaft; er konnte nur durch einen Strom von Blut besänftigt werden.

Nach zwei Jahren noch nie dagewesener Macht konnte er lesen und seinen Namen Carrera kritzeln, den er mit einem Schnörkel in antikem Stil abschloß. Seine Kleidung wurde besser, und er setzte sich als Beschützer Guatemalas durch.

Der Emissär des amerikanischen Präsidenten berichtet:

«Da ich Carrera für einen vielversprechenden jungen Mann hielt, sagte ich ihm, er werde es sicher weit bringen und könnte viel Gutes für sein Land tun; und er legte die Hand aufs Herz und sagte mit einem Gefühlsausbruch, den ich nicht erwartet hatte, er sei entschlossen, sein Leben für sein Land zu opfern.»

Man kann der politischen Klugheit Stephens' nur Beifall zollen, denn obwohl er weder den Mann noch seine Taktik mochte, beurteilte er die Zukunft von Rafael Carrera ganz richtig.

«Ich war der Meinung», schrieb er, «daß er dazu bestimmt sei, einen wichtigen, wenn nicht beherrschenden Einfluß auf die Geschicke Mittelamerikas auszuüben.»

Carrera blieb tatsächlich fünfundzwanzig Jahre an der Macht – von 1840, wo er nur ein *caudillo* war, bis 1865, als er als amtierender Präsident starb. 1854 wurde er zum «Präsidenten auf Lebenszeit» ernannt. Sein Titel: Seine Exzellenz Señor Don Rafael Carrera, Präsident der Republik auf Lebenszeit, Generalkapitän der Streitkräfte, Generalsuperintendent des Schatzamts, Kommandeur des Königlichen Ordens von Leopold von Belgien, Ehrenpräsident des Instituts von Afrika.

Leider hatte er das politische Schema für den Staatsstreich festgelegt. Es erhielt 1898 eine kuriose Note durch einen Präsidentschaftsanwärter, der geradewegs in eine Kabinettsitzung schritt, seine Pistole auf den Tisch legte und sagte: «Meine Herren, ich bin Estrada und der neue Präsident von Guatemala.»

Stephens machte eine diplomatische Rundreise durch das Land. Er ging zu den Ruinen von Antigua, erstieg den Vulkan Fuego, um eine Übersicht über das Land zu bekommen, und ritt später in einer sehr fröhlichen Gesellschaft zu der Stadt Mixco, wo der *simpático* «Meester Estebans» die Herzen der Damen eroberte und, wie wir aus den ihm gemachten Komplimenten schließen können, auch die Achtung der Männer.

Überall ließ er seiner Neugier freien Lauf; er ging auf die Märkte der Indianer, er sprach mit den Padres und wanderte zwischen seinen

Höflichkeitsbesuchen in den Bergen. Nach seiner Rückkehr nach Guatemala faßte er das ganze verwirrende Bild von Mittelamerika für den Staatssekretär zusammen und schloß seinen Brief mit den Worten:

«Die Bundesregierung hat also völlig aufgehört zu existieren. Es besteht nicht die geringste Aussicht, daß sie je wiederhergestellt wird, und auch für lange Zeit nicht, daß irgendeine andere an ihrer Stelle eingerichtet wird. Unter diesen Umständen glaubte ich, nicht berechtigt zu sein, noch länger in dem Land zu bleiben. Ich hatte keine offizielle Aufgabe ... Demgemäß stellte ich die Bücher und Archive der Gesandtschaft sicher und schickte sie nach New York – nachdem ich das getan habe, verlasse ich Guatemala und werde auf eigene Kosten in die mexikanischen Provinzen Chiapas und Yucatán reisen, und zwar für eigene Zwecke.»

Als Vorsichtsmaßnahme für seine Sicherheit auf der Reise nach Palenque suchte Stephens Rafael Carrera auf, der nach den Massakern von Quetzaltenango seine Residenz in der Stadt Guatemala aufgeschlagen hatte. Der Erzbischof von Guatemala hatte ihm Briefe an alle Padres an der Reiseroute mitgegeben, aber für den Fall, daß Gott nicht auf der Seite derer mit der besten Arillerie war, erhielt Stephens einen mit dem analphabetischen Gekritzel von Carrera unterzeichneten Paß. Er schrieb:

«Er brauchte länger dazu, als einen Kopf abzuschneiden, und er schien auch stolzer darauf zu sein. Es war die einzige Gelegenheit, wo ich bei ihm einen Schimmer von Gefühlsregung sah.»

Im April 1840 hatten Stephens und Catherwood ihre Pläne fertig, und sie brachen nach Palenque auf. Es gab nur einen Weg, um die andere der in der Literatur erwähnten «Drei antiken Städte» zu erreichen, und der war, von Guatemala nach Mexiko und dann der Richtung nach zu den Ruinen von Palenque zu reiten. Ihre Reiseroute war, sei es absichtlich oder durch Zufall, in der «Official Gazette» von Guatemala veröffentlicht worden. Dort konnte man zwischen den komplizierten Ritualen der Regierung lesen, daß Señor Juan L. Stephens, Gesandter der Vereinigten Staaten, und sein unerschrockener Begleiter, der Engländer Frederick Catherwood, ihre archäologischen Reisen wieder aufnähmen, diesmal zu der geheimnisvollen (der Herausgeber sagte «fabulosamente rico») Ruinenstadt Palenque im Departement Tzendales im Staat Chiapas in Mexiko.

Während Stephens' Abwesenheit hatte Frederick Catherwood die Ruinen von Quiriguá, fünfzig Kilometer nördlich von Copán, in der Nähe des Rio Motagua entdeckt. Unzweifelhaft eine Kolonie von Copán, ist Quiriguá wegen seiner prachtvollen, aus rotem Sandstein gemeißelten Stelen bekannt. Stephens besuchte zwar die Ruinen nicht, aber er konnte ganz zutreffend darüber schreiben: «Der allgemeine Charakter dieser Ruinen ist der gleiche wie in Copán.» Catherwood zeichnete diese jetzt als Stele E und F bekannten Monumente. Als Stephens später feststellte, daß sie in der Nähe eines Flusses standen, trat er in Verhandlungen mit Señor Payes, ihrem Besitzer, ein, um die ganzen Ruinen zu kaufen. Die Verhandlungen waren noch im Gang, als sie die Stadt Guatemala mit dem Ziel Palenque verließen.

In der Zwischenzeit war eine Suche nach den vermißten Engländern in Gang gekommen, die ihnen nach Palenque vorausgegangen waren und von denen man 140 Tage lang nichts gehört hatte. Ein Brief wurde von Belize an Frederick Chatfield, S. M. Konsul in Guatemala geschickt. Chatfield, für den Mittelamerika ein britischer Jagdgrund war, hatte eine Einmischung der Yankee auf keiner Ebene gern und antwortete am 26. März:

«Ich habe keine Nachricht von den (britischen) Reisenden. Stephens saust quer durch das Land und sammelt Material für sein Buch, und wenn er dem Fieber und anderem Unheil entgeht, wird er vielleicht bald hier sein . . .»

In Beantwortung einer zweiten Anfrage ermutigte er sehr wenig dazu, die Ruinen von Palenque zu suchen. Er schrieb am 8. April:

«. . . Ich habe nie gehört, daß es eine Straße von Peten nach Palenque gibt, sie müßte über das Gebirge oder den Niederwald verlaufen und könnte kaum benützbar sein. Mr. Stephens und der yankeefizierte englische Künstler (Catherwood), der ihn begleitet, sind nach Quezaltenango gegangen mit der Absicht, über die mexikanische Grenze nach Palenque zu gelangen . . . Zu Land zu reisen, ist meiner Meinung nach tollkühn, besonders da es wenig oder gar nichts zu sehen gibt, wenn man an Ort und Stelle ist . . .»*

---

* Die Briten versuchten auch, Stephens' Verhandlungen in Copán zu durchkreuzen. Lord Palmerston, der damals Außenminister war, schrieb an Frederick Chat-

Am 7. April 1840 waren Stephens und Catherwood nach Palenque aufgebrochen. Sie folgten auf Maultieren dem schmalen Pfad, der sich durch die hohen, mit Kiefern bewachsenen Berge von Guatemala über die ganze Breite des Staates schlängelte. Nach einer Woche kamen sie in die Umgebung des Atitlánsees.

Der Atitlánsee lag schimmernd zwischen hohen Vulkanen, glänzend wie ein lapislazulifarbener Spiegel. Er war eines der großen Bevölkerungszentren Guatemalas vor der Eroberung. Die Jahrhunderte hatten den Atitlánsee nicht verändert, ausgenommen vielleicht seine indianischen Herren.

Eine rechtwinklige Biegung der Hauptstraße brachte die von einem mit dem Huipil bekleideten Indianer geführten Reisenden zu den Ruinen von Utatlán, ungefähr drei Kilometer südwestlich des Dorfes Santa Cruz de Quiché. Die Ruine von Utatlán war der Mittelpunkt der Quiché-Stämme, die Pedro de Alvarado 1524 angegriffen hatte.

Die Forscher erreichten sie, nachdem sie den steilen Berg bezwungen hatten, auf dem sie thront. Catherwood fand in den Ruinen zwar wenig, das zum Skizzieren geeignet war, aber er machte doch Zeichnungen, denn hierüber gab es schon einen Bericht.*

Am Ende ihres zweiten Tages sahen sie eine rundliche Gestalt unter dem Schutz eines riesigen roten Schirms aus Seide den steilen Anstieg zu den Ruinen von Utatlán heraufkeuchen. Ein alter schwarzer Mantel, der bis zu den Fersen reichte und vom beständigen Tragen schäbig geworden war, ein breitkrempiger, glänzender schwarzer Hut und

field. «Es scheint, daß diese Ruinen (von Copán) von den Eingeborenen des Landes nur wenig oder überhaupt nicht geschätzt werden, und es ist daher wohl möglich, daß die Hauptschwierigkeit beim Wegbringen von Skulpturen darin besteht, geeignete Transportmittel zu einem Verschiffungsort bereitzustellen. Seien Sie also bitte vorsichtig, daß Sie bei Nachforschungen im Sinne dieser Instruktion die Leute nicht dazu bringen, den Dingen, die sie jetzt als völlig wertlos ansehen, einen imaginären Wert beizumessen.»

Ein Deutscher, Karl Scherzer, wurde mit der Durchführung der Mission beauftragt, erreichte aber nie Copán.

* 1841 wurden die Ruinen auf Betreiben von Francisco Morazán von der Regierung von Guatemala gründlich erforscht. Señor Don Miguel Rivera y Mistre, ein Mann mit einigen wissenschaftlichen Kenntnissen, gab Stephens ein vollständiges Exemplar seines Berichtes, den dieser dann in seinem Buch benützte.

schottische Hosen hüllten den Körper dieser außergewöhnlichen Person ein, die ausgelassen lachte, als sie auf sie zukam. Die Eingeborenen nahmen schnell ihre Hüte ab, und die Forscher merkten, daß sie sich – trotz seines ungewöhnlich unklerikalen Anzugs – in der Gegenwart des Pfarrers von Santa Cruz de Quiché befanden. In bester Laune stellte er sich vor und ließ seine Zigarren die Runde machen.

Er fragte nach Neuigkeiten aus Spanien und erzählte ihnen dann im kultivierten Tonfall des Andalusiers seine Geschichte.

Er war Dominikaner. In seiner Jugend hatte er die Schlacht von Trafalgar gesehen, und jedesmal, wenn er daran dachte, lachte er; die Franzosen wurden himmelhoch gepustet und die Spanier auch. Er hatte genug von Krieg und Revolutionen und hatte den Pater Superior gebeten, ihn nach Amerika zu schicken.

Auf hoher See wurden sie von einem französischen Korsaren gejagt; in den amerikanischen Gewässern schoß ein englisches Schiff auf sie; und nachdem sie in Omoa in Honduras gelandet waren, wurden sie von den Revolutionen überrascht, denen sie gehofft hatten zu entkommen. Er lachte über die Ironie seiner Situation, und mit Tränen vor Lachen, die Welt als Zielscheibe seines Spottes, ließ er noch mehr dieser dunklen dichtblättrigen Zigarren die Runde machen. Sein Lachen war unwiderstehlich, und er richtete seinen beißenden Witz gegen alles. Stephens und Catherwood beendeten ihre Vermessungen und folgten dem Pater mit seinem roten Seidenschirm zu seinem Kloster.

In dem Zimmer des Paters, einem Chaos von Büchern, Kleidern und religiösen Bildern, setzten sie ihre Unterhaltung über Politik, Geschichte und speziell über die Geheimnisse der Maya fort. Es war eine Überraschung, in diesem so weit abgelegenen Ort einen Priester anzutreffen, der nach einem halben, in Los Altos verbrachten Leben so beschlagen und gelehrt war.

Es gebe, sagte er, jenseits von Santa Cruz de Quiché einige von einer geheimnisvollen Indianerrasse bewohnte Ruinen. Irgendwo zwischen der Kordillere von Guatemala und den ebenen dschungelbedeckten Gebieten von El Petén gebe es eine lebende Stadt, die von Indianern bewohnt sei, die noch in denselben Palästen lebten wie vor der Ankunft der Spanier.

Der Pater hatte in dem Dorf Chajul in Vera Paz davon gehört, und

155

als er jung war, hatte er den höchsten Gipfel der Kordillere, etwa 3700 Meter hoch, erklommen, und als sich dort die Wolken teilten, konnte er die flachen Ebenen von Yucatán und das wellige Blau des Karibischen Meeres sehen.

Unter sich hatte der Pater, wie er behauptete, die weißen Türme* einer großen Stadt, die sich aus dem lebhaft grünen Dschungel erhob und weiß in der Sonne glänzte. Diese Indianer, sagte er, gestatteten keinem Weißen, in ihr Land zu kommen. Geld kannten sie nicht. Sie hielten ihre Hähne unterirdisch, damit man ihr Krähen nicht hören konnte, das die verhaßten Weißen zu ihrer Dschungelstadt hätte führen können.

Die Erzählung machte auf Stephens einen starken Eindruck. Vier Tage von hier entfernt – eine große Stadt – Indianer, die noch genauso lebten wie vor der Entdeckung Amerikas!

Und es war kein gewöhnlicher Mann, der ihnen diese Geschichte erzählte, sondern ein gebildeter Pater, skeptisch und mit der notwendigen Distanz. Sie, die die Wunder von Copán, Quiriguá und die in die Wolken ragenden Ruinen von Utatlán gesehen hatten, hörten nun von einer lebenden Indianerstadt.

Als der Pater eine Landkarte hervorholte und die Stelle der Stätte zeigte, konnte sich Stephens nicht mehr zurückhalten:

«Ein Blick auf diese Stadt wäre zehn Jahre alltäglichen Lebens wert . . . es gibt lebende Menschen, die das Rätsel lösen können, das über den verfallenen Städten Amerikas schwebt; die vielleicht nach Copán gehen und die Inschriften auf seinen Monumenten lesen können . . . Kann das wahr sein? Wenn ich nun ganz nüchtern darüber nachdenke, glaube ich wirklich, daß guter Grund zu der Annahme besteht, daß das, was der Padre uns erzählt hat, wahr ist.»

Stephens war nicht der Mann, um durch die Phantasien eines anderen aus dem Gleichgewicht gebracht zu werden. Aber er dachte, daß «zwei junge Männer in guter Verfassung», die die Sprache der Indianer erlernten und willens waren, fünf Jahre ihres Lebens daranzugeben, den Ort finden könnten. Er dachte sogar daran, die Kordillere zu ersteigen, um einen fernen Blick auf diese geheimnisvolle weiße Stadt zu erhaschen, aber sie durften sich nicht ablenken lassen:

* Wahrscheinlich sah er die hochaufragenden verfallenen Tempel von Tikal.

«Palenque war unser großes Ziel.»

Sie verließen den lachenden Pater und seine himmlischen Reden, um die Landstraße durch Los Altos zu gewinnen. Es war eine richtige Prozession; der Indianer Bobon, teils Spaßmacher, teils Führer, trug auf einem langen Stock, wie eine Standarte, einen ausgestopften Quetzalvogel, den der Pater von Quiché Stephens zum Abschied geschenkt hatte. Ein anderer, der Halbindianer Juan, war das Faktotum der Expedition, der für den Frieden mit den Maultiertreibern sorgte. Er hatte einen gargantuanischen Appetit, und wo er war, war nichts Eßbares sicher. Einmal schlang er wie ein Wolf einen Korb voll frisches Brot hinunter, wovon er fürchterliche Verdauungsstörungen bekam. Stephens fand ihn, wie er sich auf dem Boden wälzte und jammerte: «Muttergottes, ich muß sterben.» Danach mäßigte er sich zu einem normaleren Appetit, der immer noch gewaltig genug war.

Was Stephens und «Mr. Catherwood» anging, so verloren sie allmählich ihre ausländische Erscheinung ganz und gar. Zu ihrer einheimischen Kleidung hatten sie jetzt ein *aguas de arma* genanntes Stück, ungegerbte Ziegenhäute, die mit rotem Leder bestickt waren und sie ganz bedeckten, wenn es regnete, und sie trugen die breiten Hüte des Landes.

Nachdem sie durch wild zerklüftetes Gebiet geritten waren, wo sich der Duft der blühenden dornigen Agaven und der Begonien miteinander mischte, kamen sie während der Osterwoche in das himmelhohe Quetzaltenango, das in vergangenen Zeiten von den Azteken beherrscht wurde.

Die malerische Stadt, die größte zwischen der Stadt Guatemala und Mexiko, bestand aus Häusern mit roten Ziegeldächern an glatten, gut gepflasterten Straßen und hatte eine entzückende Lage; gewaltige Berge erhoben sich am Ende der Straßen wie ein Theaterhintergrund. Sie hatte eine imposante Kathedrale, ein geschmackvoll errichtetes Rathaus an einem weiten Platz und einen Springbrunnen, wo Mensch und Tier ihren Durst stillten.

Catherwood war von ihren malerischen Qualitäten so beeindruckt, daß er ein schönes Wasserfarbenpanorama von ihr machte.

Das unwirtliche Land hatte etwas Großartiges, Berge ragten aus den Hochebenen heraus, Abstürze teilten den Boden und ließen gähnende Klüfte entstehen, deren äußersten Rändern die Maultierpfade folgten. Und der starke Geruch von Pinien und Zypressen, Begonien und Trompetenblumen erfüllte die rauhe, dünne Luft. In Huehuetenango, nicht weit von der mexikanischen Grenze, wo die Expedition haltmachte, um den geschundenen Maultieren Ruhe zu gönnen, führte sie ein Herr aus der Stadt zu einem Flußufer, wo er vor wenigen Monaten die Knochen eines Mastodon-Elefanten ausgegraben hatte. Er begleitete sie dann zu den «Las Cuevas» (die Höhlen) genannten Ruinen. Das geschulte Auge Catherwoods entdeckte sofort formlose Hügel, die einst pyramidenförmig waren. Die Reisenden bemerkten bald, daß die alten Gebäude nicht wie in Copán aus behauenem Stein, sondern aus Stein, der mit Stuck zementiert war, bestanden.

Der Besitzer der Ruinen gab ihnen gern die Erlaubnis, zu graben, wenn er alle Schätze erhielte, die sie, wie er erhoffte, entdecken würden.

Sie sollten keine Töpferware und Graburnen vom Choroteganmuster finden, sondern überraschenderweise einen Amerikaner, einen lebenden Nordamerikaner. Er stürzte ihnen entgegen und begrüßte sie auf Englisch, indem er sie beim Namen nannte.

Stephens brauchte einen Augenblick, um ihn zu erkennen. Er war in guatemaltekische Tracht gekleidet, einer Art Reithose mit gespornten Reitstiefeln, einem wollenen Poncho und einem Hut mit breiter Krempe. Er war ein junger Mann unter Dreißig, sein Gesicht bedeckte ein schwarzer Vollbart.

Aber seine blauen Augen halfen Stephens' Gedächtnis nach; er erinnerte sich jetzt – das war der Amerikaner, der Verwalter eines Koschenillekonzerns bei Amatitlán war; dann stellte er Henry Pawling Catherwood vor.

Henry Pawling hatte die Ankündigung von Stephens' Reise in der «Official Gazette» gelesen und wurde plötzlich von sehnsüchtigen Erinnerungen an Zuhause und sein eigenes Volk überwältigt.

Er wurde in Rhinebeck Landing am Hudson geboren, war als Verkäufer im Laden seines Vaters in New York tätig und zog schließlich nach Mexiko, wo er dem Besitzer eines Zirkus begegnete. Beeindruckt von Pawlings ausgezeichnetem Spanisch und seiner Kenntnis des Landes, machte ihm der Zirkusbesitzer ein günstiges Angebot.

Da er gern etwas von der Welt sehen wollte, reiste Pawling dem Zirkus voraus, verteilte Handzettel an das erstaunte mexikanische

Publikum und sorgte für die Unterkunft.

Er hatte seinen Zirkusberuf in Guatemala aufgegeben und den Koschenillekonzern in der Umgebung von Amatitlán übernommen.

Pawling sprach sehr bewegt von Nordamerika und zu Hause.

Angewidert von dem Chaos in Guatemala, hatte er alles, was er besaß, in seine Satteltaschen verstaut, ein neues Maultier gekauft und war Tag und Nacht geritten, um Stephens einzuholen.

Pawlings ausgezeichnete Beherrschung des Spanischen, sein Verständnis dafür, wie man die Eingeborenen behandeln mußte (abgesehen von seinem Paar Pistolen und seiner doppelläufigen Donnerbüchse mit kurzem Lauf) waren hochwillkommen.

«Glücklicherweise», schrieb Stephens, «war mein Paß breit genug, um auch ihn zu decken, und ich setzte ihn sofort als Generaldirektor der Expedition ein.»

Am letzten Tag des April überquerten sie, nachdem sie über die Bergpfade Guatemalas geklettert waren, den Rio Lagertero, der die Grenze markierte, passierten, ohne zu halten, das erste mexikanische Dorf Zapoluta und ritten dann staubbedeckt und ausgehungert in die Stadt Comitán ein.

Als Grenzstadt von Chiapas in Mexiko war Comitán eine Stadt von einiger Bedeutung, mit einer gewaltigen Kirche, einem gut ausgestatteten Dominikanerkloster und 10000 Einwohnern.

Als sie andeuteten, daß sie vorhätten, die Ruinen von Palenque zu besuchen, sagte man den Reisenden, daß erst neulich drei belgische Altertumsforscher von Comitán zurückgeschickt worden seien, als sie versuchten, nach Palenque zu gehen.

Der Kommandeur hatte den Befehl vom mexikanischen Diktator General Santa Ana, daß niemand – was für Empfehlungsschreiben er auch besitze – die geheimnisvolle Stadt Palenque besuchen dürfe.

Man riet Stephens, in der Stadt Mexiko um eine Erlaubnis nachzusuchen, und die Expedition hielt also einen Kriegsrat ab. 1600 Kilometer nach Mexiko zu reiten und dann, wenn man, was zweifelhaft war, eine Erlaubnis erhielt, den gleichen Weg zurückzukehren, war keine einladende Aussicht.

Die im Dschungel begrabenen Ruinen von Palenque waren sicher nicht militärisch bewacht.

Also auf nach Palenque – trotz General Santa Ana.

Die Straße ging über eine von Schluchten zernarbte und von Flüssen durchschnittene Landschaft, die, als sie auf 450 Meter Höhe abfiel, vom Dschungel umgeben war.

Es gab keine Hänge- oder andere Brücken, und jeder Abgrund mußte durch Hinunter- und Wiederhinaufsteigen überwunden werden.

Auch wurde der schmale Streifen des Pfades, der hauptsächlich von den Eingeborenen, die Schmugglerware von Campeche brachten, benutzt wurde, durch den Regen keineswegs besser. Regenstürme, die vom Karibischen Meer hereingeweht wurden – denn es war der Beginn der Regenzeit – überschwemmten die Gruppe Tag und Nacht und brachten Henry Pawling so aus der Fassung, daß er die Expedition im Stich lassen wollte und nur weiter mitmachte, als Stephens ihm ein attraktives Angebot machte.

Sie waren schon im archäologischen Außenbezirk von Palenque, denn in Ocosingo, drei Tage von Comitán entfernt, entdeckten sie Überreste einer einst stuckverzierten Stadt, die noch Spuren der Ornamente trugen, die sie geschmückt hatten. Hätten sie länger haltgemacht (Catherwood machte zwar mehrere Zeichnungen von den Ruinen), so hätten sie in der Nähe eine ganze Versammlung von archäologischen Stätten gefunden.*

Palenque zog sie unwiderstehlich an, so gingen sie also, die indianischen Träger voraus und den Bergketten folgend, auf demselben Pfad weiter, den Capitán Dupaix 1807 auf seiner Expedition benutzt hatte. Der arme Capitán, von Regen und Erschöpfung doppelt gequält, sagte:

«Die Straßen, wenn man sie überhaupt so nennen darf, sind nur enge und schwierige Pfade, die sich durch Berge und Abgründe schlängeln, denen man manchmal auf Maultieren, manchmal zu Fuß, manchmal auf den Schultern von Indianern und manchmal in Hängematten folgen muß. An einigen Stellen muß man über Brücken oder eher schlecht gesicherte Baumstämme gehen und über Gebiete, die vom Dschungel bedeckt und gänzlich menschenleer sind . . . Nach-

---

* Um Ocosingo herum, in einem Umkreis von sechzehn Kilometern Halbmesser, gibt es viele bedeutendere Ruinen, wahrscheinlich Kolonien von Palenque, in Ubala, Chacal Chib, Campomtic, Pamtela, Tonina, Laltic, Cololte, Quechil, usw.

dem wir auf dieser langen und beschwerlichen Reise jede Art von Mühsal und Unbequemlichkeit erfahren hatten, kamen wir Gott sei Dank in dem Dorf Palenque an.»

Dreißig Jahre Regen und Revolution hatten die Pfade nach Palenque sogar noch schlechter gemacht, als Capitán Dupaix sie beschrieben hatte. Die indianischen Träger mußten in jedem Dorf ausgewechselt werden – denn keiner wollte über die Grenzen seines Stammesgebiets hinausgehen –, Nahrung war fast gar keine vorhanden. Wie die Qualen von Sisyphus, stiegen sie hinauf und wieder hinunter. Am achten Tag erreichten sie die Höhen von Tumbalá. Unter ihnen fiel eine Schlucht dreihundert Meter ab. In der Ferne, etwa hundertfünfzig Kilometer weit, konnten sie die Laguna de Terminos und das Karibische Meer sehen. Unter ihnen, irgendwo in der Unermeßlichkeit des Dschungels begraben, waren die Ruinen von Palenque.

Am zehnten Tag riefen sie wie Capitán Dupaix aus:

«Gott sei Dank, wir sind im Dorf Palenque angekommen.»

KAPITEL XII

Palenque:
Die zweite Stadt

Nach der fürchterlichen Reise erschien sogar das kleine Dorf Palenque als Paradies. Es bestand nur aus einigen Reihen von Häusern aus mit Lehm verschmiertem Flechtwerk, die von gewaltigen Ceiba-Bäumen, die in das Dorf eindrangen, herrlich beschattet wurden, und war so friedlich wie das sagenhafte Arkadien.

Als sie den Rio Michol überquerten, sahen sie Frauen, die in dem klaren Bach badeten oder ihre langen schwarzen Haare unter Bäumen mit Weingirlanden flochten, bekleidet nur mit einem blauen Rock, der an ihren nassen Hüften klebte.

In Palenque gab es, wie erwartet, eine mit Palmblättern gedeckte Kirche, einen Glockenturm und ein hölzernes Kreuz davor. Der ganze Anblick war merkwürdig friedlich, «der halbtoteste Ort, den ich je sah», sagte Stephens.

Man wies sie zu einem Haus, das sich von den anderen nicht unterschied, und Stephens weckte den Alcalde und zeigte ihm seinen Paß.

Die reizbare Veranlagung des Alcaldes war weit und breit bekannt. Was hatte er mit Stephens' Paß zu tun? Da die Frage rhetorisch war, beantwortete er sie selbst: «Nichts.»

Die Reisenden baten um Lebensmittel, er sagte, es gebe hier keine; sie spezifizierten Mais, Kaffee, Schokolade – worauf er mit «nein» antwortete.

Da er sich denken konnte, was in ihren Köpfen vorging, sagte er, man habe sich schon früher über ihn beschwert, aber das nütze gar nichts; man könnte ihn seines Amtes nicht entheben, und wenn man es doch versuchte, so würde er sich nicht darum kümmern.

Er empfahl sie an den Präfekten des Dorfes, der höflich, hilfreich und fürsorglich war. Er bot Stephens einen Stuhl und eine Zigarre an. Er war nicht im geringsten überrascht, dem Amerikaner zu begegnen; ja, er sagte, er habe ihn seit einiger Zeit erwartet. Das war Stephens sehr rätselhaft; wie konnte dieser Beamte in dieser Ecke des amerikanischen Kontinents, die so abgelegen wie der Saturn war, wissen, daß er nach Palenque kommen würde?

Ganz einfach, sagte man ihm. Dem Präfekten war das von Don Patricio mitgeteilt worden. Langsam dämmerte es Stephens, daß mit Don Patricio Patrick Walker von der Kolonie in Belize gemeint war.

Er erfuhr, daß die Nachricht, Captain Caddy sei von Indianern getötet worden, nicht stimmte*. Sie hatten zwei Wochen bei den Ruinen verbracht, wo Captain Caddy einige Zeichnungen machte, bevor er nach Belize abreiste.**

Santo Domingo del Palenque, von dem die in der Nähe gelegenen Ruinen ihren Namen haben, wurde 1564 von Pedro Laurencio, einem Dominikanermissionar, auf der Savanne von Tumbalá gegründet. Nicht einmal in diesen frühen Zeiten war das geringste von der großen steinernen Stadt, die dreizehn Kilometer entfernt lag, bekannt. Die Erinnerung an sie war schon lange vor der Ankunft des weißen Mannes erloschen.

* Patrick Walkers Originalbericht ist im Colonial Foreign Office in England gefunden worden. Die Fotografien des American Indian Museums fand man bei Caddys Illustrationen, die von dem früher erwähnten Dr. Marshall Saville gemacht wurden: all dies zusammen mit dem erzählenden Bericht wurde von David M. Pendergast zu einem Buch zusammengestellt: Palenque: The Walker–Caddy Expedition to the Ancient Maya City 1839–1840. Univ. of Oklahoma Press, Norman, 1967.

** John Herbert Caddy machte einen Bericht über seine Forschungen: The City of Palenque, 36 S. mit einer Mappe von 15 × 21 Zoll, enthaltend einen Plan des Palastes, vierundzwanzig Sepia-Gemälden von Gebäuden und Skulpturen, einer Faltkarte der Halbinsel Yucatán und einer Kartenskizze der Ruinen.

Das Dokument wurde am 13. Januar 1842 in London vor der Society of Antiquarians verlesen, aber die rasche Publikation des Werkes von Stephens–Catherwood vereitelte die Veröffentlichung. 1932 hatte Dr. Marshall Saville, der verstorbene amerikanische Archäologe, das Glück, in New York Miss Alice Caddy, die Enkelin des Forschers, zu treffen, die Saville die Mappe zur Veröffentlichung aushändigte. «Die Zeichnungen von Caddy enthalten einige Skizzen, die in Stephens Werk nicht zu finden sind», sagte Dr. Saville, «einige davon genauer als die von Catherwood. Saville starb, bevor er ihre Veröffentlichung verwirklichen konnte. Bibliographic Notes on Palenque, Chiapas, Indian Notes and Monographs, Vol. VI, No. 5, 1928, 137–138.

Sogar den ursprünglichen Namen der Stätte kannte man nicht; niemand wußte, wie die Maya sie nannten. «Palenque» (*palisade* auf Spanisch) wurde sie von frühen Forschern nur deswegen genannt, weil sie in der Nähe des Dorfes Santo Domingo del Palenque lag.

Die Erinnerung an die Stadt war so vollständig ausgelöscht, daß sie, als Hernán Cortés seinen berühmten Marsch von Mexiko durch Yucatán nach Honduras machte, selbst seinen indianischen Führern unbekannt war, obwohl sie innerhalb von fünfzig Kilometern an ihr vorbeikamen, denn «wenn sie eine lebende Stadt gewesen wäre», dachte Stephens, «wäre ihm ihr Ruf zu Ohren gekommen, und er wäre von seiner Route abgebogen, um sie zu unterwerfen und zu plündern.»

Irgendwann im achtzehnten Jahrhundert entdeckten die Indianer, die in verstreuten Gemeinschaften in der wilden Landschaft der Tumbaláberge wohnten, wo sie zweimal jährlich Mais anpflanzten, die verfallenen Steingebäude, und von da an waren die sagenhaften Ruinen von Palenque der bevorzugte Gesprächsstoff aller, die durch Chiapas reisten.

Freilich entsprach es nicht dem Zeitgeist, Energie auf Vergangenes zu verschwenden; die Menschen waren in erster Linie damit beschäftigt, im unbesiedelten Amerika für sich selbst einen Platz zu schaffen.

Graf Constantin de Volney hatte seine romantische Rhapsodie über die «Ruinen» noch nicht geschrieben, die die Freunde des Altertums in vergessene Gebiete eilen ließ, um zerfallende Ruinen zu entdecken, in denen sie über die Vergänglichkeit der Reiche der Welt meditieren konnten.

Außerdem hatten die rational denkenden Menschen des achtzehnten Jahrhunderts einen Widerwillen gegen die «wilde Natur». Es gibt gute Gründe dafür, warum die von Mund zu Mund weitergetragene Kunde von der Entdeckung der Ruinen den Generalkapitän von Guatemala nicht weiter interessierte. In der Vergangenheit waren zu viele, viel zu viele Expeditionen auf die Suche nach dem goldenen El Dorado ausgeschickt worden. Aber die Gerüchte hielten sich doch.

Der Domherr der Kathedrale von Ciudad Real de Chiapas konnte ihnen nicht widerstehen; er versammelte ein Gefolge von Indianern und ließ sie eine primitive Sänfte anfertigen, und auf dieser wurde er von Ciudad Real nach Palenque getragen.

Dort angekommen, packte er sein religiöses Gewand ein und hieb sich, unterstützt von macheteschwingenden Indianern, einen Weg bis zu den steinernen «Palästen» von Palenque frei.

Fray Ramón de Ordoñez y Aguiar war von dem, was er 1773 sah, so sehr beeindruckt, daß er eine Denkschrift schrieb, die er an Don José de Estachería, den Präsidenten des königlichen Verwaltungshofes von Guatemala sandte. Dieser Bericht kam Seiner perückentragenden Exzellenz zu einer Zeit in die Hand, als Ihre Stadt von einem Erdbeben heimgesucht wurde; der hohe Herr hatte wenig Zeit für antike Ruinen, wo Guatemala gerade der Zerstörung anheimfiel. Aber 1776, als er die neue Hauptstadt errichtet hatte, schrieb er eine offizielle Weisung an José Antonio Calderón, den Bürgermeister von Santo Domingo del Palenque, die Ruinen von Palenque zu inspizieren.

Inzwischen saß der ursprüngliche Entdecker von Palenque in seiner Zelle im Kloster von Chiapas und schrieb «Eine Geschichte von der Erschaffung des Himmels und der Erde», die für uns heute keine Bedeutung mehr hat, außer daß der Pater zur Erklärung von Palenque ein Volk aus dem Atlantik auftauchen ließ, das von einem hervorragenden Herrscher angeführt wurde, den man – nur er wußte, warum – Votán nannte. Gemäß dieser Chronologie drang dieser in Mittelamerika ein und machte – ohne Gegenwehr von seiten der Eingeborenen – am Fuß der Tumbaláberge halt und baute dort eine steinerne Stadt namens Nachán – die Schlangenstadt, die jetzt Palenque heißt.

José Antonio Calderón wußte nichts von diesem Votán, als er in Befolgung der Weisung aus Guatemala Palenque im Dezember 1784 besuchte. Antonio Bernasconi, ein in Italien geborener Architekt und Einwohner von Guatemala, begleitete ihn. Ihr Bericht, der recht klug war, wurde nach Spanien geschickt, wo dann der königliche Historiograph, der sehr fähige Juan Bautista Muñoz (dessen bibliographische Kenntnisse später William Prescott halfen), die Manuskripte bei der Zusammenstellung eines Berichtes über die amerikanischen Altertümer benützte.

Das nächste königliche Dekret sandte 1786 Kapitän Don Antonio del Río zu den Ruinen. Er kam im Dreispitzhut und gepuderter Perücke, und was ihm an Kenntnissen in der Altertumskunde fehlte, ersetzte er durch Eifer; er versammelte zweihundert Tzotzil-Indianer und bewaffnete sie mit Breitbeilen, Krummäxten und Hacken; damit setzte er zum Angriff auf das von Bäumen überwältigte Palenque an.

Mit einer Energie, der nur die Ausdrucksgewalt seiner Sprache gleichkam, fällte Del Río die Bäume, durchschnitt die Reben, die die Ruinen umschlangen, und zum erstenmal, seit sie im neunten Jahrhundert verlassen worden waren, wurden die bleichen, verzierten Stukkaturen wieder an die Sonne gebracht. «Und so», sagte Del Río, «bewerkstelligte ich in Verfolgung meines Wunsches, den Ort zu erforschen, alles, was getan werden mußte, so daß schließlich weder ein Fenster noch eine Tür, noch ein Raum, Korridor, noch ein unterirdischer Durchgang übrigblieb, wo nicht Ausgrabungen bis zu zwei bis drei Meter Tiefe vorgenommen wurden; denn das war das Ziel meiner Mission.»

Dieser mit Bleistiftzeichnungen illustrierte Bericht von Del Río wurde nach Madrid geschickt, wo er prompt in dem Berg von unveröffentlichten Berichten verschwand; aber in Guatemala, wo er vor der Absendung nach Spanien kopiert worden war, wurde der handschriftliche Bericht über «Palenque» von einem gewissen Dr. Felix Cabrera, einem Herrn von einfältiger Gelehrsamkeit, aufgegriffen. Er bearbeitete ihn sorgfältig, merzte Kapitän Del Ríos verschnörkelten Stil aus, ergänzte ihn mit gelehrten Zusätzen und schrieb ein Vorwort mit dem Titel «Teatro Critico Americano», in dem er entsprechend der damals vorherrschenden Kosmogonie die Ruinen von Palenque einem Volk von ägyptischer Kultur zuschrieb.

Die Arbeit verblieb im Manuskriptzustand, bis Dr. Thomas McQay, ein britischer Einwohner von Guatemala, das Manuskript von Del Río in die Hand bekam und es nach London sandte, wo es 1822 mit ungelenken Stichen von Waldeck publiziert wurde.

Es war das erste veröffentlichte Buch über die Ruinen von Mittelamerika, obwohl Humboldt Palenque 1810 in seinem Buch erwähnt hatte. Es war seine Bestimmung, die Expeditionen von John Lloyd Stephens anzuregen.

Aber in der langen Zeitspanne zwischen der Expedition von Del Río und der Veröffentlichung des Berichtes darüber in London sandte die spanische Regierung, die endlich die Bedeutung der Kulturen begriffen hatte, die ihre Konquistadoren dem Erdboden gleichgemacht hatten, Guillelmo Dupaix, einen im Ruhestand lebenden Offizier der mexikanischen Dragoner, nach Palenque. Dupaix zog sich jedoch den Verdacht des Vizekönigs Iturrigaray zu, der glaubte, seine Expedition sei nur der Deckmantel für eine Revolution, und wurde später ins Gefängnis geworfen.

Luciano Castañeda begleitete Dupaix als Ingenieur und Konstruktionszeichner; 1807 erreichten sie Palenque, wo sie die Bäume fällten, die die Ruinen wieder überwachsen hatten. Castañeda machte Zeichnungen von den Ruinen in einer Technik ähnlich wie Piranesi. Diese Illustrationen gingen den gleichen Weg wie so vieles in der spanischen Wissenschaft, denn Castañeda gab sie, bevor er getötet wurde, in das naturgeschichtliche Kabinett in Mexiko, und dort lagen sie, bis sie von Abbé Baradre aus der unverdienten Vergessenheit errettet und in Frankreich veröffentlicht wurden.

Palenque erregte in Europa merkwürdig wenig Aufmerksamkeit, obwohl Berichte in verschiedenen Zeitschriften erschienen. Aber es regte die Phantasie von Jean-Frédérik Maximillien, Graf von Waldeck, an. Am Ende seines langen Lebens (er wurde hundertneun Jahre alt) nannte er sich selbst «Doyen der Reisenden und Künstler» und den «ersten Amerikanisten».

Aber die technischen Mängel seines Werkes, die Überspanntheit seiner Phantasie – er sah in den Glyphen der Maya überall Elefanten – und seine Verfälschungen von Mayaskulpturen bei dem Versuch zu beweisen, daß die Maya von Phöniziern, Chaldäern und Hindu abstammten, hatten zur Folge, daß sein Beitrag zur Kultur der Maya von verhältnismäßig geringem Wert geblieben ist. Die Abenteuer seines Lebens wurden zu einem wunderbaren Hirngespinst aufgeblasen, das er mit Münchhausenscher Virtuosität immer und immer wieder erzählte.

Waldecks Lebensgeschichte ist, wie seine Zeichnungen der Mayaruinen, ein seltsames Gemisch von Ungenauigkeit, unberechtigter Restaurierung und Übertreibung. Über die einfachsten Daten seines Lebens besteht keine Übereinstimmung. Er wurde im April 1766 geboren, aber ob in Wien, Prag oder Paris, weiß niemand genau. Waldeck sagte einmal, er sei österreichischer Untertan und später französischer Bürger geworden. Aber in Mexiko nannte ihn 1830 ein deutscher Journalist «unseren geistreichen deutschen Landsmann».

Waldeck sagte, er sei ein Nachkomme der Herzöge von Waldeck-Pyrmont, aber der Graf Waldeck, der im Gotha steht, ist nicht unser Waldeck.

Mit neunzehn Jahren begleitete er, nach seinen eigenen Angaben, den französischen Forscher François Le Vaillant im Jahr 1785 in das Innere von Afrika, aber Waldeck wird von Le Vaillant nie erwähnt; dieser hatte nur einen Hottentotten namens Klass und einen dressierten Affen namens Kees, «frei von den Fehlern seiner Rasse bei sich . . .» Aber Waldeck besteht auf dieser Behauptung:

«. . . für mich sind Reisen nichts als Spaziergänge. Seit 1785, als ich mit François Le Vaillant reiste, bin ich daran gewöhnt.»

Nach fünf abenteuerlichen Jahren kehrte Waldeck nach Paris zurück, wo er, wie er selbst berichtet, Kunst im Atelier von Jacques Louis David studierte. Das könnte möglich sein, denn Waldeck war ein hervorragender Künstler und hatte den leichten Pinselstrich von David. Sein Name wird jedoch nicht in der *Liste des élèves de Louis David* erwähnt.

In welcher Weise Waldeck in die französische Revolution verwickelt war, ist unklar. Er selbst sagte, er habe bei der Belagerung von Toulon unter Napoleon gekämpft. Er sagte auch, er sei mit der unglückseligen Marie Antoinette so befreundet gewesen, daß er ihr Porträt gemalt habe: aber sein Name ist im Verzeichnis ihrer Besucher nicht enthalten. Entsprechend seinem eigenen Bericht ging er dann mit Napoleon nach Ägypten; aber sein Name kommt in den Heereslisten nicht vor.

Während er 1823 in London die Illustrationen für das Buch über die Ruinen von Palenque machte, wurden die Tatsachen durch das bestätigt, was er tat:

«. . . von dem Augenblick an, als ich die Federskizzen dieses Werkes sah», sagte Waldeck, «bezweifelte ich, daß sie wahrheitsgetreu waren, und hegte den heimlichen Wunsch, selbst die Ruinen von Palenque zu sehen und die Originale zu zeichnen . . .»

In dieser Zeit war es schwer, die Erlaubnis zum Besuch von Palenque zu bekommen. Waldeck hat wohl eine ganze Zeitlang in Mexiko gelebt, denn er wurde 1830 von deutschen Journalisten dort interviewt. Er arbeitete für eine Bergwerksgesellschaft in Mexiko und entwarf Szenen für die Bühne und eine Opera buffa und spielte sie auch selbst; es existiert noch ein Vertrag, der «ihn verpflichtet, zu singen und sich zu kostümieren in allen ernsten, halbernsten, komischen Opern, Farcen, Kantaten und Konzerten, und zwar als ernster und Charakterbaß ... und all das mit dem gehörigen Anstand und gemäß den Rollen, die er darstellt.»

1831 erhielt er von General Bustamante die Erlaubnis, die Ruinen von Palenque zu besuchen und bekam dafür ein Gehalt vom mexikanischen Schatzamt.

Innerhalb eines Jahres zog er nach Palenque, und baute sich einen kleinen, palmblättergedeckten Anbau am Fuß der Pyramide des Kreuztempels. Dort trotzte Graf Waldeck in einem Alter, wo die meisten Menschen Bequemlichkeit suchen, zwischen der Erforschung der Ruinen von Palenque und des Bettes einer dunkelbrüstigen Mestizin zwei Jahre lang dem Klima von Palenque.

Während er die Ruinen zeichnete, führte er ein genaues Tagebuch und versuchte, die komplizierten Mayaglyphen zu entwirren. Er machte Skizzen der abgeflachten Köpfe der Indianer, der nackten Körper von Frauen, Tieren und Vögeln; kurz, von allem, was seine kosmopolitische Begeisterung hervorrufen konnte. Seine Zeichnungen der Mayaskulpturen, wenn auch im typischen Zeitstil, hatten die gefällige Art von Jacques Louis David.

Ein fragmentarischer steinerner Kopf der Maya wurde durch die Zauberkunst von Waldecks Pinsel eine von Leben vibrierende moderne Skulptur; eine eingestürzte Ruine verwandelte sich in ein Gebäude von klassischer Ausführung. Als archäologische Zeichnungen waren sie verhältnismäßig nutzlos, als Kunstwerke jedoch hervorragend. «Ich hatte den Verdacht», sagte William Prescott, «daß Waldeck zu einem guten Teil ein Scharlatan sei ... seine Kolorierung hat nicht die Verwitterungstöne des Alters.»

Diesen Verdacht hatte aus anderen Gründen auch General Santa Ana, denn während Waldecks zweijähriger Abwesenheit von der Stadt Mexiko war sein Gönner Bustamante durch Antonio Lopez de Santa Ana «ersetzt» – was besagen will: ermordet – worden.

Alle «Werke» von Bustamante – einschließlich der von Waldeck – gerieten in Verruf. Santa Ana schickte ihm die Polizei auf den Hals und beschlagnahmte die meisten seiner Zeichnungen (wobei es Waldeck allerdings irgendwie gelang, seine Originalskizzen zu behalten).

Waldeck floh nach Yucatán, wo er seine archäologischen Wanderungen fortsetzte, und beklagte sich laut über seine Behandlung durch
die Mexikaner, die er «Barbaren, die als aufgeklärtes Volk angesehen
werden wollen», nannte. In bitterem Haß schiffte er sich nach Paris ein, wo er 1838, im Alter von zweiundsiebzig sein erstes Buch
«Voyage Pittoresque et Archéologique» veröffentlichte.

Das Buch enthält wenig über Palenque; dieses Thema blieb seinem
Alterswerk vorbehalten, denn Jean-Frédéric de Waldeck wurde ein
wahrer Methusalem und veröffentlichte sein zweites Buch über die
Maya-Archäologie im Jahr seines hundertsten Geburtstags. Er starb
1875 an einem Schlaganfall, als er auf den Champs Élysées einem
Mädchen in flatterndem Unterrock nachschaute. Da war er 109 Jahre
alt.

In der Morgendämmerung, als der Dschungel noch dunkel vom
Dunst war, rückten Stephens und Catherwood auf echt militärische
Weise auf Palenque vor.

Zuerst kam Stephens mit den indianischen Führern, die Hosen
aufgerollt bis über die Stiefel und hinter sich eine blaue Rauchfahne
von seiner Morgenzigarre; dann Catherwood, der sich abmühte, die
Brillengläser trotz der Sintfluten, die aus den tropfnassen Zweigen
herunterprasselten, trocken zu halten. Als nächster kam Henry Pawling, der in seiner Eigenschaft als Direktor die vielen Tzotzil-Indianer
überwachte, die das Gepäck der Expedition auf dem Rücken trugen.
Alle waren in nervöser Erwartung – alle, das heißt außer Juan, denn
auf ihm mit dem gargantuanischen Appetit lastete das Proviantpro-
blem. Er hatte für den gesamten Bedarf an Hühnern, Bohnen, Reis
und Mais, Schokolade und Zucker zu sorgen. Der Alcalde war so weit
aufgetaut, um ihnen den Gebrauch eines Wasserkrugs zu gestatten;
aber was sie wirklich nötig brauchten, konnten sie nicht bekommen –
eine Köchin. «Keine Frau würde sich allein uns anvertrauen», beklagte sich Stephens: «Das war ein großer Mangel; wir wünschten eine
Frau nicht für das, was sie vielleicht vermuten mochte, sondern um
Maiskuchen zu backen.»

In den üppigen Wäldern stürzten Bäche zwischen Felsen und Wurzeln zu Tal. Vogelrufe hallten in der Stille wider. Das zarte Getriller
des bescheiden gefiederten Hilguero hub an, durchlief seine ganze
Tonleiter und brach mitten im Lied ab, als ein Schwarm schimpfender

Tukane mit gewaltigen Schnäbeln und schwarzen Schwingen geräuschvoll vorbeiflogen, um zu sehen, wer den Dschungelfrieden störte.

Stephens bemerkte kaum den reißenden Rio Michol, der laut zu seiner Linken rauschte, und das stoßende Ächzen der Brüllaffen, denn sein Sinn «war auf Palenque gerichtet».

Nach drei Stunden kamen sie an einen steilen Anstieg. Sie stiegen ab, ließen die Maultiere zurück und wandten sich nach links zu dem kleineren Rio Otolum, dessen helles Geplätscher im Dschungel widerhallte.

Skulptierte Steine erschienen nach und nach in dem schattigen Dom des Waldes, ein sicheres Anzeichen für eine Besiedelung durch die Maya.

Das beflügelte Stephens' Phantasien über den Untergang von Reichen und die Wandlungen der Welt, denn hier fand er eine schimmernd weiße Steinstraße, auf der einst mit Federn geschmückte Menschen im Gepränge ihres großen Reiches gegangen waren.

Über dem Bach, der aus einem überwölbten, achtzehn Meter langen oberirdischen Kanal strömte, waren die verschwommenen, schattigen Umrisse eines gewaltigen weißen Gebäudes zu sehen.

Stephens kletterte in seiner Ungeduld, die Spitze zu halten, über eine Steinterrasse, war als erster oben und erreichte den Rand des Palastes.

Palenque war in dem grünen Dschungelmeer kaum zu sehen. Es schien am Rand der Berge zu hängen, genau am Ende einer Dschungelkette, die aus dem Steilabfall des Tumbalágebirges hervorsprang.

Es blickte auf eine sanft wellige Ebene hinunter, wo einst vor tausend Jahren karierte Maisfelder die Erbauer und später die Bewohner von Palenque ernährt hatten. 130 Kilometer entfernt war die Laguna de Terminos.

Die Handwerker der Maya hatten großen architektonischen Wagemut, als sie ihre Gebäude ganz an den Rand einer steilen Schlucht, hundertachtzig Meter über der Küstenebene, errichteten, wo nun Palenque wie ein Wassertropfen hing. Über und hinter ihm stiegen die waldbedeckten Berge unvermittelt an, die Umgebung beherrschend, und ihre mit Vegetation bedeckten Gipfel ragten ungefähr tausend Meter hoch in den Himmel.

Der Palast, den Stephens sofort zu ihrer Unterkunft machte, bestand aus dicken Mauern, vielen in Zimmer unterteilten Räumen, die um die vier Haupthöfe gruppiert waren und den Palastkomplex bildeten. In der Mitte erhob sich ein dreistöckiges Viereck – einzigartig in der Maya-Architektur und wie alles übrige umschlungen von den Wurzeln der Würgerfeige.

Auf der Haupttreppe standen gigantische Gestalten in Flachrelief. Auf den im Lauf der Zeit abgebröckelten Friesen und Dachkämmen waren Bruchstücke von Stuckschlangen, die noch lebhaft mehrfarbig bemalt waren. Aus den dunklen Ruinen drang der muffig-feuchte Geruch eines Kartoffelkellers.

Drei gewaltige Flughunde lösten sich, vom Lärm aufgestört, aus ihren Verstecken und umkreisten die Ruinen, so daß die indianischen Führer mit Schreckensrufen eilends die Pyramide hinunterkletterten.

An den Mauern des Palastes fand Stephens die Namen derer, die vor ihnen die Ruinen besucht hatten: der des Grafen Waldeck stand am Anfang der Liste mit der verblaßten Zeichnung einer Frau, worunter er das Datum gekritzelt hatte: 1832; da waren auch Kapitän John Herbert Caddy und Patrick Walker, die einige Monate früher angekommen waren, und Noah O. Platt, ein New Yorker Kaufmann, der nach Campescheholz suchte und kilometerweit von seinem Weg abgewichen war, um die Verzauberung durch die Ruinen zu erleben.

In einem Korridor fand Stephens einen Knittelvers, der «ein tiefes Verständnis für den erhabenen Geist atmete, der in diesen unbekannten Ruinen waltete», geschrieben von William Beanham, einem jungen irischen Kaufmann aus Tabasco, den man später ermordet in seiner Hängematte fand.

Die Dunkelheit brach plötzlich herein. Die blauschwarze Nacht entfesselte ein Gewitter, und der Ort erzitterte vor Donnerschlägen. Der Wind, der vom Karibischen Meer hereinstürmte, blies die Kerzen aus, und als die Männer, überwältigt von der Dunkelheit, in ihren Hängematten lagen und sich fragten, was nun noch über sie herfallen würde, kamen große Leuchtkäfer, die *cucuyos*, und prallten an ihre Lampen.

In dem kalten Licht der Cucuyos schienen die Ruinen verzaubert und die Stuckreliefs belebt zu sein.

172

Draußen war das Gemecker kleiner Baumfrösche, wie das Klingeln von Silberglöckchen, und etwas wie eine klagende menschliche Stimme rief in der Ferne. Dann Schweigen.

Dann kam mit dem fernen Grollen des Donners auf heftigen Windböen der Regen, der durch alle Ritzen hereinströmte und die Reisenden im Frösteln des fallenden Barometers durchnäßte. In dieser Nacht konnten sie nicht auf Schlaf hoffen, und Stephens tröstete sich mit einer Zigarre.

«Gesegnet sei der Mann», sagte der unerschütterliche Stephens, «der das Rauchen erfand, den Besänftiger und Tröster des unruhigen Geistes, den Beschwichtiger zorniger Leidenschaften, den Trost für das verlorene Frühstück und für den Herumtreiber an trostlosen Orten, den einsamen Wanderer durch das Leben, der ‹Weib, Kindern und Freunden› nützt.»

Sie begannen mit der Erforschung des architektonischen Komplexes des Palastes mit seinen dickwandigen Räumen, die um Höfe herum gruppiert sind (deren äußere Maße Stephens fast zutreffend auf 60 Meter schätzte).

Stephens arbeitete mit der Hilfe von Henry Pawling mit Meßlatten, um die mathematische Basis für Catherwoods Grundriß zu legen, der auch im Vergleich mit den Messungen besser ausgerüsteter Forscher des zwanzigsten Jahrhunderts erstaunlich genau war.

Sie errichteten das Gerüst für Catherwoods Camera lucida, und dann begann dieser mit den Zeichnungen der Stuckporträts der Priester, die die Wände schmückten.

Catherwood fand, daß die Mayakunst von Palenque zurückhaltender war; die üppige Vielfalt im Detail, die ihn in Copán so verwirrt hatte, gab es hier nicht. Architektonisch schien diese Stätte aus späterer Zeit zu stammen und auf einer höheren Entwicklungsstufe zu stehen als die anderen, die er gesehen hatte.

Es bereitete ihm keine Schwierigkeit, die gewaltigen steinernen Reliefs im Haupthof zu zeichnen, kolossale Gestalten mit zurückweichender Stirn und vorstehenden Lippen. Zwar wurde er von kleinen schwarzen Fliegen, die vor seinen Augen herumschwirrten, und von größeren, die ihn in die Ohren stachen, und von Moskitos attackiert, aber diese Belästigungen reichten nicht aus, um sein Interesse erlahmen zu lassen. Catherwood hielt beim Palast aus.

In den ersten zehn Tagen vermaßen, zeichneten und erforschten sie trotz Wind und Regen, Insekten und Fledermäusen den zerfallenen Trümmerhaufen, den das tausendjährige Chaos übereinandergeworfen hatte. Aber der Mangel an Schlaf wirkte sich bei jedem aus. Catherwood sackte immer wieder plötzlich über seiner Staffelei zusammen, und nur das beständige Summen der Insekten konnte ihn wieder aufwecken.

Ein weiterer Feind waren die Niguas. Die Forscher waren gut gerüstet gegen alles, was sie für wirkliche Gefahren hielten, herumstreifende Jaguare und Indianer, für die sie Fallen ausgelegt hatten, sollten sie je versuchen, sie in der Dunkelheit einer Gewitternacht aus dem Hinterhalt zu überfallen. Aber wer hätte vermutet, daß sie von Niguas überwältigt werden könnten?

Die Spanier hatten bei ihren Eroberungszügen schon bald die Bekanntschaft mit Niguas gemacht, einer gefährlichen Insektenart,

«die sich den Weg in das Fleisch unter den Zehennägeln fraßen, dann dort drinnen ihre Nissen ablegten und sich so vermehrten, daß man sie nur durch Brenneisen wieder loswerden konnte.»

Stephens dachte, er hätte die Gicht; in seinen Zehen pochte es wie bei einem Wüstling des achtzehnten Jahrhunderts, aber Henry Pawling korrigierte alsbald diesen ersten Eindruck, verkündete, daß er Niguas habe, und machte sich daran, sie mit einer Nadel zu entfernen. Stephens' Fuß war entzündet und auf den doppelten Umfang geschwollen, und bald war er an die Hängematte gefesselt. Sobald er mit der Unterstützung von Juan wieder gehen konnte, wurde beschlossen, daß er ins Dorf zurückkehren müßte.

Ganz Santo Domingo war in Erwartung der Padres, die zu ihrem jährlichen Besuch kamen. Die Menschen drängten sich auf der Dorfstraße, und als Stephens auftauchte, ritten drei Männer heraus, um ihn zu begrüßen, weil sie ihn irrtümlich für einen der hohen Besucher hielten.

«Wenn der Irrtum angehalten hätte», sagte er in der Erinnerung an seinen leeren Magen, «hätte ich genug Abendbroteinladungen für mindestens sechs bekommen.»

Immerhin gab man ihm eine Hängematte und einen heißen Salzwasserumschlag, und in zwei Tagen war die Schwellung seines Fußes so weit zurückgegangen, daß er sich unter die dreihundert Einwohner mischen konnte, um die Padres in Santo Domingo willkommen zu heißen.

Ein Gefolge von hundert Tzotzil-Indianern in knielangen Nadelstreifen-Ponchos begleitete die Padres, die zu dem ausdrücklichen Zweck, die Ruinen von Palenque zu besuchen, über die Berge gekommen waren.

Der schwarzbärtige Padre von Tumbalá war ein junger Mann von achtundzwanzig Jahren; da er zweihundertfünfzig Pfund wog, war er in einer Sänfte über die Berge nach Palenque getragen worden, wozu es der Dienste von fünfzig Indianern bedurfte.

Der Dominikaner aus dem Indianerdorf Ayalon war etwas älter und hatte eine majestätische Art, die ihm auch zukam, denn er war nicht nur Priester, sondern auch Mitglied des mexikanischen Kongresses. Er hatte an den Revolutionen teilgenommen, die Neu-Spanien vom Mutterland abtrennten, und war zweimal auf dem Schlachtfeld verwundet worden, wo er abwechselnd Feinde tötete und dann den Sterbenden die Beichte abnahm.

Der Dritte war ein Padre aus Ciudad Real in schwarzer Kutte.

«Es ist eine wunderbare Sache, in diesem Land Padre zu sein», sagte Stephens, «und fast gerade so gut ist es, Freund eines Padres zu sein.» Denn nun wurde Stephens, der Bewohner und Erforscher der Ruinen von Palenque, eingeladen, mit ihnen in den weiß getünchten Häusern Schokolade zu trinken.

Der Pfarrer des Dorfes erschien alsbald. Der große, dunkelgesichtige Mann, ein Indianer von zweifelhafter Erscheinung mit kariertem Hemd und gelben hirschledernen Schuhen, schwarzem Wams und Hosen, die wegen des vorstehenden Bauches zwei Zoll auseinanderklafften, war ebenso charmant freundlich wie einmalig im Aussehen, und indem er seinen alten Strohhut in eine Ecke warf, zog er ein Päckchen stark abgenützter Karten hervor und schlug vor, eine Runde zu spielen.

Es war eine Szene wie ein Bild aus dem Leben von Jérome Coignard, dem liebenswürdigen Abbé aus «La Rotisserie de la Reine Pédauque, der *ombre en philosophe* spielte und darüber nachdachte, «daß die Menschen beim Spiel viel empfindlicher als bei ernsten Geschäften sind und daß sie vor dem Backgammonspielbrett ihre ganze Redlichkeit entfalten».

Das Spiel der Padres begann zwanglos mit witzigen, irdischen Gesprächen; dann «wurde es ernst», sagte Stephens, der kiebitzte, «und als ich sie verließ, spielten sie, als ginge es um die Seelen der noch nicht bekehrten Indianer».

Am nächsten Tag legten die Padres ihre Karten weg und zogen ihre Chorhemden für eine Messe in der verfallenen Dorfkirche an, nach der sie mit dem «Freund der Padres» (Mr. Stephens) zum Abendessen im Hause von Santiago Froncoso erschienen. Obwohl der Bestand von Don Santiagos ganzem Lager – Makkaroni, Mehl und Nägel – kaum dreißig Dollar wert war, war er gut angezogen in roten Pantoffeln, weißer Hose aus grobem Tuch und weißem Hemd, das vorne mit kleinen Tierfiguren im Stil der Maya bestickt war. Er war ungeheuer höflich und von einer Belesenheit, die in diesem kleinen von Termiten zernagten Dorf ganz fehl am Platze war. Seine engste «ausländische Bekanntschaft» war in New York.

Die Padres kamen in Erwartung des Abendessens bei Don Santiago recht geräuschvoll an, und der korpulente Pfarrer von Tumbalá brachte eine Violine mit, die er sofort höflich Stephens anbot mit der Bitte, ein paar Weisen aus seiner Heimat zu spielen. Da Stephens nicht spielen konnte, steckte der Padre die verbogene Fidel unter sein Doppelkinn und spielte, während die anderen Padres mit ihrem Kartenspiel fortfuhren.

Da Stephens in guter Stimmung war, sagte er: «Señores, wenn man Sie in meinem Lande am Sonntag Karten spielen sehen würde, würden Sie aus der Kirche hinausgeworfen.»

«Ein Engländer», erwiderte der priesterliche Politiker und sah kaum von seinen Karten auf, «sagte mir einmal dasselbe. Er erzählte auch Einzelheiten darüber, wie man in England den Sonntag einhält. Sie werden mir verzeihen, Señor Esteebans, aber uns kommt das sehr dumm vor.»

Und sie widmeten sich wieder ihrem Spiel, wobei sie Maiskörner als Spielmarken benützten, bis die übrigen Gäste erschienen. Als Stephens über diese Szene nachdachte, sagte er: «. . . die ganze spanisch-amerikanische Priesterschaft wurde gelegentlich als ein Haufen gewissenloser Spieler verschrien, aber ich habe eine zu warme Erinnerung an ihre vielen Liebenswürdigkeiten, um sie in diesem Licht zu sehen. Sie waren alle kluge und gute Männer, die lieber Gutes als Böses taten;

in religiösen Dingen waren sie überaus ehrfürchtig . . . Ich möchte sie gern vor dem Vorwurf völliger Unwürdigkeit bewahren, den man ihnen vielleicht machen könnte. Allerdings ist nicht zu leugnen, daß das Abendessen sich verspätete und die ganze Gesellschaft warten mußte, bis sie ihr Kartenspiel beendet hatten.»

Am Morgen führte Stephens die Padres und ihre Indianer über den Steilabfall der Tumbalá-Berge, von wo sie nach viel lästigem Gezänk zu den Pyramiden und dem Palast weitergingen.

Der durch das Stimmengewirr aus seiner Einsamkeit aufgestörte Catherwood kam auf die vorgelagerten Stufen heraus. In seinem abgezehrten Zustand war er kaum wiederzuerkennen. Er war mager wie ein Skelett. Die Insekten hatten sein Gesicht verwüstet; es war um die Augen herum geschwollen und hatte rote Flecken, wo bösartige Mücken sein Blut gesaugt hatten. Sein linker Arm hing, gelähmt vom Rheumatismus, schlaff herunter. Er war nicht zu Scherzen aufgelegt und empfing die Priester kühl.

Trotz der fürchterlichen Bedingungen hatte Catherwood bei der Arbeit ausgehalten; das Essen, das Stephens mitbrachte, war hochwillkommen, und er und Pawling fielen wie ausgehungerte Wölfe darüber her. Glücklicherweise blieben die heiligen Besucher nicht lange, sondern gingen bald wieder mit überschwenglichem Lob für die Ruinen in der honigsüß übertreibenden Art der Spanier.

Während Stephens seine Niguas auskurierte, hatte Catherwood den Palast «beendet». Jetzt waren sie für die übrigen Bauwerke der Stätte bereit, von denen keines ganz zu sehen war, denn alles war vom Wald verborgen und verschlungen, verdeckt von einer Wildnis von Bäumen, die die architektonischen Werke der Erbauer von Palenque zwar erwürgten, aber auch beschützten.

Erst als Stephens auf den dreistöckigen, zerfallenden Turm gestiegen war, erspähte er durch die Wirrnis heruntergefallenen Schutts ein weiteres Gebäude im Südwesten. Gut über dreißig Meter hoch lag es, verborgen von einem Vegetationschaos, oben auf einer Pyramide. Dieses Bauwerk sollte als nächstes freigelegt werden.

Zu der Begleitmusik des Regens hieben sie sich einen Weg durch das hindernde Buschwerk und stiegen langsam die Steine der Pyramide hinauf, bis sie an den Tempel herankamen. Pflanzen wuchsen aus dem Dach heraus, Bäume mit bloßgelegten Wurzeln versuchten, die Steine zu verdrängen, aber obwohl er stark unter der Unterminierung durch Wurzeln und Kriechtiere gelitten hatte, war der Tempel der Inschriften (Stephens nannte ihn «Nr. 1 Casa de Piedra») der besterhaltene der einzelstehenden Tempel von Palenque.

Die nach Norden gerichtete Front des Tempels hatte fünf Tore, die mit vier Stuckreliefs verziert waren. Alle Gestalten hatten keine Gesichter mehr, aber die reich gearbeiteten Gewänder konnte man auch noch, nachdem sie tausend Jahre lang abwechselnd Wolkenbrüchen und der brennenden Sonne ausgesetzt waren, erkennen und hatten noch genug Form und Figur, daß Catherwood sie zeichnen konnte.

Das Stuckmosaik war ursprünglich lebhaft koloriert und zeigte noch ein wenig vom Gelb, das von Ockererde stammte, vom Scharlachrot des Koschenille-Insekts und vom Purpur, dem Extrakt der uralten Purpura, der Schnecke mit der dickwandigen Schale von der Küste Yucatáns.

Aber nur die Phantasie konnte die barbarische Schönheit dieses Tempels mit seinen Stuckskulpturen, mit Farben noch voll Leben und Empfindung und dem sich auftürmenden Berg als Kulisse wieder erstehen lassen.

Catherwood kopierte die Figuren getreu und machte fast keinen Versuch einer Restauration. Er zeichnete, was die Zeit im Umriß übriggelassen hatte, und schraffierte die unwiederbringlich verlorenen Partien.

Dann traten sie in das düstere Gewölbe ein, nachdem sie einen kurzen Augenblick lang vor dem großen Tor haltgemacht und in das tintenschwarze Innere hineingespäht hatten.

Eine Eidechse kam aus dem modrig riechenden Gewölbe heraus, blinzelte mit den Augen und rannte ins Freie. Die einzigen Geräusche drinnen waren die unheilvollen Schreie der Flughunde, die von der Decke herunterhingen.

Juan ging langsam mit einer Kerze in der Hand weiter und ließ ihre Schatten auf den alten verwitterten Wänden tanzen. Sie untersuchten das zwanzig Meter lange Gewölbe; es war leer wie ein Grab. Dann brach Juan in einen Ruf der Überraschung aus, und sie schauten in der Richtung seines auf die Seitenwand deutenden Fingers, wo unter graugrünem Moos zwei mit Glyphen bedeckte gewaltige Kalksteinplatten waren.

178

Der flinke Juan, der durch die Feierlichkeit des Augenblicks still geworden war, brachte ein Paar Bürsten hervor, tauchte sie in eine Wasserlache und fing an, den Bewuchs von Jahrhunderten abzuschrubben. Catherwood lehnte sich an die verwitterten Stuckwände und wartete aufmerksam, während Stephens, der eine Kienfackel hielt, einige Minuten lang vergaß, an seinem Stumpen zu paffen.

«Ich kann gar nicht den Versuch machen», erinnerte er sich später, «den Eindruck zu beschreiben, den diese sprechenden, aber unverständlichen Tafeln auf uns machten.»

Langsam kamen die Steingravierungen zum Vorschein. Sie waren in charakteristischen, kieselförmigen Glyphen geschrieben, oder besser: skulptiert, von denen jede den ihr zugewiesenen Platz völlig ausfüllte, wild groteske Gesichtssymbole in Verbindung mit Strichen und Punkten, als ob sie versuchten, römische Zahlen nachzuahmen.

Es gab darüber keinen Irrtum; Stephens wußte, daß sie die gleichen waren wie die, die sie in Copán und Quiriguá gefunden hatten. Es machte Stephens richtig rasend, daß sie sie nicht lesen konnten. Er war sich ganz sicher, daß «die Hieroglyphen . . . die Geschichte von Palenque berichteten».

Er stand vor diesen neugefundenen Mayaglyphen und war außer sich, denn sie hatten keinen Schlüssel, um diese merkwürdigen Gesichtssymbole zu enträtseln, von denen er fest glaubte, daß sie von dem Volk, das diese steinerne Stadt erbaut hatte, erzählten. In der Hoffnung, daß sie eine Antwort finden würden, ließ er Catherwood sie ganz genau kopieren. Bis vor kurzem hatte man nur Glyphen entziffern können, die Zeitangaben machten. Heute hat sich das Feld erweitert. Maya-Codices und Glyphen von allen Monumenten werden von Computern klassifiziert, und Maya-Wissenschaftler finden allmählich etwas mehr heraus als nur unpersönliche Angaben über Daten und Rituale; aus den gemeißelten Texten tauchen Herrscher mit Namen auf, Personennamen und besondere Angaben über Frauen, die hochgeachtet waren. Palenque muß eine besondere Stellung eingenommen haben, wie Stephens und Catherwood aus der Länge der Texte vermuteten: sie glaubten, daß es einen engen Bezug zur Geschichte der Maya hatte.

In Palenque sind nur zwei datierte Stelen gefunden worden, die frühere von 685 n. Chr., die spätere von 783 n. Chr., weswegen man eine Lebenszeit von hundert Jahren annahm. Aber das täuscht, denn Palenque ist einzigartig unter allen Mayastädten, da viele hieroglyphische Texte nicht nur auf Stelen, sondern auch auf den Außen- und Innenseiten der Gebäude festgehalten sind, wie sie nun Catherwood im Tempel der Inschriften kopierte.

Auch als Catherwood mit dem Kopieren der Tafeln schon fertig war – und zwar so genau, daß Archäologen ein Jahrhundert später lesen konnten, was er kopiert hatte –, wußten die Reisenden nicht, daß sie ständig über eines der größten Geheimnisse der Maya gegangen waren.

Im Juni 1952 wurde der mexikanische Archäologe Albert Ruz Lhullier beauftragt, die Gebäude in Palenque zu restaurieren.

Das führte ihn auch zum Tempel der Inschriften, wo Catherwood hundertelf Jahre vorher gearbeitet hatte. Im Innenraum bemerkte er eine sauber in den Fußboden eingesetzte Platte mit Löchern für die Finger, so daß man sie anheben konnte.

Er hob sie weg und folgte einer engen, abwärts führenden gepflasterten Treppe, zuerst nach einer Richtung, dann nach einer anderen, bis er und seine Arbeiter zu einer weiteren großen Platte kamen, die achtzehn Meter unter der Oberfläche waagerecht ausbalanciert war.

Vor der Tür lagen die Skelette von sechs Maya, die dazu «auserwählt» waren, als Wächter des Grabes zurückzubleiben. Innen war ein wahrer Märchenpalast; jahrhundertelang war mit Kalk gesättigtes Wasser heruntergetropft und hatte lange, dünne Stalaktiten gebildet. Auf dem Grab war eine schön skulptierte Reliefplatte. Das Porträt mit Hieroglyphen wog fünf Tonnen. Im Grab lag das Skelett des *halach uinic*, des «Wahren Mannes» von Palenque, geschmückt mit riesigen Ohrringen aus Jade, einem Halsband ebenfalls aus Jade und einer birnenförmigen, barocken Perle. Man hatte lange geglaubt, daß die Mayapyramiden allein zu dem Zweck gebaut wurden, Tempel zu tragen, und keine Gräber bedeutender Persönlichkeiten enthielten wie die Pyramiden in anderen Ländern.

Ohne zu wissen, was ihnen entgangen war, stiegen sie, als Frederick Catherwood die Kopien der Tafeln beendet hatte, die Pyramide hinunter in eine Schlucht, wo der Lauf des Flusses von den Maya künstlich kanalisiert worden war.

Nach der Lektüre der Werke von Dupaix und Del Rio hatten sie vermutet, daß in Palenque noch mehr Gebäude zu finden seien; aber es gab im Dschungel nichts, dem sie hätten nachgehen können, als eine feste Mauer und der Instinkt.

Juan stieß auf eine Wirrnis von behauenen Steinen, und seine Rufe alarmierten Stephens, der gerade einen drei Meter großen Monolithen untersuchte. Er gab den Ruf weiter, und alle vier gingen zusammen auf den purpurnen Schatten einer künstlichen Bodenerhebung zu. Sie zwängten sich zwischen den Bäumen hindurch, duckten sich unter den Lianen, die ihren Weg wie Glockenseile kreuzten, und stiegen an den Seiten einer weiteren Pyramide hinauf, auf der sie ein zerfallenes Gebäude mit drei Toren fanden.

Der Kreuztempel ist ein eindrucksvolles Bauwerk mit einer dreizehn Meter hohen Dachbekrönung und einem kühn gestalteten Ziergiebel. Stephens gab ihm den Namen «Casa No. 2». Der Tempel war einst mit Stuckornamenten von verwirrender Vielfalt geschmückt; die geschnitzten Oberschwellen aus Sapoteholz waren vermodert, was zur Folge hatte, daß die ganze Fassade zu einem Haufen Schutt zusammengefallen war. Catherwood dachte, die Zeit sei ihm zuvorgekommen, bis er sich in dem gewölbten Inneren umsah und an der Wand ein Triptychon aus Stein entdeckte. Das war die gemeißelte Tafel mit dem Kreuz, die soviel pedantische Haarspaltereien und noch mehr gelehrten Streit verursachen sollte als irgendein anderes Kunstwerk in Amerika.

Der hauptsächliche Schmuck dieses Triptychons ist ein Kreuz, das auf dem Symbol eines Totenkopfes (dargestellt durch zwei Kieferknochen) aufliegt. Auf dem Kreuz ist ein grotesk skulptierter Quetzal, der berühmte gold-grüne Trogon, der heilige Vogel. Zwei lebensgroße, in vortrefflichem Flachrelief gemeißelte Indianer stehen zur Seite des Kreuzes; Gestalten ohne Verzerrung der Gesichtszüge, die zu den besten und makellosesten Meisterwerken der Mayakunst gehören. Die grotesken Züge sind zurückhaltend, denn das «Kreuz» von Palenque war für diejenigen, die das glaubten, ein Beweis dafür, daß schon vor Kolumbus Christen in Amerika gelebt hatten. Aber das Mayakreuz ist überhaupt kein Kreuz, sondern ein stilisierter Baum in Verbindung mit den Symbolen für die Sonne und den Tod, die in die vier Himmelsrichtungen weisen. Frederick Catherwood, der sich jetzt in der Beherrschung des Stils der Maya sicher fühlte, machte sich auf seine Weise daran, die drei Meter lange Tafel zu zeichnen.*

Für Stephens gab es, besonders auch auf Grund von Catherwoods Analyse, keinerlei Zweifel mehr über das, was er sah. Als Kunst war das allen anderen Weltkulturen ebenbürtig.

«Was wir vor Augen hatten, war großartig, seltsam und ungewöhnlich. Das waren die Überreste eines kultivierten, gebildeten und eigenartigen Volkes, das alle Stufen des Aufstiegs und Verfalls einer Nation durchgemacht hatte; das sein goldenes Zeitalter erreichte und verging ... Wir wohnten in den verfallenen Palästen ... wir gingen zu ihren verlassenen Tempeln und eingestürzten Altären; wo wir auch hinkamen, sahen wir die Zeugen ihres Geschmacks, ihrer künstlerischen Fähigkeiten ... Inmitten der Verwüstung und des Verfalls blickten wir zurück in die Vergangenheit, dachten uns den düsteren Wald fort und stellten uns die Gebäude in vollkommenem Zustand mit ihren Terrassen und Pyramiden, den skulptierten und gemalten Ornamenten vor, großartig, erhaben und imposant, wie sie auf eine weite, bewohnte Ebene hinabschauten; wir riefen die merkwürdigen Menschen ins Leben zurück, die uns voll Trauer von den Wänden herunter anblickten; wir stellten sie uns vor in ihren phantastischen Gewändern und geschmückt mit Federbüschen, wie sie die Palastterrassen und die zu den Tempeln führenden Treppen hinaufstiegen ... In der ganzen Weltgeschichte hat mich nichts tiefer beeindruckt als der Anblick dieser einst großen und schönen, jetzt eingestürzten, verwüsteten und vergessenen Stadt ... in meilenweitem Umkreis von Urwald überwuchert und sogar ohne einen Namen, mit dem man sie hätte bezeichnen können.»

In solche Gedanken vertieft saß John Lloyd Stephens auf den Stufen der zerfallenden Ruine des Kreuztempels.

In der durch einen dünnen anhaltenden Regen verschleierten Ferne hörte man das rhythmische Stöhnen der Brüllaffen; Grillen schlugen auf ihre Trommelmembranen, und Falken umkreisten auf ausgebreiteten Schwingen die Ruinen. Und Stephens spann wie in Trance seinen archäologischen Traum weiter aus.

Stephens wußte nicht, daß nahe bei Palenque eine ganze Menge von

* Eine weitere, etwas ähnliche Tafel wurde fünfzig Jahre später in Palenque entdeckt. Ihr Finder, Alfred P. Maudslay, nannte sie «Die Tafel des Blattkreuzes».

Ruinen lag und daß es fünfzig Kilometer entfernt am Rio Usumacinta weitere Ruinen aus derselben Periode wie Palenque gab. An diesem Fluß, der den größten Teil von Los Altos von Guatemala bewässert (und den ein anderer Autor ein Jahrhundert später den «Fluß der Ruinen» nennen sollte), liegen, vom Dschungel verschlungen, die Mayastädte Yaxchilán, Piedras Negras, El Desempeño, die auf Grund der Anregungen, die von Stephens' Büchern ausgingen, in einem späteren Jahrhundert von anderen entdeckt wurden. Innerhalb des Mayagebietes, das von den am weitesten auseinanderliegenden Stätten Copán und Palenque begrenzt wird, erstrecken sich 96 000 Quadratkilometer, die die Überreste von Hunderten und Aberhunderten dieser alten Bauwerke verbargen.*

Obwohl Palenque in der Luftlinie fünfhundert Kilometer von Copán entfernt ist und beide Stätten durch ein verwirrend zerklüftetes Gebiet von Bergen, Dschungeln, Flüssen und Savannen voneinander getrennt sind, und obwohl das Material von Palenque Stuck und das von Copán Stein ist, hatten doch ihre Erbauer dieselbe Handschrift. Stephens hat die beiden Extreme – im Norden und im Süden – des Kulturgebietes der Maya erforscht. Er hat, wie ein moderner Archäologe sagte, «die Homogenität der Mayakunst trotz der Verschiedenheiten des Raums und der Geographie bewiesen».

Zwischen den Dschungelgeräuschen hörte Stephens die gedämpften Rufe von Helfern, die im Dschungel verschwunden waren. Sie hatten wieder eine Ruine gefunden. Stephens wartete, bis Catherwood fertig war; dann packten sie die Staffeleien zusammen und stiegen die Pyramide hinunter.

Der Dschungel war so dicht, daß sie die Umrisse einer weiteren Pyramide nicht einmal gesehen hatten. Als sie jetzt der Stimme von Juan folgten, kamen sie zu einem Pyramidenstumpf, auf dem ein Tempel stand.

Als sie oben waren, nahm Stephens rasch seine Vermessungen vor, notierte das schräge Stuckdach, den hohen Ziergiebel aus Gitterwerk, die beiden leeren Nischen, wo einst gewaltige Skulpturen standen.

* Amerikanische Archäologen ehrten das Andenken an diese beiden archäologischen Pioniere, indem sie eine neu entdeckte Mayastätte in der Nähe der berühmten Ruinen von Bonampak *Stephens* (Lacanah) und eine kleine Stätte im gleichen Gebiet *Catherwood* nannten.

Diese Skulpturen, die er zuerst im Dorf gesehen hatte, führten später noch zu einem humoristischen Nachspiel. An beiden Enden waren zwei große, durch die jahrhundertelange Verwitterung stark beschädigte Glyphen, die denjenigen, die sie lesen konnten, verkündeten: das Gebäude wurde 692 n. Chr. errichtet.

In einem dunklen Raum mit dem modrigen, abgestandenen Geruch der Jahrhunderte fanden sie die Apotheose der Mayakunst. Unter einem Gewölbe war ein riesiger Altar, eigentlich ein Altar in einem Altar. Ein Wandbild aus Stein, das von zwei lebensgroßen Gestalten beherrscht wird, die zu Seiten des Symbols des Sonnengesichts mit seiner heraushängenden gorgonischen Zunge stehen. Dahinter zwei Speere und eine doppelte Reihe von Glyphen.

Die skulptierten menschlichen Gestalten reichen zu Ehren der Sonne «Puppen» mit gekreuzten Beinen dar. Glyphen laufen an den Seiten hinunter. Es gibt manche für die Maya typischen Einsprengsel und Abschweifungen, aber im Ganzen ist es ein prachtvolles Stück.

Catherwood, der im Osten viel antike Kunst gesehen hatte, sagte, es sei so schön wie nur irgend etwas in Ägypten.

Man findet in der Mayakunst wenig, das so vollkommen in seiner wesenhaften Einfachheit war, so elegant und vollendet. Es ist eine Kostbarkeit. Hier war sich der Mayakünstler der Ausdrucksfähigkeit des leeren Raums bewußt.

Auch Stephens war tief beeindruckt, und wenn sie sich diesmal ihre Begeisterung nicht gegenseitig zum Ausdruck brachten, dann nur, weil nach achtundzwanzig meist schlaflosen Nächten und manchem Tag ohne Nahrung ihr Geist dafür nicht mehr aufnahmefähig war.

Das Kopieren des Reliefs am Sonnentempel war fast das letzte, was Catherwood in Palenque ausführte. Es wurde sein Maya-Meisterwerk. Er war so beeindruckt von der Zeichnung der Sonne, daß er sie auf den Deckel von Stephens' Buch über Mittelamerika prägen ließ.

Der Regen war nun wie die losgelassenen Furien. Der Wind peitschte Wasserböen in die Ruinen; es gab keinen einzigen trockenen Zufluchtsort mehr.

Catherwood arbeitete wie in Trance. Er mühte sich noch ein paar hundert Meter weiter durch den Dschungel zu einer anderen Ruine – einem architektonischen Fragment, das man jetzt den Tempel des Schönen Reliefs nennt. Dort konnte er nur noch eine undeutliche

Skizze einer allegorischen Stuckarbeit machen – die, was sie nicht wußten, Graf Waldeck fünf Jahre vor ihnen schon gemacht hatte (und seine Arbeit damit beendete, daß er die Oberfläche des Stucks abschlug).

Am 1. Juni 1840 verließen sie die Ruinen.

Stephens' Erwartungen und Vorstellungen waren nicht zu befriedigen. Da er sich für fünzig Dollar in den Besitz der Ruinen von Copán gebracht hatte und in Verhandlungen über den Kauf der Ruinen von Quiriguá stand, dachte er, er könnte genauso gut Palenque seinem archäologischen Grundbesitz hinzufügen. Bisher war es ihm nicht gelungen, etwas von den Monumenten fortzuschaffen und in Amerika damit ein archäologisches Museum zu begründen. Während Catherwood sich von einer Krankheit erholte, die er sich durch die fürchterlichen klimatischen Bedingungen zugezogen hatte, verhandelte Stephens über Palenque.

Er unterrichtete den Dorfvorsteher von seinem Plan und ließ sich von ihm den Wert des Objekts nennen:

«Das Gebiet, in dem die Ruinen stehen, umfaßt etwa sechzig Hektar gutes Land, das entsprechend der üblichen Bewertung rund fünfzehnhundert Dollar kosten würde, und der Vorsteher sagte, es würde wegen der Ruinen um keinen Cent höher bewertet werden. *Ich beschloß sofort, es zu kaufen.*»

Das war nicht so einfach wie in Honduras. In Mexiko erforderte das Bodengesetz, daß ein Ausländer mit einer Mexikanerin verheiratet sein mußte, wenn er Landbesitz kaufen wollte. Obwohl Stephens ein junger Mann von vierunddreißig, anziehend für Frauen und diesen sehr zugetan war, lag ihm sehr viel an seinem Jungesellenstand. «Aus Prinzip habe ich immer widerstanden ... Ich hielt es bisher nie für tunlich, nachzugeben, aber die Ruinenstadt Palenque war ein überaus wünschenswerter Besitz.»

Die Archäologie mußte sich schon tief in Stephens festgesetzt haben, wenn er bereit war, seine Prinzipien durch den Kauf von Palenque aufzugeben. Mit offensichtlich ernsten Absichten machte er sich daran, die Aussichten zu prüfen. Santa Domingo war ein kleines Dorf mit wenig Frauen, und das hübscheste Mädchen, auf dem sein Auge schon lange wohlgefällig geruht und das am meisten zu seiner guten Laune beigetragen hatte («sie fertigte unsere Zigarren») war erst vierzehn – zwar kaum eine Abschreckung, aber sie war schon verheiratet. Die einzigen verbleibenden Möglichkeiten waren die beiden sauber gekleideten Damen, die ein rosa verputztes Haus aus Lehm und Flechtwerk bewohnten, in dessen Vorderfront die beiden Skulpturen vom Sonnentempel eingebettet waren.

Stephens mochte das Haus. Er mochte die Damen. Besonders mochte er jene Mayatafeln. Er hätte alles haben können. Offenbar lotete Stephens die Möglichkeiten auf manche Weise aus, denn als er Catherwood über den Fortschritt dieser nebelhaften archäologischen Romanze mit den Schwestern Bravo berichtete, sagte er: «Beide waren gleich interessant und gleich interessiert.» Aber es wurde nichts daraus, und als letzten Ausweg informierte Stephens den Vorsteher, daß er versuchen würde, den Kauf nach seiner Abreise durch Vermittlung des amerikanischen Konsuls in Laguna zu arrangieren. Er ließ sein festes Angebot von 1500 $ stehen. Es gibt darüber eine Korrespondenz in Spanisch, die Stephens bei seinen persönlichen Papieren aufbewahrte, aber letzten Endes kam nichts dabei heraus. Der Abtransport der Monumente von Copán war damals ganz unmöglich, und die von Palenque zu bekommen, war aus politischen Gründen sowie mangels einer Transportmöglichkeit gleichermaßen ausgeschlossen.

Im Norden des kleinen Dorfes Santo Domingo del Palenque lösen sich die spitzen Tumbaláberge im ebenen Gelände auf und werden zu mit kleinen Palmen bewachsenen Savannen. Hier und noch weiter ist ein wirres Netz von Flüssen und Bächen, die sich vom guatemaltekischen Hochland in die Ebene von Tabasco und Tampeche ergießen. In einem Durcheinander von Wasser verwandelt sich dieses Land unter den Launen des Wetters in Wüste, heiße Savanne oder mit Hyazinthen bedeckte Seen.

Ein geschichtsträchtiges Land ist dieses Gebiet. Hierher kamen Stämme mit der Mayasprache in vorgeschichtlicher Zeit von Vera Cruz, um ihren Anspruch auf ganz Yucatán zu erheben.

Hier ging Hernán Cortés in Cintla an der Küste von Tabasco zum erstenmal an Land, was dann zu seiner Eroberung des Aztekenreichs führte. Und hier kämpfte er sich wenige Jahre später durch den Morast von Tabasco auf seinem Weg nach Honduras, um Crisóbal de Olíd zu bestrafen, der sich gegen seine Herrschaft erhoben hatte.

Und ebenfalls hier führte John Lloyd Stephens auf der uralten Route der Indianer, Konquistadoren und Kolonisten seine drei erschöpften Expeditionskameraden durch die Savannen.

Nachdem sie fast den ganzen Tag durch einen Morast von Grasbüscheln und kleinen Palmen gewandert waren, kamen sie am Abend bei Regen in das Dorf Las Playas. Eigentlich war das weniger ein Dorf als vielmehr nur eine einzige Straße mit stroh- und blättergedeckten Hütten, in deren Pfützen sich unterernährte Hunde und Schweine tummelten.

Da sie keine Herberge finden konnten, nahmen sie mit dem Segen des Padres in einer Kirche Zuflucht, die am Ende der Straße stand oder besser: am Einstürzen war.

Sie verließen Las Playas am nächsten Morgen und machten sich in einem neun Meter langen Kanu, das ihnen der Alcalde geliehen hatte und von drei Männern gestakt wurde, auf den Weg zum Meer.

Hinter Las Playas liegt die Catazaja-Lagune, eine breite, mit Hyazinthen bedeckte und vom Urwald umgebene Wasserfläche. In der Ferne konnte man die Berge von Palenque sehen, die am Horizont ein vollkommenes Trapez bildeten.

Catazaja war ein Vogelparadies. In kleinen Schwärmen lebte hier der *Tantale* mit seinem krummen Schnabel. Es gab unendliche Arten von Enten; Kraniche gingen langsam und würdevoll vorüber und blieben stehen, um sich ohne die geringste Furcht das Kanu anzusehen, das durch das Labyrinth von Lilienpolstern glitt. Der anmutige *Jacaná* mit seinen Flügeln mit gelben Spitzen und schillernd grünem Hals trippelte flink über die dahintreibenden Blätter und flatterte von einem Polster zum nächsten. Die scheuen Löffelreiher blieben lieber am Ufer. Es gab auch Flamingos mit flammenden Flügeln, und gespenstische Reiher erhoben sich in mühelosem Flug. Stephens und seine Begleiter hatten sogar trotz ihrer schlechten Verfassung Augen für diese Schönheiten. Von einem Naturforscher hatte John Lloyd Stephens wenig; hauptsächlich beschäftigte er sich mit dem Menschen – dem Maß aller Dinge. Er konnte den ganzen Dschungel durchwandern, ohne überhaupt zu bemerken, daß vielerlei Leben in verwirrenden Formen um ihn herum schwärmte. Aber jetzt, bei diesen Hunderten von namenlosen und unbekannten Vogelarten wurde er sich dieser Wissenslücke bewußt, und in der Catazaja-Lagune beschloß er, einen

Naturforscher mitzubringen, wenn er jemals wieder nach Mittelamerika zurückkehren sollte.

Sie folgten dem Kanal und glitten an Alligatoren vorbei, die wie halb untergetauchte Mahagonistämme auf der Oberfläche trieben. Dann kamen sie in den Rio Chico, einen träge fließenden, abgestandenen Kanal. Affen spähten durch die Blätter auf sie herunter, und ein riesiger grüner Leguan mit einem ein Meter langen Peitschenschwanz schaute kurz auf sie herab und kletterte weiter den glatten Stamm eines Baumes hinauf.

Gegen Abend wurde der Rio Chico breiter und wurde, niemand weiß warum, zum Rio Chiquito; mit starkem Rauschen mündete er in den Rio Usumacinta, einen der stattlichsten Flüsse von Mittelamerika. Der Usumacinta bewässert drei Viertel des Hochlands von Guatemala, fließt durch die Provinzen Yucatán, Campeche und Tabasco und mündet im Golf von Mexiko.

Es war ein wildes, unbewohntes und ödes Land. Die Brüllaffen schrien die ganze Nacht, und es war ein ungeheures, gellendes Klagegeschrei, das zitterte und anschwoll, nachließ und wieder zunahm und über dem rauschenden Fluß ein geisterhaftes Echo fand.

Auf ihrem Weg durch das Herzland des Campescheholzes kamen sie zu dem Dorf Palizada, das in einer offenen Ebene lag. Weiden hingen über das Ufer herab. Fast versteckt weidete eine Viehherde in dem hohen, üppigen Gras. Die großen, geraden Bojonbäume, die mit ihren ausgebreiteten, schirmartigen Wipfeln am Ufer standen, erinnerten Catherwood an die italienischen Pinien, und die Ameisenbäume mit ihrem gespenstigen Wuchs sahen wie riesige Kandelaber aus.

Palizada, das damals ein kleiner Weiler aus zerstreut liegenden Palmblätterhütten war, wurde wenige Jahre später eine Stadt des raschen Aufschwungs, als dort ein Wald von Campescheholz entdeckt wurde. Campescheholz war seit Jahrhunderten eine Quelle des spanischen Wohlstands und Elends. Der rote Farbstoff, der daraus gewonnen wird, war im übrigen Europa sehr begehrt. Piraten – Briten, Franzosen und Holländer – kamen, wenn sie nicht gerade spanische Galeonen plünderten, in das Land des Farbholzes, um Holz zu schlagen; ihre ständige Anwesenheit auf der Halbinsel verursachte endlosen Streit zwischen England und Spanien und hatte schließlich zur Folge, daß die Briten sich in der Kronkolonie Belize festsetzten.

Stephens und Catherwood kamen zusammen mit einer Ladung von Farbholz, Bananen, Mangopflaumen und Papayafrüchten und mit einer Mannschaft, die Stephens «hosenlose Marineros» nannte, jämmerliche halbbekleidete Gestalten, die kaum einen Klüver von einem Fall unterscheiden konnten, an das Meer.

Sie fuhren durch ein Inferno von Moskitos und Alligatoren zur Lagune hinunter den wild rauschenden Fluß entlang, wo Bambus und Wasserpalmen auf dem Gras wuchsen. Ein Regen, so schneidend wie Hagel, wurde vom Wind herangetrieben und nahm an Heftigkeit zu, als sie die Boca Chica der Laguna erreichten.

Die Stöße des karibischen Windgottes Huracán wühlten die ganze Lagune auf, als der Bungo in sie eintauchte. Wellen brachen über das Schiff herein, und Stephens glaubte nicht, daß sie den Hafen von Carmen lebend erreichen würden. Er legte den Rettungsring aus Balsaholz um Catherwood, und sie zogen die Stiefel und Jacken aus und warteten.

In die achtzig Kilometer lange Laguna de Terminos ergossen Hunderte von Flüssen aus dem Dschungel ihr mit Ablagerungen angefülltes Wasser. Sie war 1518 von Bernal Díaz del Castillo entdeckt und benannt worden, jenem berühmten Soldaten und Historiker der «Wahren Geschichte», der sie zuerst für einen Arm des Ozeans, der Yucatán umschlang, gehalten hatte und dann glaubte, sie sei eine Insel.

Terminos war teilweise von der Insel Carmen eingeschlossen, einem niedrigen, ebenen, elf Kilometer langen Sandstreifen, der wie ein eingeschrumpfter Blinddarm zum Karibischen Meer hin lag. Der Hafen von Carmen lag am Ostende, ein übergroßes Dorf von zweitausend Einwohnern, die sich durch den Handel mit Campescheholz ernährten.

Nachdem sie unter dichtgerefftem Segel laviert hatten, wurde der Bungo in die offene Reede von Carmen gebracht, und die Reisenden waren froh, ihn los zu sein. In ihren durchnäßten Kleidern durchquerten sie die ganze Stadt, vorbei an Hotels, Cafés und sogar Friseurläden. Die meist aus Holzbalken errichteten Häuser drängten sich dicht zusammen, Bananenbäume verbreiteten Schatten, und rote und weiße Blumen, ähnlich wie Immergrün, waren geschmackvoll auf den Plätzen und um sie herum angepflanzt. Die Straßen endeten im Dschungel, und am Stadtrand befand sich in einem sauberen, frisch gestrichenen Haus das Konsulat der Vereinigten Staaten. Seine Geschäfte wurden von «Don Carlos» besorgt.

Charles Russell Esq., von Freunden Don Carlos genannt, war ein in Philadelphia geborener Amerikaner, der schon lang in den Tropen lebte. Er war Importeur von Campescheholz und hatte, sagte Stephens, «eine Dame aus den ersten Familien des Landes geheiratet».

Der heitere, blauäugige Mann mit graumeliertem Haar und ergrauten Augenbrauen war von Stephens' Beschreibung von Palenque sehr gefesselt. Er hatte immer den Wunsch gehabt, einmal dorthin zu kommen, aber nun hatte die Kälte vieler Winter die Begeisterung seiner jüngeren Jahre gedämpft, und Palenque blieb unbesucht. Er war mit dem Plan, die Stätte von Palenque in Stephens' Namen für 1500 $ zu kaufen, einverstanden, denn da er mit einer «Tochter des Landes» verheiratet war, tat er dem mexikanischen Gesetz Genüge.

Stephens hatte die Absicht, seine Forschungen – die Suche nach Ruinenstädten – nach Yucatán hinein fortzusetzen, denn er hatte von einer großen ummauerten Stadt namens Uxmal gehört, aber das hing ganz von Frederick Catherwood ab, der von der Malaria gequält wurde.

Um die Expedition nicht scheitern zu lassen, bestand Catherwood darauf, daß es ihm gut genug gehe, um die Reise zu machen. Glücklicherweise lag in dem offenen Hafen von Carmen ein Schiff, und der Kapitän nahm Stephens und Catherwood einhundertneunzig Kilometer weit nordwestlich zum Hafen Sisal mit, dem Umschlagplatz von Mérida, der Hauptstadt von Yucatán.

Sie kamen am Vorabend des Fronleichnamsfestes in Mérida an, und bei Einbruch der Dunkelheit, fast ohne vorangegangene Dämmerung, durchschritten sie die Ruinen von drei hochragenden Toren, Miniaturtriumphbögen für die Forscher, die bis hierher 3200 Kilometer mittelamerikanischer Geographie getrotzt hatten.

Die ganze ebene und eintönige Landschaft war durch die herannahende Fiesta wohltuend belebt.

Die weißgekleideten Indianer, an denen sie in den Straßen vorbeikamen, nahmen die Strohhüte ab und begrüßten sie; die Frauen in hübschen weißen Huipils winkten ihnen zu. Am Horizont, über den stachligen Agavengruppen, konnten sie die Kirchturmspitzen der Stadt sehen.

An den Straßen standen sauber in rosa, crême, grünen und gelben Pastelltönen verputzte Häuser, «sehr hübsch für das Auge» gab Stephens zu. Die gutgepflasterten Straßen waren mit Kiefernzweigen geschmückt. Auf den Dächern der Eckhäuser standen Tierfiguren – Elefanten, Hirsche, Flamingos –, die als Straßennamen dienten, da die Eingeborenen Spanisch nicht lesen konnten. Einfache fensterlose Häuser wandten der Straße ihre Hintertür zu – auf spanische (maurische) Weise verliehen ihnen die mit Eisen beschlagenen Türen und vergitterten Fenster ein abweisendes, geheimnisvolles Aussehen, aber sobald man die Tür hinter sich schloß, leuchteten anmutige Höfe in tropischer Farbenpracht. Stephens schrieb:

«Die Straßen waren sauber, und viele gut angezogene, lebenslustige Leute boten einen fröhlichen Anblick; bunt bemalte und mit Vorhängen versehene Kaleschen, in denen schön gekleidete Damen ohne Hüte, das Haar mit Blumen geschmückt, saßen, verliehen der Stadt eine heitere und schöne Atmosphäre ... es kam uns vor, als seien wir durch Zufall in eine europäische Stadt geraten.»

Catherwood, der zu schwer an Malaria erkrankt war, konnte Stephens nicht begleiten, als dieser mit einem Führer durch den Dschungel ritt, um «die sagenhaften Ruinen von Uxmal» zu besuchen, die achtzig Kilometer von Mérida entfernt liegen.

Als Stephens durch die Lücken des Buschwalds hindurch die Umrisse von Pyramiden sah, die kahl und öde in der brennenden Sonne standen, fühlte er die gleiche Erregung, wie er sie schon in Copán und Palenque erlebt hatte. «... Zu meiner Verwunderung stieß ich sogleich auf ein weites, offenes Gelände, das mit Ruinenhügeln, großen Gebäuden auf Terrassen und pyramidenförmigen Bauten übersät war; großartig und in gutem Erhaltungszustand, reich verziert und ohne daß ein Busch die Sicht behindert hätte – ein malerischer Effekt, fast so eindrucksvoll wie die Ruinen von Theben.»

Stephens konnte sich kaum zurückhalten. Er ritt zum Farmhof zurück und stürmte zu Catherwood, der mit einem nassen Tuch auf dem Kopf dalag. Catherwood richtete sich wacklig in der Hängematte auf, blickte ihn mit blutunterlaufenen Augen an und sagte: «Stephens, Sie phantasieren.»

Catherwood, der zwar geschwächt, aber doch voller Elan war, ging am nächsten Tag nach Uxmal hinaus und sah sich die unter einer

ofenheißen Sonne liegenden ausgedehnten Ruinen an. Er gab zu, daß
«die Wirklichkeit Stephens Beschreibung noch übertraf», und stellte
sogleich seine Staffelei auf, um mit kundiger Hand ein Panorama der
Pyramide zu zeichnen.

Sein Fieber stieg an, und um drei Uhr nachmittags fand Stephens
ihn zusammengebrochen neben der unvollendeten Zeichnung. Das
war das Ende der ersten Expedition nach Mittelamerika.

Stephens war mit den Ergebnissen zum Teil zufrieden. Sie waren
aufgebrochen, um drei Städte zu finden: Copán, Palenque und Uxmal, und sie hatten alle gefunden.

Catherwood hatte die ersten genauen Zeichnungen dieser Städte
und einiger anderer am Wege gelegenen, die nicht erwähnt wurden,
angefertigt. Die Erforschung von Uxmal war wegen Catherwoods
Krankheit aufgegeben worden, und Stephens war, wie seine Briefe
beweisen, entschlossen, zurückzukehren und dann ihre Suche auf eine
breitere Basis zu stellen.

Am 24. Juni 1840 brachte man Catherwood an Bord der spanischen
Brig *Alexandre*, die nach Havanna bestimmt war, und Stephens, der
«in großer Sorge um seine Gesundheit» war, übernahm seine Pflege
und verwahrte gleichzeitig seine Zeichnungen und Tagebücher.

Als ob die Götter ihren Untergang beschlossen hätten, lief die
Alexandre in die äquatoriale Windstille. Sie saß tagelang wie eine
Bisamente auf einem gläsernen Meer. Am 13. Juli ging das Trinkwasser aus. Haie, die wie durch einen telepathischen Instinkt hergelockt
schienen, verfolgten das Schiff. Am Nachmittag kam ein Wind in
kleinen Böen auf, aber nicht stark genug, um das Schiff in Bewegung
zu setzen. Aber gerade als Stephens alle Hoffnung aufgegeben hatte
und glaubte, daß ihre Entdeckung der Ruinen von Mittelamerika auf
der *Alexandre* verlorengehen werde, wurde der Wind stärker, und ein
anderes Schiff kam in Sicht.

Stephens rief es auf Englisch an, und das Schiff entpuppte sich als
die *Helen Maria*. Es kam heran, die Matrosen nahmen Stephens und
Catherwood an Bord, und dann fuhr es nach Norden, um am letzten
Julitag im Hafen von New York einzutreffen.

KAPITEL XIII

Begebenheiten einer Reise in Mittelamerika

Das Interesse für die Mayaentdeckungen war so groß wie die weltweite Neugier auf Ägypten nach der Entdeckung des Tutanchamungrabs im zwanzigsten Jahrhundert. Stephens hatte dem Publikum ein Buch über seine Abenteuer versprochen, und seine Leserschaft wartete ungeduldig darauf.

Die Gebrüder Harper – alle vier – suchten Stephens auf und bedeuteten ihm mit Nachdruck, daß er keinen Augenblick mit dem Beginn des Buches verlieren dürfe, denn die Publizität bei seiner Rückkehr war so groß, daß sie andere zur eiligen Abreise nach Mittelamerika, um Ruinen zu suchen, anreizen mußte; es war zu befürchten, daß ihm jemand zuvorkommen würde.

Als das beste Pferd im Stall des Verlages Harper and Brothers war Stephens nun in der Lage, bestimmte Bedingungen zu stellen. Das Buch mußte in zwei Bänden erscheinen, in größerem Format – er sagte «in angemessenem Oktav» –; es mußte gut gedruckt und preislich doch für den durchschnittlichen Käufer erschwinglich sein, denn Stephens' zweiter bedeutender Beitrag zur Archäologie war, die hohen Preise der Publikationen zu senken. Lord Kingsborough's stattliches neunbändiges Werk wurde zu 150 £ pro Band verkauft und Waldecks Folioband für 3200 Franken, was die Mittel des Publikums, das Stephens erreichen wollte, weit überstieg.

Catherwood sollte für die Illustrationen verantwortlich sein und persönlich die Graveure auswählen, die fertige Arbeit kontrollieren und auch den Einband entwerfen.

Frederick Catherwood war damals noch an sein Haus in Prince Street 89 gefesselt, da er noch an den Nachwirkungen der Malaria litt. Ob es die tumultartigen politischen Vorgänge waren, die ihn aus dem

Bett trieben, oder seine zähe Konstitution oder die liebevolle Pflege seiner Frau, wissen wir nicht. Er erholte sich, um sich rechtzeitig mit Stephens treffen zu können und die Illustrierung des Buches in die Wege zu leiten.

Catherwoods Panorama hatte auch während seiner Abwesenheit floriert. New York war nun eine Kosmopolis von 300000 Einwohnern und wuchs durch den Zustrom von Einwanderern täglich. Da er also finanziell in der angenehmen Lage war, die Illustrierung von Stephens' Buch zu leiten, wählte er fünf bekannte Graveure aus, die nach seinen Sepia- und Bleistiftzeichnungen arbeiten und über achtzig Tafeln für das Buch herstellen sollten. Catherwood verließ sein Panorama für ein paar Monate und verschwand in der mit Schabeisen, Grabsticheln, Kopierrädchen und Kupferplatten angefüllten Welt der Graveure. Inzwischen beschäftigte sich Stephens mit seinem Manuskript.

Amerikas Literaturleben war voll von spanisch-amerikanischen Themen. James Fenimore Cooper hatte seine Lederstrumpfwelt verlassen, um die unheimliche, bedrückende Erzählung «Mercedes of Castille» zu schreiben. Herman Melville war in diesem Jahr auf der «Acushnet» um Südamerika herum in den Pazifik gesegelt, was zur Entstehung von «Omoa» führte. Und in einem anderen Milieu, aus demselben Interesse für die spanische Welt, brachte Walt Whitman literarische Potpourris wie «The Inca's Daughter» und «The Spanish Lady» heraus.

Aber in Boston, in der Beacon Street, waren die literarischen Themen aus Spanisch-Amerika am beharrlichsten. Dort diktierte in dem verdunkelten Zimmer eines eleganten Hauses William Prescott die ersten Seiten von «The Conquest of Mexico». Nachdem er «Ferdinand and Isabella» beendet hatte, entschloß er sich, über Cortés und die Eroberung Mexikos zu schreiben. Da er überallhin Beziehungen hatte und seine Geldbörse wohlgefüllt war, begann er damit, daß er einem Londoner Buchhändler schrieb und ihm fünfzehnhundert Dollar für den Kauf von Büchern über das Thema Mexiko zur Verfügung stellte. Er erfuhr bald (wie ja auch Stephens), daß wenig in Buchform zu kaufen war; aber er hatte die Unterstützung von Pascual de Gayangos, einem gelehrten spanischen Wissenschaftler, der in London lebte und die Bibliotheken mit Ausdauer und Hingabe durchsuchte.

Gleichzeitig entsprach Friedrich Wilhelm Lembke, der auf Grund seiner Forschungen für seine «Geschichte von Spanien» die spanischen Archive gründlich kannte, Prescotts Bitte und setzte eine ganze Armee von Kopisten an die Arbeit.

Nach und nach sammelten diese eine gewaltige Kiste mit unveröffentlichtem Material zum Versand nach Amerika. «Dieser gelehrte Thebaner», schrieb Prescott, «der zufällig in Madrid ist, hat sich meiner Angelegenheiten angenommen und prüft als echter Deutscher alles und wählt für mich aus, was Bezug auf mein Thema hat.»

William Hickling Prescott wurde am 4. Mai 1796 geboren. Ein echter Bostoner «von der anziehendsten Art», wie Van Wyck Brooks sagte: «ein Positivist, ein klarer Kopf, voll romantischer Empfindung, mit kaum einer Spur von Intuition. Man könnte sich wohl noch anderes wünschen, aber kaum etwas Besseres . . .»

Da Prescott nicht zum Broterwerb schrieb, mußte er sich an einen Stundenplan halten, wenn er die Arbeit rechtzeitig abliefern wollte, und jeden Morgen, ob Regen oder Sonne, bestieg er sein Pferd «und galoppierte nach Jamaica Plain, um die Sonne über dem Berg aufgehen zu sehen».

Unterwegs formulierte er im Geist die Worte, die er an diesem Tag zu Papier bringen wollte.

An einem dieser Morgen, dem 5. Dezember 1840, schrieb er: «Ich mache mich nun an die Eroberung von Mexiko.»

Während John Lloyd Stephens seinen persönlichen Forschungsbericht auf dem Feld der mexikanischen Archäologie verfaßte, tastete sich Prescott seinen Weg durch die Altertümer von Mexiko: «ein bodenloser Abgrund», wie er sie nannte.

Prescotts persönliches Drama begann 1811.

Wie jeder Junge von wohlhabender Herkunft in Boston, ging Prescott auf das Harvard College und bereitete sich mit fünfzehn Jahren darauf vor, Jurisprudenz zu studieren und damit dem Beruf seines Vaters, des Richters Prescott, nachzueifern.

In einem Ausbruch groben studentischen Unfugs in seinem ersten Studienjahr verlor er die Sehkraft seines linken Auges und mußte daraufhin auf seine Laubahn verzichten und nach Europa reisen, um Hilfe durch die dortigen Augenchirurgen zu suchen.

Mit fünfundzwanzig Jahren begann er sich in einen Historiker zu verwandeln. Er erlernte zunächst im Selbststudium den Gebrauch des Noktographen, mit dessen Hilfe er vermittelst eines Elfenbeingriffels, der von silbernen Drähten geführt wurde und auf ein Blatt Kohlepapier drückte, seine Aufzeichnungen niederschrieb. Er lernte, ihn im Halbdunkeln zu benützen.

Ein Sekretär wurde angestellt, der die Bücher, die er auswählte, lesen mußte. Er setzte sich eine Frist von einem Jahr, um Französisch zu lernen, und ein weiteres Jahr für Spanisch; er studierte die großen historischen Theorien. Wie Taine spürte er, daß die literarische Kritik einer der Zweige der Geschichte war.

Obwohl sie eine der jüngsten literarischen Formen war und vielleicht schließlich sie alle in sich vereinigen sollte, glaubte Prescott, sie müßte der Richtpunkt bei der Auswahl und Beurteilung der Autoren sein.

Nach einer langen Zeit der Vorbereitung begann Prescott 1827, die Umrisse einer Geschichte von Ferdinand und Isabella von Spanien festzulegen; zehn Jahre später erschien das Werk.

Van Wyck Brooks schrieb:

«Plötzlich erschien 1837 ein bedeutendes Werk wie ein Naturwunder, wie es den amerikanischen Lesern vorkam. Es war eine glänzende Leistung, wie jedermann sehen konnte und kein Gelehrter je leugnen sollte ... Als Kunstwerk, als große historische Erzählung, in jeder Einzelheit auf historischen Tatsachen beruhend und mit der Glut und Farbigkeit von Livius und Frossart begabt, war es ein großartiger Erfolg.»

Es war nur natürlich, daß Prescott, nachdem er das Thema und den Stil für eine neue Form der Geschichtsschreibung gefunden hatte, auf diesem Weg weiterging – zur spanischen Konquista.

1838 erkannte Prescott, daß seine geplante Geschichte der Eroberung von Mexiko ein gewaltiges Ausmaß an Nachforschungen erfordern würde, denn viele zeitgenössische Berichte waren nie veröffentlicht worden, sondern lagen vergessen in den amtlichen spanischen Archiven.

Wenn er auch nicht reisen konnte, um die geographische Umwelt seines Themas zu besichtigen, hatte er doch die Augen eines Freundes, die ihm das szenische Detail der Topographie der Konquista liefern konnten. Prescott war ein Beobachter, kein Mann der Tat, und so paßten die Neuigkeiten über die Entdeckungen von John Lloyd Stephens genau in die Arbeit, mit der er sich abmühte. Der erste Brief, mit dem Stephens seine Entdeckungen ankündigte, ging an Prescott:

2. Februar 1841

«... Ich habe die Veröffentlichung von Mittelamerika verzögert, denn ich bin mit einem Plan beschäftigt, wie man einige sehr interessante Monumente in unser Land bringen könnte, und das könnte vereitelt werden, wenn Zeitungen nach Guatemala kämen und den Besitzern übertriebene Vorstellungen von ihrem Wert suggerierten. Aber wenn ich irgend etwas weiß, das Ihrer Prüfung wert ist, werde ich es Ihnen äußerst gern mitteilen.

Ich hätte gern, daß Sie diese Zeichnungen (von Catherwood) sähen, und noch mehr, wenn ich mich ein paar Stunden mit Ihnen unterhalten könnte ... Einige der skulptierten Säulen in Copán und Quiriguá sind den schönsten der Ägypter ebenbürtig, und die Gebäude in Palenque und Uxmal sind sehr groß, und es ist fast unmöglich, anders als in den höchsten Tönen von ihnen zu sprechen. Aber ich fürchte, sie sind nicht so alt, wie ich es gern hätte ...

Bitte erwähnen Sie meine Pläne ... für die Monumente nicht.»

Prescott antwortete:

«Sie haben eine Reise auf einem hochinteressanten Boden gemacht, sozusagen auf dem Forum der amerikanischen Ruinen, von denen bisher keine dem Publikum bekannt gemacht wurde, auch nicht, wie ich glaube, in Beschreibung, außer Palenque, Uxmal, Mitla und Copán – und von diesen letzteren gibt es keine Zeichnungen ... Es wäre uns eine große Hilfe, wenn die Konquistadoren sich dazu herabgelassen hätten, uns einige Details über den Zustand der Gebäude in Yucatán zu der Zeit ihrer Ankunft mitzuteilen. Aber ich habe nichts gefunden, außer dem allgemeinen Hinweis auf bemerkenswerte Gebäude aus Stein und Lehm und eine merkwürdige, über das ganze Land verstreute Architektur ...

Ihre Auffassung über das verhältnismäßig junge Datum dieser Überreste stimmt völlig mit den Schlußfolgerungen überein, zu denen ich auf Grund der viel unzulänglicheren Informationsquellen als natürlich denjenigen, die Sie besitzen, gekommen bin. Aber ich bin auf keine Tatsachen gestoßen, die das Alter von Tausenden von Jahren wie bei den Ägyptern rechtfertigen, das ihnen von Waldeck und anderen Reisenden zugeschrieben wird . . . (Man kann jedoch von derartigen Spekulationen hinsichtlich des Alters nie lesen, ohne an Membrinos Rasierbeckenhelm zu denken [das Rasierbecken, von dem Don Quixote behauptete, es sei der Helm des Königs Membrino]).

Ich wußte nicht, daß die Bauwerke so schön ausgeführt sind, daß man sie in dieser Hinsicht mit den ägyptischen vergleichen kann. Robertson unterschätzte sie, und Mißtrauen, das sich wissenschaftlich gibt, ist für den Historiker zum mindesten sicherer. Die französischen und spanischen Reisenden schreiben jedoch mit einem solchen Schwall von Lobpreisungen und besonders die Zeichnungen von Waldeck haben so wenig mit den Bildern aus den ‹Ruinen› gemein, daß ich vermutete, in dieser Hinsicht werde viel übertrieben. Aber niemand kann das besser beurteilen als Sie, der mit den schönsten Werken der Alten Welt vertraut ist, wenn er einen Vergleich zieht.»

Durch die Gelehrten ermutigt, fuhr Stephens mit seinem Buch fort, aber so sehr er sich bemühte, er konnte das Geheimnis nicht wahren, denn die Publizität, die seinen Entdeckungen zuteil wurde, hatte schon andere angespornt, seinen Fußstapfen zu folgen.

1840 war ein eleganter junger Wiener, der Baron Emanuel von Friedrichsthal, nach Boston gekommen, wo er Prescott vorgestellt wurde.

Prescott benachrichtigte Calderón de la Barca, der damals in Mexiko war:

«Ein österreichischer Herr ist gerade hier und hat vor, Palenque zu besuchen, das er in meinen Lord Kingsborough-Werken studiert hat. Er wird vielleicht Mexiko besuchen, in welchem Fall ich mir die Freiheit nehme, ihm ein Briefchen an Sie mitzugeben. Er ist ein kultivierter Mann, an dessen Bekanntschaft Sie und Ihre Gattin Gefallen finden werden.»

Friedrichsthal war der erste Sekretär der österreichischen Gesandtschaft in Mexiko. Er war bei den europäischen *literati* wegen seiner Beschreibung des Pflanzenlebens von Griechenland und Serbien recht gut bekannt.

Er hörte von Stephens' Entdeckungen, und da er die Veröffentlichungen von Waldeck kannte, kaufte er sich nach dem Besuch bei Prescott eine vollständige Daguerreotypie-Ausrüstung, um die ersten fotografischen Aufnahmen der amerikanischen Ruinen zu machen.

Trotz der kurzen Zeit seines Aufenthaltes in Yucatán waren seine Beobachtungen überaus scharfsinnig; er spürte, daß man,

«wenn man die vielen monumentalen Stätten von Yucatán mit denen von Palenque, Quiriguá und Copán vergleicht, trotz offensichtlicher architektonischer Verschiedenheiten die allgemeine Ähnlichkeit nicht übersehen kann, die auf die gleichen Ursprünge hindeutet . . .»

Seine Beschreibung von Chitzén Itzá ist, soweit man weiß, die erste detaillierte eines Europäers.

«In Chitzén Itzá, das fünfundfünzig Kilometer von Valladolid und vierzig von Mérida entfernt ist, findet man Kammern und Innenwände, die mit in den Stein eingemeißelten menschlichen Figuren und symbolischen Zeichen verziert sind. Es gibt Pyramiden mit Stufen und Terrassen, die im allgemeinen von einem aus mehreren Kammern bestehenden Gebäude gekrönt sind. Ihre Höhe variiert zwischen zwölf und sechsunddreißig Metern, ihre Wände haben eine Neigung von 54 bis 58 Grad. Das Äußere ist oft von unzähligen figürlichen Skulpturen bedeckt, deren Bedeutung an den etwas obszönen Charakter gewisser religiöser Monumente der Hindu erinnert.

Im Norden und Süden der Stadt erstrecken sich zwei gewaltige parallele Mauern von achtzig Metern Länge, die einst eine Anzahl von Bauwerken trugen, die nun eingestürzt sind, außer einem Tempel am westlichen Ende einer der Mauern. In der Mitte beider Mauern ist die ebene Oberfläche mit zwei Steinringen auf beiden Seiten geschmückt, die zwei zusammengeringelte Schlangen darstellen.

Es gibt einige gewaltige religiöse Gebäude mit lang gestrecktem rechteckigem Grundriß. Eines davon, das sogenannte ‹Casa de las Monjas›, hat im Erdgeschoß keinen Eingang; im oberen Stock sind zahlreiche Zimmer mit skulptierten Oberschwellen an den Türen, die mit Hieroglyphen bedeckt sind.

Die Wohnungen sind in einem Viereck erbaut und umschließen einen Hof. Der Flügel, der den einzigen Eingang enthält, ist etwas kleiner als die anderen drei.

Die breiten gepflasterten Straßen haben niedrige Schutzwälle aus Quadersteinen, die ohne eine bestimmte Ordnung aufeinandergeschichtet sind; es gibt Gräber, die von skulptierten und gemeißelten Steinen umgeben sind; zahlreiche und recht gut erhaltene Zisternen; und Säulen, die für die Folterung der Verbrecher benützt wurden.»

Mit seinen Daguerreotype-Fotografien von Mayabauwerken kam er um mehrere Jahre der Arbeit eines anderen Österreichers, Hauptmann Teobert Maler, zuvor, der dem Zusammenbruch des mexikanischen Kaiserreichs entkam, als Maximilian 1867 hingerichtet wurde, und durch das Land der Maya wanderte, wo er wunderbare fotografische Aufnahmen von den Maya machte.

Bei seiner Rückkehr nach Europa wurde Friedrichsthal von Humboldt empfangen, und in Würdigung seiner Leistungen wurde ihm die Anerkennung der Académie Royale des Inscriptions et Belles Lettres in Paris zuteil. Seine Reise zu den Maya hatte aber für Stephens einen bitteren Nachgeschmack.

Er schrieb darüber an Prescott:

«Ich gab Friedrichsthal eine Landkarte von Yucatán und Briefe, und das Resultat ist nun eine Veröffentlichung in den Zeitungen, in denen die Zuverlässigkeit der Zeichnungen von Catherwood bestritten wird. Ich sah ihn nicht, als er durch New York kam, und kann nicht glauben, daß er eine so unbegründete Veröffentlichung autorisiert hat.»

Im Mai 1841 war Stephens' Manuskript über Mittelamerika, das so lang war wie drei durchschnittliche Romane, fertig. Es war mit Trollope-ähnlicher Geschwindigkeit geschrieben worden. Es sollte eines der hervorragendsten Bücher der amerikanischen Literatur werden, und zwar nicht nur wegen seiner Wirkung auf die amerikanische Archäologie, sondern weil es den Amerikanern den ersten wirklichen Eindruck in das historische Amerika vermittelte.

Das Eröffnungsgambit von Stephens' archäologischem Epos war einfach und ohne literarische Künstelei:

«Am Mittwoch, dem 3. Oktober, schiffte ich mich an Bord der britischen Brigg ‹Mary Ann› mit dem Kapitän Hampton nach der Bucht von Honduras ein.»

Nachdem er einmal in Schwung gekommen war, schrieb er schnell, leicht und spontan, denn Stephens schrieb so, wie er plauderte: lebendig, mit einer Fülle von Anekdoten und vielen interessanten Einzelheiten.

Das Buch fesselte durch die Persönlichkeit von Stephens. In allen schwierigen Situationen, in seiner Gefangenschaft und seinen Mißhelligkeiten behielt er immer seine natürliche Heiterkeit und Fröhlichkeit. Wenn er sich unvoreingenommen amüsierte, ging es immer auf seine eigenen Kosten, und sein Gefühl für Ungehörigkeiten war sicher und durchdringend. Im tiefsten Ernst gelang ihm immer ein befreiendes Lachen. Seine Begeisterung riß unmittelbar mit; seine Neugier steckte an. Vor allem anderen war Stephens ein New Yorker; Vergleiche – seien es Banken, Frauen, Kanäle oder Ruinen – zog er immer mit New York; diese Stadt war ihm das Maß aller Dinge.

Prescott, der mitten dabei war, seinen Helden Hernán Cortés über die blutgetränkte mexikanische Erde zu verfolgen, war von Stephens' Buch begeistert. Er setzte, wie er sagte, fast die Sehkraft seines einen guten Auges aufs Spiel, indem er es selbst las. Am 2. August 1841 schrieb er aus Boston an Stephens:

«Ich finde nicht die richtigen Worte, um das große Vergnügen auszudrücken, das mir Ihre Bände bereiteten. Ich glaube, daß es nicht viele gibt, denen sie noch besser gefallen, da bisher sehr wenige darauf gekommen sind, diesem Thema ihre Aufmerksamkeit zu schenken. Sie haben die Erwartungen, die ich hegte, weit übertroffen ... Sie haben gezeigt, daß viele dieser Stätten erreichbar sind und haben für zukünftige Reisende eine Art Landkarte zur Verfügung gestellt. Ich zweifle nicht daran, daß Ihre Bände dazu beitragen werden, Forscher in dieses interessante Land zu locken, das man bisher als eine Art von verzaubertem und von Drachen und Riesen bewachtem Boden gehalten hat ... In diesem Zusammenhang können die Zeichnungen von Mr. Catherwood gar nicht hoch genug gepriesen werden. Sie machen absolut den Eindruck vollkommener Genauigkeit. *Wie anders als bei seinen Vorgängern.*»

Die «Begebenheiten einer Reise in Mittelamerika» erlebten Auflage um Auflage.*

Es sind die archäologischen Abschnitte – bei weitem der größere Teil des Werkes –, die die Zeit, der große Prüfstein der Meisterwerke,

* Als Folge der ersten Biographie von Stephens, «Maya Explorer», aus der Feder dieses Verfassers, die 1947 erschien, fegte das Interesse für Stephens alle antiquarischen Exemplare von Stephens' Buch vom Markt. Um das neuerwachte Interesse zu befriedigen, gab die Rutgers University Press «Mittelamerika» 1949 neu heraus.

klassisch gemacht hat. In zehn Monaten hatte Stephens mehrere verschollene Mayastädte entdeckt und freigelegt. Die Ausgrabung dieser alten Kultur bleibt eine der größten Errungenschaften der amerikanischen Geschichte, aber Stephens' Ruhm gründet sich nicht nur auf eine unfruchtbare Entdeckung: er zerriß das Netz einer erdichteten Geschichte und bewies die Einheitlichkeit der Mayakultur. Er zeigte, daß von dem Volk, das Copán in Honduras erbaut hat, auch die stuckverzierte Stadt Palenque in Mexiko stammt, auch wenn Hunderte von Kilometern Dschungel und Gebirge dazwischen liegen.

Er war der erste, der die Hinterlassenschaft der Maya als «Kunstwerke» bezeichnete.

Er war anderer Meinung als die Autoritäten der ganzen Welt – Lord Kingsborough, Robertson, Grotius, Waldeck –, als er behauptete, daß die Ruinen amerikanischen Ursprungs seien.

Sie seien weder ägyptisch, römisch, griechisch noch kambodschanisch – «denn wenn ich mich nicht irre», schrieb er am Ende von 300000 Wörtern,

«kommen wir zu einem viel interessanteren und wunderbareren Schluß als dem, die Erbauer dieser Städte mit den Ägyptern oder irgendeinem anderen Volk in Verbindung zu bringen. Wir stehen vor dem Bild eines Volkes, das große Fähigkeiten in der Architektur, Skulptur und Zeichenkunst und zweifellos in weiteren vergänglicheren Künsten hatte, und das die dafür erforderliche Bildung und Kultur besaß, das sich nicht von der Alten Welt ableitete, sondern hier ohne fremde Vorbilder und Lehrmeister entsprang und sich entwickelte, und das eine eigene, gesonderte und unabhängige Existenz hatte; wie die Pflanzen und Früchte des Bodens, einheimisch.»

Damit legte Stephens die archäologischen Fundamente für die amerikanische Vorgeschichte. Was er sah, beschrieb er gut und genau; über das, was er nicht wußte, stellte er mit scharfem Verstand Vermutungen an; wie Dr. S. G. Morley sagte:

«. . . obwohl er die hieroglyphischen Inschriften nicht entziffern konnte und diese Entdeckung einer späteren Generation vorbehalten blieb, schätzte Stephens die Bedeutung dessen, was er sah, sehr genau ein und hinterließ eine lebensvolle, farbige Schilderung seiner Wunder, die die Forschung auf diesem Gebiet für alle Zeiten anspornen wird.»

202

In England kamen die «Begebenheiten» groß in Mode. Die Briten waren entzückt von diesem neuen Beitrag zur amerikanischen Literatur.*

Das Londoner «Athenaeum», dessen Kritiken ein Diktat in der literarischen Welt waren, war begeistert von diesem weiteren Buch aus Stephens' Feder:

«Den Lesern des Athenaeums», schrieb der Rezensent, «muß nicht mehr gesagt werden, wie sehr wir Mr. Stephens schätzen.»

Aber in einer nörgelnden Rezension behauptete George Jones, der damals ein Buch schrieb, mit dem er «die Identität der Ureinwohner mit dem Volk von Tyrus und Israel und die Einführung des Christentums in das vorkoloniale Amerika durch den Apostel Thomas» beweisen wollte, in der «Edinburgh Review», daß Stephens' Buch:

«die Neugier mehr reizt als befriedigt ... und wenn man auch zu seinen Gunsten sagen kann, daß Mittelamerika in großen Unruhen war ... scheint es fraglich, ob er sich auch unter den günstigsten Bedingungen im Besitz der nötigen Kenntnisse erwiesen hätte.»

Dieser selbe George Jones, der nie seinen Fuß auf amerikanischen Boden gesetzt hatte, hatte aber noch mehr zu sagen. Als sein Buch erschien, das Seiner Gnaden, dem Erzbischof von Canterbury gewidmet war, ein Buch, das er in großer Bescheidenheit «Eine originale Geschichte des alten Amerika» nannte, erklärte er pathetisch:

«Den Atem der Geschichte vermißt man bei Mr. Stephens ... Zwar hat er mit seiner Feder und der Künstler Catherwood mit seinem Stift ein Spiegelbild der Ruinen gegeben, aber von einem Spiegel aus poliertem Ebenholz, einfach eine Faksimilewiedergabe – Licht und Schatten – nur ... etwas wie eine Daguerreotypie! Niemand kann die Geschwindigkeit verkennen, mit der die getreue Kopie dem Geist eingeprägt wird, und zwar auf die leichteste und angenehmste Weise, nämlich die Faszination des Stils, aber das Kolorit des Lebens ist nicht da ... der Atem der Geschichte fehlt!»

* Der Londoner Verleger John Murray schrieb an Edward Everett, den amerikanischen Gesandten in England: «Mr. Stephens sandte auf gut Glück die amerikanische Ausgabe seines Werkes herüber, und ich habe schon 2500 Exemplare verkauft.»

Und so weiter und so weiter . . . dieser Mr. Jones, der Tyrer und Isrealiten mit dem heiligen Thomas an die Küsten Amerikas hat segeln lassen.

«Wir können dem Himmel für Stephens' Fehler danken», sagte ein Amerikaner, «wenn wir den besagten prometheischen Funken in den Werken des unsterblichen Jones betrachten.»

TEIL

3

Wieder in Yucatán

KAPITEL XIV

Wieder in Yucatán

Es stand nun fest, daß Stephens und Catherwood eine zweite Expedition nach Mittelamerika machen würden. Zunächst hatte es etwas Zögern gegeben, denn auf Grund der Publizität seiner ersten Entdeckungen und des Buches über die Maya stieg Stephens' politisches Prestige, und man bot ihm einen hohen politischen Posten an.

Er schrieb an Prescott: «Ich war sehr überrascht über das mir gemachte Angebot, Sekretär der Gesandtschaft der USA in Mexiko zu werden, aber zum Glück lehnte ich ab . . .»

Auch Catherwood besann sich anders. Zuerst schwor er, als er langsam unter der Pflege seiner Frau genas, daß er sich nie wieder den Gefahren der Malaria aussetzen wollte, aber schließlich gab er doch nach, denn wie Stephens ahnte er, daß «es dort draußen noch mehr gebe». Außerdem machten seine Panoramen unter seinem Direktor George Jackson so gute Geschäfte (die Rechnungsbücher sind noch vorhanden), daß er meinte, seine Familie in Jacksons Obhut zurücklassen zu können.

Da das letzte Buch ein Erfolg war, darf man annehmen, daß Stephens für die geplante zweite Auflage einen neuen Vertrag mit Catherwood machte, obwohl kein solcher Vertrag trotz jahrelanger Nachforschungen auftauchte. Sicher war es nicht nur das in Aussicht stehende Geld, das Catherwood zur Rückkehr veranlaßte. Es muß jener Dämon schöpferischen Ehrgeizes gewesen sein, der mitgeholfen hat, ihn umzustimmen.

Was auch immer der Grund war, Catherwood sagte zu. Und ebenso Dr. Samuel Cabot.

So waren sie nun also drei. Denn auf seiner letzten Reise hatte Stephens schmerzlich den Mangel an naturwissenschaftlichen Kenntnissen empfunden und gelobt, als er durch das Vogelparadies in der Laguna de Términos auf dem Weg von Palenque her gestakt wurde, daß beim nächsten Mal ...

Das nächste Mal kam im September 1841. Stephens hatte im ehrwürdigen «Boston Courier» eine Anzeige für einen Naturwissenschaftler aufgegeben, der «einen Herrn nach Yucatán begleiten sollte».

Der geeignetste der Bewerber war Dr. Samuel Cabot Jr. Seine Qualifikation war ausgezeichnet. Er hatte sein Examen in Harvard abgelegt (Jahrgang 1836), wo er sich einen medizinischen Grad erwarb. Er war in Paris gewesen, um den Luftröhrenschnitt zu studieren; aber sein größtes Interesse galt der Vogelkunde, denn er hatte jahrelang mit den größten Ornithologen Europas korrespondiert.

Samuel Cabots Mutter schrieb an ihren anderen Sohn Elliott, der damals in Deutschland Medizin studierte:

«Sam ... fuhr Mitte des Monats mit Stephens und Catherwood nach Mittelamerika, es kam ganz unerwartet. Dein Vater reiste mit Sam nach New York und sah Stephens und Catherwood; es gefiel ihm sehr, wie sie Sam empfingen. Sie waren mitten im Packen von allem möglichen, unter anderem zwei Daguerreotyp-Apparaten ... eben allem, was sie brauchen, um die in Mittelamerika gefundenen Monumente zu kopieren.»

Stephens erwärmte sich sofort für den bescheidenen jungen Doktor, und Cabot ging es genauso. «Sie blieben sehr gute Freunde», sagte Cabots Sohn, «und er bewunderte Stephens' Einfallsreichtum, seinen unerschrockenen Mut und seine Entschlossenheit sehr.»

Cabot war ein gut gewachsener, athletischer junger Mann, größer als Stephens (er war zwei Jahre lang in Harvard Meister im handschuhlosen Boxkampf). Gewissenhaftigkeit sprach aus einem Gesicht, das gleichzeitig Zurückhaltung widerspiegelte. Dr. Cabot war dazu bestimmt, einer der bedeutendsten Chirurgen Amerikas zu werden. Als die Vereinigten Staaten in den unvermeidlichen Bürgerkrieg getrieben wurden, wurde er einer der militantesten Verfechter der Sklavenbefreiung und verhalf vielen Sklaven zur Flucht nach Kanada.

Am 9. Oktober 1841 schiffte sich die Gruppe auf dem Schiff «Tennessee» ein, die nach dem Hafen Sisal in Yucatán bestimmt war.

208

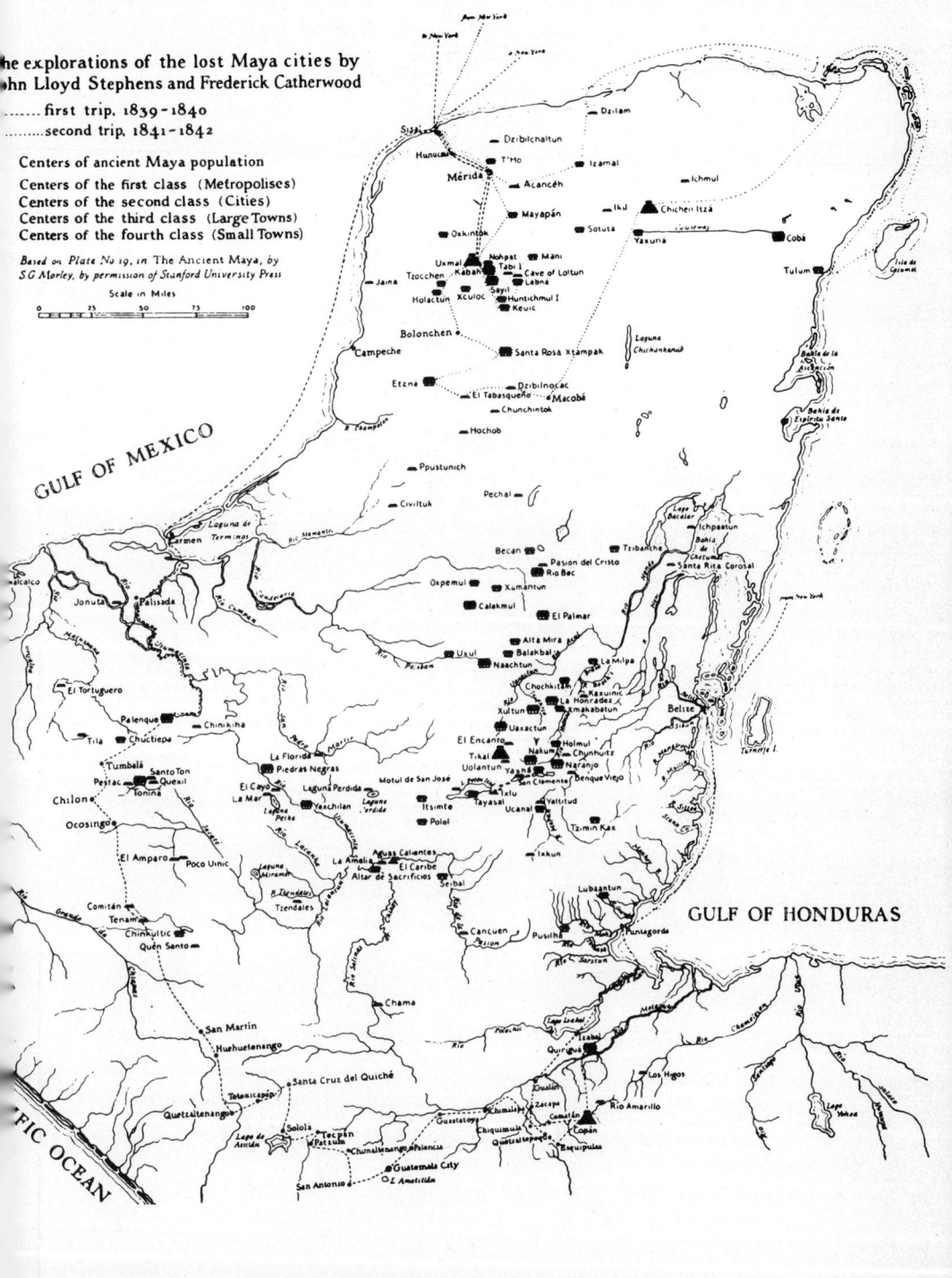

he explorations of the lost Maya cities by
hn Lloyd Stephens and Frederick Catherwood

......first trip, 1839–1840
.........second trip, 1841–1842

Centers of ancient Maya population
Centers of the first class (Metropolises)
Centers of the second class (Cities)
Centers of the third class (Large Towns)
Centers of the fourth class (Small Towns)

*Based on Plate No 19, in The Ancient Maya, by
S G Morley, by permission of Stanford University Press*

Scale in Miles
0   25   50   75   100

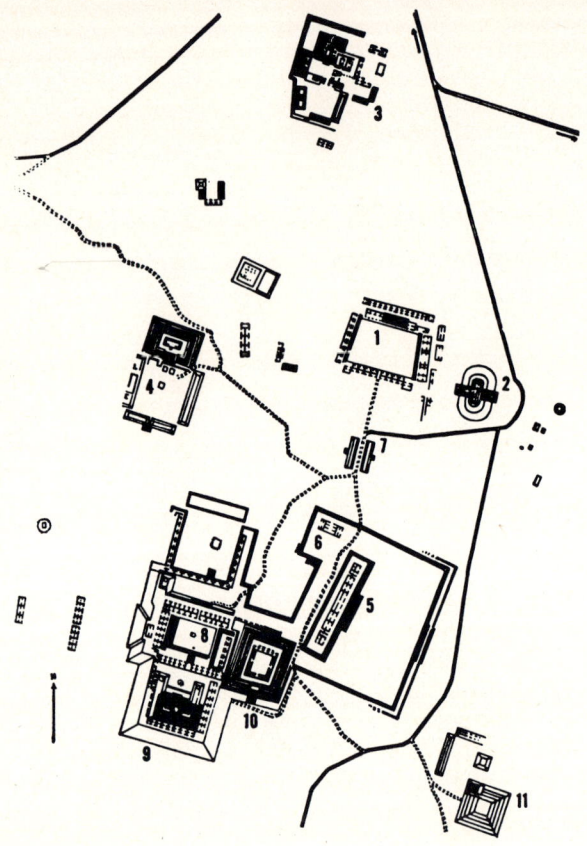

Moderner Plan des Zentrums von Uxmal

1. Viereck des Nonnenklosters
2. Haus des Magiers oder Zwergs
3. Nordgruppe
4. Friedhofgruppe
5. Haus des Gouverneurs
6. Haus der Schildkröten

7. Ballspielplatz
8. Haus der Tauben
9. Südgruppe
10. Große Pyramide
11. Haus der alten Frau

Panorama von Uxmal von W. H. Holmes, 1895

Tor des Tempels des Zwerges in Uxmal, gezeichnet von Catherwood

Catherwoods Zeichnung des Palastes des Gouverneurs in Uxmal

Stephens in den Ruinen von Kabah

Catherwoods Gesamtansicht des Hauses der Nonnen
und des Tempels des Zwerges in Uxmal

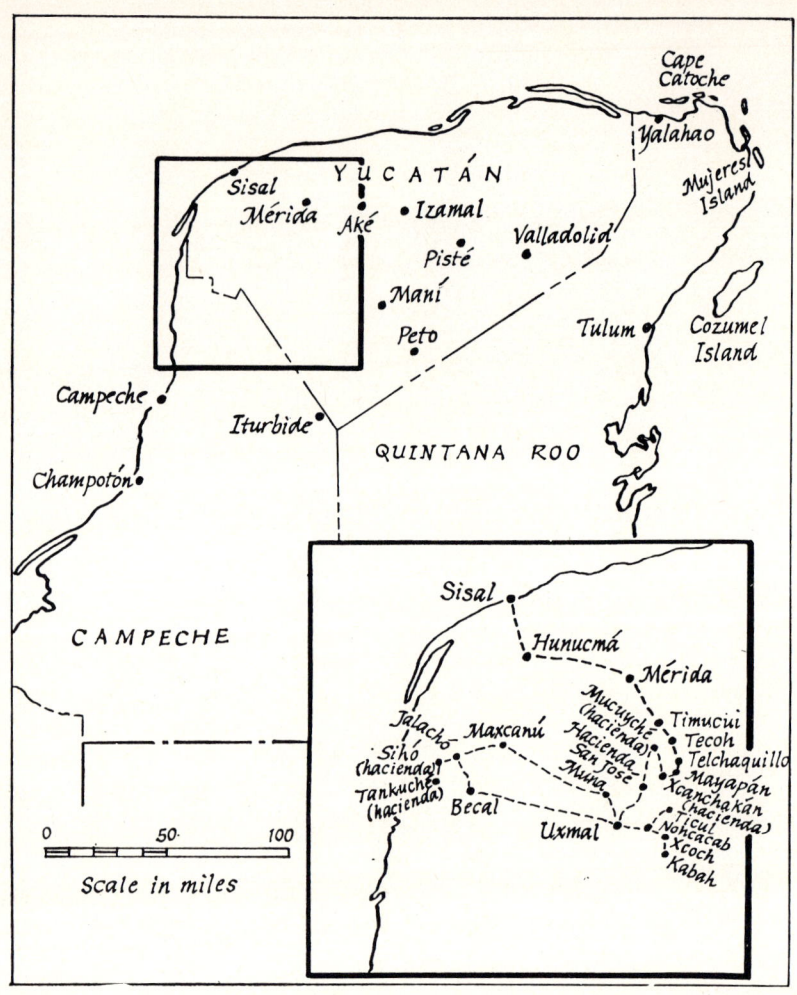

Yucatán. Die Einschaltkarte zeigt Stephens' Reisen von Sisal nach Kabah

Der Tempel von Zabacché nach einem Stich von Catherwood

Catherwoods Zeichnung des Tors in Labná

Sie reisten ohne Aufsehen, fast im geheimen, ab. Stephens hatte Prescott ermahnt:

«Wir wären Ihnen sehr verbunden . . . wenn Sie unsere Absichten nicht erwähnen würden. Wir möchten ohne Pressefanfaren und ohne die Aufmerksamkeit auf uns zu ziehen, fortkommen . . . Wir wollen vollenden, was wir begonnen haben, bevor andere uns in den Weg kommen können.»

Die Hauptstadt von Yucatán, die vom König den Titel «Die sehr treue und sehr edle Stadt Mérida» verliehen bekommen hatte, war eine der ersten Städte, die nach der Eroberung Yucatáns durch die Montejos erbaut wurde. Diese waren von Anfang an bei der Eroberung dabei. Francisco de Montejo, der Ältere, war mit Hernán Cortés 1519 in Cintla gelandet, nahm an der ersten Schlacht teil und wurde ein Jahr später dazu ausersehen, Karl V. die erste Beute zu bringen, um den Reichsrat durch den Reichtum zu beeindrucken, den man in dem von Montezuma regierten mexikanischen Land finden könne.

Nachdem Montejo seine Mission erfolgreich erfüllt hatte, blieb er in Spanien, wo er eine Witwe heiratete, die von der Last ihres Vermögens und einem anspruchsvollen Schoß gequält wurde.

Als dann Cortés 1524 seinen heroisch quichotesken Marsch durch 1500 Kilometer mexikanischer Geographie plante, um diejenigen aufzustöbern und zu bestrafen, die gegen ihn in Honduras rebelliert hatten, sandte er nach Montejo.

Montejo konnte seinem alten Waffengefährten nichts abschlagen und sagte zu, noch einmal vor dem Hof für ihn vorstellig zu werden. Als er auf dem Rückweg nach Spanien war und die zerklüftete Küste von Yucatán entlangfuhr, riefen die Sirenen der Konquista wieder nach Montejo, und diesmal hatte er wie Odysseus keine Lust, seine Ohren zu verstopfen.

Er kehrte nach Salamanca zurück, wo er seine reiche Frau dazu verleitete, ihre Ländereien zu verkaufen und ihre Juwelen zu verpfänden. Die Raserei der Konquista hatte ihn ergriffen.

In diesen Tagen – vor dem Zeitalter der Vernunft – war der König von Spanien auf Grund der päpstlichen Bulle außer Gott der größte Grundbesitzer der Welt. Er besaß alle Länder in der «neugefundenen Welt» (außer Brasilien) westlich der willkürlich von den päpstlichen Geographen gezogenen Linie.

Die neuen Eroberungen gingen ungefähr wie Grundstückszuteilungen vor sich. Montejo, dessen Fähigkeiten allgemein anerkannt waren, bezahlte der Krone einen Geldbetrag und verpflichtete sich, ganz Yucatán auf eigene Kosten zu erobern und dann zu kolonisieren. Er wurde zum Generalkapitän ernannt – das war nur einer seiner klangvollen Titel – und erhielt einen Zuschuß an Kriegsmaterial mit der Belehnung von eintausendsechshundert Quadratkilometer Landes, das ihm «für ewig» gehören sollte.

Die Krone mußte, wie es die übliche Praxis war, ihr «königliches Fünftel» bekommen, das dafür verwendet werden sollte, um Schulen, Klöster, Straßen und eine Menge anderer vielfältiger Projekte zu bauen, die die Verbindung der neu eroberten Provinz mit dem Staat schaffen sollten. Und so geschah es, oder besser in Wirklichkeit: geschah es nicht.

Die Eroberung von Yucatán dauerte fünfzehn Jahre, fünfzehn Jahre zäher Kämpfe, denn die Maya hatten gelernt, die Spanier richtig einzuschätzen.

Sie hatten bei sich einen begabten Praktiker der Tücke, Gonzalo Guerrero*, einen spanischen Gefangenen der Maya, der die Rituale und Foltern überlebt hatte und als Kriegsherr daraus hervorgegangen war. Die Maya wandten sich an ihn, als sie von den Spaniern bedrängt wurden, und er entwarf Verteidigungsmaßnahmen, die die Offensivkraft von Pferden und Gewehren schwächten.

Indem er sich als gefangener und gegen seinen Willen festgehaltener Sklave ausgab, schmuggelte er gekritzelte Botschaften zu den Spaniern, die immer mit den Worten endeten: «Ich grüße Gott und Sie, mein Herr, und die Spanier. Ich bin Ihr guter Freund . . .»

Aber die Eroberung war nicht aufzuhalten. Tutul Xiu, einer der mächtigsten Mayafürsten, ließ sich gegen das Versprechen ihrer Unterstützung gegen seinen traditionellen Mayafeind zu einer Allianz mit den Spaniern verleiten. Das bedeutete das Ende der Unabhängig-

---

* Gonzalo Guerrero, der Spanier, stieg vom Mayasklaven auf. Er heiratete, wurde Vater von zwei Kindern und wurde zum Kriegsherrn ernannt. Er weigerte sich, von Cortés repatriiert zu werden, und leitete die gemeinsame Verteidigung Yucatáns gegen die Konquistadoren. Viele Jahre lang war er sehr erfolgreich. Bei der Belagerung von Omoa in Honduras wurde er durch den Schuß einer spanischen Arkebuse getötet.

keit der Maya. Im Januar 1542 erwählte Montejo T'ho, das religiöse Zentrum der Maya, zur Stätte seiner Hauptstadt; sein gewaltiger Festplatz aus Steingebäuden erinnerte ihn an Mérida in der spanischen Provinz Badajoz (dem antiken Augusta Amerita von Lusitanien) mit seinen römischen Ruinen, und er nannte die neue Hauptstadt Mérida. Nach der streng vorgeschriebenen Regel, «Städte zu gründen», wurde der Stadtrat ernannt, legte man Straßen an, errichtete einen Galgen und wurden die Indianer damit beschäftigt, ihre Tempel einzureißen, damit man die Steine zum Bau der Kathedrale verwenden konnte.

An der Südseite des Platzes suchten sich die Montejos, Onkel und Neffe, die Stätte für ihren Palast aus.

Über dem Tor war eine kunstvolle Skulptur; das Wappen der Montejo in der Mitte, und auf beiden Seiten zwei gepanzerte Ritter, die auf den Köpfen besiegter Indianer standen.

Die Symbolik war nicht ganz wahrheitsgetreu. Die Eroberung von Yucatán zog sich lange hin, und die Maya, die sich nie wirklich unterwarfen, kämpften mit großer Härte.

Sie widerstanden der Eroberung ihrer Seelen so, wie sie der Eroberung ihres Landes widerstanden. An den Sonntagen machten sie das Ritual mit, das der Gott der weißen Männer forderte, und an den Wochentagen beteten sie im tiefen Schatten des Dschungels ihre Götter an, wie sie es immer getan hatten.

In den tiefsten Winkeln des Urwalds hatten sie Bilder der Mayagötter versteckt, die der Raubgier ihrer neuen Herren entgangen waren, und hier in dem blauen Dunst des Wohlgeruchs des brennenden Kopalweihrauchs suchten sie Trost.

Die Eroberung ihrer Seelen machte wenig Fortschritte, bis Fray Diego de Landa auf der Halbinsel erschien. Als strenger, tüchtiger Mönch ohne Humor und echte Demut entzündete Landa mit der einen Hand die Fackel, die mithalf, die Mayakultur zu zerstören, während er sie mit der anderen Hand bewahrte.

Er studierte fleißig die Sprache der Maya, und allein mit ihr bewaffnet, wanderte er durch das flußlose Land von Yucatán und bemühte sich, die Maya durch diese heidnischen Schibboleths auf seinen Weg zu bringen.

Wenn er mit dieser Methode keinen Erfolg hatte, riß er wutentbrannt mit eigenen Händen alle Spuren herunter, die verblieben waren, um die Maya an ihre Götter zu erinnern. Auf diese Weise wurde unter seiner Leitung die schöne Steinpyramide in Izamal zerstört und dazu verwendet, das Franziskanerkloster zu erbauen. Landa schonte niemand, nicht einmal die spanischen Behörden, wenn er eine Verletzung des Gesetzes von Indien feststellte. Unterließen die Menschen es, zur Messe zu kommen, wurden sie ausgepeitscht. Hielten sie an ihren heidnischen Bräuchen fest, mußten sie Aufgaben erfüllen, die ihren Widerstand brachen.

Als Diego de Landa erfuhr, daß die Bewohner des Dorfes Maní, der Herkunft der Tutul Xiu-Dynastie, immer noch ihren alten Göttern huldigten, eilte er dorthin und fand zu seinem Entsetzen Götter aus Lehm und Holz, sowie Bücher, Faltbücher, in die Glyphen (wie sie Stephens in Stein gemeißelt gefunden hatte), Geschichten, Kalender, astronomische und astrologische Tabellen geschrieben waren, die ihr Gedächtnis unterstützen sollten.

Diese Bücher waren der Eckstein der Mayawissenschaft, die bisher dem Eifer missionarischer Hände entgangen waren.

Landa holte sie zusammen zu einer großen Bücherverbrennung. «Wir fanden bei ihnen eine große Zahl von Büchern . . .», sagte er, «und weil sie nichts als Aberglauben und Lügen über den Teufel enthielten, verbrannten wir sie alle.»

«Wir verbrannten sie.»

Was in zweitausend Jahren an Wissenschaft angesammelt worden war, ging in diesen Flammen von Maní zugrunde. Landa hatte der Mayakultur den entscheidenden Schlag versetzt. Denn während gesellschaftlich wichtige Geheimnisse nie nur in der Hand eines einzelnen liegen, sind, wie Aldous Huxley zutreffend betonte:

«in vielen Gemeinschaften die Elemente der höheren Gesittung in den Händen von ein paar wenigen. Der (erste) Weltkrieg war in mehr als einer Hinsicht ein Beispiel dafür, wie empfindlich das Gleichgewicht der Kultur ist, wie leicht es entwurzelt werden kann. Die ganze Existenz einer industrialisierten und urbanisierten Gesellschaft hängt ab von dem Wissen und Können von höchstens einem Prozent ihrer Mitglieder . . . die selektive Ausrottung von drei- bis vierhundert Fachleuten würde das ganze wirtschaftliche und soziale Leben Englands zum Stillstand bringen.»

Aber paradoxerweise trug derselbe Mann, der so großzügig die Mayakultur auszulöschen half, das meiste dazu bei, ihre Geschichte zu bewahren.

Diego de Landa sammelte – mit einer ganzen Schar von Mayagehilfen – alle Einzelheiten ihres Lebens, sowie – und das ist das Wichtigste – eine Analyse ihrer geschriebenen Sprache.

Als die Spanier von seiner eigenmächtigen Verbrennung von Maya-Altertümern erfuhren, wurde er nach Spanien zurückberufen und mußte sich vor höheren kirchlichen Behörden verantworten. Im Kloster des heiligen Franziskus in Guadalajara eingesperrt, schrieb er ein Manuskript, in Wirklichkeit seine Verteidigungsschrift, das er «Geschichte von Yucatán» nannte. Diese Schrift erwies sich als wertvoll bei der Entzifferung der Mayaglyphen.

Stephens, der einen Champollion ersehnte, um die sprachlichen Geheimnisse zu entwirren, wußte, als er das Grab des Mönches in der Kathedrale von Mérida betrachtete, kaum etwas davon, daß dieser «Jean François Champollion» unter dem Namen Diego de Landa hier lag.

In Mérida freute sich Doña Micaela sehr, den Señor «Esteebens» und seine beiden Freunde wieder in ihrer Pension zu beherbergen. Sie empfing sie unter der Tür an der kopfsteingepflasterten «Flamingoecke» in einem rotbestickten, frisch geplätteten Huipil und Schuhen mit hohen Absätzen nach der neuesten Pariser Mode.

Gutgelaunt schloß Stephens Doña Micaela in die Arme.

Musik, die die letzten Stunden des Festes von San Crístobal verschönte, erklang vom Festplatz herüber, als die drei Expeditionsteilnehmer ihre Hängematten in dem kühlen, spärlich möblierten Zimmer aufhingen, das für eine kurze Zeit ihr Heim werden sollte, und nachdem sie ihre Moskitonetze angebracht hatten, gingen sie in die Straßen von Mérida hinaus.

Weißgekleidete Maya mit breiten Köpfen, Adlernasen und Augen mit Mongolenfalte drängten sich auf den Straßen.

Die Frauen, klein und stämmig, attraktiv adrett in ihren farbenfrohen Huipils, eilten mit anmutigem, geschmeidigem Gang vorbei.

Der junge Dr. Cabot, das Gesicht knabenhafter als je unter dem breiten Panamahut, folgte diesen seltsamen Leuten mit staunenden Augen; von Anfang an war er sehr froh, daß er an der Expedition teilgenommen hatte, denn der Anblick der Silberreiher, Pelikane und Enten (ganz abgesehen von seinem ersten wilden augenfleckigen Truthahn) an der Küste von Yucatán in Sisal, wo sie am 25. Oktober angekommen waren, «war allein schon die Reise wert», wie er zu Stephens sagte.

Alles war in Feststimmung. Über die engen Straßen mit Kopfsteinpflaster waren Girlanden aus Kiefernzweigen gespannt. Die pastellfarbenen Häuser trugen Bildnisse ihrer speziellen Heiligen, Laternen hingen von den Balkonen herunter, und hübsche dunkelhäutige Mädchen spähten durch die Fenstergitter heraus.

An der Alameda, dem Promenadenplatz, wo die breite, steingepflasterte Hauptstraße von Ramón-Bäumen beschattet war, setzten sich die Expeditionsteilnehmer und betrachteten die Damen mit blumengeschmücktem Haar, die in roträdrigen Kutschen vorbeifuhren.

In der Eile der Reise hatte Stephens fast den Zauber dieses «primitiven Knickerbockerstaates» vergessen, aber er hatte kaum vergessen, wie sehr er bei seinem ersten Besuch von den Frauen entzückt war. Mit dem Auge des Kenners schrieb er:

«In unserer Nähe war eine Schar junger, schön gekleideter Mädchen mit dunklen Augen und blumengeschmücktem Haar, die, obwohl ich jetzt ein Jahr älter und abgekühlter war, meinen früheren Eindruck von der Schönheit der Damen von Mérida bestätigten . . . Alle diese Mestizen strahlten eine Milde, Zartheit und Liebenswürdigkeit aus, die die Stimmung einer unterschiedslosen Güte verbreiteten.»

Soviel Charme hatte diese Mestizenkleidung – keine Korsetts, Volants, plissierten Unterröcke oder Strumpfbänder . . . sie war so sauber, einfach und frei, und ließ «jede Schönheit einschrumpfen oder anschwellen, wie es der Natur gefiel», sagte Mr. Stephens. «Ich war besonders empfänglich für all diese Einflüsse.»

Catherwood experimentierte mit dem Daguerreotyp-Apparat am Rand des Hauptplatzes und versuchte, ein Bild des Palastes der Montejos aufzunehmen.

Der Daguerreotyp-Apparat war eine Sensation für Mérida. Manche hatten schon von dieser neuen Erfindung gehört, denn Mérida hatte gute Verbindungen zu New York, Kuba und der Welt draußen, aber mit der Ausnahme von Baron von Friedrichsthal, der im Jahr zuvor mit einem solchen Apparat gekommen war, hatte niemand je einen gesehen.

Zuerst hatten die Expeditionsteilnehmer mit sich selbst experimentiert, bis sie es müde wurden, immer ihre eigenen Gesichter zu sehen. «Es war etwas Neues für uns», erklärte Stephens, «aber nicht schlimmer, als es für einen Zeitungsverleger wäre, Kapitän eines Dampfschiffes zu werden; übrigens nicht wie bei den Banken – wir konnten niemand durch eine Pleite schädigen.»

Catherwood machte keine Einwände gegen Stephens' Vorschlag, in ihren Zimmern – natürlich nur zur Übung – die Damen von Mérida zu fotografieren.

Sie hingen ihre Hängematten ab, schoben das Gepäck zurück und öffneten die Fensterläden. In das Zimmer strömte die warme «schöpferische Sonne» von Yucatán, die noch weiter «aufgehellt wurde», sagte der unbezähmbare Stephens, «. . . durch den Eintritt von drei jungen Damen mit ihren Mamas und Papas.»

Die Frauen waren kreolisch im Yucatánstil gekleidet; der Huipil war viereckig im Nacken und so tief ausgeschnitten, daß der Schatten zwischen ihren olivenfarbigen Brüsten sichtbar wurde. Das Haar war zurückgekämmt und in einem Knoten zusammengebunden, der die mit reich verzierten Ohrringen geschmückten Ohren freiließ.

Nach der Stephensschen Logik konnte es für den geplanten Zweck, nämlich Aufnahmen von den Mayaruinen zu machen, keine bessere Methode, mit dem Daguerreotyp-Apparat zu experimentieren, geben, als Porträts von attraktiven Señoritas zu machen.*

Der erste Versuch war ein ausgesprochener Erfolg, so daß Frederick Catherwood den ganzen unhandlichen Apparat in einen hochrädrigen Volán packte und zu dem Haus fuhr, wo das nächste Experiment stattfinden sollte. Denn Stephens schlug vor, zu wissenschaftlichen Zwecken den ganzen Haushalt, von der Mutter hinunter bis zur

---

* Der vervollkommnete Daguerreotyp-Apparat, der 1839 herausgebracht wurde, wurde von John Draper und S. F. B. Morse in Amerika eingeführt. 1841 erschien Baron Emmanuel von Friedrichsthal in Yucatán und machte dort zum erstenmal Daguerreotypien von Mayaruinen. Diese wurden in New York, London und Paris ausgestellt, wo Friedrichsthal einer Tropenkrankheit erlag. Damit verschwanden die ersten Fotografien von Mayaruinen; Catherwood war der erste, der die Daguerreotypie ausgiebig für die Zwecke der Archäologie einsetzte.

indianischen Dienerschaft abzubilden.

In diesem Augenblick entdeckten die Leute von Mérida, daß der liebenswürdige junge Mann, Dr. Cabot, der französisch, aber nicht spanisch sprach und mehr an Vogelgefieder als an Frauen interessiert schien, ein Chirurg war. Er hatte in Paris unter Docteur Guerin studiert, wie sie bald erfuhren, und wußte, wie man schielende Augen heilen konnte.

In Mérida gab es, wie fast überall in Yucatán, ungewöhnlich viele schielende Menschen, ein Körpermerkmal, das zweifellos von ihren indianischen Vorfahren herrührte; denn in der Welt der Maya hielt man es für attraktiv, zu schielen.

Die Mayamütter hefteten kleine Kugeln aus rot gefiedertem Wachs zwischen die Augenbrauen ihrer Neugeborenen, damit die Augen schielend wurden. Das Schielen war bei den Maya so beliebt, daß Itzamna, der Gott des Schreibens (einer seiner vielen proteischen Aspekte), immer stark schielend dargestellt wurde.

Ein vierzehn Jahre alter Junge, der Sohn einer mit Stephens befreundeten Familie aus Mérida, war der erste Strabismuspatient.

Es war ein schöner Junge mit glänzenden Augen, dessen Gesichtszüge durch das Schielen besonders stark entstellt waren. Nachdem Dr. Cabot den Rost von seinen schön gehärteten Pariser Instrumenten abgeschliffen hatte, der sich dort angesetzt hatte, erklärte er mit der Hilfe von Stephens den Eltern den *modus operandi* der Strabismustechnik.

Das Auge wird von sechs Muskeln in seiner Lage gehalten, die seine Bewegungen nach oben, unten und seitwärts regulieren. Eine zu starke Zusammenziehung oder eine Unterentwicklung eines dieser Augenmuskeln bringt eine Schiefheit im Auge hervor, die in ihrer Sprache *bisco* heißt.

Dr. Cabot hatte nun vor, einen dieser Augenmuskeln, leider ohne Betäubung, zu durchschneiden, wodurch, so Gott wollte, das Auge in seine normale Lage «zurückfallen» würde.

Da diese Muskeln unter der Oberfläche des Auges liegen, ist es erforderlich, unter seine Bindehaut zu kommen. Es ist einleuchtend, daß man für eine so heikle Operation weder ein Breitbeil noch eine Machete brauchen konnte.

«Man braucht», meinte Stephens, «eine Kenntnis des Auges, ge-

216

schickte Hände, scharfe Instrumente; und Mr. Catherwood und mich als Assistenten.»

Ein Schnitt von Dr. Cabots Messer, ein kläglicher Schrei; und der Junge stieg mit blutenden Augen, vom Schielen befreit, von dem improvisierten Operationstisch herunter. Die Kunde von Cabots Wunderheilung durcheilte ganz Mérida.

Früh am nächsten Morgen war ihr Zimmer von einem Regiment von Leuten und vielen schielenden Jungen umgeben. Während zwei Ärzte aus der Stadt, Dr. Sado und Dr. Muñoz, assistierten, vertrauten zufällig ausgewählte Patienten ihre Erbschaft von Itzamna Dr. Cabots Messer an. Einer, ein gargantuanischer Bursche, verlor fast sein Auge, als er vor dem Schnitt zurückzuckte; die Stimme eines kleinen, in das traditionelle weiße Yucatánhemd und Unterhose gekleideten Knaben konnte man aus allen anderen heraushören: «Yo quiero, yo quiero» – ich möchte es, ich möchte es.

Der Knabe stieg auf den Tisch und blieb heroisch unbeweglich liegen, während er von seinem Strabismus geheilt wurde. Dann kam ein alter General, der älteste in der mexikanischen Armee. Ihm folgte ein hübsches junges Mädchen mit seiner Dueña.

Danach erklärte Dr. Cabot, jetzt habe er genug. Dem schloß sich Stephens an, dessen Kopf «wirklich von Visionen blutender und verstümmelter Augen schwirrte».

Aber es war nicht so leicht, Schluß zu machen, wie anzufangen . . . Ihre Türen waren den ganzen Tag von vielen schreienden Leuten belagert, die behandelt werden wollten.

«Sie tobten schließlich wie der Mob in einer Stadt des Westens, der gerade Lynchjustiz übt.» Wo sie auch nach den Strabismusoperationen in Mérida hingingen, folgten ihnen kleine Jungen, die riefen: «Hier gehen die Männer, die die Biscos heilen.»

Der Empfang der Herren Stephens, Catherwood und Cabot durch die Bewohner von Mérida war warm und überschwenglich auf echt spanische Art. Die Lokalzeitungen *El Boletín Commercio* und *El Siglo Diez y Nueve* hatten die meisten Nachrichten, die in New York über Stephens' Entdeckungen in Mittelamerika verbreitet wurden, nachgedruckt, und im Gegensatz zu Madame Calderón de la Barca's Bemerkung, daß «diese Reisebeschreibungen von denen, die das Land kennen, als ungenau kritisiert werden», waren die Leute von Mérida erfreut über die Richtigkeit seiner Beschreibungen: *«plena de la verdad»* «voll von Wahrheit», wie ein Redakteur sich ausdrückte.

Die Publizität, die ihnen zuteil wurde, der Daguerreotyp-Apparat, die Strabismusoperationen, und nicht zu vergessen der persönliche Charme des Señor Stephens – alles war von unschätzbarem Wert für ihre archäologischen Entdeckungen. Von fast allen wurde ihnen geholfen.

Kurz bevor sie zu den Ruinen von Uxmal aufbrachen, schlug Don Simón Peón, dem sie eine großzügige und unentbehrliche Hilfe verdankten, vor, daß er Stephens offiziell dem Gouverneur von Yucatán vorstellte. Don Simón war selbst sehr mächtig, denn er war ein *hacendado* mit ausgedehntem Grundbesitz, genug jedenfalls, um in Yucatán als fabelhaft reich zu gelten.

Ihm gehörte die Stätte, wo die Ruinen von Uxmal standen. Don Simón war früher ein Edler des Ordens von Calatrava, aber als die Unabhängigkeit kam, wurde er eines der Mitglieder der Junta, die die Freiheit der Halbinsel Yucatán von Spanien proklamierte.

Obwohl Yucatán nominell eine Republik war, die je nach der politischen Laune mit Mexiko verbunden war oder auch nicht, behielt Don Simón alle Vorrechte der Aristokratie.

Seine Kleidung war einfach und elegant, sein wildledernes, weites Jackett hatte Knöpfe aus ziseliertem Gold. Obwohl er sich nicht im geringsten für Maya-Altertümer interessierte, von denen Zeugen überall auf seinen großen Gütern verstreut waren, anerkannte er nichtsdestoweniger ihre Bedeutung für die Geschichte des Landes und Volkes.

Seine Exzellenz der Gouverneur, Don Santiago Méndez, hatte in der Zeitung von Stephens' Reisen gelesen, und es war ihm eine Ehre, ihn wieder in Yucatán begrüßen zu dürfen.

Obwohl er diesmal in keiner diplomatischen Mission kam, sagte ihm der Gouverneur, daß ihm seine Suche nach den Horizonten der frühen Geschichte von Yucatán jede Unterstützung in seinem Land sichern würde.

Gebildet, gewandt und hilfreich, war Don Santiago etwa vierzig Jahre alt, obwohl sein großer, schlanker Körper und das leichenblasse Aussehen ein höheres Alter vermuten ließen.

Später schrieb er dann, beeinflußt von dem Wiedererwachen des

Interesses für die Maya durch Stephens' Schriften, ein Buch über die Gebräuche der Maya-Indianer.

Im Augenblick ruhte sein Kopf unsicher auf seinen politischen Schultern, denn 1840 hatte er Yucatán zu einer selbständigen Republik erklärt, und Yucatán bemühte sich nun um eine politische Vereinigung mit Texas. Wegen seiner Kühnheit erwartete Méndez einen Angriff der mexikanischen Truppen unter Antonio López de Santa Ana auf Yucatán.

Aber Méndez überlebte Santa Ana's Angriffe ebenso wie den Krieg der Kasten, der 1846 ausbrach (als die durch drei Jahrhunderte schlechter Behandlung aufgestachelten Indianer sich in einer erfolgreichen Revolte erhoben), und starb schließlich an seinem Geburtsort.

Die politische Lage schreckte Stephens in keiner Weise ab. Sie gingen in ein unbekanntes Land, ein Gebiet, in dem es fast überhaupt keine weiße Bevölkerung gab, ein altes Land, wo bei den Eingeborenen das erste Murren der Rebellion laut wurde. Sie luden ihr Paar Pistolen, verstauten ihr Gepäck auf Packtieren, die ihnen von Don Simón geliehen worden waren, erhielten von Doña Micaela eine Umarmung und eine große handgeschriebene Landkarte von Yucatán und schickten sich an, unter einer brennenden Sonne in den Buschdschungel des Inneren aufzubrechen. Um ihre Beliebtheit zu vervollständigen, weigerte sich ihre Wirtin, Geld von ihnen anzunehmen.

«Das Vergnügen Ihrer Gesellschaft», sagte sie, «hat alles aufgewogen.» Unter Freunden konnte es keinen Gedanken an eine Wohnungsmiete geben.

«Eine wie sie werden wir nie mehr sehen», sagte Stephens.

Da sie die letzte Expedition wegen Catherwoods Krankheit in Uxmal hatten abbrechen müssen, wollten sie die neue dort beginnen.

Der Blick vom Haus des Magiers auf Uxmal war für sie ein erhebender Augenblick:

«reich geschmückt, ohne einen Busch, der die Aussicht behinderte, und in seiner malerischen Wirkung fast zu vergleichen mit den Ruinen von Theben . . . am Nil.»

Sie waren die sechzig Meter hinaufgestiegen, und von dort öffnete sich ihnen das weite Panorama einer Dschungelebene. So weit es die Augen gestatteten, bis der Horizont in purpurnem Dunst verschwamm, konnten sie das Kalkland von Yucatán maiskuchenflach,

Kilometer auf Kilometer weit sehen, wie es sich vor ihnen erstreckte. Kein Fluß, kein Bach, nicht einmal ein Rinnsal unterbrach die Flachheit des Landes. Nur unterhalb und unmittelbar über ihnen fand das Auge Abwechslung. Über ein Gebiet von drei Quadratkilometern verstreut, waren Steingebäude auf Terrassen, die vollständig mit exakt behauenen Steinen verkleidet waren und noch einiges von ihren einst sorgfältig gearbeiteten Fassaden erkennen ließen; Erdhügel, jetzt verfallen und kaum erkennbar, die früher die Versammlungsplätze des Mayavolkes waren. Das war Uxmal, erbaut von einem geschichtslosen Volk, das einst das Land beherrschte.

Rings um sie erschien die Welt unter der sinkenden Sonne übernatürlich still, als ob die Natur ihren Besuchern die Eintönigkeit von Raum und Zeit eindrucksvoll vermitteln wollte.

Das von einem prächtigen Tor beherrschte Haus des Magiers, vor dem die Reisenden ausruhten, ist ein Pyramidenstumpf, auf dem ein rechteckiges Gebäude steht. Treppen aus Stein steigen an seinen Flanken hinauf und führen in dickwandige fensterlose Räume. Der ornamentale Eingang, eine allegorische Maske, hat als Mund eine offene Tür, während an seinen Seiten als kunstvolles, kontrapunktisches Muster andere Masken, Symbole des langnasigen Gottes Itzamna, zu sehen sind. Das Ganze ist wunderbar entworfen. Die mehr oder weniger zerstörte Oberfläche der Verzierung, die noch die lebhafte Vielfarbigkeit greller Farben trägt, hebt sich dramatisch von der unverzierten Kalksteinmauer ab. Entstanden im Augenblick der größten Macht der Maya, ist das Kunstwerk fraglos das schönste in diesem Kulturbereich.

Von dieser Höhe aus schaut man auf einen Hof hinunter, der von dem Haus der Nonnen, kurz dem Nonnenkloster, umgeben ist, das von den Padres wegen der zellenartigen Räume des architektonischen Komplexes so genannt worden war. Die Gebäude, die auf einer asymmetrischen, künstlichen Terrasse stehen, wenden ihre reich verziert skulptierte Fassade dem umschlossenen Hof zu, den man durch einen großartigen Bogengang betritt.

Jede Seite hat einen anderen Schmuck. Eine hat als dekoratives Motiv kleine Modelle von Mayahäusern; auf einer anderen Seite schlängelt sich eine gefiederte Schlange durch einen Fries mit regelmäßigem Muster; und auf noch einer anderen beherrschen die Masken des Regengottes mit phantastisch verlängerter Nase die Ecken ihrer ganz schmucklosen Seiten. Niemand kennt den Zweck des Gebäudes.

Südlich des Nonnenklosters sind die Überreste des Ballspielplatzes und dahinter, fast ganz vom Buschwerk überwuchert und erhöht auf einem Sockel aus Erde, ein rechteckiges Gebäude, das man das Haus der Schildkröte nennt, weil es im oberen Gesims eine Verzierung aus ungewöhnlich realistisch skulptierten Schildkröten hat. Und weiter entfernt, eingehüllt in den blauen Abenddunst, sind die Klötze von zwei im tpyischen Mayastil abgestumpften Pyramiden, auf denen mit Türmchen versehene, aber zur formlosen Masse zerstörte Gebäude stehen. Ebenfalls zerstört ist das Gebäude an ihrer westlichen Basis, der gezackte, neungieblige Ziergiebel, das Haus der Tauben, das wegen der Durchlässe im Ziergiebel, die an einen Taubenschlag erinnern, so genannt wird.

Aber es war der Palast des Gouverneurs, das größte Gebäude von Uxmal und vielleicht das eindrucksvollste im ganzen Mayagebiet, das die Aufmerksamkeit am stärksten auf sich zog. Es ist ein gewaltiges trapezoides Gebäude, hundert Meter lang und zwölf Meter breit, das in seinem ganzen Umfang eine Fassade aus fein behauenem Stein mit so kompliziertem Muster hat, daß es eigentlich ein Mosaik aus einigen zwanzigtausend skulptierten Steinen ist. Die Vertiefungen und Vorsprünge der weißen Steine sind sehr ähnlich den «Farbtupfen» impressionistischer Gemälde angeordnet, so daß die Fassade auf ihrer ganzen Länge vom feinen Spiel von Licht und Schatten belebt wird. 220 Meter eines gigantischen Kontrapunktes aus skulptierten Steinen! Es ist eines der größten Monumente, die die Indianer ihrem Land hinterlassen haben. Der Palast des Gouverneurs war zweifellos für Wohnzwecke bestimmt, denn die lange Seite ist von neun Türöffnungen durchbrochen, die in Zimmer führen, und zwei Durchgängen, durch die man in die jeweiligen Höfe hinausgehen kann.

Im Originalzustand waren die Oberschwellen der Türöffnungen aus einem einzigen harten und dunkelbraunen Stück Chicosapoteholz herausgearbeitet, in das Glyphen geschnitzt waren, bis die Zeit, die Termiten, Pilze und der Schwamm sie zerstörten. Durch ihren Zusammenbruch entstanden formlose Wölbungen über den Türöffnungen, die die sonst prachtvoll intakte Fassade aus behauenen Steinen beeinträchtigen.

Dem geschulten Auge Catherwoods entging keine dieser architektonischen Einzelheiten. Er sah an den Gebäuden gewisse Merkmale, Techniken einer Kultur, die aus derselben Quelle stammten wie die, aus denen andere steinerne Städte wie Palenque entstanden waren.

Uxmal hat nichts von der Massivität von Copán. Seine Skulpturen sind vollplastisch gemeißelt, und es gibt hier nicht die wunderschönen skulptierten Stuckarbeiten, die sie in Palenque angetroffen hatten. Es gibt auch keine monolithischen Stelen mit Glyphen. Aber die Bauwerke haben unverkennbare Züge, die anzeigen, daß die Kultur, die alle die anderen hervorgebracht hatte, auch Uxmal erbaute.

Sechs Wochen verbrachten sie hier, vom 15. November bis 1. Januar, sechs Wochen mühevollen Vermessens, Kartographierens und Zeichnens.

Stephens kam in Uxmal richtig in Fahrt. Mit dem gewaltigen Folioband «Historia de Yucatán» von Cogolludo (den ihm William Prescott geliehen hatte) unter dem einen Arm und einer Machete in der anderen Hand, machte er sich daran, das Rätsel einer weiteren geheimnisvollen Ruine zu lösen.

Uxmal hat im Gegensatz zu den Ruinen von Copán und Palenque eine Geschichte. Fray Antonio de Ciudad Real, ein gewandter und intelligenter Priester, hatte Uxmal 1585 beim Ende der Konquista auf Grund vager Gerüchte über eine große, im Dschungel begrabene Stadt besucht. Er fand, Uxmal sehe aus der Entfernung wie ein «flandrisches Gemälde» aus. Er hatte «Die sehr berühmten Gebäude von Uxmal» geschrieben, worin er in Begriffen einer bescheidenen Modernität den Tempel des Magiers und seine «hundertfünfzig steinerne Stufen, die sehr steil sind» beschrieb und alle anderen «mit wunderbar fein gemeißelten muls (sic)».

Aufgefallen waren ihm die hohen Oberschwellen «aus dem Holz des Chicosapotebaums, das sehr stark ist und langsam verrottet», und er erkannte auch, daß die Glyphen «gewisse Schriftzeichen und Buchstaben hatten, die die Maya-Indianer in uralten Zeiten benützten und die mit so großer Kunstfertigkeit gemeißelt waren, daß sie sicher Bewunderung hervorriefen».

Aber diese Informationen standen Stephens nicht zur Verfügung, denn sie waren noch nicht aus den spanischen Archiven ausgegraben worden, wo sie dreihundert Jahre bis 1875 lagen. Erst als Stephens den Auftakt für die Maya-Renaissance gegeben hatte, wurden sie veröffentlicht.

Der Entdecker von Uxmal wurde 1551 in der Stadt seines Namens in der Provinz La Mancha geboren. Er war einer der jugendlichen, von Gott erleuchteten Mönche, die auf Veranlassung von Bischof Diego de Landa nach Yucatán gesandt worden waren. Nach dem Tode des Bischofs im Jahr 1582 wurde Ciudad Real zum Generalbevollmächtigten und Sekretär des Franziskanerordens befördert, in welcher hohen Stellung er weit im Land der Maya herumreiste. Sobald er sich mit der Sprache der Maya vertraut gemacht hatte, begann er mit einer Sammlung, die er *Calepino* nannte, sechs Bände Sprachwissenschaft, Geschichte und Ethnologie mit Variationen über ein Thema von Jehovah.

1617, vor seinem Tod, hatte er einen «Kurzen Bericht» geschrieben, in dem, zwischen theologischen Abschweifungen, Uxmal in einiger Ausführlichkeit abgehandelt wurde. Er fand in den übelriechenden alten Räumen Wandgemälde von nackten, in den alten Huipil von Yucatán gekleideten Indianern, «wodurch» wie der Padre schrieb, «bewiesen ist, daß diese Gebäude von den Indianern erbaut wurden». «Die Indianer», sagte Ciudad Real, «wissen, daß mehr als neunhundert Jahre vergangen sind, seit die Gebäude errichtet wurden.»

Er befragte die Popul-Historien der Chilam Balam Maya. Da erfuhr er es! Denn das ursprüngliche Uxmal war irgendwann im siebten Jahrhundert erbaut worden, was (da Ciudad Real im sechzehnten Jahrhundert schrieb) die Zeitschätzung der Indianer für die Gründung von Uxmal auf das Bemerkenswerteste bestätigte, denn Uxmal, was «dreimal erbaut» bedeutet, hatte seine ersten Fundamente genau in dem Jahrhundert gelegt, als die Katastrophe über das «Alte Reich» der Maya hereinbrach.

Stephens Exkurs in die Geschichte hatte den Zweck, herauszufinden, «wer das Volk war, das diese Ruinen erbaut hatte». Uxmal lieferte zum erstenmal den Beweis, den wirklichen Beweis, daß die Gebäude von dem Volk errichtet worden waren, das Yucatán zur Zeit der Eroberung bewohnte.

Obwohl er nichts von Padre Ciudad Real wußte, sah er sich in den

Dorfarchiven um und entdeckte eine spanische Übersetzung des Buches von Chilam Balam, mündliche Geschichten der Maya, die einem maya-spanischen Sekretär im sechzehnten Jahrhundert erzählt worden waren. Dort erfuhr er, daß «Ah Zuitok Tutwl Xiu am zehnten Ahau die Stadt Uxmal gründete». In Maní fand er einen großen Band, «der ein sehr altes und ehrwürdiges Aussehen hatte, in Pergament gebunden, zerfetzt und wurmstichig, mit einem Verschluß wie der einer Brieftasche», geschrieben in der Mayasprache und mit 1556 datiert. Er ließ ihn sich von einem mayasprechenden Padre übersetzen und fand hier wieder die Bestätigung dafür, daß Uxmal der modernen indianischen Tradition angehörte. Später entdeckte Stephens in Maní eine indianische Landkarte. Sie stammte aus dem Jahr 1557, und Uxmal erscheint dort nicht als Zeichnung einer Kirche, sondern mit dem unverkennbaren Symbol einer Mayaruine.* Stephens durchforschte auch die Besitzurkunden von Don Simón Peón – «ein gewaltiger Stapel, mit dem verglichen die Akten einer hinausgezogenen Gerichtssache oder einer Vertreibungsklage ein einfaches Billet sind.»

Einige Zeit nach 900 n. Chr. konzentrierte sich vermutlich die ganze Aktivität der Maya auf die Nordspitze von Yucatán. Chichén Itzá wurde zum erstenmal im fünften Jahrhundert erbaut. Ungefähr 987 n. Chr. wurde es wieder besiedelt, weil die Maya zwei achtzehn Meter tiefe «Cenotes» mit gewaltiger Mündung fanden: eine unerschöpfliche Wasserversorgung. Südlich davon entstanden weitere Städte in voller Pracht: Kabah, Labná, Sayil, Izamal, Uxmal – ja, überall, wo man einen Cenote fand, erhob sich ein religiöses Zentrum über dem Buschdschungel.

Zwei Jahrhunderte lang regierten die Fürsten von Chichén Itzá dieses neue kulturelle Reich. Sie beherrschten den Handel, jenes wesentliche Element kulturellen Wachstums; große Kanus mit den Pro-

---

* Uxmal, 900 n. Chr., liegt im Puuc von Yucatán, einer niedrigen Bergkette, langgezogenen Kalksteinrippen, abwechselnd mit Erdstreifen. Es ist nicht nur die einheitlichste Mayastadt; es ist auch die schönste. Außerdem ist es sehr wahrscheinlich, daß die Maya selbst es Uxmal genannt haben. Es hat eine geschriebene, gesprochene, traditionelle Geschichte. Uxmal gehörte der Liga von Mayapan an. Es hat in der Literatur sogar ein Datum: «Im Katun 2 Ahau (987 n. Chr.) wurde der Mayafürst Ah Suytok Tutul Xiu in Uxmal eingesetzt.»

dukten ihres Herrschaftsbereichs fuhren auf ihren Handelsreisen südwärts bis über Honduras hinaus. Indianische Sklaven, unter Bergen von Waren begraben, kamen bis in das Innere von Mexiko.

Chichén Itzá erhob Tribute. Es setzte kalendarische Festtage fest. Als religiöses Zentrum erreichte es den Glanz des Alten Reiches.

Dann meldete sich am Horizont der Maya Konkurrenz an.

Das Volk des Hochlands von Mexiko blieb kulturell und materiell nicht stehen, während die Maya sich höher entwickelten. Der größte Teil von Mexiko, aufgesplittert in Stämme oder Staatenbünde aus losen, temporären Bündnissen, baute auf, breitete sich aus und lernte, die Natur zu beherrschen.

Das Innere Mexikos und die Küstengegenden waren weithin mit religiösen Zentren übersät, die mit derselben Präzision, wenn auch nicht der künstlerischen Meisterschaft der Maya erbaut waren.

Nach und nach wurden durch den Handel und den Kontakt alle Spielarten der mittelamerikanischen Kultur gemeinsames Gut. Wenn auch indirekt, hatte es auch Kontakte mit den Völkern von Südamerika gegeben, und Metall in Gestalt von Waffen aus Bronze und Kunstwerken aus Gold tröpfelte durch den langen, schmalen Hals des Isthmus herein.

In Padre Cogolludos *Historia de Yucatán*, jenem dicken Folioband mit stockfleckigen Seiten, las Stephens, daß er Uxmal besucht hatte, während es noch

«befleckt war von Kakaoopfern und Brandspuren von Kopal, das ihr Weihrauch ist, der erst kurze Zeit vorher verbrannt worden war, ein Beweis für Aberglaube oder Götzendienst, der erst in jüngster Zeit begangen worden war, obwohl wir alle, die dort waren, nichts darüber ausfindig machen konnten.»

Stephens stellte sich also die rhetorische Frage: «Was war Uxmal?» Es war «völlig fraglos» eine alte, von Indianern erbaute Stadt, die in Yucatán zur Zeit der Ankunft der Spanier lebten und die es noch lange nach der Eroberung besuchten, um ihre alten Götter zu verehren. Weder Römer, Griechen, Juden, Karthager oder Ägypter erbauten diese Städte: sie waren von den amerikanischen Indianern erbaut worden.

Stephens erfaßte noch nicht voll die Verbindung zwischen Uxmal in Yucatán, Copán in Honduras und Palenque in Mexiko, außer daß die

Gebäude aus Stein waren. Aber ein ganz offenkundiges Bindeglied war ja vorhanden – die Glyphen. Die geheimnisvollen Schriftzeichen, die die Steine von Copán bedeckten und die er in der ehrfurchtgebietenden Großartigkeit von Palenque gesehen hatte, fand er auch in Uxmal. Zwar konnte er sie nicht lesen, aber es bestand kein Zweifel, daß es dieselben kieselförmigen Glyphen waren («der Grundcharakter ist der gleiche»). Im äußersten Nordostzimmer des Palastes des Gouverneurs entdeckten sie eine hölzerne Oberschwelle mit geschnitzten Glyphen, die, «so weit wir sie verstehen konnten, ähnlich denen von Copán und Palenque waren». In den ganzen Ruinen von Uxmal war hier «die eine entschiedene Ähnlichkeit». Sie fanden die Oberschwelle in der dunklen Ecke des Raumes, wo Graf Waldeck sie 1836 versteckt hatte, und Stephens beschloß, diesen Balken zu retten und nach New York zu bringen.

Sogar noch bevor sie auf Grund der architektonischen Analogie die Gleichartigkeit der von ihnen entdeckten Kulturen feststellten, erkannten Stephens und Catherwood, daß Uxmal mit den anderen Ruinen, die sie gefunden hatten, verwandt war.

Obwohl sie in dem prächtigen Palast des Gouverneurs wohnten, waren sie bejammernswerte, hungrige Männer, bis Chaipa Chi kam. Sie war ihnen von ihrem Herrn, dem Besitzer von Uxmal, als ein Ausweg aus ihrer mißlichen Lage versprochen worden, da das Essen hauptsächlich aus der Tortilla, dem Maiskuchen bestand, den nur eine Frau zubereiten konnte. Der Junge, der ihnen mitgegeben worden war, konnte nicht spanisch sprechen, und sie nicht Maya; außerdem konnte er nicht kochen.

Ihre Eroberung der Maya konnte erst beginnen, als Chaipa Chi kam.

Sie sahen sie durch den Busch kommen «mit einem kleinen Jungen als ihrem Dueño». Dunkelhäutig, mit ausladendem Leib und Busen, hatte sie das Profil von tausend steinernen Maya-Porträts, hakennasig, mit fliehender Stirn und dunklen, mandelförmigen Augen. Sie kam die Treppe herauf, ihre Kleider auf dem Kopf, nickte ihnen einen Gruß zu – denn sie sprach nur wenig Spanisch – und zog sich in die Behelfsküche zurück. Von nun an waren sie in ihrer Hand.

Da sie in dem Palast des Gouverneurs wohnten und er ihnen also das Nächste war, war er auch der erste, den sie mit wissenschaftlicher

226

Genauigkeit zu untersuchen begannen.* Sie hatten einige Tage damit verbracht, einen Lageplan der Ruinen herzustellen (eine Arbeit, die durch den dichten Buschdschungel und die Ablenkungen erschwert wurde, die Dr. Cabot verursachte, der oft genau im Augenblick des Ablesens das Meßband fallen ließ, um hinter einem Vogel herzurennen).

Nachdem die Vermessung beendet war, konnten sie sich dem Palast zuwenden. Catherwood war von den Forschern am zufriedensten, denn er war wenigstens in seinem Element. Nachts arbeitete er beim flackernden Kerzenlicht an dem Plan von Uxmal, während er am Tag, wenn Stephens und Cabot die anderen Gebäude freilegten, den Palast zeichnete.

Zunächst machte er eine maßstabgerechte Zeichnung der Front des Gebäudes. (Als sie in Stephens' Buch abgedruckt wurde, ging der Stich über das Buchformat hinaus.) Dabei kamen ihm seine früheren Erfahrungen mit Panoramen zu Hilfe. Er machte detaillierte Zeichnungen des ganzen Gebäudes, ergänzte sie durch Daguerreotypien und hatte auf diese Weise bald «das architektonische Material, um ein ganz genau gleiches Gebäude erbauen zu können», zur Verfügung. Er skizzierte das steinerne Maßwerk der Fassaden, machte einen Grundriß des Gebäudes und vermaß die Wände, wobei er unglaubliche Kunststücke architektonischer Akrobatik vollbrachte.

Als Architekt erkannte er, daß die Massivität der Konstruktion zwangsläufig daher rührte, daß die Maya nichts über Seitenschübe, Verdehnungen und Druckbelastungen wußten. Er wunderte sich, daß die Maya, während ihre Priester Tagundnachtgleichen, Sonnenwenden und Sonnenfinsternisse vorausberechnen und eine komplizierte hieroglyphische Sprache erfinden konnten, infolge irgendeines architektonischen blinden Flecks sich weder das Rad noch das Prinzip des Gewölbes vorstellen konnten. Es war ihre Unfähigkeit, einen Schlußstein, der die Druckbelastung gleichmäßig aufgeteilt

---

* Der Palast des Gouverneurs in Uxmal gilt als «das prächtigste Einzelgebäude, das je in vorkolumbischer Zeit in Amerika erbaut wurde». Aller Wahrscheinlichkeit nach war es die offizielle Residenz des Herrschers (toltekischer Abstammung), der die Stadt erbaute. Nach den Mayachroniken war Uxmal im Katun 2 Ahua (987 n. Chr.) eine der drei Städte, die die Liga von Mayapan bildeten.

hätte, zu verwenden, die die Maya auf massive Mauern zurückgreifen ließ. Diese wurden verjüngt zu einem steinernen umgekehrten V errichtet, wodurch es fast unmöglich wurde, einigermaßen große Räume zu bauen.

Schließlich drückte der Druck der Wände und der Ziergiebel darüber unter dem Gewicht der großen Schuttmassen die Dächer ein, wobei aber die wunderbar gestalteten Friese aus behauenem Stein intakt blieben: «ein skulptiertes Mosaik» nannte es Stephens, «Ornamente mit einer zweifellos symbolischen Bedeutung – jeder Stein ein Teil der Geschichte, Allegorie und Mythologie.»

Nach dem Palast gingen sie daran, am Haus der Schildkröten zu arbeiten, einem rechtwinkligen, kastenähnlichen Gebäude, rechts vom Palast, auf einem Sockel aus Erde und Steinen. Danach wandten sie sich dem Nonnenkloster zu. Als sie an dieses Gebäude kamen, hatte Stephens mit der Hilfe von Cabot und eines fünfzehn Jahre alten schieläugigen Mayajungen namens Bernaldo schon einen großen Teil der Ruinen für Catherwoods schöpferischen Pinsel gesäubert.

Während Catherwood arbeitete, ritt Stephens zum Jahrmarkt von Jalacho und entdeckte noch mehr Ruinen, darunter die Stätte von Maxcanú.

Don Simón Peón, der Lehnsherr von Uxmal, stattete ihnen in enganliegenden Wildlederhosen mit Silberborten einen Besuch ab.

Er hatte eine mehr praktische Auffassung von den Ruinen von Uxmal und verbreitete sich ausführlich darüber, indem er das ungeheure Vermögen ausmalte, das man hätte, wenn diese Ruinen am Ufer des Mississippi lägen und man die skulptierten Steinblöcke verkaufen würde, um damit die Straßen von New Orleans zu pflastern!

Don Simón blieb nicht lange in Uxmal. Die Mayaruinen standen in dem schlechten Ruf, ungesund zu sein, besonders in der Regenzeit, wenn alle trockenen Wasserstellen voll von verdorbenem Wasser waren und die Luft von Moskitos summte.

Um gesund zu bleiben, hatte Dr. Cabot vorgeschlagen, Feuer im Palast brennen zulassen, in der Hoffnung, die «Malaria» in dem alten Steingemäuer zu vertilgen, denn das Fieber hielt man damals genau dafür: *malaria* – schlechte Luft – übelriechende Dünste, die aus dem Boden aufstiegen. Als Vorsichtsmaßnahme schliefen sie unter feinmaschigen Betthimmeln, um sich schlaflose Nächte zu ersparen.

Aber diese Vorsichtsmaßnahmen versagten. Während ihrer dritten Woche in Uxmal wurde Stephens von dem alten Feind heimgesucht. Er kam nicht offen auf ihn zu, mit eingelegter Lanze, um ihn ehrenhaft zu bekämpfen, sondern schlich sich heimlich in den langen Rüsseln der nachtschwärmerischen Moskitos an; er ließ in seinen Blutkreislauf «Millionen von Malariakeimen» eindringen. Es gab keine Vorwarnung, bis Stephens' Zähne klapperten und er leichenblaß wurde.

In dieser Nacht war Stephens' Körper wie im Feuer, und sein Blut kochte. Am Morgen klang das Fieber ab, und er stürzte große Mengen Wasser hinunter. Dann kam die große Kälte – das zweite Stadium der Malaria. Stephens schauderte heftig, obwohl Chaipa Chi ihr Umhängetuch abnahm und es auf den Haufen von Kleidern legte, der auf ihm aufgetürmt war. In diesem Augenblick spazierte wie ein Vorbote des Todes ein großer magerer Priester im Gewand der Franziskaner langsam in den Palast des Gouverneurs herein.

Der Pfarrer von Ticul, einem Dorf halbwegs zwischen Uxmal und Mayapán, stattete seinen versprochenen Besuch ab. Es schmerzte ihn sehr, seinen Gastgeber, den derzeitigen Herrn von Uxmal fieberkrank anzutreffen, und er verabreichte ihm sogleich ein einfaches Gebräu aus saurem Orangensaft, gewürzt mit Zimt und Zitronensaft, um Stephens' schlimmsten Durst zu löschen.

Fray Estanislao Carrillo war seines Gewandes würdig, ein Mann von seltener charakterlicher Integrität, gleich beliebt bei Sklaven und Herrn. Er trug noch das abgetragene Gewand der Franziskaner mit dem gewaltigen Kreuz, denn er hatte sich geweigert, es abzulegen, obwohl es in der Zeit der sozialen Revolution gefährlich war, es zu tragen. Seit vielen Jahren interessierte er sich für die Maya und schrieb dann auch einige wichtige historische Aufsätze über die Ruinen von Nohpat.

Als Pfarrer des Dorfes Ticul hatte er dieses in eine kleine Oase des Wohlstands inmitten einer Wüste der Gleichgültigkeit verwandelt. Aber im Alter von jetzt dreiundvierzig Jahren hatte sein asketisches Leben seinen Tribut gefordert; seine leuchtenden Augen lagen tief im Kopf, und sein Gewand hing lose um sein mageres Knochengestell herum.

Padre Carrillo war die Liebenswürdigkeit selbst. Er bestand darauf, daß Stephens den Palast verlasse und mit ihm in sein Kloster in Ticul zurückkehren müsse, wo er ihn wieder gesund pflegen könnte. Als Stephens schwache Einwände machte, erhob er seine lange, knochige Hand und bewegte seinen Zeigefinger vorwärts und rückwärts wie das Ticken des Schicksalspendels. Stephens wurde von diesem tickenden Finger hypnotisiert und erhob keinen Widerspruch mehr, als der Padre in der Mayasprache seinen indianischen Begleitern einen Befehl gab und diese die eingefallenen Stufen des Palastes hinunterrannten, um seine Wünsche zu erfüllen.

Als sie darauf warteten, bis eine Sänfte für Stephens' Transport nach Ticul gebaut war, erzählte der Padre seine Geschichte. Er wurde 1798 in dem Dorf Teabo in Yucatán geboren. Dort erhielt er seine Grunderziehung. Mit zehn Jahren entschloß er sich, Priester zu werden und die Leiden der Indianer zu lindern. 1823 trat er in den Franziskanerorden ein. Nach der Zerstörung des Klosters von Mérida und der Zerstreuung des Ordens versuchten Freunde vergebens, ihn zur Säkularisierung zu bewegen. Er weigerte sich. Jetzt saß er in Ticul mit den 40 $ im Monat, die ihm der Orden bewilligt hatte, um davon zu leben und Fremden Gastfreundschaft zu erweisen.

Geistig und körperlich ungewöhnlich aktiv, dabei ohne jede Affektiertheit, interessierte er sich zum Glück für die Wissenschaft – und für Mr. Stephens' Ruf – für die Altertümer des Landes. Stephens verdankte ihm viel, wie er in seinem Buch unumwunden zugibt.

Drei Tage in den kühlen Gärten von Ticul mit dem warmen Gebräu aus Zimt, Orangen und Zitronen wirkten Wunder. Chinin verwendete man damals in Mittelamerika nicht, und es war auch nicht als spezifisches Malariamedikament bekannt; fieberte man, so gönnte man sich lediglich Ruhe und wartete, bis das Fieber nachließ, was es nach einiger Zeit tat, wenn die Malariakeime vorläufig in der Milz Zuflucht suchten, bereit, im Zustand körperlicher Erschöpfung wieder in den allgemeinen Blutkreislauf zu gelangen. Am dritten Tag, als Stephens seinen ersten Spaziergang im Garten machte, kam ein Indianer ins Kloster gerannt und berichtete ihnen, daß noch ein *inglés* dem Fieber zum Opfer gefallen sei.

Sie fanden Dr. Cabot auf dem Boden des Nonnenklosters. Seine Augen starrten im irren Fieberblick; sein Gesicht war ziegelrot, und sogar sein kräftiger Körper schien ausgetrocknet zu sein.

Er erkannte Stephens nicht. Zu schwach, um zu stehen, kroch er wie ein verwundetes Tier herum, und als Stephens sich mühsam vorbeugte, um ihn hochzuheben, fielen sie in einem verknäuelten Haufen fiebriger Arme und Beine übereinander.

Am dritten Tag sagte der Padre außer Hörweite von Cabot, flüsternd zu Stephens, daß der Gesichtsausdruck des jungen Doktors *fatal* sei. Auf Spanisch bedeutete das «verhängnisvoll», aber für Stephens beschwor das Wort «fatal» (tödlich) eine schreckliche Vorstellung herauf.

Am nächsten Tag erschien Albino, ihr kürzlich angestellter Diener, – ebenfalls malariakrank. Er war so bleich geworden, daß seine dunkelbronzene Haut entpigmentisiert schien.

Catherwood war nun der einzige Fieberfreie der Expedition und blieb allein in den Ruinen, wobei nur das pausenlose Maiskuchenklatschen der schweigsamen Chaipa Chi die Stille unterbrach.

Eine sehr heroische Gestalt in den Annalen der amerikanischen Archäologie, dieser Frederick Catherwood. Zwei Jahre lang hatte er Revolution, Krankheit und Tausende von Insektenbissen ausgehalten; Malariafieber, schlechtes Essen, schlaflose Nächte – während er die ganze Zeit ohne Pause mit verblüffender Treue und bezaubernder Komposition die Ruinen der Mayakultur kopierte. Jetzt wieder einmal allein, blieb er bei seinem Zeichnen und verbrachte Tage damit, den komplizierten, aus Stein gemeißelten Fries des Hauses der Nonnen zu skizzieren.

Aber als die Sonne in den Steinbock eintrat, setzten die unheilvollen Einflüsse von Uxmal auch Catherwood zu. Am Neujahrstag 1842 beendete er nach sechs Wochen dämonischer Aktivität seine Arbeit und wurde im Delirium von den Ruinen weggetragen.

In Kabah bewies Albino, ihr mayasprechender Führer, zum erstenmal, was er wert war. Seitdem er auf Vorschlag von Doña Jacquina Peón in ihre Dienste getreten war, hatte er wenig Nützliches getan, da er wie die anfälligeren Weißen ständig unter dem Angriff «jenes Teufels Malaria» litt. Ein liebenswürdiger Halsabschneider war Albino von Beruf Schmied, aber im Nebenberuf Soldat. Er hatte an der Belagerung von Campeche teilgenommen, wo er einen Säbelhieb über seinen braunen Leib erhalten hatte, «der», wie der scharf beobachtende Stephens meinte, «eher vermuten ließ, daß er sich in der entgegengesetzten Richtung bewegte, als der Säbel ihn traf».

Albinos Kriegskarriere nahm ein plötzliches Ende. Da er weder einen Lohn noch eine Pension für seine Dienste erhielt, kehrte er der Armee den Rücken und trat in den Dienst von Señor Stephens.

Der untersetzte, dunkelhäutige Mann mit den glänzenden Augen war der Expedition ein wichtiger Gehilfe. Seine Machete mit der breiten Klinge hatte den Buschdschungel rund um die Ruinen von Nohpat abgehauen, wo sie einen Fries aus Schädeln und gekreuzten Knochen fanden; er hatte die Bäume gefällt, die die Ruinen von Xcoch verbargen, und dort eine gewaltige Pyramide freigelegt, und so ging er von einer Ruine zur nächsten, bis ihn schließlich dieselbe Begeisterung wie die archäologischen Forscher erfaßte.

Bald fand er das ein aufregendes Spiel.

Kabah, das nur ein paar Kilometer von Uxmal entfernt liegt, direkt neben dem modernen Dorf Nohcacab, wurde auf einem Erkundungsgang Stephens' entdeckt, während Catherwood noch die Arbeit an der vorhergehenden Ruine beendete.

Seine Entdeckung offenbarte auch die versteckten Talente Albinos, denn er wußte mit den Eingeborenen umzugehen, da er, wie Stephens bemerkte, von den Indianern nur durch ein kleines Bächlein «weißer» Chromosomen getrennt war (äußerlich sichtbar in seinem grimmigen Schnurrbart).

Stephens brauchte Albinos Diplomatie dringend, denn ihre Ankunft in Nohcacab, wo die rein indianische Bevölkerung noch nie Fremde gesehen hatte, war so sensationell, wie es die Rückkehr von Kukulkan gewesen wäre.

Die Indianer strömten wie Ameisen aus ihren Häusern aus Lehm und Flechtwerk heraus und folgten der Maultierkolonne bis zum Kloster, wo sie, im Hof zusammengedrängt, mit aufgeregten Mayazischlauten schwatzten und auf die Stative, Sextanten, Camera lucidas und den geheimnisvollen Kasten des Daguerreotyp-Apparates deuteten.

Durch Gerüchte, die in ganz Yucatán zu hören waren, hatten die Leute von Nohcacab bereits erfahren, daß Männer das Land durchstreiften, die «schielende Augen heilten», die die sichtbaren Seelen der Menschen in einem schwarzen Kasten einfingen und die, als Gipfel der Verrücktheit, im Dschungel nach Städten aus Stein suchten.

232

Albino machte sich sofort daran, diese teuflischen Phantasien zu zerstreuen, denn nicht nur war ihr Leben in Gefahr, solange diese Vorstellungen andauerten, sondern die geplante Ausgrabung von Kabah war in Frage gestellt, da die Indianer die einzigen verfügbaren Arbeitskräfte waren.

Das «große Gebiet guten Landes» machte seinem Namen Ehre; die *milpas* erbrachten jährlich mehrere Maisernten, und die Indianer, träge durch ihr sorgloses Leben geworden, waren absolut nicht geneigt, zu arbeiten.

Albino mußte sich daher große Mühe geben. Es gelang ihm, Indianer mit Hacken und Brecheisen anzuwerben, die jeden Morgen zu den Ruinen hinausmarschierten, um das zu tun, was diese weißhäutigen Verrückten, die schielende Augen heilten, von ihnen verlangten.

Kabah war nun die neue Losung. Gestrichen aus dem Vokabular der Reisenden waren Palenque, Copán und Uxmal, denn in Kabah entdeckten sie eine Stätte, deren Existenz sogar in Yucatán unbekannt gewesen war.

Stephens hatte so viel Freude an seiner neuen Ruine, als sei sie die erste, die sie entdeckt hatten.

Als bedeutendes religiöses Zentrum im zehnten Jahrhundert (nach der Zahl seiner Monumente zu schließen) gehörte Kabah zu der Drei-Städte-Liga von Mayapán. Auf der Höhe der Macht der Liga war es mit Uxmal durch eine Straße verbunden, auf der Läufer Botschaften weitertrugen – und über die Handel und Menschen gleichermaßen strömten.

Es bedeckte eine große Fläche. Wo das Vieh die spärliche Weide abgraste, hatten einst große Gebäude gestanden; man sah noch Überreste von ungeheuren Terrassen, einem Triumphbogen, stattlichen Palästen und Pyramiden – alles durch Menschen und die Zeit gleichermaßen beschädigt und zerstört, aber doch noch so viel von ihrer einstigen Größe bewahrend, daß der Puls der Entdecker höher schlug.

Die kombinierte Anwendung von Axt und Machete wurde bald mit der überwuchernden Vegetation fertig und ermöglichte damit den vollen Blick auf die Gebäude.

Das erste, das Stephens als *Palacio I* bezeichnete, ist eine 45 Meter lange Konstruktion; ungewöhnlich, sogar in Yucatán, wegen des

233

Schmuckes ihrer Fassade – vollständig zusammengesetzt aus «häßlich grinsenden Steinmasken» – ein so üppiger Schmuck, daß die Architektur darunter gänzlich verschwindet.

Er besteht aus sechs Reihen von Steinmasken mit offenem Mund und darin einem runden Gegenstand, der eine stilisierte Zunge ist. Es ist eine kühne und gewagte Konzeption.

Gleich kunstvoll ist die Steinmodellierung, die so gestaltet ist, daß das Helldunkel des Mayatages dem ganzen phantastischen Steinmosaik Leben verleihen kann. Stephens war von diesem Muster tief beeindruckt:

«. . . Das Gesims, das über den Türen verläuft . . . auch wenn nach den strengsten bei uns herrschenden Regeln der Kunst beurteilt, wäre eine Verschönerung der Architektur jeder uns bekannten Epoche, und unter einer Masse von Barbarischem, von groben und plumpen Schöpfungen, steht es als ein Geschenk amerikanischer Baumeister vor uns, das der Anerkennung kultivierter Menschen würdig ist.»

Kabah, das mit Uxmal durch einen Dammweg verbunden ist, liegt vierzehn Kilometer südwestlich von Uxmal. Im jetzigen Zustand scheint es aus drei Gruppen von Gebäuden zu bestehen, die bisher nur teilweise restauriert sind; aber da das ganze Gebiet die größte Bevölkerungsdichte im Puuc aufweist, ist es durchaus möglich, daß weitere Forschungen noch mehr Gebäude ans Tageslicht bringen werden.

Kabah wird durch die beiden steinernen Türpfosten, die Stephens nach New York brachte, mit 879 n. Chr. datiert.

Das bogenförmige Zickzackmuster, das um den Tempel der Masken herumläuft, machte einen so starken Eindruck auf Catherwood, daß er es auf den Einband von «Yucatán» prägen ließ. Das gleiche Muster wurde von Pal Kelemen in seinem Buch «Mittelalterliche Kunst Amerikas», New York 1940, als «Huldigung an diese Pionierforschung» verwendet.

In Kabah gab es weitere archäologische Überraschungen. Sie entdeckten ein einzelstehendes Monument, eine Art Triumphbogen, den Catherwood abzeichnete.

Stephens fand, er gleiche etwa «dem stolzen Denkmal eines römischen Triumphes».

Archäologen einer späteren Zeit lächelten höflich über dieses Monument, weil sie es nicht finden konnten. Aber heute weiß man, daß es völlig real ist. Es wurde 1941 wiederentdeckt, genauso wie Catherwood es gezeichnet hatte.

Sie fanden auch weitere geschnitzte Oberschwellen aus Sapoteholz wie in Uxmal und herrlich gearbeitete hölzerne Paneele, eine große Seltenheit in Yucatán.

Kabah war für sie auch ein weiterer Beweis für die architektonische Einheit der Maya (ob aus Honduras, Guatemala, Mexiko oder Yucatán stammend). Es gab zum Beispiel eine auffallende Ähnlichkeit im Detail zwischen den Figuren und Ornamenten von Palenque und denen in Kabah. Sie fanden wieder die rätselhaften Glyphen, die nun in hölzerne Oberschwellen geschnitzt waren. In drei Stücken fanden sie eine schön gestaltete, aus Sapoteholz geschnitzte Figur, die mit einem Kopfputz aus Quetzalfedern geschmückt war.

Dieses Objekt war so ungewöhnlich, daß Catherwood – zum Glück für die Archäologie – die Schnitzerei zeichnete. Zum Glück deswegen, weil es eines der Objekte war, die in dem katastrophalen Feuer verbrannten, das sein Panorama zerstörte.

Ein weiteres besonderes architektonisches Merkmal in Kabah sind die skulptierten steinernen Türpfosten, die Stephens in den Gebäuden auf der großen Terrasse am südlichen Ende der Stätte fand.

Die zwei Meter hohen und sechzig Zentimeter breiten Platten sind in fein skulptiertem Flachrelief aus einem rötlich-grauen Kalkstein herausgemeißelt und stellen eine merkwürdige Allegorie dar: eine kniende Figur, die eine Maske hält, wird überragt von einem Kriegerpriester, der in eine Kopfbedeckung eingehüllt ist, aus der skulptierte Quetzalfedern rhythmisch herauszufließen scheinen.

Stephens beschloß sofort, daß diese Platten die Grundlage seines geplanten Museums amerikanischer Altertümer bilden sollten. Daher wurden die fünfhundert Pfund schweren monolithischen Platten aus ihrer Nische im Palast heruntergeholt, in Gras und Stroh eingehüllt und unter der Aufsicht von Albino zur Verladung abtransportiert.

Ein langer Baumstamm wurde an den Stein angelegt und mit starken Lianen an die Körper der Indianer angebunden, die ihn mühsam an die Küste trugen, wobei sie sich ablösten.

Catherwood erinnerte sich an diese Begebenheit, als er Jahre später seine berühmten lithographierten «Views» veröffentlichte; Stephens ist mit Vollbart und kurzer blauer Jacke dargestellt, wie er den Transport leitet.*

Von Kabah an reisten die Forscher unbeschwert.

Catherwood ritt auf einem so sanft veranlagten Pferd, daß er zeichnen konnte, ohne absteigen zu müssen; Dr. Cabot auf einem Braunen mit häßlichem Kopf, der so lethargisch war, daß er seine Schrotflinte abfeuern konnte, ohne daß das Pferd mit mehr als einem Zucken der Ohren darauf reagierte.

Stephens führte einen Traber. Sogar Albino reiste wie ein Caballero, nämlich, wie das Wort besagt, beritten.

Der kleine Bernaldo ging zu Fuß, denn schließlich mußte ja jemand

---

* Diese Mayaskulpturen erlebten eine besondere Odyssee. Als sie in New York ankamen, sollten sie in Catherwoods Panorama ausgestellt werden. Sie kamen zu spät. Die Rotunde war abgebrannt und mit ihr alle anderen Exemplare der Mayakunst, die so mühsam in Yucatán gesammelt worden waren.

Stephens gab daher die Steine seinem Freund John Church Cruger, der sie auf einem Dampfschiff zu seinem Gut Cruger's Island am Hudson bei Tarrytown brachte. Dort hatte er unter dem Eindruck der «romantischen Qual» eine zerfallene Mauer mit Spitzbogen errichtet, die eine Ruine vortäuschen sollte und in einer Waldlichtung lag – gewissermaßen ein Gewebe aus Geheimnis und Romantik. In diese Mauer bettete er die «Stephens-Steine» ein, und dort sah sie 1884 der schwedische Reisende Frederick Bremer:

«An einer Stelle, die in den Fluß vorspringt, war eine Ruine erbaut worden, in die verschiedene Figuren und Fragmente von Mauern und Säulen eingebettet waren, die in Mittelamerika entdeckt worden waren . . . Diese Ruine und ihr Schmuck inmitten eines wildromantischen Vorgebirges aus Fels und Wald war geschmacklich aufs beste gestaltet.»

Vielleicht, aber das war kaum der Platz, den Stephens für sein Museum amerikanischer Altertümer ausersehen hatte.

1918 wurde Stephens' Wunsch posthum erfüllt: Dr. S. G. Morley, der große Mayagelehrte, der über das Verschwinden der «Stephens-Steine» grübelte, las die Reisebeschreibung von Frederick Bremer, besuchte Cruger's Island und fand die Platten von Kabah mit anderen Mayaskulpturen noch in die «romantische Mauer» eingebettet.

Die achtzigjährige Tochter von John Cruger, «die sich erinnerte, wie Stephens ihr als kleinem Mädchen den Kopf getätschelt hatte», war damit einverstanden, daß sie weggebracht wurden. Für 10 000 $ kaufte das American Museum of Natural History die «Stephens-Steine», und sie wurden – wie ursprünglich beabsichtigt – der Kern einer Maya-Ausstellung, die jetzt im mittelamerikanischen Saal dieses Museums zu sehen ist.

Cabots Vögel apportieren. Das einzige Lasttier trug den Daguerreotyp-Apparat, die Moskitonetze und die Hängematten. Diese südöstlich reisende, seltsame Prozession, «die auf Campeche zu ritt», vollbrachte eine archäologische Erkundung, die an Kühnheit ihresgleichen suchte. Denn die Revolution hielt das Land in Unruhe. Indianer erhoben sich gegen die Sklaverei, und die Behörden vergalten mit Repressalien.

Es war die Zeit des Übergangs zwischen der nassen und der trockenen Periode. Der manchmal von regenschweren Wolken verdunkelte Himmel kündigte das Kommen der anderen Jahreszeit an. Die Flachheit der Ebene von Yucatán war nun unterbrochen von Kalksteinriffen und Vertiefungen über dem welligen Boden.

Sie kamen durch das Gebiet, das man einen *dzekel* nannte, «einen Platz voller Felsblöcke», ein gut bewässertes Kalksteinland mit Einschüben von tiefem, schwerem, wächsernem Lehm.

Sie ritten durch *Ramón*-Haine, einer Maulbeere mit kleinen gelben Beeren, in der Form von Miniaturorangen, mit denen man in Ermangelung anderen Futters die Maultiere fütterte.

Diese Bäume wechselten ab mit den dornengespickten Blätterbüschen der Agave, denn in Yucatán lieferte die unsterbliche Maguey der Azteken ihre zähen grauen Fasern für hunderterlei Zwecke.

In dem weitläufigen Dorf trafen sie auf *Ceibas*, die «Götterbäume» der Maya, mit dickem Stamm und gewaltig aufgetürmt, deren Schatten dem Reisenden eine kühlende Erholung von einem ofenheißen Tag bot.

In Aussehen und Zweck waren die ovalen Eingeborenenhäuser, die aus rötlichem Lehm über einem Flechtwerk von Zweigen erbaut und mit Palmblättern bedeckt waren, so unverändert wie die Landschaft seit den Zeiten von Diego de Landa, unsterblichen Angedenkens.

«Sie bauten ihre Häuser . . . bedeckt mit Palmblättern, und sie haben steile Dachflächen, damit der Regen nicht eindringen kann. Dann bauen sie eine Wand, die das Haus in der Mitte längs teilt . . . die eine Hälfte nennen sie das Hinterzimmer des Hauses, wo sie ihre Betten haben.»

Es war die gleiche Art von «strohgedecktem Haus», wie sie der Bildhauer-Architekt als dekoratives Motiv bei der Ausschmückung des Frieses des Nonnenklosters von Uxmal verwendet hatte.

Jedes Haus war von Bananenstauden umgeben. Es gab auch Papayas mit ihren akanthusförmigen Blättern, die die melonengroßen grünen Früchte beschatteten; Sauerorangen und stachlige Früchte der Chayotepflanze.

Das waren ihre Gärten. Die Grundnahrungsmittel kamen von den *Milpas*, die dem Buschdschungel abgerungen waren, die sie im April abbrannten und im Mai, wenn der Regen kam, anpflanzten, wobei sie die Maiskörner mit einem feuergehärteten, gespitzten Stock in den rötlichen Boden einbrachten, wie es ihre Vorfahren seit Jahrhunderten getan hatten. Bohnen benützten den heranwachsenden Mais als Stütze, und zwischen den Reihen von Mais wurden in späterer Jahreszeit süße Kartoffeln und Cassava angebaut, um eine völlig pflanzliche Ernährung zu ergänzen. Das Land hier im Puuc war kein strenger Zuchtmeister. Moderne Agronomen haben hinreichend bewiesen, daß «sogar in dem öde scheinenden Nordosten mit der dünnen Bodenschicht genügend Mais gewonnen werden kann, um eine durchschnittliche fünfköpfige Mayafamilie mit nur achtundvierzig Arbeitstagen im Jahr zu ernähren».

In jedem Haus hörte man das unaufhörliche Klatschen der Maiskuchenbereitung. Es war ein Geräusch, das alles andere im ganzen Land übertönte, wie die indianischen Frauen die durch den Kalk groß gewordenen Maiskörner zu einem grauen Teig kneteten, aus dem runde Maiskuchen in der Größe und Symmetrie eines Ofendeckels wurden. Diese wurden zum Backen auf den heißen *Cumal* gestellt.

Sie reisten von Dorf zu Dorf, von Ruine zu Ruine, bis sie nach Sayil (Stephens schrieb es «Zayi») kamen, einer weiteren Stätte, die einst der Liga von Mayapán angehörte.

Hier fanden sie einen Palast mit drei schön proportionierten und verzierten Stockwerken, geschmückt von einer zehn Meter breiten großen Treppe, die von Terrasse zu Terrasse hinaufführte.

Dann fanden sie nicht weit entfernt eine weitere Ruine in Zabacché, begraben unter blühenden Pflanzen, die aus den eingestürzten Steinmauern herauswuchsen.

Noch weiter entdeckten sie, als sie an den schachbrettartigen *Milpas* eines Dorfes vorbei waren, eine weitere verfallene Stadt, die gleichfalls einst zum Bereich von Mayapán gehörte. Das war Labná.*

Labná, das wegen seines gewölbten Tors berühmt ist, war zeitgleich mit Kabah und Sayil und wurde, wie diese Städte, noch bevor der weiße Mann kam, um seine Geschichte vom Untergang zu verbreiten, in eine Totenstadt verwandelt. Es ist ein ausgedehnter Gebäudekomplex.

Beim «Palast» betonen sauber behauene Säulen die Eingänge, gleichermaßen wie Schlangenmotive, eingeritzte Rosetten und reliefierte Zierleisten mit menschlichen Köpfen, die aus den offenen Kiefern von Alligatoren herausragen.

Das Gebäude, das durch die rostbraunen Hügel im Hintergrund hervorgehoben wird, ruht auf einem steinernen Sockel und erhebt sich zu mehreren Stockwerken. Seine Länge erstreckt sich über 120 Meter des zerklüfteten Landes.

An der Fassade sind noch Fragmente der Stuckfiguren, und man sieht noch etwas von den lebhaften Farben, mit denen sie bemalt war.

Stephens schrieb:

«Wenn ein einsamer Reisender aus der Alten Welt durch irgendeinen merkwürdigen Zufall diese Stadt der Ureinwohner hätte besuchen können, als sie noch unzerstört war, wäre sein Bericht noch phantastischer gewesen als irgendeiner aus der Geschichte des Ostens; man hätte ihn für ein Märchen aus Tausendundeiner Nacht gehalten.»

Als sie südwärts in Richtung auf die Grenze von Campeche ritten, entdeckten sie in einem einzigen Monat noch ein Dutzend zerstörter Ruinen: Kivik, wo sich der Einfluß von Mayapán spiegelte, Chunhuhu mit seinem einstöckigen Gebäude und Champón, wo Catherwood beim Aufziehen eines Gewitters mit zuckenden Blitzen einen verfallenen Tempel mit den dramatischen Akzenten von Piranesi zeichnete, während gerade vor seinen Augen räuberische Hunde über einen Hirsch mit blutig schäumender Zunge herfielen.

---

* Labná (869 n. Chr.), das zu dem Städtekreis um Uxmal gehörte, ist nur zehn Kilometer von Kabah entfernt. Seine Architektur ist für den Puuc charakteristisch. Aber in Labná vermißt man die architektonische Kontinuität, und man merkt, daß die Planung die verfügbaren Arbeitskräfte überstieg und daß die Gebäude nach und nach wuchsen; viele Gebäude blieben unvollendet. Aus Labná sind nur zwei Daten bekannt. Das eine, 869 n. Chr., ist auf dem verlängerten Rüssel des Gottes Chac eingemeißelt.

Als sie das Dorf Iturbide erreichten, trafen sie auf das «großartigste Gebäude, das jetzt sein verfallenes Haupt in den Urwäldern von Yucatán erhebt», das kunstvolle, dreistöckige Gebäude von Santa Rosa Xtampak, das Stephens einfach «Labpahk» nannte.

In vielen Räumen des zerstörten Bauwerks, wo Wurzeln durch die Lücken gedrungen waren, bewahrten die Mauern noch die Vielfarbigkeit der Wandgemälde, die Stephens an diejenigen erinnerte, die er in ägyptischen Gräbern gesehen hatte. Um die Ruinen herum hatten die Eingeborenen den Wald abgeholzt, um Tabak anzubauen, und die Räumlichkeiten von Xtampak waren zum Trocknen von Tabak erniedrigt worden. Xtampak wäre leichter zu zeichnen gewesen als alle vorangegangenen Stätten, da es offen dalag und nicht vom Netz des Dschungels umschlungen war.

Aber Catherwood wurde wieder krank. In der Woche vorher war er zusammengebrochen, und Stephens hatte ihn auf der Straße liegend gefunden, Albino neben ihm, «im Schüttelfrost», kalt und bleich, eingehüllt in alle Kleider, die er finden konnte, einschließlich der übelriechenden Satteldecken der Pferde.

Man trug Catherwood in ein Kloster, und er nahm die Heilkräuter ein, die ihm Dr. Cabot gab, aber er weigerte sich entschieden, abzuwarten, bis das Fieber sich gelegt hatte, bevor er wieder aufstand. Doch er konnte die Sonnenhitze nicht mehr ertragen, und während er arbeitete, hielt der geduldige Bernaldo einen Sonnenschirm über ihn.

Weit schlimmer noch, war in Catherwoods Charakter eine Veränderung vor sich gegangen. Immer eine zurückhaltende Natur und nie einem leidenschaftlichen Gespräch hingegeben, außer wenn er von einem außergewöhnlichen Architekturwerk hingerissen war, war Catherwood übellaunig und verdrossen geworden.

So kam es zu dem ernsten Streit mit Dr. Cabot, der selbst krank war.* Er war über ein Messer entstanden, denn sie hatten erfahren, daß einem Indianer die Hand in dem gezackten Rachen einer Zuckerrohrpresse zerquetscht worden war, und Cabot, der sein Wissen und

---

* Einen ähnlichen Zwischenfall gab es zwischen Catherwood und dem englischen Künstler Joseph Bonomi, der mit ihm 1835 in Palästina war. In seinem unveröffentlichten Tagebuch schrieb Bonomi: «Ich hatte einen Streit mit Cath ... sein Benehmen war immer kleinlich und in manchen Fällen ungerecht ... wir haben vor, uns in Beirut zu trennen.»

Können großzügig jedem zur Verfügung stellte, der darum bat, hielt eine Amputation für nötig.

Aber er entdeckte, daß er seine chirurgischen Instrumente zurückgelassen hatte, und da das einzige verfügbare Messer, Catherwoods aus Paris stammendes Federmesser von bewundernswerter Härte war, schlug Cabot vor, es zu lanzettartiger Dünne abzuschleifen.

Catherwood, der das Messer vor zwanzig Jahren, als er in Rom war, erworben hatte, wollte nichts davon hören, daß es in ein chirurgisches Instrument verwandelt würde.

Der Streit schwoll mächtig an und war eine Zeitlang so bedrohlich, daß er fast die Expedition platzen ließ.

Auch als der kritische Augenblick vorüber war, nachdem Catherwood sich geweigert hatte, sein Messer zu opfern, um das Leben des Indianers zu retten, ließ die Spannung zwischen ihnen nicht nach.

Dann wurde Catherwood bei den Ruinen von Santa Rosa Xtampak wieder krank. Stephens schlug vor, die Expedition abzubrechen, aber Catherwood wollte in überraschend entschiedenem Ton nichts davon wissen. Sie müßten weitermachen.

Während Cabot und Catherwood von der Malaria bedrängt wurden und ihre Kraft wiederzugewinnen suchten, «beschloß (Stephens) plötzlich, den Schauplatz zu wechseln», und ging zum Fest von Ticul, «nur mit einem Bettuch, einer Hängematte und Albino».

Der kleine Festplatz, geschmackvoll mit Hibiskus und Palmen bepflanzt, war bereits von Musik erfüllt.

Der Tanz der Mestizinnen hatte schon begonnen. Der gutmütige Padre Carrillo, der sich von seinem Malariaanfall völlig erholt hatte, war da, und ebenso Don Felipe, das englischsprechende Mitglied der Familie Peón.

Sie gingen auf Stephens zu, nahmen seine Hand und führten ihn zu einem Stuhl, von wo aus er die Tänzer sehen konnte.

«Nach einem Monat in indianischen Hütten mit mühevoller Arbeit in den Ruinen, bis zur Raserei getrieben von den Zecken, als wir über eine fürchterliche Sierra kletterten . . . kam ich bei einem Kostümball mit Musik, Licht und hübschen Frauen im vollen Genuß eines Sessels und einer Zigarre zur Ruhe. Einen Augenblick lang überkam mich ein Schatten von Bedauern, als ich an meine kranken Freunde dachte, aber ich vergaß sie bald.»

Den ganzen nächsten Morgen, als Stephens zu den Brunnen von Bolonchen ritt, waren seine Gedanken bei dem Fest der Mestizinnen in Ticul, denn es war etwas Außergewöhnliches geschehen. Zwischen den nichtarchäologischen Episoden des Festes hatte er einen sehr ungewöhnlichen Mann getroffen. Sein Name war Juan Pio Pérez, und er war den ganzen Weg von Peto her geritten, um Stephens zu treffen.

Bevor Stephens weiterreiste, drückte ihm Pio Pérez eine Manuskriptabschrift in die Hand, die ausdrücklich für ihn angefertigt worden war, eine *Cronologia Antiqua Yucateca* – eine *Alte Chronologie von Yucatán*. Als er ein lokaler Verwaltungsbeamter in Peto war, ließ sich Pio Pérez diese aus den alten Mayachroniken, dem Buch von Chilam Balam, kopieren.

Das Zahlensystem der Maya, das er ausgearbeitet hatte (außerordentlich sorgfältig, wenn man in Betracht zieht, daß er sich auf unbekanntem Gebiet befand), war das System der Mayachronologie.

Die Maya hatten einen Mond- und Sonnenkalender, der auf zwanzig Monaten von je achtzehn Tagen mit einem zusätzlichen Fünf-Tage-Monat namens Uayeb (den «fünf leeren Tagen der Azteken») beruhte, was ein Jahr von 365 Tagen ausmachte.

Das Schaltjahr wurde berechnet, aber nicht eingeschoben. Der Ausgangspunkt der Schöpfung lag bei den Maya im Jahr 3300 v. Chr. (genau wie einst das mythische Datum der biblischen Schöpfung auf das Jahr 4004 v. Chr. festgesetzt war). Die Maya berechneten ihre Zeitfolgen in einem komplizierten Muster von Gesichtsglyphen, die Stephens auf den Stelen von Copán, den skulptierten Stuckreliefs in Palenque und den geschnitzten hölzernen Oberschwellen von Kabah gefunden hatte.

Das hervorstechende Merkmal der Mayawissenschaften war die Perfektion ihres Kalenders mit seiner Kombination von Tagesnamen, Monatsnamen und Zahlen, die nach ihrer mythischen Schöpfungslehre gestaltet waren und mit denen sie einen bestimmten Tag so bezeichnen konnten, daß er mit keinem anderen Tag durch Tausende von Jahren zu verwechseln war. Dieses komplizierte Zeitberechnungssystem, das über die sterile Leistung des Tagezählens nach Tabellen der Sonnen- und Mondfinsternisse hinausging, wurde von den spanischen Eroberern verloren – oder genauer: zerstört.

Der «Rosettastein» der Maya, der eine Hilfe bei der Entzifferung der Mayaglyphen bieten sollte, lag noch in den Archiven in Madrid; denn das Manuskript von Fray Diego de Landa war bis 1865 noch nicht ans Licht gekommen.

John Lloyd Stephens holte die Studien von Pio Pérez aus ihrer Vergessenheit hervor, ließ sie übersetzen und veröffentlichte sie in seiner zweiten Publikation über die Maya. Stephens wußte es damals nicht, aber er selbst steuerte ein Stück des Rosettasteins der Maya bei.

Juan Pio Pérez, der in Mérida in einer mayasprechenden Familie geboren wurde, aber rein spanischer Herkunft war, wurde zum offiziellen Dolmetscher für die Regierung ernannt.

Nach der Revolution wurde er als Verwaltungsbeamter nach Peto in Zentral-Yucatán gesandt. Dort und in der alten Mayastadt Maní (der letzten Hauptstadt der Maya, nachdem sie aus Uxmal geflohen waren, und wo Diego de Landa viele Dokumente und Bücher der Maya verbrannte) fand Juan Pio Pérez im Stadtarchiv eine alte Malerei auf Stoff und andere in Maya-spanischer Schrift geschriebene Berichte. Diese, die aus dem Jahr 1557 stammen, geben Auskunft über die Titel, die die Spanier den Mayafürsten als Ersatz für ihre verlorenen Privilegien verliehen hatten. Dadurch wurde eindeutig bewiesen, daß es die Maya waren, die die verfallenen Gebäude errichtet hatten. Als Pio Pérez bei der Regierung in Mérida in Ungnade fiel und seine Pfründe in Peto aufgeben mußte, blieb er in Maní und fertigte die Kopien dieser Manuskripte an, die schließlich in die Hände von Stephens kamen. Sie sollten die historischen Dokumente in dem großen Gobelin der archäologischen Entdeckung werden. Dieser kleine Herr, Don Juan Pio Pérez,* der mit geringschätziger Miene von seiner Gelehrsamkeit sprach, übergab Stephens sein ganzes Material (es existiert noch in Manuskriptform in den Archiven der New York

---

* Juan Pio Pérez (1798–1858) war der erste, der den Wert der lokalen Genealogien als Schlüssel zur Geschichte der Maya erkannte. Pérez glaubte, und die Zeit hat bewiesen, daß er recht hatte, daß die sogenannten *Bücher von Chilam Balam* Überreste von Glyphen-Historien der Maya waren, auch wenn sie in europäischer Schrift geschrieben waren. Stephens schätzte ihre Bedeutung richtig ein, und Pérez schrieb für ihn eine *Cronologia Antiqua Yucateca*, die übersetzt und in den *Begebenheiten einer Reise in Yucatán* verwendet wurde. Nach Pérez' Tod im Jahr 1858 erschienen noch mehrere von ihm geschriebene Bücher, z. B. *Diccionario de la Lengua Maya* (Mérida, 1866–1877).

Historical Society), und Stephens ehrte ihn dadurch, daß er ihn in drei bedeutende amerikanische wissenschaftliche Gesellschaften wählen ließ.

Obwohl von einem trockenen Husten gequält, der ihn in Stücke zu zerreißen schien, überlebte Don Pio sowohl Stephens als auch Catherwood. Bescheiden bis zum äußersten, ließ er es zu, daß fast sein ganzes Werk – seine Mayagrammatik, seine *Cronologia Antiqua Yucateca* – von anderen benützt wurde.

Schließlich starb er 1858 in Mérida.

Stephens' Kopf schwirrte noch von den alten astronomischen Systemen, als er in Bolonchen einritt. Zu seiner großen Freude stellte er fest, daß sowohl Dr. Cabot als auch Catherwood «frei vom Fieber» und sehr bereit waren, die Forschungen fortzusetzen.

Sie hatten von den geheimnisvollen unterirdischen Brunnen von Bolonchen gehört und sie als die nächsten Ziele ihres Forschungsfahrplans ausersehen.

Die Mündungen der Brunnen von Bolonchen öffneten sich auf den kleinen Platz des Dorfes, eines Dorfes mit ovalen Häusern mit grasbedeckten Dächern. Es gab neun Brunnen, die dem Dorf den Namen gaben: Bolon (neun), chen (Brunnen).

Jeden Nachmittag kamen Mayafrauen, in schwarze *Revozos* gehüllt, zu den Brunnen, um Wasser heraufzuziehen.

Hier wurde der neuste Klatsch ausgetauscht, so daß das Wasserholen für diese ruhigen, einfachen Leute eine wichtige soziale und gleichzeitig lebenspendende Funktion hatte. In ganz Yucatán wurde das Wasser wie in Bolonchen aus Zisternen geholt.

So schrieb Diego de Landa:

«Gott stattete Yucatán mit vielen sehr schönen Wasserquellen aus ... Die Natur sprang in diesem Land hinsichtlich der Flüsse und Quellen, die in der ganzen Welt oberirdisch laufen, so anders um, daß hier alle in geheimen Gängen unter der Erde laufen und fließen*.»

---

* *Cenotes* (in Maya *dzonot*) sind in Yucatán die einzige Quelle für Wasser. Es gibt keine Flüsse, keine oberirdischen Bäche, und der Regen sickert durch den porösen Kalkstein; das Wasser erreicht den Ozean in unterirdischen Flüssen. *Cenotes* sind natürliche Öffnungen im Kalkstein (derjenige von Chichén Itzá hat einen Durchmesser von fünfundvierzig Metern. Wasser, das gewöhnlich genießbar ist, findet man manchmal an der Oberfläche, manchmal achtzehn Meter unter dem Erdboden. Cole,

Und so ist es auch. Die achtzigtausend Quadratkilometer, die die Halbinsel Yucatán umfaßt, sind eine einzige gigantische Kalksteinplatte. Dieser Kalkstein kann kein Wasser auf der Oberfläche zurückhalten, und der Regen sickert durch ihn hindurch, um sich fünfzehn Meter unter dem Erdboden zu sammeln.

Während der trockenen Jahreszeit, wenn das Land oben so trocken wie eine Wüste ist, rauschen drunten unterirdische Flüsse ins Meer.

Was die Kultur des Menschen erst möglich machte, sind diese natürlichen Brunnen, die sich hier und da in gähnenden Klüften öffnen, wie Landa sagt:

«Auf dem Erdboden sorgte Gott für Öffnungen im Felsen, die die Indianer Cenotes nennen und die durch einen Riß im gewachsenen Fels bis zum Wasser hinunterreichen.»

Um diese natürlichen *Cenotes* oder Brunnen herum schlug das staatliche Leben der Maya zuerst Wurzeln. Städte und religiöse Zentren gründeten sich auf solche Brunnen. Und wie es nicht anders zu erwarten war, bekam das Wasser, weil es das Alpha und Omega der Volkswirtschaft der Maya war, einen mystischen Charakter. Opferungen wurden den Wassergöttern periodisch dargebracht; mit Juwelen geschmückt, wie es sich für einen Besuch bei den Göttern geziemte, wurden Opfer in die *Cenotes* geworfen. Man erwartete, daß sie mit dem Wassergott vertraulich sprachen und mit einer Prophezeiung zur Oberfläche zurückkehrten; denn Aufstieg oder Fall einer Gemeinschaft hing von der Versorgung mit Wasser ab.

Bolonchen war eines dieser alten Dörfer, die um einen *Cenote* herum gegründet wurden. In der Vergangenheit hatte es einmal seine große Stadt gehabt, die jetzt verfallen und von Mais-Milpas bedeckt war. Die Brunnen im Zentrum der Stadt waren nur acht Monate im Jahr aktiv; aber warum das so war, war den Indianern ein vollständiges Geheimnis. Um sich in den übrigen vier Monaten mit Wasser zu versorgen, griffen die Indianer auf den allerältesten Brunnen zurück, der nicht ganz einen Kilometer vom Dorf entfernt war. Diese riesigen Brunnen zu erforschen, waren Stephens und seine Freunde – geleitet von phantastischen Gerüchten – gekommen.

Leon, L., *The Caverns and People of Northern Yucatán*, American Geographical Society, Bull. 42, New York, 1910.

Sie kamen mit einem großen Gefolge von Indianern im rötlichen Schein einer stillen Morgendämmerung zu der Mündung von Bolonchen. Am Rand einer Bodenerhebung war ein riesiges, gähnendes, zerklüftetes Loch, groß genug, um das Astor House Hotel aus Stephens' Zeit zu verschlingen. Die drei Männer, umgeben von einer Schar fackeltragender Eingeborener, legten den größten Teil ihrer Kleidung ab und folgten den Indianern die steile Leiter hinunter. Vom Licht aufgescheuchte Fledermäuse flatterten vorbei. Es war eng und heiß. Das Geräusch ihrer Tritte hallte tief drunten in den unsichtbaren Eingeweiden der Höhle wider. Geführt von den Indianern kamen sie zu einer zweiten Leiter, die so steil war, daß sie rückwärts hintersteigen mußten; es ging dreißig Meter hinab. Die Lichter unten sahen gänzlich unwirklich aus wie Irrlichter. Die Leiter, die breit genug war, daß zwanzig Männer nebeneinander hinabsteigen konnten, war ohne Nägel konstruiert; jede hölzerne Sprosse war mit Weidenruten befestigt. Hinauf kletterten Indianer mit Wasserkrügen, die auf ihren Köpfen angeschnallt waren. Auf dem Grund war die Höhle von einem Lichtstrahl durchflutet, der aus einem direkt darüber liegenden Loch herunterkam, das, wie Catherwoods Meßband an den Tag brachte, vierundsechzig Meter entfernt war. Aus allen Verzweigungen des Felsens strömte lauwarmes Wasser heraus, das am Boden Rinnsale bildete, aus denen die Dorfbewohner während der trockenen Jahreszeit ihr Wasser sammelten. Es war eine dramatische Szene, «die wildeste, die man sich vorstellen konnte», sagte Stephens, «Männer, die sich mit irdenen Krügen, die an Kopf und Rücken angeschnallt waren, die riesige Leiter hinaufmühten, wobei ihre schwitzenden Körper im Licht der Kienspäne glänzten.» Catherwood konnte nicht widerstehen, die Szenerie zu zeichnen. Er benützte Bernaldos Rücken als Zeichenbrett und begann mit der Skizze, die eine der schönsten Illustrationen seiner Mappe ist.*

Während Catherwood die Tiefen der Brunnen von Bolonchen skizzierte, folgte Stephens, begleitet von Dr. Cabot, einer anderen Ab-

* Bolonchen war das Sujet eines der Aquarelle von Catherwood, von denen, als sie in der National Academy of Design ausgestellt wurden, gesagt wurde, sie hätten «Anklänge an Piranesi». Das Original wurde vom Autor entdeckt. Es befindet sich jetzt in der Sammlung der Yale Universität.

zweigung. Sie zogen sich bis auf die Haut aus. Albino, der die Fackel trug, konnte man nur schwach durch seine weiße Narbe am Gesäß sehen. Sie folgten einem gewundenen Sisyphuspfad, glitten über schlüpfrige Leitern und kamen immer tiefer. Cabot vermaß den Abstieg. Sie erreichten eine Tiefe von 137 Metern und waren nach Stephens' Berechnung 425 Meter von der Mündung der Höhle entfernt. Sie kamen am Sammelbecken Chac-ha («Rotwasser»), wo sie badeten, vorbei zu einem anderen Becken namens Putz-ha, was bedeutet, daß es dort Ebbe und Flut gibt wie am Meer, denn die Indianer sagten flüsternd: «Es geht mit dem Südwind, kommt mit dem Nordwind.» Die mystisch denkenden Indianer bewegten sich hier leise, wenn sie Wasser holten, denn wenn sie Lärm machen würden, flüsterten sie, würde das Wasser verschwinden – eine Legende, die Stephens prompt widerlegte, indem er sich auszog und hineinsprang. An jeder ebenen Stelle war ein weiteres Becken, jedes mit einem besonderen Namen. Das waren die Brunnen und Wasservorräte der Höhle, die in der trockenen Jahreszeit einer Gemeinschaft von siebentausend Menschen Wasser spendeten.

Es ist merkwürdig, daß die Maya nie das Wasserproblem lösten. Der Stand ihrer Ingenieurtechnik war hochentwickelt genug, um mit Stein eingefaßte Wasserbehälter zu bauen. Das hatten die Maya in den Ruinen von Tikal bewiesen, wo mindestens zehn Reservoire für Trinkwasser gefunden wurden. Zweifellos waren das ursprünglich Steinbrüche, die dann auszementiert wurden – denn der Stein ist überall poröser Kalkstein, und das Wasser sickert hinunter zu den unterirdischen Flüssen.

Auch im Puucgebiet bauten sie Wasserbehälter, wenn auch die Zeit ihre Leistungen zunichte gemacht hat. Sie bauten kleine unterirdische Wasserreservoire, die Stephens zuerst in der Provinz Maní fand. Hier in Maní, wo sich die Topographie des Landes ändert und wo es niedrige, verhältnismäßig stark bewaldete Hügelketten gibt, war das von den Maya Puuc-Land genannte Gebiet. Das Wasser sammelt sich in der Regenzeit in den Vertiefungen, und so bilden sich Aguadas (Wasserbehälter), die voll von blauen Wasserhyazinthen sind und von gespenstigen weißen Reihern belebt werden. Unter ihnen bauten die Maya Wasserreservoire mit enger Öffnung und eingefaßt mit gemauertem Stein, siebeneinhalb Meter tief, die eine Art von riesigen unterirdischen Korbflaschen bildeten. Hier wurde das Wasser konserviert, wenn es anderswo verdampfte. Catherwood, der ein umfassendes Wissen über die ganze mittelmeerische Archäologie besaß, staunte sehr über diese Probe technischer Leistungsfähigkeit. Sie suchten nach anderen unterirdischen Gängen in der unmittelbaren Nachbarschaft und fanden über vierzig, die Catherwood in fünf Typen klassifizierte und von denen er Diagrammzeichnungen anfertigte. Danach verließen sie die Brunnen von Bolonchen.

Hier entdeckte Stephens auch die Steinstraßen von Yucatán. Zunächst hatte er den Gerüchten über Steinstraßen, die die Maya als Verbindungen zwischen ihren alten Städten erbauten, wenig Glauben geschenkt, denn angesichts der spanischen Neigung zu Übertreibungen wird man skeptisch. Aber nach der Entdeckung der unterirdischen Wasserzisternen war er nun doch bereit, jene Gerüchte zu verfolgen, gleichgültig, wie phantastisch sie auch waren. Bei den Ruinen von «Sacbey» entdeckte er seine erste Straße, «eines der interessantesten Monumente der alten Zeiten in Yucatán», schrieb er, «ist ein zerstörtes Stück eines zweieinhalb Meter breiten Fahrdamms aus Stein . . . den die Indianer Sacbé (im Plural ‹Sacbeob›) nennen.» Die Indianer sagen, er durchquere das Land «von Kabah bis Uxmal». Dann bemerkte in Chemax in Mittelyucatán der dortige Padre seinerseits die Überreste einer Straße, «die nach Südosten bis zu einem Endpunkt, der noch nicht entdeckt wurde, verläuft, von der aber manche behaupten, daß sie in die Richtung von Chichén Itzá geht».

Erst hundert Jahre später wandten Archäologen, die auf Stephens folgten, ihre Aufmerksamkeit diesen Straßen zu. Ein mexikanischer Archäologe unternahm eine Traversierung eines Steindamms, der Yuxuna-Cobá-Straße*, und bestätigte, daß die Städte der Maya in Yucatán, was schon den frühen Priester-Chronisten bekannt war, durch gut erhaltene Straßen, die sich geheimnisvoll durch Dschungel und Sümpfe wanden, miteinander verbunden waren. Diego de Landa hatte sie gesehen: «Es gibt heute noch Anzeichen dafür, daß es eine

---

* Die *sacbé*-Straßendämme, die Stephens als erster erforschte, existieren noch. Obwohl nur einer davon (der Cobá-Yuxuna-Damm in einer Länge von hundertacht Kilometern) einer systematischen Untersuchung unterzogen wurde, mehren sich die Beweise, daß die Maya Straßendämme hatten, die alle ihre wichtigen Städte verbanden.

sehr schöne Straße von einer (Gruppe von Gebäuden in Izamal) zu der anderen gab.» Und Fray José Degado war 1605 über sie gereist: «Ich folgte Straßen durch die Sümpfe, die in alten Zeiten gebaut worden und noch gut erhalten waren.» Aber erst Stephens machte die moderne Welt darauf aufmerksam. Er glaubte, daß die meisten Städte durch Straßen verbunden waren. Untersuchungen zeigten, daß die Straßendämme, die breit genug für mehrere Personen nebeneinander waren, aus Stein mit Schuttfüllung gebaut und mit Zement aus weißer Erde befestigt waren, der «sacab» genannt wurde, wovon der Name *sacbeob* («weiße Straßen») abgeleitet wurde. Da die Maya keine Lasttiere hatten, waren die Straßen für Fußgänger gebaut. Priester in Tragsänften reisten von Provinz zu Provinz. Rasthäuser wurden in regelmäßigen Abständen an den Straßen errichtet, und auf der Schattenseite der Straßen legte man kleine Wasserreservoire an. Wegzeichen aus Stein geleiteten die Reisenden. Es gab in ganz Europa zu dieser Zeit keine vergleichbaren Straßen. Mit der Hilfe der *sacbeobs* verwoben die Maya alle ihre unabhängigen Reiche zu einer kulturellen und wirtschaftlichen Einheit.

Eine dieser großen Straßen, eine wirkliche *via sacra*, schlängelte sich durch den Dschungel in die Umgebung der großen Stadt Chichén Itzá. Ihr zum Teil folgend, wo ihre Steine noch vom Dschungel eingeengt wurden, reisten die Herren Stephens, Cabot und Catherwood an den Iden des März 1842, und so endete ihre archäologische Erkundung des Puuc.

KAPITEL XV

Die Brunnen von Itzá

Stephens hatte von Juan Pio Pérez aus Maní, der ihm die alten Maya-
dokumente gegeben hatte, Näheres über Tulum gehört, eine verfallene Stadt, die man vom Meer aus sehen konnte. Ein Freund von ihm
hatte die Ruinen einige Jahre vor Stephens' Besuch gefunden, aber da
er weder Altertumswissenschaftler noch Schriftsteller war, blieb die
Stätte praktisch unbekannt.

Sie lag auf derselben Breite wie die Ruinen von Uxmal, hundertzwanzig Kilometer von Chichén Itzá entfernt; eine zuerst von Stephens entdeckte Stele lautete auf 8 Ahua, 13 Pax. Man entzifferte, daß
sie am 29. Januar 564 n. Chr. aufgestellt worden war.

Sie reisten nach Tulum über das Meer in einem kleinen Küstenboot,
in dem sie unter dem Druck ständiger Todesgefahr abwechselnd
paddeln und Wasser schöpfen mußten. Sie fuhren entlang des mit
Korallen übersäten Ufers, wurden vom Wind geschüttelt und vom
Regen durchnäßt und kamen an der Insel der Frauen (Mujeres*)
vorbei, wo Bernal Díaz del Castillo, Cortés' Gefährte, 1519 landete
und «ans Ufer ging und in der nahegelegenen Stadt vier Tempel fand,
deren Götzenbilder menschliche Gestalten von großem Format darstellten, aus welchem Grund wir die Stelle ‹den Ort der Frauen›
nannten».

Stephens fand einen dieser Tempel von Díaz del Castillo, und
Catherwood zeichnete ihn, bevor sie nach Süden zur nächsten Insel
Cozumel** segelten.

* Die Insel der Frauen liegt unmittelbar vor der Küste von Cap Catoch in Yucatán.
Sie wurde zuerst von Bernal Díaz del Castillo beschrieben und «Frauen» genannt
wegen einiger Steinfiguren, die so aussahen. Es gab dort mehrere Gebäude, ähnlich
dem Typ der Gebäude, die man an der Ostküste von Yucatán gefunden hatte.
** Cozumel (Ah Cuzamil Peten) «Die Insel der Schwalben» liegt vierundzwanzig

In der Mayazeit waren auf dem flachen Kalksteinland von Yucatán eine große Zahl von Tempelstädten und Stadtstaaten nahe am Meer entstanden, und die Maya breiteten sich entlang der sturmgepeitschten Nordostküste von Yucatán aus. Sie nahmen die Insel Cozumel in Besitz und gründeten während der Zeit der Kolonisation die ummauerte Stadt Tulum. Dort sahen die Forscher zwischen kreischenden Sturmvögeln und eiligen blaufüßigen Tölpeln was von den im Lauf der Zeit stark mitgenommenen Ruinen übriggeblieben war, die die Konquistadoren 1518 noch gesehen hatten. Auf dieser Insel, wo Cortés 1519 auf seinem Weg zur Eroberung Mexikos biwakiert hatte, machte Catherwood eine einzige Zeichnung.

Tulum in der yucatanischen Provinz Quintana Roo fanden sie so, wie es ihnen beschrieben worden war, am Rand eines Kalksteinkliffs scheinbar über dem Karibischen Meer hängend. Gewaltige Wellenberge brandeten wild schäumend an das Kliff. Dahinter wucherte der Dschungel über die Ruinen und verbarg alles, außer einem Abschnitt der Mauer. Im Juni 1542 sahen Juan Díaz und seine Mannschaft von bärtigen Kondottieri, die auf Eroberung und Ruhm aus waren, «drei jeweils drei Kilometer auseinanderliegende Städte . . . viele Häuser aus Stein, sehr hohe Türme und mit Stroh gedeckte Gebäude».

In den wenigen Tagen, die Stephens y Companía zur Verfügung standen, machten sie einen Plan von Tulum, wobei sie die große Mauer entdeckten, die den Mittelteil der verfallenen Stadt einschloß und bis an den Rand des Kliffs führte. Trotz der Beschwerden – «die Sonne prallte auf uns nieder, Moskitos, Fliegen und andere Insekten quälten uns» – konnte Catherwood mit der Hilfe von Cabot und Stephens mindestens sieben der hauptsächlichsten Gebäude abzeichnen.

Der Tempel des Tauchenden Gottes wird beherrscht von einer merkwürdigen Gottheit aus Stuck, die über dem Eingang hängt; sie hat den Schwanz eines Vogels und gefiederte Flügel an den Armen und fliegt erdwärts.

Das Innere des Tempels ist mit geometrischen, auf grell blauem und

Kilometer vor dem Festland im Karibischen Meer. Als einer der heiligen Orte der Maya war sie einmal voll von Tempeln und Heiligtümern. Die Stadt Polé, gegenüber auf dem Festland, war der Endpunkt einer Mayastraße, auf der die Pilger kamen, um ein Boot nach Cozumel zu nehmen.

scharlachrotem Grund gemalten Figuren bedeckt. Das *Castillo*, auch mit Fresken bemalt, erreicht man über eine große Treppe, die jetzt in enger Umarmung von den schlangenartigen Wurzeln der Würgerfeige umschlungen ist. «Wachtürme» am Ende der Mauer beherrschen die Sicht über das Meer.

Erst als sie wieder abreisten, da sie den Ansturm der Moskitos nicht mehr aushalten konnten, entdeckten sie eine weitere Ruine.

Dr. Cabot war auf der Suche nach dem augenfleckigen Truthahn – berühmt geworden durch Audubon – mit seiner Schrotflinte in den Dschungel gegangen, wo er den Tempel der Fresken entdeckte. Catherwood hatte nur gerade Zeit, um das Äußere zu zeichnen, die Fresken mit geometrischem Muster in grell blauer Farbe. Die eingehendere Erforschung verblieb einem späteren Jahrhundert.

Achtzig Jahre, nachdem Stephens und Catherwood ihre erste Untersuchung gemacht hatten, unterzog Samuel K. Lothrop dasselbe Tulum einer sehr gründlichen archäologischen Ausgrabung und Untersuchung, woraus dann eine weitere seiner vorzüglichen Monographien entstand.

Obwohl sie weitere Ruinen auf dem Festland, wie z. B. Aké*, Silan und Izamal (wo Catherwood einen kolossalen Kopf mit wulstigen Lippen zeichnete, der inzwischen zerstört wurde) entdeckten und damit den Kulturbereich der Maya um Hunderte von Kilometern ausweiteten, war Chichén mit den Brunnen von Itzá der Ort, wo die letzten Phasen ihrer Entdeckungen zu einem dramatischen Abschluß kamen.

Chichén Itzá war nun die alles beherrschende Leidenschaft.

«Die ganze Zeit, seit wir von zu Hause wegfuhren», schrieb Stephens, «waren unsere Augen auf diesen Ort gerichtet.» Und mit gutem Recht. Denn Chichén Itzá war die größte Ruinenstadt im

---

* Aké liegt fünfzig Kilometer östlich von Mérida an der Straße nach Izamal. Es gehörte 1870 Don Simon Péon, Stephens' Wohltäter in Uxmal. Wie die meisten wichtigen Stadtstaaten der Maya war es um einen Cenote herum erbaut, einen natürlichen Brunnen, dessen Wasser neun Meter unter der Oberfläche liegt. Die Ruinen von Aké sind ausgedehnt; es hat über fünfzehn Pyramiden, von denen eine von sechsunddreißig Pfeilern von ungefähr einem Meter im Quadrat und fünf Metern Höhe umgeben ist und an den Tempel der Krieger in Chichén Itzá erinnert. Aké war durch eine Mayastraße mit Izamal verbunden.

ganzen Reich der Maya und überdies leicht zu erreichen. Sie liegt auf einer flachen Ebene, knapp hundert Kilometer vom Meer entfernt, und nahe bei Valladolid (der zweitgrößten Stadt in Yucatán), mit der es durch eine Straße verbunden war.

Als größte Stadt des Neuen Reichs der Maya und als religiöses Zentrum, wohin alle Maya mindestens einmal im Leben eine Pilgerfahrt machten, konnte es Chichén Itzá hinsichtlich der Pracht seiner Monumente mit allen anderen Städten aufnehmen. Sein Ruhm war so groß, daß seine Tradition in chronologischer Ordnung blieb, auch wenn die ungenaue Erinnerung an Ereignisse alles andere aus dem Sinn der Maya auslöschte.

Chichén Itzá wurde dreimal gegründet, seine ersten Anfänge reichen bis 432 n. Chr. zurück.

Chichén Itzás Gebäude glänzten wie Schnee unter der Sonne – der Pyramidenstumpf erhob sich dreißig Meter über die flache, dschungelbedeckte Ebene; das Nonnenkloster, das massigste Gebäude von allen, ein gewaltiger, fester, sechzig Meter hoher und mit Schmuckskulpturen bedeckter Block aus Mauerwerk; ein großer Ballspielplatz, so groß wie ein Fußballplatz, wo einst die Männer in einer Maya-Olympiade ihre Kraft miteinander maßen.

Fünf Quadratkilometer weit sahen sie von dem Platz, wo sie saßen, den größten Stadtstaat im Mayabereich; die Tempel der Krieger, die von der seltsamen, sich zurücklehnenden Gestalt des Chacmool bewacht werden, und den kreisförmigen Caracol, ein Maya-Observatorium, der Vermutung, aber vielleicht sogar der Tradition nach.

Obwohl Stephens und Catherwood schon vierundvierzig Ruinenstätten der Maya gesehen hatten, erregte sie keine mehr als Chichén Itzá, denn hier, wie bei keiner anderen Stätte, fühlte man ein wenig Verwandtschaft mit einer europäischen Stadt. Die Architektur hat eine Leichtigkeit, eine Zurückhaltung in der Verzierung, die ihnen fast ein wenig vertraut vorkam. Achtzehn Tage lang blieben sie in Chichén Itzá und legten eine wissenschaftliche Methode fest, die solange fortdauern sollte, wie der Mensch vom Altertum bewegt wurde.

Ihr Ruhm hatte sich bereits über das Land verbreitet. Auf der Farm von Don Juan Sosa*, zu dessen großem Besitz die Stätte von Chichén

* Sie gehört jetzt der Familie Barbachano und wurde lange von verschiedenen archäologischen Expeditionen als Hauptquartier benützt. Sie ist nun in ein Hotel

Itzá gehörte, wurden sie mit rührender Gastfreundschaft empfangen. Indianer, die am Tor der Farm hockten und ihre Krankheiten zur Schau stellten, hatten schon seit Tagen auf Dr. Cabot gewartet. Junge Damen in ihrer besten Mayatracht, die Frisuren mit Hibiskus herausgeputzt, liebäugelten mit Catherwood, damit er sie mit seinem Daguerreotyp-Apparat aufnehme.

Catherwoods Fieber hatte sich, wie das von Dr. Cabot, gelegt, und alles – die Menschen, die Umgebung – war so friedlich wie der türkisblaue Himmel.

In ein paar Tagen hatten sie den ersten Lageplan von Chichén Itzá gemacht.

Hier gab es keinen Zweifel mehr über die Identität der Menschen, die Chichén Itzá erbaut hatten. Bei dem ersten Baukomplex untersuchten sie das niedrige, flache, ziemlich unbedeutende Gebäude, den Tempel von Akabtzib, in dem sie in einem der achtzehn Räume, wo die Skulpturen vielfarbig in kräftigem Blau, Rot und Gelb sind, eine steinerne Oberschwelle mit einer Inschrift fanden.

Ihr Motiv ist ein sitzender Indianer mit einem Kopfputz aus Quetzalfedern, der die Hand ausstreckt, als ob er irgend etwas erklären will.

Um diese Gestalt herum waren dieselben Glyphen, die sie in Copán, Palenque, Uxmal und Kabah gefunden hatten, und es war ganz klar, daß Chichén Itzá durch eine kulturelle Verwandtschaft mit Copán, Hunderte von Kilometern im Süden, und Palenque, Hunderte von Kilometern im Norden, verbunden war.

Auch in der Architektur gab es spezifische Ähnlichkeiten. Die Gesimse der Nebengebäude der massigen Ruine des Nonnenklosters haben den langnasigen Gott Itzamna als Motiv. In diesem Gebäude, das spaßigerweise die «Kirche» genannt wird, mit seiner üppig geschmückten Fassade, erreichte Frederick Catherwoods architektonische Kunst ihren Höhepunkt; seine Zeichnung der *Iglesia* ist im Detail und der dramatischen Intensität nie von einer Fotografie erreicht worden.

Die Pyramide, zu der man gelangt, wenn man den Überresten einer

umgewandelt worden, von dem aus Touristen Ausflüge zu den Ruinen der Umgebung mit einer Bequemlichkeit machen können, die allen früheren Mayagelehrten versagt geblieben war.

steinernen Straße vom heiligen Cenote her folgt, hat eine grundsätzliche Ähnlichkeit mit anderen Bauwerken, die sie gesehen hatten, außer, daß sie höher und massiger ist. Das Tempelgebäude auf ihrer abgestumpften Spitze ist gut erhalten. Vier große Treppen mit durchgehendem Geländer mit dem Motiv der gefiederten Schlange führen hinauf zu den vier Eingängen, die nach den vier Himmelsrichtungen angeordnet sind.

Das Innere, das Catherwood beim Licht des sprühenden Kienspans von Albino skizzierte, ist mit skulptierten Türpfosten geschmückt; in die Balken aus Sapoteholz ist ein feines Flechtwerk von Figuren geschnitzt.

Stephens und Catherwood verbrachten einen ganzen Tag im Tempel von Kukulkan, gingen aber mehrmals am Tage hinaus, um das weite Panorama von Chichén Itzá zu überschauen.

Zwischen hundert und zweihundert Meter östlich des Pyramidentempels von Kukulkan entdeckten sie, mit Stephens' Worten, «die bemerkenswertesten, unverständlichen Überreste, auf die wir je gestoßen waren».

Als sie sich den Weg durch das unaufhörliche Gewirr von niedrigem Buschwerk freikämpften, fanden sie Gruppen von kleinen viereckigen Säulen «in Reihen zu drei, vier und fünf nebeneinander, wobei viele Reihen sich in die gleiche Richtung fortsetzten, wenn sie wechselten und einander verfolgten».

Als Stephens bis dreihundertachtzig dieser knapp zwei Meter hohen skulptierten Säulen gezählt hatte, war er völlig verwirrt; weder er noch Catherwood (der eine einzige diagrammatische Skizze von ihnen machte) konnten ihren Sinn verstehen.

Sie hatten den Hof der Tausend Säulen gefunden, der jetzt als der Tempel der Krieger bekannt ist.

Stephens vermutete nur, daß die Säulen früher «eine Promenade aus Zement getragen hatten, aber es gab keine sichtbaren Überreste». Ein Jahrhundert später jedoch rekonstruierte die Carnegie Stiftung von Washington seine Entdeckung ganz und fand, daß sie einst «von einer gedeckten Kolonnade mit einem Dach wie das innere Heiligtum des Castillo umschlossen war ... getragen von den (viereckigen Pfeilern) ... skulptiert und leuchtend bemalt mit lebensgroßen Figuren bewaffneter Krieger».

Es ist eines der großartigsten Monumente der Maya, seit langem restauriert und Thema einer eigenen Monographie: «The Temple of the Warriors».

Als Catherwood den Caracol* gezeichnet hatte, ein rundes Gebäude, was in der Architektur der Maya selten ist, folgten er und Stephens einem Viehtrieb, der zwischen mit Vegetation bedeckten Hügeln zu einem gewaltigen Bauwerk mit achteinhalb Meter hohen parallelen Mauern führte, die ein zweiundachtzig Meter langes und sechzig Meter breites Feld umschließen.

Am einen Ende der östlichen Mauer ist ein verfallenes Gebäude, das vor ihr eine enge Promenade bildet und in der Sprache der Archäologen als der Tempel des Jaguars bekannt wurde.

Während Catherwood seine Camera lucida aufstellte, um ein Panorama von dem ganzen Bauwerk zu erhalten, ging Stephens die großen Mauern entlang.

Über ihm verdunkelten schwarze Wolken die Sonne. Die großen Mengen von Vegetation, Palmen und Agaven, die auf dem Gebäude wuchsen, neigten sich gehorsam im Wind, und gerade als Stephens dort in der ehrfurchtgebietenden Großartigkeit von Chichén Itzá stand, zerriß ein Blitzstrahl den Himmel.

Als Stephens die Länge der Mauern abschritt, überlegte er sich, was für eine Bedeutung sie im Leben der Maya gehabt haben konnten. Dann entdeckte er in einer Höhe von sechs Metern über dem Boden, waagrecht an der Mauer angebracht, einen massiven runden Stein von 120 Zentimeter Durchmesser mit einem großen Loch in der Mitte. Auf seinem Rand waren zwei eng verflochtene Schlangen wie die des Merkurstabs in Flachrelief eingemeißelt.**

Als Stephens dann feststellte, daß sich zwei gleichartige Ringe über den sechzig Meter breiten Platz hinweg gegenüberstanden, erinnerte

---

* Man glaubt, daß der Caracol ein Observatorium gewesen ist. Innerhalb des zentralen Kerns ist, wie Stephens bemerkte, eine Wendeltreppe, die an die Windungen eines Schneckenhauses (daher Caracol) erinnert; in dem runden, zwölf Meter hohen Turm sind Öffnungen so angebracht, daß Beobachter die Frühlings- und Herbsttagundnachtgleichen feststellen konnten.

** Catherwood war von der kreisförmigen Skulptur tief beeindruckt. Als er ihr zweites Buch entwarf, benützte er die kreisförmige Zeichnung für den Einband der «Incidents of Travel in Yucatán».

er sich, daß er ähnliche Ringe in Uxmal gesehen hatte.

Er hatte den Großen Ballspielplatz von Chichén entdeckt.

«Ich will ihn, den Umständen entsprechend, das Gymnasium oder den Tennisplatz nennen.» Er entdeckte später, als er die engbedruckten Seiten von Herrera y Tordesillas (des spanischen Chronisten mit der Vorliebe für interessante Episoden) las, daß die Azteken mit Hartgummibällen ein Ballspiel namens *tlachtli* spielten: «An den Seitenwänden befestigten sie gewisse Steine, ähnlich wie Mühlsteine, mit einem Loch genau durch die Mitte.»

Herrera hatte auch bemerkt, daß «jeder Tennisplatz einen Tempel hatte». Stephens glaubte, daß das hier ein Ballspielplatz war, und sagte «Tennis»* nur, weil Basketball, dem das indianische Spiel ähnelt, noch nicht erfunden war. Das läßt einen hervorragenden Sinn für Analogie erkennen; von einem Bauwerk umgeben zu sein, von dem die Menschheit bisher nichts wußte, und es doch so klar zu beurteilen.

Die Zeit hat Stephens' Auffassung bestätigt; er beschrieb völlig richtig das Ballspiel, das die Maya *pok-a-tok* nannten.

Catherwood konnte nicht widerstehen, die prachtvollen Flachreliefs zu kopieren, die die Wände des Ballspielplatzes umgaben: Krieger mit Bündeln von Pfeilen mit Obsidianspitzen im Schmuck ihres Kopfputzes aus Quetzalfedern. Der Maya-Bildhauer bewies eine große Virtuosität mit diesen raumfüllenden Figuren; und Catherwood, der die meisten archaischen Skulpturen von Ägypten und dem Mittelmeer gesehen hatte, zögerte nicht, zu sagen: «Diese sind so schön gestaltet wie die der Ägypter.»

Der Mayakünstler war stilistisch sehr wandlungsfähig, je nach dem geographischen Milieu, in dem er arbeitete. Aber wie groß auch die Abwandlungen waren, die Mayakunst blieb, sogar in Chichén Itzá (wo sie von den Tolteken beeinflußt wurde), im Grund immer Maya-

---

* Das Spiel *Pok-a-tok* ist mit Basketball verglichen worden. Zu Stephens' Zeit existierte der Begriff noch nicht, weil das Spiel erst 1891 erfunden wurde. *Pok-a-tok* hatte gegnerische Spieler, deren Hüften, Ellbogen und Beine mit Baumwolltuch geschützt waren; das Ziel war, einen fünfzehn Zentimeter großen massiven Gummiball mit den Hüften oder Ellbogen durch den waagrecht gestellten «Basket» zu bringen. Das Spiel hatte eine religiöse Note. Plätze für dieses Spiel findet man von Nicaragua über Mexiko (wo es *tlachtli* heißt) bis hinauf nach Arizona.

kunst. Die Reliefs waren für Catherwood von einer so urtümlichen Schönheit, wie es die mexikanische Kunst für Albrecht Dürer war, als er sie 1520 zum erstenmal sah.

Es ist also ästhetischer Unsinn, wenn der französische Kunsthistoriker Elie Faure diese amerikanische Kunst abtut als «manchmal schön, fast immer mißgestaltet, verzerrt, aufgeblasen, gequetscht, entstellt ...»

Faure, der annahm, daß die künstlerischen Ausdrucksformen der Maya eurasischer Herkunft seien, glaubte, daß der amerikanische Indianer sein «Weltgedächtnis» verloren hätte und daß die indianischen Bildhauer nie etwas anderes gesehen hätten als «verstümmelte Körper, verrenkte Gliedmaßen, skalpierte Köpfe, abgehäutete Gesichter, leere Augenhöhlen und grinsende Zähne ...»

«In Mittelamerika, wo die Erde vollgesogen mit dem Wasser warmer Regenfälle ist, wo die Vegetation dichter, die Krankheitskeime tödlicher sind und wo die giftigen Dornbüsche unmöglich zu durchqueren sind, ist der Traum noch furchtbarer. In skulptierten Felsen erkannte man nichts als Häufen von zerschmettertem und pochendem Fleisch, zuckenden Massen von Gedärm ... einen wirren Haufen von Eingeweiden.»

Stephens wußte es damals nicht, aber er spürte, daß «die künstlerischen Ausdrucksformen der Maya in Chichén Itzá einen anderen Charakter angenommen hatten».

Etwas war geschehen. Frederick Catherwood spürte es auch, als er die neuen Figuren mit Hilfe seiner Camera lucida zeichnete.

Catherwood verfügte damals nicht über das sprachliche Instrumentarium – um ein Beispiel des neuen technischen Jargons zu geben – «des morphologischen Paradigmas der Neuen Archäologie, durch welches die Statistik die Interpretation funktionaler Bezüge zwischen archäologischen Funden unterstützt; des anthropologischen Paradigmas, durch welches die Systematisierung archäologischer Daten mögliche soziale Organisationen vermuten läßt ... und des ökologischen Paradigmas (d. h. Prototyps), durch welches alte Stätten zu ihrer Paläo-Umgebung in Beziehung gesetzt werden können, und des geographischen Paradigmas, durch welches Wechselbeziehungen zwischen Stätten und ihrer natürlichen Umgebung postuliert werden können*.»

Auch hatte er keinerlei Eingebung aus systematischer Intuition. Was er besaß, waren zwanzig Jahre Felderfahrung in der Alten und in der Neuen Welt, wo er jeden bekannten Architekturstil gezeichnet und studiert hatte.

Aus dieser Erfahrung heraus spürte er, «daß etwas in Itzá geschehen war».

Dieses «Etwas» war die Invasion der Tolteken aus Zentralmexiko in das Land der Maya. Die Zeit: 987 n. Chr.

Die nahuatlsprechenden Tolteken hatten ihre Hauptstadt in Tula, nördlich der Stadt Mexiko, das sie ums Jahr 900 n. Chr. als ihr neues Zentrum erbaut hatten. Ein Fürst, der sich nach dem Gott der gefiederten Schlange Quetzalcoatl nannte, wurde in einen Machtkampf verwickelt und mußte 987 in die Verbannung gehen. Unter seiner Führung zog ein ziemlich großes Heer von Kriegern hinunter nach Xicalango, einem berühmten Handelszentrum, «wo sich die Sprache änderte».

Dort begann der Bereich der Maya. Maya-Quellen geben genaue Auskunft über diesen historischen Vorfall:

«Im Katun Ahua (d. h. 987) entriß Kukulkan (das Mayawort für Quetzalcoatl) Yucatán seinen rechtmäßigen Eigentümern und gründete seine Hauptstadt in Chichén Itzá.»

Chichén Itzá, das zum erstenmal 432 n. Chr. gegründet worden war, war danach einige Jahrhunderte verlassen. 987 wurde es neu gegründet. Danach werden die Berichte verworren. Der verstorbene Dr. Wyllys Andrews schrieb mit gewohnter Klarheit:

«Was der Ursprung der toltekischen Macht in Yucatán war und wie sie aufrechterhalten wurde, bleibt ungewiß . . . sie mag militärisch, religiös oder säkular gewesen sein. In der Skulptur der Zeit scheint der Krieger die Führung übernommen zu haben (genau das hatte Catherwood gespürt, als er die Krieger mit Bogen und langen Pfeilen mit Obsidianspitzen zeichnete . . .) Die Tolteken brachten vieles mit, was für Yucatán neu war, einschließlich des ersten Kupfers und Goldes . . . In der Architektur erscheinen radikal neue Gebäudeformen. Die Form des Skulpturenschmucks änderte sich durch Neuerungen

* Aus einer Besprechung eines archäologischen Buches im «Times Literary Supplement».

wie die skulptierte Schlangensäule und die sich entspannt zurücklehnenden Chacmool-Figuren mit charakteristischem, zur Aschenschale umgebildetem Schoß (in die frisch herausgerissene, noch schlagende Herzen von Menschenopfern als Nahrung für die Götter gelegt wurden).»

Diese Besetzung hat anscheinend bis 1168 gedauert. Dann brach ein Bürgerkrieg zwischen Chichén Itzá und der neuen Hauptstadt Mayapán aus. Mexikanisch-toltekische Söldnertruppen, die bei Xicalango, dem Handelszentrum in Tabasco, stationiert waren, griffen in den Kampf ein, und Chichén Itzá unterlag. Mayapán wurde für die nächsten zweieinhalb Jahrhunderte das führende Verwaltungszentrum in Yucatán.

Man kann zwei verschiedene Invasionen von mexikanischen Tolteken nach Chichén Itzá unterscheiden: die ersten waren mayasprechend, obwohl sie aus dem mexikanischen Hochland stammten. Sie hatten in der Gegend von Tabasco seit mehreren Generationen gelebt, nahe bei Xicalango. In den Jahren vor 900 n. Chr. hatte es tiefgreifende Bevölkerungsverschiebungen gegeben. In Mexiko zerfiel Teotihuacán, die Hauptstadt der Tolteken, die einen so großen Teil des zentralen Hochlands kontrolliert hatte – manche meinen, sie sei angegriffen und niedergebrannt worden und ganze Massen ihrer Bevölkerung seien in Bewegung geraten. Das war ungefähr um dieselbe Zeit, da die Mayastädte des Inlands – Tikal, Palenque, Piedras Negras und Hunderte andere – aufhörten, Zeitzeichen zu errichten, und man glaubt, daß das die Zeit der Zerstreuung der Bevölkerung war, die als der «Große Abstieg» in der Maya-Überlieferung berichtet wird.

Chichén Itzá war damals unbewohnt. Die Itzá übernahmen es und bauten eine Pyramide über die erste. «Neu-Chichén». Das wurde 1937 entdeckt, als Archäologen der Carnegie-Stiftung bei Restaurierungsarbeiten an der Tempelpyramide von Kukulkan unter dieser eine kleinere fanden, die der größeren als Kern gedient hatte.

Der Stil ist Maya, aber mit toltekischen Motiven, nämlich laufenden Jaguaren, wie man sie in Tula gefunden hat. Eine geheime Treppe führt zum Thronraum des Roten Jaguars. Hier hält das in Mandarinrot gemalte lebensgroße Abbild eines Jaguars mit offenem Maul Wache. Die Flecken auf seinem Fell bestehen aus dreiundsiebzig runden Scheiben aus polierter Jade.

Die Maya waren mit dem Schicksal der Hochlandmexikaner verbunden, als es im zwölften Jahrhundert wieder das Zentrum der toltekischen Kultur war.

Der große Tempel von Tula in Mexiko hat als Motiv die gefiederten, sich windenden, ungeheuren, drohend aufgerichteten Schlangen, die zu viereinhalb Meter hohen Karyatiden geformt sind.

Innerhalb des Tempels sind massige Kriegergestalten als Kolonnaden, und in den niedrigeren Teilen des Tempels gibt es Motive laufender Jaguare und angriffslustiger Adler.

Überall ist da die schreckliche Gestalt des Chacmool, eine gebeugte Steinfigur mit leerem, ausdruckslosem Gesicht. Ihre Hände halten die Steinschale, in die die frisch ausgerissenen menschlichen Herzen während der Opfer geworfen wurden.

Quetzalcoatl war der Kulturheros von Tula. Bevor er göttlich wurde, war er Mensch, Priester, Herrscher und Demiurg. Er hatte zweiundzwanzig Jahre über Tula geherrscht, einen Bürgerkrieg verloren und wurde mit einer ansehnlichen Truppe von Kriegern in die Verbannung geschickt.

Das Datum dieses historischen Vorgangs ist 1115 n. Chr.

Er zog südwärts nach Cholula, dem Land der Mixteken, und erwarb sich Ruhm als Baumeister und «Gesetzesbringer».

Beim nächstenmal, da Quetzalcoatl auftritt, ist er in Yucatán. War das derselbe Quetzalcoatl oder war es jemand anders mit demselben Namen? Wenn wir uns nicht klar darüber sind, die Maya waren es auch nicht.

«Sie sind sich nicht darüber einig, ob er (Quetzalcoatl) vor oder nach den Itzá eintraf.»

Soviel ist sicher: irgendwann im elften Jahrhundert wurde Chichén Itzá zum dritten Mal besiedelt, und das betreffende Volk war toltekisch-mexikanischer Abkunft. Archäologie, Geschichte und Überlieferung sind ausnahmsweise in voller Übereinstimmung.

«Man glaubt», schrieb Landa, «daß bei den Itzá, die Chichén Itzá wiederbesiedelten, ein großer Herrscher namens *Kuk* (Quetzal) *ul* (Feder) *can* (Schlange) regierte und daß das Hauptgebäude der Tempel von Kukulkan genannt wird.»

Dieser Tempel war über dem ersten oben auf einem Pyramidenstumpf errichtet worden, wobei die toltekischen Baumeister geschnitzte hölzerne Balken einführten, um mehr Raum zu schaffen, da die Räume der Maya durch die Verwendung des gekragten Gewölbes äußerst beschränkt waren.

Die Wände waren bemalt, und es ist noch genug erhalten, um manche Aspekte des maya-toltekischen Lebens zu zeigen. Eine gefiederte Schlange mit offenem Maul befindet sich auf dem Geländer jeder der zur Pyramide aufsteigenden vier Treppen.

Oben, am Tempel, erscheinen die Schlangen wieder, diesmal als skulptierte Säulen – sehr ähnlich denen in Tula im fernen Mexiko.

Um wirklich sicher zu gehen, daß die Leute wußten, daß dies der Tempel von Kukulkan ist, wurde das Gebäude oben mit dem Symbol des Himmelsgottes Quetzalcoatl geschmückt.

Der Platz, auf dem der Tempel ruht, ist eine gewaltige, etwa trapezoide ummauerte Fläche von 480 mal 420 Metern. Auf dieser Fläche ist ein gigantischer Ballspielplatz, dessen Tribünen architektonische Motive tragen, die aus Tula stammen. Es gibt niedrige Terrassen und ein «Theater», das man über Steintreppen erreicht. (Landa berichtet von «zwei kleinen Bühnen aus behauenem Stein, wo man Schwänke . . . und Komödien zum Vergnügen des Publikums aufführte.») In der Nähe ist ein neun Meter breiter Zeremonialdammweg, der 270 Meter weit zum Opfer-Cenote führt.

Als letzte Zeile in seinem gewaltigen zweibändigen Werk schrieb Stephens: «Ich sage nun den Ruinen Lebewohl.»

Aber weit entfernt von einem Abschiednehmen, war das Buch eine Einladung an Generationen noch ungeborener Archäologen, seinen Fußstapfen zu folgen und seine Entdeckungen zu erweitern.

Hundertdreißig Jahre später war die Literatur über die Maya und ihre Nachbarn so ungeheuer geworden, daß allein die Beschaffung der Bücher eine Lebensaufgabe geworden ist.

«Yucatán» ist als Buch ein durch die Zeit erprobter Klassiker. Wenn man bemerkt, daß Stephens über unbekannten Boden schritt, sind seine Schlüsse über das wahrscheinliche Datum der Mayaruinen, die er besuchte, überraschend nahe denen, über die sich heute die Berufsarchäologen geeinigt haben.

Er war der erste in neuerer Zeit, der feststellte, daß die einheimischen schriftlichen Maya-Historien dazu benützt werden können, die Maya-Archäologie zu dokumentieren.

Stephens und seine Begleiter besuchten vierundvierzig Stätten, die alle neu waren. Catherwood fertigte eine Landkarte des ganzen Gebiets an und machte Zeichnungen von fast allen Plätzen.

Das nun neu entdeckte «Yucatán» ist immer noch der beste archäologische Baedeker für das Puuc-Gebiet.

In Mérida verabschiedeten sich die Reisenden endgültig von den Ruinen und gingen an Bord eines Schiffes nach Kuba. Nach zehn Monaten Reisen in Yucatán war Havanna eine Oase des Vergnügens.

In den vier Tagen, die sie hatten, bevor die «Ann Louisa» nach New York segelte, konnten sie – trotz des Gelben Fiebers, das Havanna in eine Art von Belagerungszustand versetzte – «die Runde machen».

Kuba, einer der letzten Stützpunkte Spaniens in Amerika, war übervoll von einem Schwarm von *Condes* und *Marqueses*.

Es gab Maskenbälle, italienische Oper mit Fanny Elssler als Tänzerin. Und auch Spazierfahrten in offenen *voltantes* auf dem Malecón, besonders am Abend, wo Stephens mit den hübschen Mädchen «mit ihren schwarzen Augen und schönen Figuren» liebäugeln konnte.

Aber es gab bald Schwierigkeiten beim Zollamt wegen des gesammelten Materials, das von der «Alexandre» ausgeladen werden sollte, die es von Yucatán nach Havanna gebracht hatte, und diese Probleme schienen unüberwindlich zu sein.

Zunächst waren da Dr. Cabots Hunderte von Vogelhäuten, die erste ornithologische Sammlung, die je in Mittelamerika von einem Fachmann angelegt worden war; dann Catherwoods riesige Mappen mit den Zeichnungen von vierundvierzig verfallenen Stätten, seine archäologischen Tagebücher, die angefüllt waren mit Zeichnungen, Beobachtungen, Landkarten und Diagrammen; und schließlich Stephens' Sammlungen aus Kabah, Uxmal und Chichén Itzá, und dazu seine umfangreichen Tagebücher.

Schließlich überbrückten die spanischen Zollbeamten, die sich für Señor Stephens' *simpático* Art erwärmten, die Schwierigkeiten und gestatteten, daß ihre Sammlungen von der «Alexandre» zur «Ann Louisa» gebracht wurden, ohne durch den Zoll zu gehen.

In der Nacht des 4. Juni stachen sie nach New York in See.

KAPITEL XVI

Begebenheiten einer Reise in Yucatán

Das Leben in New York hatte sich 1841 seit ihrer zweiten Reise zu den Maya merklich verändert. Sie spürten es beide vom Augenblick ihrer Rückkehr aus der stillen, vergessenen Welt von Yucatán. New Yorks Straßen waren länger, geräuschvoller und schmutziger. Das Geschäftsleben war lebhaft, Geld floß ungehindert. Auch gab es kulturelles Gold.

Ralph Waldo Emerson, der 1836 sein erstes Buch «Nature» veröffentlicht hatte, wurde sich seiner Stärke als Schriftsteller bewußt; Nathaniel Hawthorne gab nach der Veröffentlichung von zwei Büchern seine Stellung im Zollamt von Boston auf und begab sich nach Brook Farm, um sich ganz dem Schreiben zu widmen; Walt Whitman war Reporter beim «Brooklyn Eagle»; Herman Melville lebte bei den Kannibalen in Tahiti; und die historischen Titanen – Bancroft, Tickner, Prescott und Sumner – waren die sonoren Blechbläser der literarischen Welt Amerikas.

Nun machte John Lloyd Stephens auf eine ganz neue Richtung aufmerksam, «die sichtbare Vergangenheit eines Pan-Amerikas», wie Van Wyck Brook geschrieben hat, «das sich kaum seiner Existenz bewußt war».

Als Buch waren die «Begebenheiten einer Reise in Yucatán» anspruchsvoller als die anderen, denn sie erforderten eine umfangreichere Lektüre.

Stephens durchforschte die spanischen Chronisten – Cogolludo, Herrera und Bernal Díaz del Castillo. Er holte die alten spanischen Historiographen aus ihrer Vergessenheit hervor, um sie seine These bezeugen zu lassen: daß die Kultur von Yucatán amerikanisch war, aufgebaut von amerikanischen Eingeborenen, denselben Menschen, die während der spanischen Konquista dort gelebt hatten; und daß diese Kulturen nichts direkt aus China, Ägypten oder Griechenland übernommen hatten. Daß ihre Kunst einheimisch war.

Das Buch über Yucatán enthielt viele archäologische «Premièren»: die erste genaue Karte von Yucatán, die ersten Illustrationen von Mayastätten, die ersten Beschreibungen von vierundvierzig verfallenen Stätten, die erste Veröffentlichung von Juan Pio Pérez' «Eine wahre Darlegung der Methoden, die die Indianer bei der Zeitberechnung anwandten».

Inzwischen wurden in Catherwoods Panorama dem begeisterten Publikum in einer Ausstellung die geschnitzten hölzernen Balken von Uxmal, Kabah, Labná zusammen mit anderen Stücken von Mayaskulpturen, die sie in Yucatán gesammelt hatten, gezeigt.

Man stellte sie neben dem Panorama von Theben auf, so daß die New Yorker selbst die Ähnlichkeiten wie auch die Unterschiede zwischen den beiden Kulturen sehen konnten.

Die Leute strömten in die kreisförmige Rotunde von Catherwoods Panorama, um mit eigenen Augen die Wunder zu sehen, die entdeckt worden waren.

Aber dann, in der Nacht des 31. Juli 1842, nach Schluß der Ausstellung, fing das Gebäude Feuer. Philip Hone, der berühmte New Yorker Chronist, war Augenzeuge des Geschehens:

«Catherwoods Panoramen von Theben und Jerusalem brannten am vergangenen Abend ungefähr um zehn Uhr ab, und mit diesen beiden wertvollen Gemälden wurde der übrige Inhalt des Gebäudes, darunter eine große Sammlung von Kuriositäten, Relikten und anderen kostbaren Dingen, die die Herren Stephens und Catherwood bei ihren letzten Reisen in Mittelamerika gesammelt hatten, zerstört. Das ist ein schwerer Verlust nicht nur für diese unternehmungslustigen Reisenden, sondern ganz allgemein für die Wissenschaft und die Künste. Da das Gebäude ganz kreisförmig und ohne Fenster und der Inhalt besonders leicht brennbar war, sah der Brand aus wie der eines riesigen Kessels.»

In den Flammen ging die ganze Sammlung aus Yucatán auf; vollständig vernichtet wurden die unbezahlbaren und unersetzlichen hölzernen Oberschwellen der Maya mit ihren geschnitzten Hieroglyphen; im Rauch zerstob auch ein großer Abschnitt von Catherwoods

Lebensarbeit. Der persönliche Verlust war katastrophal.

Die Zeitungen von New York teilten am nächsten Tag, dem 1. August 1842, die Zerstörung des Panoramas mit:

«Zerstörung der Rotunde durch Feuer. Wenige Augenblicke nach der Schließung dieses Gebäudes in der Prince Street am vergangenen Abend um 9.30 entdeckte man, daß es in Brand stand, und in weniger als einer halben Stunde war das Innere wegen des leicht brennbaren Zustands der Gemälde und anderer Materialien vollständig ein Raub der Flammen, *einschließlich* der Panoramen von Jerusalem und Theben. Zusätzlich zu diesem Verlust der Eigentümer, der Herren Catherwood und Jackson, erlitt der erstere einen fast unermeßlichen Verlust durch die völlige Zerstörung eines großen Teils seiner antiken Relikte und Originalgemälde, die er bei seinen Besuchen in Mexiko und den umliegenden Ländern gesammelt hatte . . .»

Die Berichte setzten sich an den folgenden Tagen fort:

«*Das Feuer bei Catherwood*. Dieses Feuer wird sich wohl als noch viel katastrophaler erweisen, als zuerst angenommen wurde. Denn wir müssen feststellen, daß die Herren Catherwood und Stephens nach ihrer Rückkehr von ihrer letzten Reise nach Mittelamerika in unsere Stadt ihre wertvolle Sammlung von Kuriositäten, Fragmenten aus Ruinen, Mustern, Zeichnungen und Plänen und allem, was sie bei ihrer schwierigen und gefährlichen Reise zusammengetragen haben, dort aufbewahrten. Diese Dinge sind ein großer Verlust; kein Geld kann sie ersetzen. Mr. Catherwood glaubt, daß diese Dinge hätten gerettet werden können, wenn das Wasser bei dem Brand so dirigiert worden wäre, wie er es gewünscht hatte. Er war nur bis 3000 $ versichert; sein eigener privater Verlust wird mindestens 10000 $ höher sein.»

Das Schicksal war ungnädig mit Catherwood verfahren. Sein großes Werk über den Felsendom bei der Omarmoschee blieb unveröffentlicht; seine Pionierarbeit in den ägyptischen Gräbern wurde von der Anonymität der unveröffentlichten Folios von Robert May verschlungen, die noch in den Sammlungen des Britischen Museums liegen. Und nun war sein großes Werk über die Maya zerstört.

Aber Catherwood ließ sich durch die widrigen Umstände nicht gänzlich entmutigen. Zu seinem Glück hatte er viele seiner Zeichnungen dem Verlag Harper and Brothers gegeben, und diese, sowie sein archäologisches Tagebuch und andere Skizzen in seiner Wohnung in Prince Street 89 waren erhalten geblieben. Um leichter über seinen Verlust hinwegzukommen, stürzte er sich in die Arbeit der Illustrierung des Buches von Stephens. Harper and Brothers überließ Catherwood die vollständige Aufsicht über diese Phase sowie die Ausstattung des Buches. In einem besonderen Vorwort wird gesagt: «. . . die Illustrationen wurden nach Daguerreotypien und Zeichnungen hergestellt, die Mr. Catherwood an Ort und Stelle machte, und die Stiche wurden unter seiner persönlichen Überwachung ausgeführt».

Immerhin, Stephens brauchte einige Wochen, bis er den Faden seiner Erzählung wieder aufnehmen konnte. Aber schließlich wurde «Yucatán» fertig. Die Illustrationen waren, wie bei der Eile zu erwarten war, zu hastig ausgeführt worden, um hervorragend, und von zu vielen Händen, um einheitlich zu sein; die «Begebenheiten einer Reise in Yucatán» mit ihren hundertzwanzig Stichen wurden in sechs Monaten fertiggestellt. Im März 1843 waren sie in den Buchhandlungen; ein Exemplar wurde am 23. März 1843 an William Prescott gesandt:

«Ich sandte Ihnen gestern per Eilboten ein Exemplar meines ‹Yucatán›. Bevor Sie darüber urteilen, bitte ich Sie, sich daran zu erinnern, daß Sie sich, bevor ich zu meiner Expedition startete, festlegten, indem Sie sagten, daß meine Reise, wenn ich auch nur ein halb so gutes Buch wie das letzte machte, nicht vergeblich sein würde.»

Prescott antwortete:

«Ich bin Ihnen aufrichtig dankbar für Ihr willkommenes Geschenk. Es fängt inhaltsreich und vielversprechend an, und ich bin deshalb sicher, daß es seines älteren Bruders, der ‹Begebenheiten einer Reise in Mittelamerika, 1841›, würdig sein wird.»

Einen Monat später schrieb Prescott wieder:

«Ich bin nun mit einem Band Ihres Werkes und einem Teil des zweiten fertig. Ich lese langsam, oder besser: es wird mir vorgelesen, was langsam geht . . . Es ist alles interessant für mich, da die alten Ruinen mich mehr fesseln als die lebendige Schilderung der Abenteuer. Die meisten Leser finden die Abenteuer mit noch mehr Schwung erzählt als in ihrem vorhergehenden Werk. Sie haben ein gutes Prospektblatt für unseren Freund, den Doktor, gemacht. *Ich hoffe, er wird es erleben, daraus Nutzen zu ziehen* . . . Ich weiß nicht, was ich von den Ruinen halten soll; sie lassen mich in einer Art von Nebel, den ich nicht zu zerstreuen suche . . .»

Die Rezensionen förderten den Absatz, und wie sein «älterer Bruder» galoppierte das zweibändige Werk über Yucatán von Auflage zu Auflage, bis Catherwoods Stiche ganz abgenützt waren. Dadurch wurden die letzten Auflagen von 1865 nur noch zu Schemen der Originale.

Da die Platten 1854 bei dem katastrophalen Brand im Verlag Harper zerstört wurden, wurde der Satz neu hergestellt und vom Verlag alle zwei Jahre bis zum Bürgerkrieg neu gedruckt.

Dann wurde Yucatán vergessen und unter den Kriegswirren begraben.

In England druckte John Murray eine Auflage, und Übersetzungen erschienen in Frankreich, Deutschland, Schweden und sogar auch auf dem Schauplatz von Stephens' Unternehmungen – Mexiko. Das Werk hatte ein langes Leben: noch über hundert Jahre nach der Veröffentlichung kommen Übersetzungen aus Mexikos Druckereien.

Nach dem Erfolg der «Begebenheiten einer Reise in Yucatán» ließen Stephens und Catherwood ein neues gewagtes verlegerisches Unternehmen vom Stapel. Es war von so monumentaler Größe, daß nur Audubons Foliobände über die «Vögel Amerikas» nach bibliographischem Maßstab damit verglichen werden können.

Das geplante Werk sollte eine alles umfassende Studie der mittelamerikanischen Archäologie werden. Ein Brief von Stephens an Prescott vom 25. März 1843 umreißt das Projekt:

«. . . Ein paar Worte über etwas Neues. Ich denke daran, einen Prospekt für eine Subskription auf ein großes Werk über amerikanische Altertümer, das 100 oder 120 Stiche in Folio enthalten und vierteljährlich in vier Teilen herausgebracht werden soll, zu verschikken. Der Preis: 100 $! Neunhundert Subskribenten würden mich vor einem Verlust bewahren, und mehr verlange ich nicht. Ich habe nicht den Raum für Einzelheiten und kann nur sagen, daß Mr. Catherwood einige große Zeichnungen gemacht hat, die an Großartigkeit und Bedeutung des Dargestellten und an malerischer Wirkung alles übertreffen, was je erschienen ist. Es ist beabsichtigt, daß die Ausführung unserem Land als Kunstwerk Ehre machen soll. Aus den Proben der Stiche, die wir von Audubons neuem Werk gesehen haben (er hatte eine kleinere Ausgabe seiner ‹Vögel Amerikas› in sieben Oktavbänden herausgegeben) haben wir ersehen, daß unser Werk in unserem Land hergestellt werden kann; wenn nicht, wird Mr. Catherwood nach Paris reisen und es dort ausführen lassen. Albert Gallatin (Jeffersons Schatzkanzler und in späteren Jahren ein ausgezeichneter Ethnologe) wird einen Artikel liefern und sich bemühen, auch einen von Humboldt zu besorgen, mit dem er sehr gut bekannt wurde, als er Gesandter in Frankreich war. Ich habe an Mr. (John) Murray geschrieben . . . und ihn gebeten, sich an Sir John Wilkinson, die erste Autorität über alle Ähnlichkeiten amerikanischer Zeichen und Symbole mit denjenigen von Ägypten, zu wenden . . . Die vierte und einzige weitere Person, an die ich glaubte, mich wenden zu sollen, sind Sie. Ich tue das ganz im Sinne einer geschäftlichen Angelegenheit und habe auf Grund meiner Schätzung der Gesamtkosten 250 $ und ein Freiexemplar des Werkes für einen Artikel von Ihnen angesetzt. Er braucht nicht mehr als 20 oder 30 ihrer Oktavseiten zu umfassen und wird nicht früher als in einem Jahr benötigt.»

Wie großartig das Projekt war, kann man auch über die große Zeitspanne hinweg spüren. Allein die Aussicht darauf, in einem Werk Humboldt, Prescott, Gallatin, Wilkinson und Stephens mit 120 Zeichnungen von Catherwood zusammenzubringen, kann einen Bibliophilen auch heute noch in Aufregung versetzen. Für die damalige Zeit waren die Kosten von 100 $ pro Exemplar schwindelerregend.

Prescott antwortete – und man kann daraus ermessen, wie hoch er sowohl Stephens als auch Catherwood schätzte –:

«Die ‹Amerikanischen Altertümer› . . . sind ein vortreffliches Unternehmen, und ich hoffe, es wird die nötige Förderung finden . . . Ich will einen Artikel von der Länge, die Sie vorschlagen, liefern.»

Das Projekt begann unter sehr günstigen Vorzeichen. Das Exekutivkomitee der New Yorker Historischen Gesellschaft berief auf den 2. Mai 1843 eine Sitzung ein, um zu erwägen, ob dem Projekt eine Förderung zuteil werden sollte.

Catherwoods Zeichnungen wurden in der Bibliothek ausgestellt, und Stephens erläuterte in selten guter Form das Projekt. Daraufhin ergriff der verehrungswürdige Albert Gallatin das Wort.

Er hatte noch nicht ganz den französischen Akzent verloren, als er mit seinen achtzig Jahren, die seine Begeisterung nicht dämpften, sagte:

«Nachdem Stephens sein Hauptziel erreicht hat, der Welt eine vollständige, anschauliche und getreue Beschreibung dieser verfallenen Städte und Tempel vorzulegen, schlägt er nun vor, diesen wertvollen Beitrag zur historischen wissenschaftlichen Forschung durch die Veröffentlichung der Zeichnungen in dem hier vorgestellten Maßstab zu vervollständigen.»

Nachdem er dem Exekutivkomitee die fünfzehn großen Aquarelle, die Catherwood von den Ruinen gemacht hatte, die aber nur ein Bruchteil der beabsichtigten Anzahl waren, die das Werk schmücken sollte, vorgestellt hatte, fuhr Gallatin fort:

«Das würde gewiß ein Werk werden, auf das jeder Amerikaner zu Recht stolz sein würde, und es sollte als ein Erzeugnis von nationaler Bedeutung betrachtet werden.»

Er forderte dann, daß die New Yorker Historische Gesellschaft das «große Projekt» fördere.

Man formulierte Entschließungen, in denen betont wurde:

«Daß die jüngsten Entdeckungen verfallener Städte und der Hinterlassenschaft eines gänzlich unbekannten Volkes und seiner Geschichte dem amerikanischen Kontinent einen neuen Aspekt gegeben haben.»

Professor Edward Robinson, Mitglied des Komitees und Begründer der palästinensischen Archäologie, der mit Catherwoods Arbeit im Osten eng vertraut war, unterstützte die Entschließungen mit Begeisterung. Ein anderes Mitglied meinte, daß das große Projekt die höchste Begeisterung hervorrufen müßte und daß die Werke von Stephens und Catherwood eine neue Ära in der Wissenschaft der Technologie einleiten würden. Catherwoods Zeichnungen lieferten

«die Mittel, um Zweifel zu zerstreuen und Theorien hinsichtlich der Herkunft der Rassen, die den Kontinent zur Zeit seiner Entdeckung durch die Europäer bewohnten, zu überprüfen.»

Schließlich wurde

«vorausgesagt, daß Stephens und Catherwood, den ersten Forschern auf diesem Gebiet, Hunderte anderer folgen würden und daß ihr hervorragender Landsmann, obwohl der Ruhm, den er für seine früheren Bände errungen hatte, kaum irgendeinem Namen in unseren literarischen Annalen nachstehe, als Entdecker dieser verborgenen Schätze zu einer noch höheren Einschätzung berufen sei.»

Mit einer begeisterten Huldigung für Catherwood beendete Albert Gallatin die Sitzung und dankte den Mitgliedern für ihre Unterstützung eines Werkes, das seinen Platz neben Audubons unsterblichen «Vögeln Amerikas» einnehmen werde.

Nach einem so ausgezeichneten Stapellauf segelte das «große Projekt» sofort in die aufgewühlten wirtschaftlichen Gewässer der Vereinigten Staaten. Die politische Szene war turbulent, und diese Unsicherheit spiegelte sich in den Finanzkreisen wider.

Manifest Destiny, der Lockruf der Zukunft, aber auch das Leitwort, unter dem die Vereinigten Staaten einen Angriffskrieg gegen Mexiko führen und dabei tausend Quadratkilometer Land (und die Feindschaft der ganzen lateinamerikanischen Welt) gewinnen sollten, war schon formuliert.

Zuerst hatte der Verlag Harper and Brothers daran gedacht, dieses neue Projekt zu verlegen, aber wie er der Presse gegenüber zum Ausdruck brachte, sei er «nicht bereit, ein so großes Werk ohne einige Aussicht auf Entschädigung zu übernehmen».

Da sich die erforderlichen dreihundert Subskribenten nicht einfanden, ließ Harper and Brothers das Projekt fallen.

Es wurde sogleich von der Buchhandlung Bartlett and Welford aufgenommen, und Catherwoods dramatische Zeichnungen wurden, um das Interesse des Publikums zu wecken, in Buchhandlungen und anderweitig an der ganzen Ostküste ausgestellt.

Catherwood hatte nun allen Grund, sein außerordentliches Mißgeschick zu verfluchen. Die erforderliche Zahl von Subskribenten kam immer noch nicht zusammen, und sogar John Lloyd Stephens, der von einigen seelenzerrüttenden Problemen in seiner unmittelbaren Familie (und durch den Druck von jenem Unhold, der Politik) gequält wurde, schien das Interesse verloren zu haben.

Trotzdem, diesmal beschloß Frederick Catherwood, daß er *veröffentlichen würde*. Er wollte nicht noch einmal zusehen müssen, wie andere sich seiner Arbeit bemächtigten.

Im Juli 1843 segelte Catherwood nach einer Beratung mit Prescott nach England.

Über die amerikanischen Altertümer war es zwischen Prescott und Catherwood zu einer engen Vertrautheit gekommen, denn Prescott, der mitten in der Niederschrift der «Eroberung von Mexiko» war, hatte von Stephens unschätzbare Hilfe erhalten und sah sich in seinen Schlußfolgerungen über die Ursprünge der Amerikaner von Catherwood bestätigt.

Auch Prescott, der halb blind zwischen den Manuskripten, die er in den dunkelsten Winkeln der Bibliotheken der Welt gesammelt hatte, arbeiten mußte, kam zu dem Schluß, daß die amerikanische Kultur auf dem Kontinent einheimisch war und daß die Bauwerke, die in Mittelamerika entdeckt worden waren, von den Menschen dieser Kulturen erbaut wurden. Er lehnte nun vollständig die These ab, daß die amerikanischen Indianer von nebelhaften Seefahrten der Phönizier, der verschollenen Stämme Israels oder wandernder Karthager stammten.

Er war hocherfreut, daß seine Ansicht über die Ruinen von Catherwood bestätigt wurde, und war daher nur allzu bereit, ihn bei seinem neuen Plan zu unterstützen.

In einem Brief vom 15. Juni 1843 an Edward Everett, den amerikanischen Gesandten beim Hof von St. James, schrieb Prescott:

«... Ein literarisches Projekt von ziemlicher Großartigkeit ist hier von den Herren Stephens und Catherwood auf die Beine gebracht worden. Es handelt sich um die Veröffentlichung der prachtvollen Zeichnungen, die Mr. Catherwood von den Ruinen in Mittelamerika gemacht hat. Es ist beabsichtigt, sie im Maßstab der Originalzeichnungen gravieren zu lassen. Mr. Catherwood wird sich im Juli nach Europa einschiffen, um mit den englischen Verlegern zu verhandeln, die ein Interesse an dem Unternehmen erkennen ließen. Ich habe mir die Freiheit genommen, ihm auf seinen Wunsch hin ein Schreiben an Sie mitzugeben ... Mr. Catherwood, der ein wirklich bescheidener und gebildeter Mann ist, hat nur den Wunsch, Ihre Billigung dieses bedeutenden Unternehmens zu erhalten, und ich habe keinen Zweifel, daß die Anteilnahme, die Sie für jede großzügige Unternehmung Ihrer Landsleute bewiesen haben, Sie auch für dieses interessieren wird ...»

In London nahm Frederick Catherwood seinen Wohnsitz bei seiner Familie in seiner alten Heimat am Charles Square 21 in Hoxton, wo sein Bruder Alfred seine ärztliche Praxis hatte.

Von dort aus besuchte der Künstler, die große Mappe unter dem Arm, die Buchhändler und Verleger.

Er stieß auf wenig Ermutigung – ein merkwürdiger Empfang für ein so originelles Werk, denn man befand sich ja im Zeitalter der illustrierten Bücher und schönen Mappen mit handkolorierten Lithographien.

Nur wenige Jahre früher hatte D. T. Egerton mit großem Erfolg seine «Ansichten von Mexiko» veröffentlicht, und John Bateman sein prachtvolles Buch über die tropischen Orchideen.

Und gerade in dieser Zeit war George Catlin in London, um die abschließenden Vereinbarungen über die Veröffentlichung seiner Mappe mit Lithographien über die amerikanischen Indianer der großen Ebenen zu treffen.

Aber Catherwood wurde abgewiesen.

Er schrieb an Prescott:

«Was das große Werk von Stephens und mir angeht, so ist darüber noch nichts endgültig entschieden worden. Die Buchhändler sagen, die Geschäfte gingen schlecht usw., die alte Geschichte, die wahrscheinlich auch noch wahr ist . . . Ich brachte Ihren Brief Mr. Everett, der mich sehr herzlich empfing, aber mein Ziel, eine Audienz bei der Königin und Prinz Albert zu bekommen, habe ich noch nicht erreicht. Es sieht so aus, als ob heute bei den Reichen und der Aristokratie nichts zu erreichen ist ohne die Protektion und Sanktion des Königshauses, was schlecht zu meinen *loco foco**-Neigungen paßt.»

Frederick Catherwoods Enttäuschung wurde noch größer, als Stephens sich aus unbekannten Gründen (da die Korrespondenz zwischen Stephens und Catherwood verloren ist) entschloß, sich ganz von dem «großen Projekt» zurückzuziehen.

Nun schrieb Catherwood an Prescott:

«Mein Werk (denn Stephens hat es abgelehnt, noch irgend etwas damit zu tun zu haben) macht Fortschritte. Einige Platten sind in bester lithographischer Qualität fertiggestellt, und andere sind in Herstellung. Ich habe keinen Verleger und habe auch nicht die Absicht, einen zu bekommen, wenigstens auf dieser Seite des Ozeans . . .

---

* *Loco focos*, ein Spottname für eine Splittergruppe der Demokratischen Partei. Sie waren gegen die Hochfinanz und ihre Praktiken, gegen Monopole, kämpften für eine wahre Demokratie und waren mit der Partei des Arbeiters einig gegen Privilegien. Der Name kommt daher, daß ihnen das Gas während ihrer Versammlungen abgedreht wurde und sie daher beim Licht von Kerzen und langstieligen Zündhölzern weitermachen mußten.

Ich werde mein eigener Verleger sein.»

Er holte sechs von Englands hervorragendsten Künstlern zusammen – Andrew Picken, Warren, Parrott, Bourne, Thomas Shotter Boys und George Moore –, um seine Zeichnungen zu lithographieren. Andrew Picken erhielt die größte Anzahl von Platten in Auftrag, im ganzen zehn, denn er war ein außerordentlicher Künstler.

Ausnahmsweise wissen wir genau, was diese Arbeit kostete.

«Mein Buch», schrieb Catherwood an Prescott, «besteht aus 25 Tafeln und einem Titelbild (das große Projekt von 120 Tafeln mit Texten von Humboldt, Prescott, Gallatin, Wilkinson und Stephens war so weit zusammengeschrumpft), und bei den geschätzten Kosten von 10 £ pro Tafel ergibt sich eine Gesamtsumme von 260 £.»

Die tatsächlichen Kosten der Tafeln «beliefen sich schließlich auf 307.10.0 £», und das war eine große Ausgabe für Catherwood, der erst im vorangegangenen Jahr sein ganzes Vermögen beim Brand seines Panoramas verloren hatte.

Der Druck des Werkes, das «Ansichten antiker Monumente in Mittelamerika, Chiapas und Yucatán» heißen sollte, wurde von Owen Jones («einem sehr guten Freunde» von Catherwood) in seiner Werkstatt, Argyll Place 9 in London, ausgeführt.

Owen Jones, bekannt wegen seiner Studie über die »Grammatik des Ornaments», war der Sohn eines berühmten Altertumswissenschaftlers und Schüler von Vuilliamy. Er hatte sein erstes Werk über die Alhambra im vergangenen Jahr veröffentlicht, ein Werk, für das er sein väterliches Erbteil verkaufen mußte, um es vollenden zu können. Da er nun zu jeder Arbeit gezwungen war, die Geld einbrachte, willigte er ein, Catherwoods «Views» zu drucken.

Das Impressum zeigt seinen Namen.

Bis zum Dezember 1843 war die Veröffentlichung so weit fortgeschritten, daß Catherwood durch Stephens «ein paar Probeabzüge des Werkes» an Prescott schicken konnte. Das war seine Gegengabe für Prescotts Geschenk eines Exemplars seiner «Eroberung Mexikos», von der Catherwood «fast gewünscht hätte, sie sei weniger packend interessant, damit er das Vergnügen ihrer Lektüre länger gehabt hätte».

Dieser Brief enthielt auch den ersten Hinweis darauf, daß Stephens, der versprochen hatte, den Text für die «Views» zu schreiben, das nicht würde tun können.

«Mr. Stephens hat freundlicherweise angeboten, eine Einführung und die Bildbeschreibungen zu verfassen, aber ich fürchte, sie werden kaum rechtzeitig kommen, denn ich bemühe mich, (das Werk) Anfang März herauszubringen.»

Am 25. April 1844 erschienen in London «Die Ansichten antiker Monumente in Mittelamerika, Chiapas und Yucatán» mit fünfundzwanzig Lithographien, Landkarten, Einführung und Bildbeschreibungen, «John Lloyd Stephens, esq. gewidmet». Catherwood, der Forscher, Archäologe, Künstler, Autor, dann Verleger war, wurde nun auch noch sein eigener Buchhändler.

Im Alter von fünfundvierzig Jahren veröffentlichte Catherwood sein erstes und einziges Buch. Es war auf dreihundert Mappen beschränkt. Die normale Ausgabe kostete fünf Guineen, und eine kleine Anzahl Mappen, die von fachkundiger Hand, zweifellos seiner eigenen, erlesen koloriert waren, kam zu zwölf Guineen heraus. Bartlett and Welford von der Astor House Buchhandlung in New York wurden die amerikanischen Auslieferer des Werkes und übernahmen eine Anzahl Exemplare.

Catherwood schrieb in einem ungewohnt begeisterten Brief an Prescott:

«Es ist mir mit meinem Buch bisher in London recht gut gegangen, ich warte aber mit Sorge auf die Abrechnung von Ihrer Seite des Ozeans. Ist sie günstig, werde ich einen großen Erfolg haben. Von meinen Exemplaren zu 12.12.0 £ habe ich beträchtlich mehr verkauft, als ich erwartet hatte.»

Ebenfalls unerwartet war die Qualität des Textes aus der Feder von Catherwood, denn Schreiben war nicht sein Métier, und es gibt nur noch einen einzigen weiteren Beitrag zur Archäologie, den er geschrieben hat.

Obwohl er kein Schriftsteller war, der Pinsel blieb sein eigentliches Ausdrucksmittel, ist Catherwoods Text doch bemerkenswert. In einem Jahrhundert, in dem die Altertumswissenschaftler infolge der Werke von Lord Kingsborough und Graf Waldeck glaubten, daß die im Dschungel von Mittelamerika entdeckten Bauwerke das Werk entweder von Ägyptern, Griechen, Karthagern oder semitischen Stämmen wären, beweist die Schlußfolgerung von Frederick Catherwood hinsichtlich ihres Ursprungs Scharfsinn; außerdem hat seine Auffassung die Probe eines Jahrhunderts von Zeugnissen bestanden, die von Spaten und Kelle der Archäologie erbracht wurden.

Obwohl er nicht im Besitz der Dokumentation war, über die wir heute verfügen, und auch nicht der Beweise durch ausgedehnte Ausgrabungen, bleiben die großen Umrisse von Catherwoods Schlußfolgerungen unangefochten. Im ganzen stellen sie, mit geringen Modifikationen, die Position der heutigen amerikanischen Archäologie dar.

Catherwood schrieb in seiner Einleitung:

«Was die verschiedenen Theorien angeht, die aufgestellt wurden, um die Völker, die den amerikanischen Kontinent besiedelten, auf Grund ihrer Wanderwege bis in ihre ursprünglichen Wohnsitze in der Alten Welt aufzuspüren, so finden wir, daß sie sich alle auf ein paar vage Ähnlichkeiten bei Riten und Bräuchen stützen, die bei jedem Zweig der menschlichen Familie mehr oder weniger üblich sind. Außerdem ist die Vorstellung, daß die Kultur und die ihr zugehörigen Künste in jedem Fall einer Übertragung von einem kultivierten zu einem ungebildeten Volk zuzuschreiben und zu verdanken seien, überaus unphilosophisch, weil sie die grundlegende Schwierigkeit der Erfindung, die irgendwo stattgefunden haben muß, nur weiter zurückschiebt, ohne sie zu erklären . . . Mr. Stephens und ich (schlossen) nach einer vollständigen und genauen vergleichenden Untersuchung der antiken Überreste . . . daß die Ruinen nicht von unvorstellbarem Alter und auch nicht das Werk unbekannter Rassen sind; sondern daß sie, wie wir sie jetzt sehen, von den indianischen Stämmen bewohnt und wahrscheinlich auch erbaut wurden, die zur Zeit der spanischen Eroberung im Besitz des Landes waren – daß sie die Erzeugnisse einer einheimischen Kunstrichtung sind, die den natürlichen Gegebenheiten des Landes und der damals herrschenden zivilen und religiösen Politik angepaßt wurde – und daß sie nur sehr geringe und zufällige Analogien zu den Werken irgendeines Volkes oder Landes der Alten Welt aufweisen.»

Im ganzen Bereich der Literatur über die Maya ist nie ein prachtvolleres Werk erschienen als die «Ansichten antiker Monumente».

Bei einer Versammlung des Royal Institute of British Architects in London hielt Frederick Catherwood vor dem Hintergrund seiner Zeichnungen einer erlauchten Versammlung einen Vortrag über die

276

«Altertümer Mittelamerikas».

Er betonte, daß man es vor seinen Forschungen für ein Phantasiege-spinst gehalten hätte, zu behaupten, daß die Maya als Baumeister den Ägyptern in keiner Weise nachgestanden wären und daß man ihre Malerei als derjenigen der Ägypter überlegen ansehen müßte «und ähnlicher den Malereien, die man in Pompeji und Herkulaneum ge-funden hat».

Das war eine kühne Behauptung. Aber die Anwesenden wußten, daß Catherwood, der zehn Jahre im Osten verbracht hatte, wie kein anderer dazu berufen war, über vergleichende Archäologie zu spre-chen.

Catherwood legte ausführlich dar, wie die Maya Steine bearbeitet hatten und was sie von Mörteln, Stuckarten und Zementen wußten; er wandte sich dann der architektonischen Technik zu und erklärte das «Gewölbe» der Maya.

Er nenne es so, sagte er, weil es den Zweck eines Gewölbes erfülle und er den Eindruck habe, daß die Maya unmittelbar davor standen, das Grundprinzip des echten Gewölbes zu entdecken.

«Hinsichtlich des Alters dieser Monumente», berichtete der Sekre-tär, «weicht Mr. Catherwood von del Rio, du Paix, Lord Kingsbo-rough und Waldeck ab, die ihnen ein hohes Alter – ein antediluviani-sches Alter zuschreiben». Die Menge von Schutt, die die Bauwerke bedeckt, «läßt auf nichts schließen».

Catherwood hielt es für ganz unsicher, irgendeinem der Monumen-te, deren Gestalt noch erkennbar war, ein höheres Alter als 800 bis 1000 Jahre zuzuschreiben, und denen, die noch so gut erhalten waren, daß man sie zeichnen konnte, mehr als 400 bis 600 Jahre.

Aus der Genauigkeit dieser Feststellungen kann man Catherwoods großes Wissen beurteilen, denn Copán ist wenig über 1400 Jahre alt, Palenque 1300, Uxmal nicht viel über 900, und die letzten archäologi-schen Erweiterungen in Chichén Itzá liegen zweifellos innerhalb der 600 Jahre, die ihnen Catherwood zugewiesen hat.

Auf Grund dieser besonnenen Beurteilung stützte sich James Fer-gusson, der Architekturgeschichtler dieser Periode, auf Catherwoods Werk, als er in seiner «History in All Countries» versuchte, etwas Klarheit in die Geschichte der alten amerikanischen Kultur zu bringen.

«Bisher bestand die große Schwierigkeit, daß die Zeichnungen der amerikanischen Monumente – besonders die von Humboldt und Lord Kingsborough veröffentlichten – nicht verläßlich waren. Die einzige erfreuliche Ausnahme von dieser Tatsache sind die Zeichnungen von F. Catherwood, sowohl diejenigen, die er allein publizierte, als auch die, mit denen er die Werke von Mr. Stephens illustrierte ... Es besteht offenbar kein vernünftiger Grund, die Schlußfolgerungen zu bezweifeln, zu der er und Mr. Stephens gelangten: daß nämlich die von ihnen wiederentdeckten Städte zur Zeit der spanischen Eroberung bewohnt und auf der Höhe ihres Wohlstands waren.»

Das war also Frederick Catherwoods Stellung in der Welt der Kunst, Archäologie und Architektur. Zu guter Letzt war er zu seinem Recht gekommen. Seine «Views» waren ein Erfolg, und es war die Rede von einem weiteren Werk über Mittelamerika. Peru wurde dabei erwähnt.

Prescott schrieb:

«Stephens sagte mir, daß Sie mit ihm über eine Reise nach Peru gesprochen hätten. Das ist *mein Revier* (Prescott fing gerade an, «Die Eroberung von Peru» zu schreiben), aber ich nehme an, daß es nichts schaden kann, wenn Sie nach architektonischen Altertümern suchen, und ich würde gerne die Früchte einer solchen Reise in Ihren schönen Illustrationen sehen.»

Es ist ewig schade, daß Catherwood nicht seinem ersten Impuls folgte; ganz gewiß wäre das eine Bereicherung der amerikanischen Archäologie geworden. Frederick Catherwood als Redner vor dem Hintergrund seiner Zeichnungen mittelamerikanischer Ruinen war in London eine so weithin bekannte Figur, daß Wilkie Collins ihn in seinem Roman «The Woman in White» im Sinn hatte, wo Walter Hartright in den 1850er Jahren nach Mittelamerika geht, um für eine archäologische Expedition architektonische Bilder zu machen.

Und so berühmt waren Catherwoods «Views» geworden, daß dieses Werk, als Alexander von Humboldt ein Exemplar seines «Kosmos» an Prinz Albert sandte, als Gegengabe ausgewählt wurde.

Der Prinzgemahl schrieb am 17. Februar 1847 an Humboldt:

«Während der Lektüre des ersten Bandes Ihres ‹Kosmos› hatte ich die ganze Zeit den Wunsch, Ihnen für den hohen geistigen Genuß zu danken, den mir sein Studium verschafft hat. Um dem Ausdruck

278

meines Dankes einen gewissen substantiellen Charakter zu verleihen, schenke ich Ihnen das beiliegende Werk, Catherwoods ‹Ansichten von Mittelamerika›. Es mag Ihnen als Anhang zu Ihrem eigenen großen Werk über Spanisch-Amerika dienen und damit Ihrer Aufmerksamkeit würdig werden.»

TEIL

4

Es gibt keinen Weg zurück

KAPITEL XVII

Lockruf der Zukunft

Es gab viele, die in seinen Bann gezogen wurden. Man nannte es «Fortschritt».

«Wir sind eine Nation des Fortschritts», schrieb der Herausgeber der «Democratic Review», «und wer will und was kann uns auf unserem Weg nach vorne Grenzen setzen?»

In einer einzigen Zehnjahresspanne – 1840–1850 – erlebten die Amerikaner in verwirrender Folge den Telegrafen, die Daguerreotypie, Dampf als mechanische Kraft, Eisenbahnen, den Zug der Mormonen über die Ebenen in das leere Land von Idaho, den Anschluß von Texas an die Union, den mexikanischen Krieg – mit den Staaten New Mexico, Arizona, California und Oregon als Preis – und im Zenit der Expansion wie einen unglaubhaften Höhepunkt – die Entdeckung von Gold in Kalifornien.

Das waren der Lockruf der Zukunft und die Sirenenklänge der Expansion. Sie beschränkten sich nicht auf die Amerikaner; sie reichten weit hinüber nach Europa, und kein Geringerer als Heinrich Schliemann ging (bevor er vom Virus der Archäologie infiziert wurde) nach Kalifornien, um nach dem Besitz seines Bruders in den Goldfeldern zu forschen.

Auch Frederick Catherwood hörte auf die Sirenenklänge der Zukunft, aber in einer anderen Umgebung. Die Veröffentlichung seiner «Views» (1844) war ein Erfolg und hatte ihm einigen Gewinn eingebracht, aber nicht genug, um seine Familie zu ernähren. Die Eisenbahnen waren die neuen Straßen zu Reichtum; Finanzleute hielten sie für eine gesunde Investition, das Publikum beeilte sich, die angebotenen Obligationen zu kaufen, und dabei entstand ein neuer Beruf: der Eisenbahningenieur.

So hatte der wandlungsfähige Mr. Catherwood – Zeichner, Architekt, Kenner der klassischen Antike, Panoramabesitzer, Archäologe – Schritt gehalten mit der sich ändernden Zeit, und da seine Ausbildung mit Reißschiene, Kompaß und Vermessungsinstrumenten von Grund auf gediegen war, erlaubte sie ihm diese Verschiebung des Schwerpunktes. Nach 1845 gab er den Titel Architekt auf (er schrieb ihn immer Archt.); auf seiner Visitenkarte stand nun «Frederick Catherwood, Zivilingenieur».

In dieser Eigenschaft hatte er kurz beim Bau der Eisenbahn von Sheffield nach Manchester mitgearbeitet. Danach, im Herbst 1845, wurde er gebeten, sich in London dem Komitee der Demerara Railway Company vorzustellen, das organisiert worden war, um eine Eisenbahnlinie zwischen Georgetown und dem Inneren von Britisch Guayana entlang des Demerara-Flusses zu bauen und zu betreiben, damit die Pflanzer Rum, Melasse, Zucker und Baumwolle leichter transportieren und verkaufen könnten.

Da das Geld dafür rasch überzeichnet worden war, schlug das Direktorium, dem die Söhne von Gladstone ebenso wie Sir Robert Schomburg, der hervorragende deutschstämmige Erforscher von Britisch Guayana, angehörten, den Namen Catherwood vor.

Der Bericht des Komitees stellt fest, daß «man sich besonders glücklich geschätzt habe, Mr. Catherwood gewonnen zu haben, der jahrelang in Nordamerika gelebt hatte, wo er bei Eisenbahnen und großen öffentlichen Bauten beschäftigt war».

Der Vertrag hatte eine Dauer von einem Jahr, und Catherwood reiste sofort nach Britisch Guayana ab.

Er selbst sagte geheimnistuerisch: «Ich mußte mich wegen einer beruflichen Verpflichtung für einige Jahre entfernen.»

Sechs Monate lang vermaß Catherwood den Verlauf der geplanten Eisenbahnstrecke, und sein zwanzig Seiten langer Bericht war außerordentlich fachmännisch. Er studierte ähnliche Projekte in Jamaika und den Vereinigten Staaten, wie er in seinem Bericht schrieb, «um deren Fehler zu vermeiden».

Das Komitee trat am 15. April 1847 in Old Jewry Chambers wieder zusammen, nachdem es den Bericht gelesen hatte, der weit über eine bloße Übersicht hinausging: er enthielt Pläne für die Entwässerung und Anregungen für die Gründung einer zentralen Fabrik für die gesamten Zuckerplantagen, so daß der Vorsitzende nach der Lektüre dieses Berichtes die Aktionäre davon unterrichtete, «daß man das Engagement von Mr. Catherwood fortsetzte, wodurch der Gesellschaft seine ausschließlichen Dienste gesichert würden».

Er kehrte im März 1848 nach Britisch Guayana zurück, wo Henry Light, der Gouverneur der Kronkolonie, überall erzählte, «daß Mr. Catherwood ein Mann der Wissenschaft sei, der einige Zeit in der Kolonie zu bleiben gedenke, der sich eine gewisse Berühmtheit als wissenschaftlicher Reisender erworben habe, und der gekommen sei, um den Bau der Demerara-Eisenbahn zu überwachen . . .»

So begann man, die erste Eisenbahn im südamerikanischen Kontinent zu bauen, oder besser: nicht zu bauen.

Es gab Schwierigkeiten mit den Arbeitskräften. Der Lohn von einem Dollar pro Tag bot nicht genug Anreiz für die Eingeborenen, die Zuckerplantagen zu verlassen, auch wenn das Londoner Komitee «meinte, daß schon allein die Neuheit der Tätigkeit genügend Anziehungskraft besäße».

Aber das war nicht der Fall. Und die Eisenbahnschwellen aus Pechkiefernholz, die Catherwood in Amerika bestellt hatte, wurden unverzüglich von den Termiten verschlungen. Dann kehrte Catherwoods altes Leiden – die Malaria – zurück.

Vom Klima und der Krankheit, die ihn abwechselnd frösteln und fiebern ließ, zermürbt, wuchs seine Verdrossenheit.

Diese sich nach außen richtende Verstimmung, die schon seine Beziehungen zu seinen Kollegen im Mittleren Osten vergiftet und fast die zweite Expedition nach Yucatán zum Scheitern gebracht hatte, hatte nun zur Folge, daß Catherwood überaus unangenehm wurde, wenn ihm jemand in den Weg trat.

Ein offizieller Bericht sagt: «Es gab beträchtliche Meinungsverschiedenheiten mit Mr. Catherwood», als die Lage der Eisenbahnendstation in Georgetown diskutiert wurde, «und es gab beträchtliche Unruhe über seine anderen Entschlüsse».

Obwohl die Pflanzer der Meinung waren, er sei sehr gründlich und seine Ideen vernünftig, häuften sich seine Beleidigungen der Kolonie in alarmierender Weise.

Die offiziellen Feierlichkeiten waren ein weiterer Fall. Der Gouverneur bestellte einen versilberten Spaten für den ersten Spatenstich zu der ersten auf dem südamerikanischen Kontinent erbauten Eisenbahn. Aber da dieser nicht rechtzeitig eintraf, beschloß er, die Feierlichkeit privat abzuhalten, und zwar nur für das Exekutivkomitee.

«Aber», sagt der Bericht, «dieses Vorhaben wurde durch den Chefingenieur Mr. Catherwood vereitelt, der sehr zum Ärger des Vorsitzenden und der ansässigen Aktionäre, die ihre Unzufriedenheit unverhohlen zum Ausdruck brachten, selbst Einladungen verschickte.»

Trotzdem hatte Catherwood, mit Hilfe schwarzer Arbeiter aus Jamaika, fünf Kilometer Eisenbahnstrecke rechtzeitig bis zur Ankunft der ersten drei Lokomotiven, die alle insektenfresserische Namen hatten – Moskito, Sandfliege, Glühwurm – gelegt.

Sofort beklagte sich die bessere schwarze Gesellschaft wütend bei Catherwood über das zügellose Benehmen der Neuankömmlinge gegenüber den Frauen der Kolonie.

Catherwoods Vorschlag, das Komitee sollte staatlich organisierte Bordelle einrichten, brachte ihm noch zusätzlichen Ärger.

So unglücklich auf Grund geraten, schrieb er in nostalgischem Weltschmerz an seinen Freund John R. Bartlett von der berühmten Buchhandlung Bartlett & Welford im Astor House:

«27. September 1847 . . . Ich würde mich *sehr* über alle Neuigkeiten (außer politischen und solchen, die sich auf den mexikanisch-amerikanischen Krieg beziehen) freuen, die Sie mir bitte senden wollen. Ich habe nichts von Stephens gehört . . . Erzählen Sie mir, wie die Geschäfte gehen, ob Sie noch Bücher verlegen und ob die American Ethnological Society noch besteht. Wie geht es Mr. Gallatin? Und wie Mrs. Bartlett? Konnten Sie weitere Exemplare meiner «Ansichten von Mittelamerika» verkaufen? . . .

Sie dürfen nicht überrascht sein, wenn ich eines Tages in New York auftauche und versuche, mich von neuem dort geschäftlich zu betätigen . . .»

Dann fing das Geld an, auszugehen. Das Budget war um über hundert Prozent überschritten worden, und noch schlimmer: eines der Mitglieder des Komitees namens Mr. Wisart, einer der populärsten Männer der Kolonie, wurde von der Lokomotive «Sandfliege» überfahren, und obwohl dem armen Mr. Wisart im Tode die zweifelhafte Ehre zuteil wurde, der erste Mensch in Südamerika zu sein, der von der Eisenbahn getötet wurde, war es Catherwoods Ruf nicht förderlich, dem nun alles zur Last gelegt wurde, was bei der Eisenbahn passierte. Der Bericht vom Mai 1849 sagt: «Die Vereinbarung mit Mr. Catherwood wurde aus Einsparungsgründen beendet.»

Inzwischen war auch John Lloyd Stephens dem Lockruf der Zukunft erlegen. Der Krieg mit Mexiko war schon in seinem zweiten Jahr, als er als Vizepräsident und Direktor der Schiffahrtslinie auf der neugebauten «S. S. Washington» nach Europa fuhr. Zwar war er keiner der ursprünglichen Gesellschafter der Ocean Steam Navigation Company, aber er hatte deren Entwicklung interessiert verfolgt und einen Teil seiner Gewinne aus den Büchern in sie investiert, und so wurde er ihr Repräsentant auf der Jungfernreise des Schiffes. Die «S. S. Washington» fuhr am 1. Juni 1847, wie angekündigt, mit hundertzwanzig Passagieren und drei Sonderpassagieren, darunter Major Hobbie vom Post Office Department, der versuchen sollte, postalische Vereinbarungen mit den hanseatischen Freistädten zu treffen, nach Bremen.

Zum Nachteil für das Ansehen der «Washington» wurde sie von dem britischen Dampfschiff «Brittania» geschlagen, das Boston verlassen hatte, nachdem sie abgefahren war. «The Times» in London nannte die «Washington», obwohl sie 390000 $ gekostet hatte, «ein so häßliches Exemplar von Dampfschiff, wie noch nie eines diesen Ankerplatz passiert hat».

Aber der Empfang in Bremerhaven war völlig anders. Der ganze Hafen war in Gala; Fahnen flatterten von den Schiffen, die amerikanische Flagge neben der deutschen.

Im Jägerklub wurde ein offizielles Essen gegeben, wo Bürgermeister Smidt «Herrn Stephens» als «den großen amerikanischen Reisenden, der den Zugang zu neuen und alten Welten geöffnet habe», vorstellte. Und da fast jeder der Anwesenden eine Zusammenfassung der Übersetzung seines ersten Buches gelesen oder davon gehört hatte und auch vom zweiten, dessen deutsche Ausgabe vorbereitet wurde, begrüßten sie ihn voller Begeisterung.

Nach dem Empfang reiste Stephens nach Berlin weiter.

«Ich hatte da nur ein einziges Ziel», schrieb er über seinen Abstecher in die deutsche Hauptstadt, «nämlich Baron von Humboldt zu sehen. Ich kann Berlin später noch besuchen», fügte er hinzu, «die übrigen Monumente der Stadt bleiben ja da, aber Humboldt könnte sterben.»

Stephens hatte beim amerikanischen Gesandten vorgesprochen, um zu sehen, ob er ihn bei Humboldt einführen könnte, aber er erfuhr dort zu seinem großen Bedauern, daß der große Mann von schwacher Gesundheit sei und keine Besucher empfangen könne.

Als er Baron von Ronne, den früheren preußischen Gesandten in Washington, besuchte, brachte er seine Enttäuschung darüber zum Ausdruck, daß er den berühmten Forscher nicht besuchen könne.

«Er hielt mich unvermittelt an und sagte mit freundlichem Ernst, daß ich Berlin nicht verlassen dürfe, ohne Baron Humboldt gesehen zu haben; gleichzeitig sah er auf die Uhr, rief nach meinem Diener, sagte ihm, die Wagen nach Potsdam führen um zwölf Uhr ab, schrieb eilig ein paar Einführungszeilen und jagte mich, ohne mir Zeit zu einem Dank zu lassen, fort zu meiner Kutsche. Eine schnelle Fahrt brachte mich gerade rechtzeitig für die Wagen zum Depot; in dreiviertel Stunden wurden wir nach Potsdam befördert, und fast bevor ich mich noch von meiner Überraschung erholt hatte, war ich in Humboldts Wohnung.»

Sein Leben lang hatte Stephens von Humboldt gehört.

Der Mann, der so viel zu den positiven Wissenschaften beigetragen hatte, war auch ein Freund Amerikas. Colonel John C. Frémont hatte wenige Jahre zuvor den Namen Humboldt an Flüsse, Berge und Städte verteilt, bis er quer durch ganz Amerika berühmt war.

Die Zeit lief nun schnell für den gefeierten Humboldt, der, 1769 geboren, zur Zeit von Stephens' Besuch achtundsiebzig Jahre alt war. Aber er überlebte trotzdem noch den Entdecker der Maya und starb 1859 als Neunzigjähriger.

Stephens schrieb:

«Ich hatte mir eine völlig irrige Vorstellung von seiner persönlichen Erscheinung gemacht und war überrascht, daß ich ihn nicht vom Alter gebeugt antraf. Er sprach über Mr. Prescotts Geschichte der Eroberung (Mexikos) und sagte, daß ich, wenn sich die Gelegenheit böte, dem Herrn als seine Meinung sagen könnte, daß es keinen Geschichtsschreiber der Zeit, weder in England noch Deutschland, gebe, der ihm gleichkomme.

Catherwoods Zeichnung der Burg von Tulum

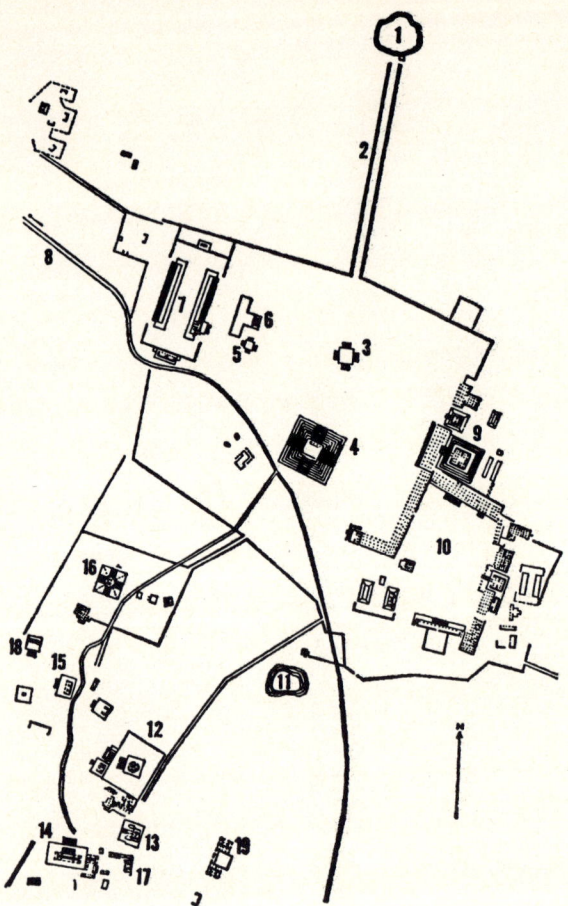

Moderner Grundriß von Chichén Itzá

 1. Opferbrunnen
 2. Heilige Straßen
 3. Tanzpodium
 4. Kastell, oder Tempel von Kukulkan
 5. Terrasse der Adler
 6. Tzompantli, oder Schädel
 7. Ballspielplatz (Stephens' Gymnasium)
 8. Moderne Straße nach Mérida
 9. Tempel der Krieger
10. Markt

11. Süßwasser-Cenote
12. Caracol (Sternwarte)
13. Tempel der Wandpaneele
14. Monjas oder Nonnenkloster
15. Rotes Haus
16. Grab des Hohepriesters
17. Iglesia (Kirche)
18. Haus des Hirsches
19. Akabtzib

John Lloyd Stephens 1859

Catherwoods Zeichnung des Ballspielplatzes in Chichén Itzá

Der Tempel von Kukulkan, dem Gott der gefiederten Schlange, wie Catherwood ihn gesehen hat

Stephens' Landhaus am Rio Chagres

Stephens' Baum in Panama

Ich hatte ohne Unterbrechung eine Stunde von Humboldts Zeit in Anspruch genommen, als Seifert, sein Majordomus, eintrat, um ihn zum Essen zum König zu rufen ... er bat mich dringend, noch ein paar Tage zu bleiben, um gewisse Bekanntschaften in Berlin zu machen, und so eilig er auch war, er bestand darauf, mir ein paar Zeilen an einen wichtigen Herrn in Berlin mitzugeben, ohne den gesehen zu haben, ich, wie er sagte, nicht abreisen sollte. Die Umstände gestatteten es mir nicht, den Brief abzugeben; aber ich hatte die Genugtuung, ein deutsches, mit starker, fester Hand geschriebenes Autogramm von Humboldt mit nach Hause zu bringen.»

Auf Vorschlag von Stephens, der damals Präsident der Schiffahrtslinie Ocean Steam Navigation Company war, benannte diese später eines ihrer Schiffe ihm zu Ehren «Humboldt»; darauf kam eine Antwort.

«Berlin, 21. September 1847
Monsieur le Président (der Ocean Steam Navigation),
durch die Vermittlung meines alten Freundes Mr. de Gérolt, unseres Gesandten in den Vereinigten Staaten, erhielt ich heute, während ich mit den Vorbereitungen für eine Reise nach Paris beschäftigt bin, Ihren liebenswürdigen Brief vom 21. August, mit dem Sie mich freundlicherweise beehrt haben. Er unterrichtet mich davon, daß mir eine Gunst erwiesen wurde, deren ich mich nicht würdig erachte, wenn ich meinen Namen mit dem eines großen Bürgers vergleiche, der von meiner frühesten Jugend an der Gegenstand meiner lebhaftesten Bewunderung war. Ich möchte Sie bitten, Sir, so freundlich zu sein, die Bezeugung meines verehrungsvollsten Dankes den Direktoren der ‹Ocean Steam Navigation› zu übermitteln, die auf Grund der schmeichelhaften Anregung von Mr. Stephens verfügt haben, daß das vierte Schiff, das für die Verbindung zwischen New York und Bremen bestimmt ist, meinen Namen tragen soll ... Durch meine Studien dem edlen Schicksal des Neuen Kontinents ergeben und überaus interessiert an den direktesten und engsten Handelsbeziehungen zwischen den Vereinigten Staaten und meinem Vaterland, messe ich der Ehre, die Sie mir zu erweisen geruht haben, den höchsten Wert bei ...»

KAPITEL XVIII

Schwierigkeiten
mit den Eisenbahnen

Nach seinem ersten Abenteuer im Zeitalter der Dampfmaschine war Stephens im Netz der neuen Ära gefangen. John Lloyd Stephens war einer der Gründer der Panama Railroad Company. Das Dokument, das er für die Verlesung in beiden Häusern des Kongresses der Vereinigten Staaten vorbereitete, war, wenn auch eingekleidet in die formelhafte Sprache eines offiziellen Dokumentes, trotzdem Stephens' Prosa. Es ist lehrreich, einen Teil davon zu lesen:

«Daß der Erwerb von Kalifornien und die Festlegung unserer Grenze in Oregon eine neue Ära in der Geschichte unseres Landes eröffnet haben ... das milde Klima, der fruchtbare Boden, die gute Aussicht auf Reichtum an Mineralien und vor allem die lange Küste mit den prachtvollen Pazifikhäfen ... In diesem Augenblick trotzen Hunderte von jungen Männern voll Unternehmungslust aus unseren östlichen Staaten den Stürmen von Kap Horn, während mit dem herannahenden Frühling die verwegenen Pioniere des Westens zu Tausenden über die trostlosen Prärien wandern oder die schroffen Steilhänge der Rocky Mountains erklettern ... keinen Weg zur Rückkehr, außer über die stürmischste Durchfahrt des ganzen Meeres.

Angesichts dieser Situation und um die Auswanderer ein wenig zu ermutigen, daß sie, obwohl auf ihrem eigenen Boden, doch nicht wirklich Heimatlose sind ... wurde ein monatliches Postdampfboot von New York nach Chagres (Panama) am Atlantik ... und auf der pazifischen Seite nach Kalifornien und Oregon eingerichtet.

Der Isthmus von Panama ist ungefähr achtzig Kilometer breit – weniger als an irgendeiner Stelle des amerikanischen Kontinents; und wegen der Senkung der großen Kette der Kordilleren, die von den

Rocky Mountains bis zu den Anden verläuft, hat man ihn immer als das Gebiet angesehen, wo, wenn überhaupt, eine bequeme Verbindung entweder durch einen Kanal oder eine Straße zwischen den beiden Meeren hergestellt werden könnte. Die Wegstrecke über ihn hinweg ist wahrscheinlich jetzt schlechter als in der Frühzeit der spanischen Herrschaft . . . kein Gefährt mit Rädern hat je versucht, sie zu überwinden . . .»

Schon in der Vergangenheit hatte es eine Überfülle von Gerede über Eisenbahnen und Kanäle gegeben; und das Publikum war, wie man erwarten konnte, gleichgültig, nicht etwa weil eine Verbindung über den Isthmus nicht erwünscht gewesen wäre, sondern weil man pausenlos davon gehört hatte. Jedes Jahr wurden neue Gesellschaften gegründet, um dem Isthmus den Rücken zu brechen. Aber die Anleger verloren ihr Geld, und die ungenügend ausgerüsteten Reisenden verloren ihr Leben in der gnadenlosen Umarmung des Dschungels. Bei diesem, dem jüngsten Projekt, war allerdings ein Unterschied: Stephens, der «hervorragende Reisende» stand in Verbindung damit.

Es hatte viel internationales Interesse an einem Kanal durch den Isthmus gegeben. Franzosen, Engländer, Spanier, Holländer und die Amerikaner hatten Versuche unternommen, die Neu Granada, d. h. die Rupublik Kolumbien, um ihre nominelle Souveränität über die Isthmusroute fürchten ließ.

Die Franzosen ergriffen als erste die Initiative, als Baron Charles de Thierry, ein in London gebürtiger Sproß einer französischen Emigrantenfamilie und in Cambridge erzogen, in einer kärglichen Position in den Vereinigten Staaten ankam. Da er merkte, daß man arbeiten mußte, um zu leben, reiste er nach Westindien und traf in Guadeloupe Augustin Salomon, einen jüdischen Großkaufmann, dem gegenüber er sich ausführlich über die Vorteile verbreitete, die ein Kanal durch den Isthmus von Panama als kürzere Route zu seinen Besitztümern in Neuseeland bringen würde.

Es gelang ihm, M. Salomon et Compagnie zu überzeugen, und für die nächsten zehn Jahre erhielten sie ein Monopol für alle Isthmusprojekte.

Aber nach zehn Jahren, die an eine komische Oper erinnerten, wurde der Gipfelpunkt erreicht, als ihr Ingenieur, der große Napoleon Garella, der wegen seiner technischen Leistungen in den Alpen berühmt war, vorschlug, den Isthmus für die Durchfahrt von Schiffen zu untertunneln.

Der Kanal – der entschieden die technischen Möglichkeiten der Zeit überforderte – wich einem praktischeren Projekt: einer Eisenbahnlinie. 1846 unterschrieb der Gouverneur von New Granada mit M. Mateo Klein, einem Abgesandten von Salomon et Compagnie, einen Vertrag über den ausschließlichen Bau (und den Betrieb auf neunundneunzig Jahre) «einer Eisenbahnlinie über den Isthmus von Panama».

Auf dem Papier wenigstens erschien die Organisation, die «The Panama Company» hieß, finanzkräftig, da ein britischer Bankier, William Henry Dainbridge, und Sir John Campbell, ein Funktionär der Oriental Steam Company, zu Direktoren berufen wurden.

Wenn diese Organisation ihr Projekt hätte durchführen können, so wäre die «Passage» in die Hände einer nichtamerikanischen Macht gekommen und hätte möglicherweise die amerikanische Kontrolle der Durchfahrt nach Kalifornien zunichte gemacht, wenn die ganze amerikanische Struktur einer Nation von Ozean zu Ozean bedroht gewesen wäre.

Glücklicherweise für die Vereinigten Staaten wurde Frankreich plötzlich in die Revolution von 1848 gestürzt, und mit der Schließung der Börse brach auch M. Augustin Salomon zusammen. Es war ihm im Juli 1846 nicht möglich, den Artikel IV des Vertrages zu erfüllen: «Die Gesellschaft wird als Sicherheit für die Erfüllung der Verpflichtungen sechshunderttausend Francs leisten.» So verfiel der ganze Vertrag. Amerika hatte noch einmal eine Chance für die Kontrolle seines Manifest Destiny.

Stephens und Humboldt hatten sich über die «Kanalidee» unterhalten, als sie sich in Potsdam trafen. Sogar damals schon glaubte Stephens, daß das französische Konsortium sein Projekt nicht würde durchführen können. Humboldt hatte immer den Wunsch gehabt, daß die Amerikaner selbst ihren Kanal bauten, und hatte Stephens eine Stelle aus Goethes Gesprächen mit Eckermann vorgelesen.

Der alte Goethe sagte 1827 in Weimar:

«Humboldt hat mit großer Sachkenntnis mehrere Punkte angegeben ... Wundern sollte es mich aber, wenn die Vereinigten Staaten es sich sollten entgehen lassen, ein solches Werk in ihre Hände zu bekommen. Es ist vorauszusehen, daß dieser jugendliche Staat, bei

292

seiner entschiedenen Tendenz nach Westen, in dreißig bis vierzig Jahren auch die großen Landstrecken jenseits der Felsengebirge in Besitz genommen und bevölkert haben wird ... Es ist für die Vereinigten Staaten durchaus unerläßlich, daß sie sich eine Durchfahrt aus dem Mexikanischen Meerbusen in den Stillen Ozean bewerkstelligen, und ich bin gewiß, daß sie es erreichen. Dieses möchte ich erleben.»

Es sollte John Lloyd Stephens sein, der Goethes Wunsch der Verwirklichung näherbrachte, denn er wurde die treibende Kraft für die Gründung der Panama Railroad Company.

Der Vertrag forderte den Bau der Straße innerhalb von acht Jahren. Stephens wollte, daß er in drei Jahren fertig würde. Die Gründe dafür lagen auf der Hand.

Die Briten waren darauf aus, Manifest Destiny mattzusetzen, und hatten die Moskitoküste besetzt, einschließlich der Mündung des San Juan River, der zu den Seen im Inneren von Nicaragua führte.

Lord Palmerston, der an die Spitze des Foreign Office zurückgekehrt war, wollte nicht zulassen, daß Amerika das Monopol auf die Durchfahrt zum Pazifik hatte. Es hatte schon Konflikte zwischen amerikanischen und britischen Schiffen in Greytown in Nicaragua gegeben, eine turbulente Situation, die dann zum Clayton-Bulwer-Vertrag führte.

Angesichts der führenden Stellung von Stephens wurde dieser zum Vizepräsidenten der Eisenbahn ernannt, das Baumaterial wurde beschafft, Schiffe wurden gechartert, und der ganze komplizierte Plan des Baus einer transkontinentalen Eisenbahn wurde in Gang gesetzt.

Es gab eine umfangreiche Korrespondenz zwischen Stephens und Catherwood über die Eisenbahn. Nach Catherwoods Erfahrungen in Britisch Guayana konnte er nicht leicht für diesen Plan gewonnen werden. Von seiner Wohnung in London aus schrieb er am 18. August 1849:

«Alle Eisenbahnprojekte betrachtet man hier mit großem und entschiedenem Mißtrauen ... Ich bin noch nicht entschlossen, was ich tun soll, warte aber, um mehr über Ihre Maßnahmen zu erfahren. Meinen Kindern geht es gut, und mein Sohn ist so groß wie ich selbst und ein guter Altphilologe und Mathematiker; daher beabsichtige ich, ihn zum Ingenieur ausbilden zu lassen ...»

Etwas später zeigte er Interesse für Panama:

«Ich würde mich freuen, von Ihnen über Ihre Panama-Eisenbahn zu hören und ob eine Chance dafür besteht, den Auftrag zur Vermessung des Geländes zu erhalten.»

Für Stephens wurde es nun dringend notwendig, ein Alter-Ego zu haben, einen Mann seines Vertrauens in Panama, da er selbst die lange Reise nach Bogotá, der Hauptstadt von Kolumbien, machen mußte, um dort gewisse Einzelheiten des Vertrags zwischen der Panama Railway Company und der Regierung neu auszuhandeln. Würde Catherwood also wohl bereit sein, für ein Jahr herüberzukommen, um während seiner Abwesenheit «die Arbeiten zu leiten»?

Eine Weile zögerte Catherwood. Er erklärte Stephens, in einem Schreiben von seinem Familiensitz am Charles Square 21 aus, daß er nur ein Kapital von 15 000 $ besitze und der Zins daraus nicht ausreiche, seine Frau und seine drei Kinder zu versorgen.

Zunächst schlug er dem amerikanischen Verlag Harper and Brothers vor, daß er bereit sei, diesen Betrag zu investieren, wenn der Verlag in London eine Filiale unter seiner Leitung eröffne; einem englischen Verleger gegenüber hatte er abgelehnt, ein Buch über die Maya zu schreiben, «weil ich nicht weiß, wie man Bücher schreibt».

Das Angebot aus Panama war recht mager (1500 $ und einige Zuschüsse), aber da er nicht «das Kapital angreifen wollte», reiste Catherwood dorthin.

Für diese Reise im Jahr 1850 gibt es ausnahmsweise eine genaue Zeittafel. John Bigelow, Herausgeber und Eigentümer der «New York Evening Post», Verfasser vieler Bücher und später Gesandter in Frankreich während des amerikanischen Bürgerkriegs, notierte 1850 auf dem Weg nach Jamaika:

«Zu unseren Reisegefährten (auf der Fahrt dorthin) gehörte der Künstler Mr. Catherwood, der auf dem Weg nach Panama war, von wo er sich nach einem Aufenthalt von ein paar Monaten zu einem geschäftlichen Besuch nach Kalifornien einschiffen wollte. Seine große Erfahrung als Reisender in allen Gegenden des Erdballs machten ihn zu einem interessanten und nützlichen Zuwachs unseres Mittagstisches.»

Der Isthmus von Panama, der zwischen dem siebten und neunten nördlichen Breitengrad liegt, ist eine im Dschungel erstickende Landbrücke. Von den Stürmen des *Chubasco* auf der karibischen Seite

294

bedrängt, wird Panama zwischen April und Dezember von einer jährlichen Regenmenge von knapp vierzig Zentimetern überschwemmt.

Gesättigt durch diese Regenfälle, bringt der warme und üppige Leib der Erde einen überschäumenden Reichtum an Vegetation hervor. Die Bäume stehen dicht beieinander, und Parasiten mit herrlichen Blüten hängen von ihren Zweigen herab; große Luftpflanzen halten stachlige Blätter in das Licht, seildicke Lianen, die ihre Wurzeln irgendwo in der feuchten Erde haben, winden sich von Baum zu Baum, bis ganze Waldgebiete zu einem einzigen Ganzen verwoben erscheinen. So feucht ist die Atmosphäre, so feuchtigkeitsgeladen die Luft, so üppig die warme Umarmung des Dschungels, daß Erde für das Wachstum nicht gebraucht wird; ein Jahr lang vernachlässigt, und das Werk des Menschen erstickt unter einer verwirrenden Vielfalt aufschießender Pflanzen. Die ganze Länge von Panamas 690 Kilometern gewundenen Bodens ist vom Meeresufer bis zu den schroffen Gipfeln der Antillen mit hartnäckiger Vegetation bedeckt.

Die Indianer sind mit dieser Umgebung fertig geworden und haben verhältnismäßig hohe Kulturen hervorgebracht. Sie haben in dem Durcheinander ihrer Gräber schönen, phantastisch gegossenen, mit Smaragden belegten Goldschmuck und Plättchen aus gehämmertem und ziseliertem Gold, Darstellungen der alten Coclé-Götter, hinterlassen. Diese Überfülle an Goldschmuck sah Kolumbus, und aus diesem Grund nannte er das Land «Goldkastilien».

Der weiße Mann kam 1509 nach Panama. Auf Nuñez de Balboa, der damals den Isthmus überquerte und den Pazifischen Ozean entdeckte, folgten weitere Spanier, die die Stadt Panama erbauten. So stolz und tapfer diese Männer waren, sie wurden mit dem Dschungel nicht fertig wie die Indianer, die seit Jahrhunderten mit ihm lebten.

Es war nicht der Jaguar in der Nacht, der seine Mannschaft dezimierte, auch nicht die Herden der Wildschweine mit ihren messerscharfen Hufen, ebensowenig die Indianer, deren Reihen bald von den Hellebarden mit ihren Stahlspitzen gelichtet wurden.

Die Feinde des weißen Mannes waren kleiner, als einzelne belanglos; aber in den Myriaden, in denen sie in ihrer Dschungelheimat wimmelten, überwältigten sie ihn schließlich.

Die Feinde waren die Insekten; große, kleine, summende, kriechende, brummende, fliegende, schwimmende Insekten – all-überall. Sie beherrschten die grüne Welt. Da war die schwarzhaarige Tarantel, zehn Zentimeter lange Gottesanbeterinnen, große gelbkörperige Wespen und gewaltige Skorpione, die den Stachel über dem Kopf trugen. Und Ameisen – Ernteameisen, Weberameisen, Einsiedlerameisen, Schirmameisen – die Heeresameisen mit schrecklichen Kinnbacken, die in geschlossenen schwarzen Kolonnen durch den Dschungel marschierten. Da gab es kryptobiotische Termiten, die in aller Zellulose am Werk waren, Nacht und Tag, Tag und Nacht. Panama war ein El Dorado für alle Arten von Insekten. Zu allen Stunden seines tropischen Tages und der Nacht waren quälende Insekten da. Mittags ein Moskito – *Aedes aegypti* – das in den Blutkreislauf die Geißel des Gelben Fiebers übertrug, des *vomito*, wie die Spanier es nannten, da man in seinem letzten, das Leben verzehrenden Fieber von schmerzlichem Würgen und konvulsivischem Erbrechen gequält wird, bis einem die Eingeweide zerreißen.

In der Abenddämmerung kam das dünne Wimmern der Moskitos auf, die von den abgestandenen Teichen hereinflogen, wo sie sich von einem Wassertierchen zum unersättlichen blutsaugenden Moskito verpuppt hatten, die Trägerinnen der Malaria, die das menschliche Blut mit mikroskopischen Heeren von Geißeltierchen vergiften konnten.

Ein dumpfer Schmerz im Rücken, ein wütendes Kopfweh, dann erbleicht das Opfer, die Fingernägel werden blau, der Körper kalt, die Augen blutunterlaufen, und die Zähne des Infizierten klappern, als sei er soeben aus arktischen Gewässern herausgefischt worden.

Später, ohne Vorankündigung, Hitze, Fieber, ein wildes Inferno, Schweißausbrüche aus allen Poren. Danach – der Tod. Wenn nicht von der Malaria oder dem *vomito*, dann von Typhus, Ruhr, Fleckfieber, Mundfäule, Beulenpest, Elefantiasis oder Hirnhautentzündung. Alle diese fiebrigen Plagen faßten die Amerikaner in einem Gattungsnamen zusammen – das *Chagres-Fieber*.

Catherwood mußte sich sehr bald mit mehr Dingen als der Eisenbahn befassen. Der Isthmus wimmelte von Goldsuchern auf dem Weg nach Kalifornien, die alle in die gleiche Tracht gekleidet waren – Schlapphut, rotes Hemd, Rindslederstiefel, Colt.

Es gab mehr zu tun, als den Bau der Straße zu dirigieren und die Arbeiter zu bezahlen: «Leitung der Arbeiten» bedeutete auch, Amerikaner aus Schwierigkeiten herauszupauken, in Ohnmacht gefallene Damen zu pflegen, Chinin an die Opfer der Malaria auszuteilen, und, wenn das nicht geholfen hatte, Beerdigungsmannschaften zusammenzubringen, um die wachsende Zahl von Toten zu begraben.

Der Rio Chagres floß einst in launenhaften Windungen viele Kilometer weit durch den Isthmus. Er begann als plätscherndes Bächlein nahe beim Pazifik, sammelte Hunderte von Bächen in seinem von Ablagerungen dunklen Körper, rauschte durch die schweren Wälle des Dschungels, bis er sich viele Kilometer weiter in einer Flutwelle von dunklem Wasser in das Karibische Meer ergoß.

Da der Chagres der einzige schiffbare Fluß in das Innere von Panama war, wurde er seit dem Beginn der spanischen Besetzung benützt. Die Spanier hatten an seiner karibischen Mündung ein Fort erbaut, um sie zu bewachen, ein gewaltiges, massives Gebäude, das uneinnehmbar sein sollte.

Jetzt, im denkwürdigen Jahr 1850, als der Isthmus seine letzte Belagerung erlebte – den Angriff des Großkapitals –, stand die Festung finster und geschwärzt auf ihrem Chagres-Hügel, erdrosselt von den grauen Wurzeln der Feigenbäume und begraben unter den glatten grünen Blättern wilder Helikonien.

Das war das Panama, das Stephens und Catherwood mit ihren Leuten überwinden mußten; das war das Panama, das die Schienen der ersten transkontinentalen Eisenbahn zu tragen hatte; das war das Panama, das Stephens' Totenbett werden sollte.

James Marshalls Entdeckung von Gold in Sutter's Mill im Jahre 1848 brachte, mindestens im Osten, nicht sofort eine Wanderung zu den Goldfeldern in Bewegung. Die Zeitungen des Ostens druckten die phantastischen Neuigkeiten ohne Fanfaren, lediglich als normale Nachricht:

Der *New York Herald* schrieb:

«Oh, dieses Kalifornien, dieses Goldfieber. Es stellt das kalifornische Land auf den Kopf, Männer verlassen ihre Frauen und Töchter und lachen über ein Angebot von zehn Dollar pro Tag.»

Aber Briefe aus Kalifornien wurden in überstürztem verlegerischem Eifer abgedruckt:

«die ungeheure Menge Gold, die täglich von den Leuten gesammelt wird ... übersteigt an Abenteuerlichkeit und Reichtum die alten Geschichten von El Dorado.»

So beschleunigte sich der Goldrausch. Im Herbst 1849 war das Fieber auf dem Höhepunkt.

Zuerst wurden Schiffe gechartert, die die Passagiere um Kap Horn herum beförderten; aber diese Reise war sowohl gefährlich wie auch langsam, und bald traf die Harnden Express Company Vorkehrungen, um die Leute für zweihundert Dollar via Panama zu den Goldfeldern von Kalifornien zu bringen.

Hotels schossen auf der Sandbank unter der Festung Chagres aus dem Boden. Eilfahrtgesellschaften benützten einheimische Kanus.

Als die Erbauer der Panama-Eisenbahn Arbeitskräfte am dringendsten brauchten, wurden ihre Leute vom Goldfieber gepackt, denn die Menschen stecken sich mit Gedanken genau so an wie mit Krankheiten.

Der Rio Chagres war nun überflutet von Menschen, die nach Kalifornien wollten. Auch Frauen und Kinder kamen; den Erbauern der Eisenbahn brachten die Goldsucher nur Ärger, denn sie behinderten die Arbeit.

Tausende ergossen sich pausenlos über den Isthmus von Panama. Vergebens rief ihnen der Verleger des «New York Herald» zu:

«Eilt weg von dem Dorf Chagres, das eine Pesthölle ist ... geht der Sonne aus dem Weg, schlafet nicht außerhalb eures Schiffes, ertragt die Hitze und die Moskitos, tut alles, nur nicht, euch der Nachtluft auszusetzen. Nehmt jeden Morgen zwei bis vier Körner Chinin.»

Und doch kamen immer mehr.

Bis zum Herbst 1851 hatte der Chagres-Weg so viele Tote gefordert, daß die Totengräberkäfer Überstunden machen mußten.

Bis zum Februar 1850 hatte Catherwood die «Arbeiten» in Panama in vollem Umfang übernommen.

Er schrieb an Stephens, der wegen eines bösen Falls von seinem Pferd ans Bett gefesselt in Bogotá lag:

«Meine Vermessungen bei der Stadt Panama in Verbindung mit dem Eintreffen der eisernen Schienen hat eine beträchtliche Sensation hervorgerufen, und ich bin oft umgeben von Menschenmengen, die

298

sich erkundigen, was das alles bedeuten soll und wo die Endstation der Eisenbahn sein wird . . .»

Das Lager und die Hafeneinrichtungen, um den Überseeverkehr zu bewältigen und ihn an die Eisenbahnlinie anzuschließen, waren begonnen worden, und danach legte Catherwood die Bohlenstraße an, die nach seinem Plan entlang der projektierten Schienenstrecke verlaufen sollte, damit der benötigte Nachschub nicht im Schlamm stekken blieb.

Alles das kostete Catherwoods Gesundheit einen hohen Preis. Er hatte das «Chagres-Fieber».

«Ich hatte meinen Teil Krankheit», berichtete er Stephens, «und bin noch in ärztlicher Behandlung.»

Aber trotzdem erfüllte Catherwood die Bedingungen des Vertrags und sogar noch mehr. Die geplante Straße schob sich langsam ostwärts in Richtung auf Chagres auf der Seite des Atlantik vor. «Und», schrieb er,

«die Hauptstraße von Panama wurde etwas verbessert. Ein paar gute Läden sind eröffnet worden. In anderer Hinsicht bleibt Panama freilich der schmutzige Platz, der es immer gewesen ist . . . P.S. Ich hoffe, dieser Brief erreicht Sie in Chagres (Stephens war aus Bogotá dorthin zurückgekehrt) und mit der festen Entschlossenheit, die Arbeit an der Eisenbahn trotz aller Störungen und Schwierigkeiten fortzusetzen.»

Diese Hoffnung erfüllte sich nicht. Stephens wurde von seinem Arzt verordnet, sich in New York zu erholen, und Catherwood versicherte ihm daraufhin, daß

«ich hier bleiben werde, bis ich Sie wiedersehe. Aber bei dem geringen Gehalt, das ich bekomme, habe ich nicht den Wunsch, auch nur einen Tag länger zu bleiben, als vereinbart . . .»

Als Stephens die Reise über den engen Isthmus nach der Stadt Panama hinüber nicht machen konnte, brachte Catherwood seinen Kummer darüber zum Ausdruck, daß sie den vierten Juli nicht zusammen verbringen konnten, wie sie es «unter anderen Umständen» getan hatten, da Stephens sich nach einem kühleren Klima sehnte «und natürlich auch nach mehr Geld».

In einem langen, ausführlichen Brief über die Ziele und Schwierigkeiten der Eisenbahnlinie legte er sein eigenes Dilemma dar. Da der festgelegte Vertrag die vereinbarte Zeit überschritten hatte, hoffte er, man würde ihm einen zusätzlichen Betrag von 1000 $ leisten, der ihm in San Francisco von Nutzen sein würde.

«Ich zahle 650 $ pro Jahr für eine Lebensversicherung, die meinen Kindern zugute kommen soll ... und das ist eine schwere Last bei einem Gehalt von nur 1500 $ und drei Kindern, die zur Schule gehen. Ich muß in diesem Jahr tatsächlich mein Kapital angreifen, das klein genug ist ...»

Während Stephens in New York auf dem Wege der Besserung war, wurde er zum Präsidenten der Panama Railway Company gewählt, und gleichzeitig wirkte das Goldfieber als Anreiz zur Finanzierung der Eisenbahn.

Die Gesellschaft hatte in Limón Bay für ihr Personal ein kleines Hotel erbaut mit Werkstätten für den Unterhalt und den Bau der Eisenbahnstrecke, die bis dahin auf einer Strecke von zehn Kilometern benützbar war.

Im November 1851 kamen tausend Auswanderer auf dem Weg nach Kalifornien in zwei Schiffen an. Sie konnten im Hafen von Chagres nicht landen und ankerten in Limón Bay, wo die Auswanderer kategorisch verlangten, daß die Eisenbahn sie auf ihren Wagen befördere, auch wenn es nur zehn Kilometer waren.

Zuerst weigerten sich die Eisenbahningenieure; sie hatten nur Plattformwagen und keine Einrichtung für Passagiere und setzten einen unwahrscheinlich hohen Preis für diesen Transport an, 7 $ für zehn Kilometer, in der Hoffnung, daß das abschreckend wirken würde ... Es tat es nicht. Die Passagiere bezahlten eifrig den Preis und fuhren in offenen Plattformwagen über schwächliche Holzbrücken aus noch grünem Holz. Manche Passagiere wurden von niedrig hängenden Baumästen heruntergefegt; aber sie kamen an.

Sofort wuchs das Vertrauen zu der Panama-Eisenbahn; die Aktien kletterten in die Höhe, die Kreditbereitschaft wuchs.

Der Goldrausch hat die Eisenbahnlinie gerettet. Von nun an reisten die Leute mit der Eisenbahn. Bis 1855 hatte die Linie 12 000 000 $ verdient – 4 000 000 $ mehr als die gesamten Kosten der Straße. Die Dividende stieg auf vierundzwanzig Prozent. Zehn Jahre später hielt man sie in Wall Street für die sicherste Anlage und das bei weitem erfolgreichste amerikanische Unternehmen, das jemals außerhalb der kontinentalen Grenzen des Gebiets der Vereinigten Staaten ins Werk gesetzt worden war.

Nachdem sie Millionen verdient hatte, wurde die Panama-Eisenbahn 1877 für die damals ungeheure Summe von 25 000 000 $ an die französische Panamakanal-Gesellschaft verkauft.

Stephens traf letzte Vorbereitungen für seine Rückkehr nach Panama, um die Eisenbahnlinie zum Abschluß zu bringen, aber seine Gesundheit blieb schwach. Die Keime der tertiären Malaria hatten sich in der Leber und den Nieren eingenistet, und die periodisch auftretenden Fieberanfälle hörten nicht auf.

Wußte er wohl, daß die Infektion tödliche Fortschritte machte? Wenn ja, so änderte das an seinem äußeren Verhalten nichts, aber obwohl er darüber scherzte, schien er doch das Ende zu ahnen.

In der Wohnung der Bentons in Washington neigte sich Stephens ein paar Tage vor seiner Abreise bei der dritten Tasse Tee Jessie Benton Fremont zu und sagte leichthin: «Sie müssen sehr gut zu mir sein, denn vielleicht in wenigen Tagen schon muß ich wieder zum Isthmus, um dort zu sterben.»

Aber er ließ keine Anzeichen körperlichen Verfalls erkennen.

Nach Panama zurückgekehrt, ließ sich Stephens auf halbem Wege zwischen den beiden Ozeanen nieder, um die beiden Eisenbahnlinien wirksamer dirigieren zu können, die sich dem Zusammenschluß näherten.

In Bujio Soldado (nun schon lange im Wasser des Kanals versunken), fünfzig Kilometer oberhalb von Chagres, baute er sich ein Landhaus. «Hier», schrieb ein zeitgenössischer Bericht, «ruhte Mr. Stephens, dessen Ruhm als Reisender und Schriftsteller weltweit ist und der sein späteres Leben damit verbracht hat, dieses große Eisenbahnunternehmen voranzutreiben, in den Pausen zwischen seiner Arbeit gern in der Hängematte aus und erfreute sich an den üppigen Schönheiten der umgebenden Landschaft.»

Aber diese Ruhepausen wurden immer länger. Die Malaria, «sein alter Feind», schüttelte ihn immer häufiger, obwohl er täglich erhebliche Mengen von bitterem Chinin schluckte. In einem ruhigen Augenblick konnte er plötzlich von einem heftigen Kopfweh überfallen werden, und dann kam das Frösteln über ihn, das ihn schüttelte, bis er vor Kälte erstarrte.

Allmählich stellte sich ein wenig Ordnung ein. Krankenhäuser wurden errichtet, man entdeckte, daß Chinin ein spezifisches Heilmittel gegen die Malaria war, und man stellte es auf alle Eßtische, damit es als Vorbeugungsmittel genommen werden konnte. Dr. Chauncey Griswold wurde aus New York geholt, um das Gesundheitswesen zu organisieren, und erhielt die Leitung des wichtigsten Krankenhauses gegenüber Stephens' Landhaus in Bujio Soldado.

Dr. Griswold meinte, daß das «Fieber . . . mit der vernünftigen Dosis von fünfzehn Körnern Chinin ganz beseitigt werden könnte und daß der Patient nach einem Anfall sich so wohl fühlen würde wie zuvor».

Durchfall und Ruhr machten ihm größere Schwierigkeiten. Lungenentzündung war nicht selten. Aber die Malaria blieb trotzdem der «Fluch», und bevor sie, zugleich mit dem Gelben Fieber, durch die American Canal Commission vor dem Bau des Kanals ausgetilgt wurde, mußte jedes Unternehmen vor ihr die Segel streichen.

Für Dr. Griswold – wie für die ganze medizinische Wissenschaft dieser Zeit – «war *miasma* die eigentliche Ursache der Fieberkrankheiten». Man mied die Abendluft wegen der «ungesunden Ausdünstung, die wie Rauch und Nebel nahe über dem Boden schwebte».

Griswold und Stephens sahen sich oft:

«Stephens war ganz entschieden der Pionier dieses Unternehmens, und die mit seiner Stellung verbundenen Aufgaben hätten in keinen besseren Händen sein können, nicht nur wegen seiner gründlichen Kenntnis des Landes und der Sitten der Leute, mit denen er offiziell zu tun hatte . . .»

Catherwood war inzwischen in San Francisco angekommen und schrieb sofort einen Brief mit dem Datum vom 28. August 1850: «Mein lieber Stephens, gemäß meinem Versprechen schreibe ich Ihnen sogleich nach meiner Ankunft . . .»

Die Einwohnerzahl der Stadt war von einer kleinen Siedlung auf 50000 angestiegen. Feuer hatte die Häuser an der Wasserfront zerstört, aber phönixgleich waren sie durch neue ersetzt worden; Wohnhäuser mit Schmuckfassaden, Kneipen, Geschäftshäuser – alle gesäumt von den schmutzigen Straßen.

Indianer, Spanier, Amerikaner, Franzosen, ein paar Deutsche, vor allem Heinrich Schliemann, der eines Tages das legendäre Troja entdecken sollte, Goldgräber, Kaufleute, Spieler, Dirnen und auch viele ehrliche Leute – alle jagten nach Gold und Dollars: und dabei versuchten sie, eine Stadt aufzubauen.

In diesem bunten Mischmasch von Rassen ging Frederick Catherwood an Land.

«Ich denke, nächste Woche zu einem kurzen Besuch der Minen (diggins) hinauszufahren . . . denn bevor ich nicht dort gewesen bin, habe ich nicht genug Zuversicht, um mich zu einem Geschäft niederzulassen . . .»

Dieses Geschäft war zunächst eine Bauunternehmung zum Wiederaufbau der Häuser und Lagerhäuser von San Francisco. Er fuhr dann auf einem der jüngst vom Stapel gelassenen Raddampfer zu dem neuen Oregon Territory, wo er einige Wochen am Zusammenfluß des Columbia- und des Willamette-Flusses verbrachte und einen Bericht «Bezüglich der Durchführbarkeit der Gründung von Siedlungen am Columbia-Fluß» schrieb (der jedoch, wie fast alles andere, verschwunden und von dem nur noch der Titel erhalten geblieben ist). Er beteiligte sich dann am Bau der Eisenbahn.

Im April 1853 erschien ein «Bericht der Vermessungsingenieure der Maryville und Benecia Eisenbahn». Auf der letzten Seite: «F. Catherwood, Beratender Ingenieur».

Catherwood bezeichnete sich nun als Kalifornier, denn im Jahr 1850 wurde Kalifornien der 31ste Staat der Union, und ob er es wollte oder nicht, wurde er, wie alle in diesem Jahr Ansässigen, automatisch Bürger der Vereinigten Staaten, so daß man es verstehen kann, wenn er an «Meinen lieben Stephens» schrieb, daß «wir Kalifornier» einiges von uns halten.

Jetzt war Catherwood zufrieden mit seiner Stellung, dem Geld und dem Klima, und er meinte, daß es schade sei, daß «Sie Ihre Schritte nicht nach Kalifornien gewandt haben und ein Kandidat für den Senat der Union geworden sind . . . ein neuer Mann und ein bedeutender Mann würde auf der ganzen Linie siegen. Was meinen Sie?»

Schon nach einem Jahr setzte die Enttäuschung ein. Bodenspekulationen waren für viele der Ruin – und wie es in seinem Leben immer war, verlor Catherwood 7000 $ beim Bankrott eines Kaufmanns («Ich brauche Ihnen nichts über den katastrophalen Zustand der wirtschaftlichen und finanziellen Lage hier zu erzählen»).

Das Fehlen von Gesetz und Ordnung hatte 1851 ein *ad hoc*-Komitee zur Unterdrückung der Gesetzlosigkeit mit sich gebracht, und schuldige und unschuldige Menschen wurden überall in San Francisco gehängt.

Wie Catherwood Stephens mitteilte:

«Leider macht Kalifornien keinen besseren Eindruck bei näherer Bekanntschaft. Ich meine nicht das Land, das recht gut ist, sondern den Zustand der Gesellschaft. Für junge Leute, die gewisse Aufregungen gern haben, mag es eine Anziehungskraft haben, aber für einen *nüchternen, arbeitsamen alten Knaben wie mich* ist es besonders abscheulich . . . nichts außer unmittelbarem Gewinn macht es erträglich. Trotzdem legte er weitere 5000 $ in den Minen an, «entweder um ein bescheidenes Vermögen zu machen oder es zu verlieren», und bereitete sich für eine vorübergehende Abwesenheit (am 11. Juni 1851) vor. Aber bevor er abfuhr, machte er noch einmal einen Versuch, das Interesse seines Gefährten bei der Entdeckung der Maya an der Archäologie wiederzuerwecken.

Man versicherte ihm, daß es im südlichen Kalifornien «bemerkenswerte Altertümer gebe, über die ich aus sehr zuverlässiger Quelle exakte Informationen habe», und er plante, die Altertümer, «die mächtig und eindrucksvoll seien», zu besuchen und zu zeichnen.

Aber die Launen des Schicksals trugen sein Schiff an der großen Einsamkeit von Südkalifornien vorbei (wo es keinerlei mächtige Altertümer gibt), und er durchquerte Panama auf der Eisenbahnlinie, bei deren Bau er geholfen hatte. Dort traf er seinen Freund Stephens zum letztenmal.

Zurück in London, schrieb er im April 1852 von seiner Adresse am Charles Square 21, Hoxton, aus an Stephens und berichtete ihm, daß sein Abenteuer in den Minen in Kalifornien einen Aufschwung genommen habe.

«Wir erhöhen unser Kapital von Gold Hill auf 1 000 000 $ . . . Sie sagten nicht, ob Sie sich uns anschließen wollen oder nicht . . .»

Aber bei all diesen *sueños doradas* hielt ihn die Archäologie immer noch gefangen. Er dachte noch daran, nach Südkalifornien zu gehen und «Zeichnungen von den dort gefundenen Altertümern zu machen und sie als einen Anhang einer neuen Auflage Ihres Werkes *(Begeben-heiten einer Reise in Mittelamerika)* hinzuzufügen. Wie gefällt Ihnen diese Idee?»

Die Frage war rhetorisch. Als der Brief von Chagres in Panama nach New York gereist war, war John Lloyd Stephens kaum mehr in der Lage, ihn zu beantworten.

KAPITEL XIX

Stephens Ende

Stephens mußte teuer für die Rolle bezahlen, die er bei Manifest Destiny spielte. Die Attacken der Malaria verstärkten sich. Sein Körper, der die kritischen Tage seiner Jugendreisen in Arabien und die schrecklicheren Tage in Mittelamerika überstanden hatte, verfiel.

Und doch hielt er es für seine Pflicht, auch weiterhin den Reisenden über den Isthmus beizustehen. Viele waren persönliche Freunde. Jessie Benton Fremont, blaß und äußerlich zart, reiste mit seiner persönlichen Hilfe durch den Isthmus, um ihren Mann in San Francisco zu treffen.

Dann fand man eines Tages Stephens bewußtlos unter einem riesigen, mit Lianen behangenen Ceiba-Baum bei Lion Hill hinter Gatun Station. Die Eingeborenen, die ihn zuerst fanden, dachten, er sei tot. Niemand wußte, wie lange er im Koma unter dem Ceiba-Riesen gelegen hatte.

Als man ihn lahm und bewußtlos zu einem Schiff trug, das nach New York auslief, kam das Gerücht auf, er sei tot.

Und so wurde dieser Baum fünfzig Jahre lang «Stephens' Baum» genannt, denn die Legende, die dauerhafter ist als die Wirklichkeit, wollte es, daß John Lloyd Stephens, nachdem er endgültig der tropischen Hydra erlegen war, unter dem Ceiba-Baum starb.

Schließlich war es Stephens' «alter Feind», der gewann. Der Parasit der Malaria quartana, der in seinem Blut zurückgeblieben war und unaufhörlich Schüttelfröste und Fieber hervorrief, hatte zuletzt von seinem ganzen Körper Besitz ergriffen. Aber nicht als Malaria. Stephens' Leber wurde infiziert. Eine allgemeine Entkräftung war die Folge. Schmerzen durchschossen seinen Körper. Sein Gehirn war teilnahmslos und verwirrt. Er fiel in Lethargie. Nach langwieriger

Untersuchung wurde das Leiden als Hepatitis diagnostiziert. Die Prognose: Tod.

Die heißen Sommertage des Jahres 1852 in New York wichen den ersten Lüftchen des Herbsts. Die Platanen vor Leroy Place 13 verloren schon ihr rostbraunes Laub, und die dreiblattförmigen Blätter schwebten langsam erdwärts und hinunter auf die Straßen von Greenwich Village.

An das Fenster gestützt, folgten Stephens' Augen den Blättern bis zum Boden, diese glänzenden «großen Augen», die einst von Herman Melville so bewundert worden waren.

Nun schien nur noch in seinen Augen Leben zu sein. Er trocknete langsam aus, als ob der Tod alle seine Lebenssäfte aus ihm sog.

Aber seinen ironischen Humor behielt er bis zum Ende, denn er spielte die menschliche Komödie bis zum Schluß und bestand mit gespielter Festigkeit gegenüber seinen Ärzten darauf, daß sie ihn bis Ende September wieder auf die Beine stellen müßten, damit er beim Stapellauf eines Schiffes, das seinen Namen tragen sollte, anwesend sein könnte.

Das neue Flaggschiff der Panama Mail Steamship Company, der «prachtvolle Raddampfer», das 84 Meter lange Schiff, das für die Route nach Kalifornien bestimmt war, sollte die S.S. *John L. Stephens* sein.

Am 22. September 1852 lief das Schiff in der Werft von Smith und Dimon vom Stapel. Den Feierlichkeiten wohnte der Honorable Benjamin Stephens bei, «ein im Ruhestand lebender wohlhabender und rechtschaffener Kaufmann», der seinen Sohn vertrat.

Viele Jahre lang war John Lloyd Stephens nur durch dieses Schiff unsterblich. Er war am Tag des Stapellaufs in ein Koma gefallen und starb am 13. Oktober 1852, ohne das Bewußtsein wiedererlangt zu haben.

Die «New York Daily Tribune» schrieb:

«Der Tod des berühmten Reisenden John L. Stephens am Dienstagabend in der Wohnung seines Vaters in unserer Stadt wird ein starkes Gefühl der Trauer hervorrufen, und zwar nicht nur bei dem großen Kreis der persönlichen Freunde, die auf ihn stolz waren und die ihn liebten, sondern auch in dem viel größeren Bereich der gebildeten Leute, die seinen bewundernswerten Schriften seltene und wertvolle

Kenntnisse verdanken . . .»

Andere New Yorker Zeitungen schrieben von

«dem amerikanischen Reisenden . . . voll Energie, rasch, unternehmend, klarsichtig und ständig praktisch tätig, was ein Bedürfnis seiner Natur war, mit dem großzügigen ‹Excelsior›-Geist, der unsere Eisenbahnen baute, unsere Dampfschiffe vom Stapel laufen ließ, unseren Horizont erweiterte, unsere Bücher schrieb . . .»

Eine Zeitung schrieb zusammenfassend: «Auf Grund von all dem wird sein Name nicht so bald aus unserem Gedächtnis schwinden . . .»

Aber aus unerklärlichen Gründen schwand er doch aus dem Gedächtnis der Welt. Man brachte ihn zum Old Marble Cemetery und legte ihn «vorläufig», wie eine Zeitung sagte, «im Empfangsgewölbe zur Ruhe».

Und dann vergaß man ihn. Er wurde nie legal beerdigt, und sein Grab erhielt keine Bezeichnung. Dort lag er, im Old Marble Cemetery, über ein Jahrhundert lang, bis sein Biograph eine Anzahl seiner Bewunderer dafür gewann, ihm zu helfen, das Versehen des Todes zu korrigieren.

Eine von John Howard Benson entworfene Gedenktafel wurde in einer kleinen Feier am 9. Oktober 1947 im Old Marble Cemetery in New York dort angebracht, wo Stephens begraben liegt.

Diese Gedenktafel, die von einer den Zeichnungen Frederick Catherwoods entnommenen Mayaglyphe geschmückt ist, lautet:

«Unter diesem Gewölbe liegen die Überreste von John Lloyd Stephens / 1805–1852 / Reisender und Schriftsteller / Pionier der Erforschung der Mayakultur in Mittelamerika. Planer und Erbauer der Panama-Eisenbahn.»

KAPITEL XX

Mr. Catherwood versinkt im Strom der Zeit

Frederick Catherwood traf der Verlust Stephens' sehr schwer, denn es war eine lange, fruchtbare und schöpferische Freundschaft gewesen.

Fünfzehn Jahre lang hatte sich, angeregt durch die Archäologie und die damit verbundenen Probleme, eine gegenseitige Hochachtung und eine seltene Beziehung zwischen Schriftsteller und Künstler entfaltet. Bis zu Stephens' Tod war ihre Korrespondenz immer lebhaft und sogar während der Hitze des Eisenbahnbaus immer wieder voll von Überlegungen, was man tun könnte, um mehr von Catherwoods prachtvollen Mappen von Maya-Zeichnungen zu veröffentlichen.*

Stephens' Tod in seinem siebenundvierzigsten Lebensjahr machte all dem ein Ende. Aber Catherwood gab als letzte Freundestat eine einbändige Ausgabe der «Begebenheiten einer Reise in Mittelamerika» (London 1854) heraus, zu der er einige kurze herzliche Gedenkworte beisteuerte. Es ergab sich, daß das Catherwoods Grabstein wurde.

Schon im Juni 1852 hatte er an Stephens geschrieben, daß er in New York landen wollte, als er auf dem Weg nach Kalifornien war, wo man ihn in Golden Hill brauchte, «weil irgend etwas schiefging». Er hatte fast sein ganzes Kapital, nämlich 13000 $, angelegt und «wäre nicht überrascht, wenn er alles verlöre».

---

* Die erste Stephens-Biographie des Autors hatte eine ungeheure Menge von Briefen und Dokumenten aus ihren Verstecken aufgescheucht. Viele sind von Catherwood. Sie waren in den Archiven der Panama Railway in New York sozusagen begraben gewesen. Sie sind nun alle Teil der Sammlungen der Bancroft Library der Universität von Kalifornien in Berkeley, und die meisten wurden mit der freundlichen Hilfe ihres Direktors für den Verfasser kopiert.

Er schiffte sich also schließlich auf der S.S. «Arctic» ein, die von Liverpool nach New York fuhr: das Datum war September 1854.

Die «Arctic» beförderte 385 Passagiere, von denen manche recht bekannt waren. Der Herzog von Grammont kehrte auf seinen diplomatischen Posten in Washington zurück; Mrs. Collins und ihre Kinder, die Familie von Mr. E. K. Collins, dem Besitzer der Collins-Linie, hielt am Kapitänstisch Hof; und wenn man Lust dazu hatte, konnte man auf dem 68 Meter langen Deck die Drews, Comstocks, Fabbricottis, Howlands, Lockmiranets, Ravencrofts und all die anderen angesehenen New Yorker entdecken, die die Passagierliste zierten.

Am siebten Tag sollte die «Arctic» in Cape Race auf Neufundland landen und dann der Küste entlang nach New York fahren.

Ihr häßlicher eiserner Rumpf war durch einen dicken Nebelvorhang völlig verborgen, dem einzigen Ereignis auf der langweiligen Reise, so daß viele Passagiere, meistens New Yorker, sich sehr vernehmlich darüber beklagten, daß der undurchsichtige Nebelschleier, der das Meer verhängte, ihnen den ersten Blick auf das Land raubte.

Der Nebel hatte auch die Diskussion über den Krieg, der damals zwischen Rußland und England tobte, beendet. Sewastopol wurde gerade belagert, als das Schiff abfuhr, so daß die Amateurstrategen das Deck der «Arctic» als das Schlachtfeld auf der Krim benützten. Aber der dichter werdende Nebel hatte diesem harmlosen militärischen Zeitvertreib ein Ende bereitet, und die Männer hatten sich in den Salon zurückgezogen.

«Der Lotse stand am Steuer», sagte der Rev. Henry Ward Beecher später, als er die Ereignisse, die zu der Tragödie führten, seiner Gemeinde rekonstruierte, «der Lotse stand am Steuer, aber der Tod stand auf dem Bug, und kein Auge sah ihn. Wer auch immer auf der ganzen Reise am Steuer stand, der Tod war der Lotse, der das Schiff steuerte, und niemand erkannte ihn.»

Der Kapitän hatte soeben am Mittag das Ruderhaus verlassen, als er die Schiffswache rufen hörte: «Hart Steuerbord!»

Dann tauchte ohne Warnung die «Vesta», ein französisches Schiff mit Schraubenantrieb aus dem Ozean auf. Die Schiffe prallten frontal zusammen.

Die «Vesta» drehte mit schwerer Schlagseite ab. Der Kapitän der

«Arctic», der seine eigene Notlage nicht erkannte, bemühte sich, den Passagieren des beschädigten Schiffs zu helfen.

Wenig später kam der Ingenieur in großer Erregung an Deck und berichtete, daß der Rumpf der «Arctic» ein böses Loch bekommen habe und die Feuer bereits erloschen seien.

Alle eilten zu den Pumpen. Die «Arctic» sackte langsam ab.

Es gab nicht genug Rettungsboote. Die Mannschaft, die von unten heraufgeeilt war, sprang sofort in alle verfügbaren Boote, ließ sie hinunter und ruderte vom Schiff weg.

Innerhalb einer Stunde waren die Passagiere sich selbst überlassen. Wer einen klaren Kopf behalten hatte, bemühte sich, aus Holz und Fässern ein Floß zu zimmern.

Der Erste Offizier hißte, eingedenk des Zeremoniells eines sinkenden Schiffes, die auf den Kopf gestellte amerikanische Flagge.

Stewart Holland, ein junger Ingenieur, fing an, die Notsignalkanone abzufeuern. Als man nach einer Stunde Feuern bemerkte, daß man über hundertfünfzig Kilometer vom Ufer entfernt war, verkündete Holland feierlich, daß er nun zum letztenmal feuere.

«Der letzte Schuß», mit Stewart Holland an der Abzugsleine, ist das Sujet eines berühmten Druckes von Currier & Ives.

Um fünf Uhr nachmittags sank die «Arctic» mit fast der vollen Anzahl der Passagiere. Dann ließ die Nacht gnädig ihren Schleier fallen.

Als die Listen der Toten veröffentlicht wurden, ließ ganz New York die Arbeit ruhen, um die Zeitungen zu durchforschen. Die Börse schloß, die Banken stellten die Arbeit ein, in ganz New York wehten die Flaggen auf halbmast.

Der Kapitän der «Arctic», einer der Überlebenden, gab seine erste Erklärung in Quebec ab, wo er an Land gebracht worden war. Sie war an Mr. E. K. Collins, den Präsidenten der Linie gerichtet:

«Sehr geehrter Herr, es ist meine schmerzliche Pflicht, Ihnen den Totalverlust der unter meinem Kommando gestandenen ‹Arctic› mit Ihrer Frau, Tochter und Sohn mitzuteilen . . .»

Dann folgten Tag auf Tag Name auf Name der vermißten Passagiere. Zwei Wochen lang wischten die Tageszeitungen alles andere von der ersten Seite, um Einzelheiten der Tragödie zu bringen, die dreihundert Menschenleben gefordert hatte.

Die letzten Handlungen von allen an Bord wurden beschrieben.

Einer nach dem anderen erzählten die Überlebenden von den letzten Taten der Umgekommenen.

Später druckten die Zeitungen Nachrufe von allen Opfern. Das heißt: von allen, außer Frederick Catherwood.

Kein Wort über den Künstlerpionier der Robert Hay-Expedition nach Ägypten. Keine Erwähnung seiner gewaltigen Sammlung von Zeichnungen, die noch im Britischen Museum begraben lagen.

Der Architekt und Zeichner, der die Omarmoschee reparierte und dann zeichnete, der Panoramamaler von Leicester Square und später New York, der Mitentdecker der Mayakultur, über den die New Yorker Zeitungen fünfzehn Jahre lang so viel gedruckt hatten, der Ingenieur der ersten Eisenbahn von Südamerika, einer der Argonauten von San Francisco, einer der größten archäologischen Künstler, die je gelebt haben, wurde, man möchte fast glauben, mit absichtlichem Schweigen übergangen.

Erst nachdem viele Tage vergangen waren und nur, weil Stephens' Familie, die Catherwood gut kannte, genaue Nachforschungen anstellte, setzte der Redakteur der Todesnachrichten der «New York Herald Tribune» in eine abgelegene Ecke, fast als sei es ihm erst jetzt eingefallen, die Notiz:

«Auch Mr. Catherwood wird vermißt.»

Inhalt

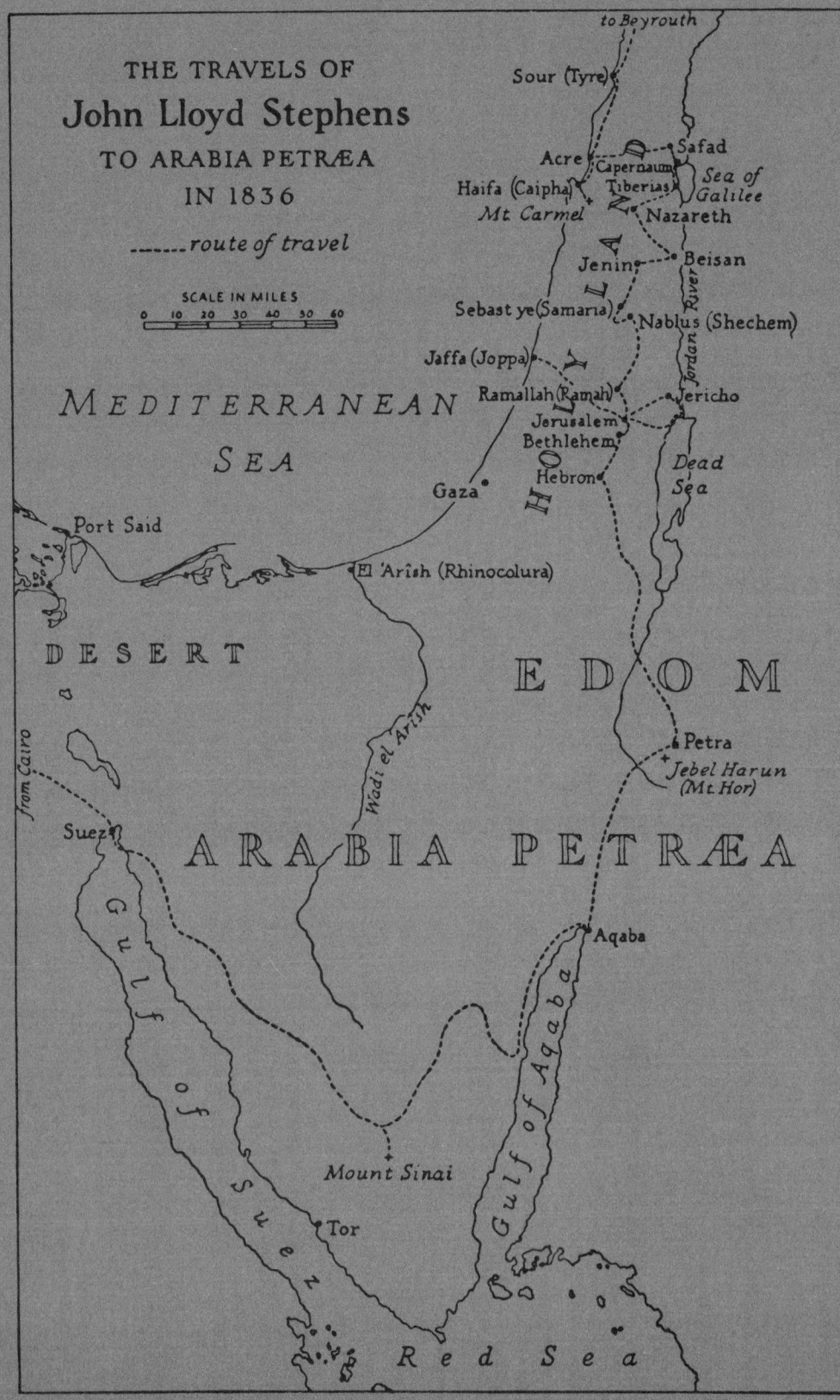

THE TRAVELS OF
John Lloyd Stephens
TO ARABIA PETRÆA
IN 1836

------ *route of travel*

SCALE IN MILES
0 10 20 30 40 50 60

MEDITERRANEAN

SEA

to Beyrouth

Sour (Tyre)

Acre
Haifa (Caipha)
Mt Carmel

Safad
Capernaum
Tiberias
Sea of Galilee
Nazareth

Jenin
Beisan

Sebast'ye (Samaria)
Nablus (Shechem)

Jaffa (Joppa)
Ramallah (Ramah)
Jerusalem
Bethlehem
Hebron

Jericho

Dead Sea

Jordan River

HOLY LA

Gaza

Port Said

El 'Arîsh (Rhinocolura)

DESERT

EDOM

Wadi el Arîsh

Petra
Jebel Harun (Mt. Hor)

From Cairo

Suez

ARABIA PETRÆA

Aqaba

Gulf of Suez

Gulf of Aqaba

Mount Sinai

Tor

Red Sea